Frohe Weihnacht
2006

Domenica + Herbert

zum Geburtstag 4.11.06
von Dani

Martin Weiss
URCHUCHI

© Rotpunktverlag, Zürich 2006
www.rotpunktverlag.ch
www.urchuchi.ch

Layoutkonzept: Barbara Willi
Umschlagfotos: Foroglio, Bavonatal (oben), Bondolatrauben
und Nostrano (unten)
Fotos: Martin Weiss
Herstellung: Patrizia Grab
Übersichtskarten: Patrizia Grab und Martin Weiss. Kartenausschnitt reproduziert
mit Bewilligung des Bundesamtes für Landestopografie: www.swisstopo.ch
Bildbearbeitung: Photolitho AG, Gossau ZH, www.photolitho.ch
Druck und Bindung: fgb · freiburger graphische betriebe · www.fgb.de
ISBN 10: 3-85869-308-1
ISBN 13: 978-3-85869-308-2

Martin Weiss

URCHUCHI

Südschweizer Restaurants mit Geschichten und Gerichten

Tessin und Misox

INHALTSVERZEICHNIS

EINLEITUNG 8
AUSWAHLKRITERIEN 14
SLOW FOOD 15
STREIFZUG DURCH DIE KULINARISCHE GESCHICHTE DES TESSINS 16

BEDRETTO
1. Albergo Stella Alpina, Ronco Bedretto 26

LEVENTINA
2. Osteria degli Amici, Quinto 34
3. Dazio Grande, Rodi-Fiesso 40
4. Locanda Chià d'Au, Molare 44
5. Ristorante Alla Stazione, Lavorgo 48
6. Ristorante Pizzo Forno, Chironico 54
7. Ristorante Bellavista, Anzonico 58
8. Grotto Pergola, Giornico 60

BLENIOTAL
9. Grotto Dötra, Dötra 72
10. Grotto Al Sprüch, Ludiano 76
11. Grotto Morign, Pontirone 80

MISOX
12. Ristorante Cacciatore, Soazza GR 96
13. Grotto Zendralli, Roveredo GR 100

RIVIERA, BELLINZONA, GAMBAROGNO
14. Osteria del Carlin, Claro 110
15. Ristorante Pedemonte, Bellinzona 114
16. Osteria Malakoff, Ravecchia-Bellinzona 118
17. Grotto Paudese, Paudo 122
18. Ristorante il Guardiano del Farro, Cadenazzo 126
19. Ristorante La Bolla, Camorino-Comelino 130
20. Agriturismo Monte Pioda, Quartino 134
21. Ristorante da Rodolfo, Vira 142
22. Ristorante Sass da Grüm, San Nazzaro 146

LOCARANESE UND VALLI
23. Fattoria dell'Amorosa, Gudo 160
24. Osteria Brack, Gudo-Progero 164
25. Ristorante Froda, Gerra-Verzasca 168
26. Bistro Latino, Locarno 174
27. Ristorante Centovalli, Ponte Brolla 178
28. Grotto La Froda, Foroglio 184
29. Antica Osteria Dazio, Fusio 188
30. Ristorante Stazione da Agnese, Intragna 192
31. Osteria Bordei, Bordei 196
32. Ristorante al Pentolino, Verdasio 200

LUGANESE UND MALCANTONE
33. Canvetto Luganese, Lugano 216
34. Ristorante Motto del Gallo, Taverne 220
35. Ristorante Oxalis, Ponte Capriasca 224
36. Grotto del Cavicc, Gentilino 228
37. Grotto dell'Ortiga, Manno 232
38. Ristorante San Michele, Arosio 236

MEDRISIOTTO, VALLE DI MUGGIO
39. Ristorante Batello, Brusino-Arsizio 250
40. Ristorante Montalbano, San Pietro di Stabio 254
41. Grotto del Mulino, Morbio Inferiore 262
42. Ristorante Ul Furmighin, Sagno 266
43. Ristorante la Montanara, Monte 272
44. Osteria Caffè Lüis, Seseglio-Chiasso 276
45. Vecchia Osteria, Seseglio-Chiasso 280

DIE SCHÖNSTEN GROTTI
Die Geschichte der Felsenkeller 294

MEDRISIOTTO
1. Grotto Grassi, Tremona 312
2. Grotto Fossati, Meride 314
3. Grotto San Antonio, Balerna 315
4. Grotto Santa Margherita, Stabio 316
5. Grotto Bundi, Via alle Cantine, Mendrisio 317
6. Grotto Eremo San Nicolao 318

LUGANESE
7. Grotto del Pan perdü, Carona 320
8. Grotto Morchino, Lugano-Pazzallo 321
9. Die Grotti auf dem «Goldhügel» bei Lugano 321
10. Grotto Sassalto, Caslano 322
11. Grotto al Mulino, Bidogno 322

LOCARNESE
12. Grotto dal Galett, Scareglia (Valcolla) 323
13. Grotto Madonna della Fontana, Ascona 324
14. Grotto Ca'Rossa, Gordevio (Vallemaggia) 325

VALLEMAGGIA
15. Grotto Lafranchi, Coglio 326
16. Grotto Pozzasc, Peccia 328

LOCARNESE
17. Grotto da Peo, Monti di Ronco 330
18. Grotto Borei, Monti di Brissago 330

CENTOVALLI
19. Grotto Costa, Intragna 332
20. Grotto Al Riposo Romantico, Verdasio 332

MISOX (MESOCCO)
21. Grotti im Misox 334

RIVIERA
22. Grotto al Pozzon, Osogna 336
23. Grotto Angela, Iragna (Biasca) 338

BLENIO
24. Grotto Al Sprüch, Ludiano 339
25. Grotto Milani, Ludiano 339
26. Grotto Morign, Pontirone 340
27. Grotto Al Canvett, Semione 341

LEVENTINA
28. Grotto Val d'Ambra, Personico 342

REZEPTE 344
REZEPTVERZEICHNIS 376
WEITERFÜHRENDE LINKS 378
BÜCHERTIPPS 378
BILDNACHWEIS 379
DANK 379
AUTOR 379

BEHANDELTE THEMEN
Risotto Orelli 30
Trota fario (Bergbachforelle) 52
Pastefrolle, Spampezi 64
Piora Alpkäse 66
Gnücch in pigna 85
Pertusio Alpkäse 86
Meret Bissegger 88
Bondola 89
Die Wurster aus dem Misox 104
Scmieza 106
Kastanienkultur 138
Tessiner Mais 150
Zucchini 152
Ziegenkäse 172
Risotto und Tessiner Reis 182
Mazze und Ciccit 204
Polentamagie 208
Nocino (Ratafià) 240
Merlot aus Origlio 243
Gourmetrestaurants 246
Räuchern mit Barrique 258
Kulinarische Archäologie 260
Der Duft des Südens (Kaffee) 284
Zincarlin 286
Formaggini 289

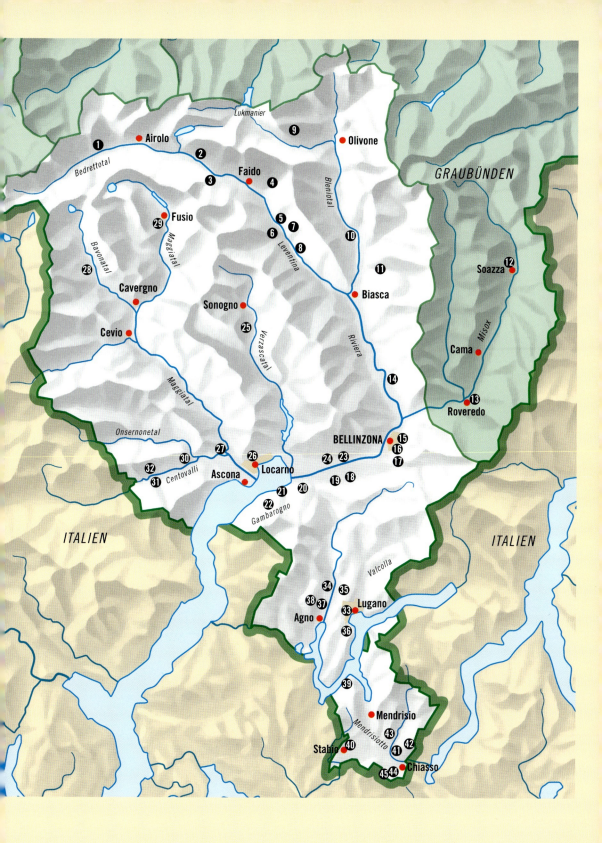

ÜBERSICHTSKARTE

Einleitung
Zurück zum Authentischen

Das Tessin ist eine Frage des Standpunktes: Vom Norden, von der «Svizzera interna», her betrachtet, ist es ein Sehnsuchtsland. Kaum durchschreitet der Nordeuropäer den mythischen Berg des heiligen Godehart, scheiden sich nicht nur die Wasserströme, sondern auch die seelischen Säfte. Unvermittelt ist der Himmel blauer, das Leben leichter, der Wein köstlicher und das Essen mit romantischen Grotti am Rand der Felsen verknüpft. Und wenn dann noch gelbe Maiskolben an den Holzbalken hängen und ein Boccalino mit Merlot auf dem Granittisch steht, ist die südliche Trauminsel perfekt. Hunderttausende sind diesem Bild erlegen: Maler, Schriftsteller, Musiker haben die Sonnenstube in den schönsten Farben verewigt. Werber, Bankiers und Postbeamte haben am südlichen Alpenkamm ihre wahre Identität gefunden und mutierten zu Ziegenhirten, Winzern und Risottoköchen. Das Tessin, so scheint es, liegt eben ein klein wenig näher am Paradies.

Boccalino und Merlot. Die Tessiner selber sehen ihren Lebensraum nüchterner und bekunden etwelche Mühe mit der touristischen Reduktion auf «Boccalino und Merlot». Sie sind zwar gewohnt, dass ständig «zücchin», wie sie die Deutschschweizer nennen, in den Tälern herumkurven, ihre Rustici kaufen und sich letztlich nicht anders verhalten als einst die ersten Kongofahrer in Afrika. Gespannt verfolgen die Kolonialisten die Eingeborenen, als wären sie bei einem noch unentdeckten, wilden Stamm. Doch wenn es ums Essen geht, sind die Tessiner der gleichen Meinung wie die «Kürbisköpfe»: Nirgends auf der Welt schmecken Polenta und Brasato so gut wie am südlichen Alpenkamm. Nirgends gibt es so würzigen Alpkäse, so köstliche Formaggini, derart prall gefüllte Würste, Raritäten wie die Cicitt oder den im Bauch des Monte Generoso gereiften Zincarlin.

Ein Volk von Kulinarikprofis. Kaum habe ich mit Diego Orelli und seinen Freunden im Bedrettotal die hausgemachten Salami und Mortadella probiert, stehen «lebenswichtige» Fragen im Raum: Wie viel Zimt darf in die Mortadella? Wie intensiv darf die Pancetta schmecken? Welcher Alpkäse ist der beste (es gibt immerhin gegen hundert im Tessin)? Nicht zu vergessen der Risotto! Das Gespräch über Reissorten und Rührzeit kann sich schnell zu einem kulturhistorischen Diskurs mit literarischen Qualitäten entwickeln. Das Gleiche gilt für den Wein, für den Grappa, den Ziegenkäse, den Arrosto, die Torta di pane – kurz: Wer das Essen liebt, kommt im Tessin in eine hoch sensibilisierte Region. Für einen Journalisten ein Paradies. Fast jeder kennt noch einen «Wunderproduzenten», weiss noch ein ganz besonderes Restaurant, hat noch einen supergeheimen Geheimtipp. So gesehen habe nicht ich die *Urchuchi* geschrieben, sondern die Bewohner dieses «Dorfs», in dem fast jeder jeden kennt.

VON KÜRBISKÖPFEN UND GASTROSOPHEN

Als «zücchin» bezeichnen die Tessiner die Deutschschweizer, abgeleitet von «zucca» (Kürbis, Kürbiskopf, im übertragenen Sinne «harter Grind»). Andere behaupten, «zücchin» leite sich von Zucchini ab, diesem grünen Bodengewächs, das mit seiner übergrossen, goldgelben Blüte die Aufmerksamkeit auf sich zu ziehen versucht – ein zwar hübsches, aber auch eitles Gehabe! Ob Kürbiskopf oder Zucchiniblüte: Schöner lässt sich kaum zeigen, wie tief die Kulinarik in der Tessiner Volksseele verwurzelt ist. Das Essen ist die Wasserscheide, der Ort, wo sich der Norden vom Süden, die Kürbisköpfe von den wahren Gastrosophen trennen. Wobei sich die Tessiner selber nicht minder ironisch «irgendwo zwischen alpinem Urgestein und mediterraner Italianità» ansiedeln. «Wir Tessiner», sagte mir Waldis Ratti, Besitzer des Restaurants Da Rodolfo in Vira, «haben zwei Charaktereigenschaften aus Nord und Süd geerbt: Die harten Köpfe der Urner und die lockere Lebensart der Italiener – und das ist keine einfache Kombination.» Darüber können die Tessiner so herzhaft lachen wie der «zücchin» über das Bild des knallharten Kürbiskopfs!

Viele Tessiner produzieren noch selber

Der Bezug zum «territorio» ist im Tessin viel stärker vorhanden als im Norden: Viele Familien haben eigene Rebberge, produzieren ihren Nostrano, machen ihren Nocino (Nussschnaps) oder brauen ihren Grappa «da casa». Viele Gastwirte kaufen im Sommer ein paar Schweine, lassen sie auf der Alp bei einem befreundeten Landwirt weiden und servieren ihren Gästen im Herbst stolz ihre Mazze nach Familienrezept. Auch wenn die Tessiner einkaufen, tun sie das nicht irgendwo: Jeder hat seinen Lieblingskäser, seinen bevorzugten Bäcker, den einzigen Geflügelproduzenten, der noch Hühner mit den Füssen dran verkauft. Auch wenn es um die Restaurants geht, kennen die Tessiner die besten auswendig: Für Fisch geht man ins Da Rodolfo in Vira. Für Pasta zu Rita ins Malakoff in Bellinzona. Den «besten Risotto der Westhemisphäre» macht das Centovalli in Ponte Brolla. Und wer ein richtig gutes Maialino will, muss zu Anna ins Furmighin nach Sagno. Das ist der kulinarische Kanon, der auch in der Urchuchi nicht fehlen darf! Doch wir zeigen auch zahlreiche Restaurants und Produzenten, die (noch) den Status von Geheimtipps haben: Giacomina in der Osteria degli Amici in Quinto etwa, die an einem gefüllten Huhn sechs Stunden kocht. Oder das Chià d'Au in Molinare, in dem die Gäste die Menükarte bestimmen. Oder das Morign im Val Pontirone mit seiner exzellenten Familienküche. Auch unspektakuläre Örtchen wie die Osteria Marcacci auf den Monti di San Vittore sind in der *Urchuchi* zu entdecken: Da gibt es zwar nur Salami, Käse und Wein, dafür aber eine wunderbare alte Frau, die das Grotto führt und einiges zu erzählen weiss aus den Zeiten, als man noch in ungeheizten Kammern schlief und von zwei, drei Ziegen leben musste. Das ist für mich das «andere Tessin», Esskultur jenseits von Brasato und Polenta, die sogar viele Tessiner nicht kennen.

Gastfreundschaft

Ich war eineinhalb Jahre unterwegs im Tessin – ganz unten in Seseglio im Mendrisiotto und ganz oben auf dem Lukmanier, bei einem «verrückten» Koch, der in einer Holzhütte auf Gourmetniveau kocht. Ich war tief im Bauch des Monte Generoso, wo der pyramidenförmige Zincarlin reift, und ich war am Ende der Welt, auf der nebelverhangenen Alpe di Torba, wo nichts mehr kommt ausser Felsen und Gämsen. Ich habe im Onsernonetal die schlechtesten Spaghetti meines Lebens gegessen und in Ponte Brolla den besten Risotto der Welt. Ich habe Dinge genossen, die ich kaum für möglich hielt, wie gebratenes Kalbshirn oder die «Cupola di Botticelli», eine Kugel aus filigran geformten Caramelfäden. Und ich habe immer und

vor allem eines erlebt: Eine einmalige Gastfreundschaft! Denn der «zücchin» ist einer, den man zwar belächelt, aber auch beneidet, weil er weit gereist ist und entsprechend viel weiss, und den man immer mit grosser Herzlichkeit empfängt. Vielleicht macht gerade dies die Faszination der südlichen Welt aus: Dass die Menschen offen sind, schnell aufeinander zugehen und sich weiterhelfen. Ein Relikt aus den alten Zeiten, als die Tessiner mausarm waren und sich – wie in der Leventina – zusammenschlossen, um die Felder und Alpen gemeinsam zu bewirtschaften. Oder als viele Tessiner auswandern mussten, um als Goldgräber, Kaminfeger, Marroniverkäufer, Maurer oder Kunstmaler ihr Glück zu suchen. Und dann reich zurückkamen und in der Heimat Entwicklungshilfe betrieben. Giovanni Pedrazzini aus Locarno ist ein Beispiel. 1875 kam er in den USA mit Glück zu einer Silbermine, wurde steinreich und finanzierte das Funicolare zur Madonna del Sasso. Oder Lorenzo Delmonico aus Mairengo: Er brachte es in den USA zu einem kleinen Imperium mit mehreren Gourmettempeln. Seine Delmonico-Potatoes – mit Käse und Paniermehl überbackene Bratkartoffeln – machten ihn zum Potatoking. Auch er war nicht knauserig, sondern liess die Strasse von Faido nach Mairengo ausbauen, stiftete ein Schulhaus, ein Pfarrhaus und einen pompösen Altar für die Kirche in seinem Heimatdorf.

Die Geschichten hinter den Gerichten. Solche Stoffe machen die Lektüre unseres Gastroführers hoffentlich etwas spannender als die reine Inventarisierung guter Restaurants. Was wir anstrebten in diesem Buch, ist eine bislang kaum unternommene Spurensuche: Wir gehen zurück zu den Ursprüngen der Tessiner Esskultur, verfolgen die Anfänge der Tessiner Kochkunst und blenden zurück in die Zeiten, als es noch keinen Merlot und keine Boccalini gab. Dass es dabei «die» Tessiner Küche gar nicht gibt, ist logisch: Denn wie alle Küchen dieser Welt ist auch die Tessiner Küche eine klassische Fusionsküche. Aus allen Himmelsrichtungen haben die Tessiner das Beste in den Kochtöpfen eingedampft. Aus dem offenen Süden kamen der Reis, der Mais, der Wein. Aus dem Norden die Kunst des Käsens, die vor 2400 Jahren mit den keltischen Lepontiern in den Süden kam. Und selbst der Merlot ist letztlich ein auswärtiges Gewächs: Die Traubensorte wurde vor hundert Jahren aus Bordeaux importiert, nachdem die Blattlaus die alten Tessiner Traubensorten fast vollständig zerstört hatte.

Das kulinarische Erbe ist entsprechend breit gefächert! Wo sonst findet man diese körnige Polenta mit dem saftigen Schmorbraten, der noch in einem richtigen Fond mit viel Rotwein schmoren darf? Wo sonst diese frischen Ziegenkäse, wie sie im Valle di Muggio hergestellt werden? Ganz zu schweigen von den Mazze, welche die Tessiner weltmeisterlich beherrschen: Salami, Rohschinken, Mortadella con fegato (mit Leber), Luganighe, Luganighette, Codighe? Auch die Dessertfans kommen in dieser alpin-mediterranen Fusionsküche ins Schwärmen: Von der Torta di pane über das Sorbetto alle uve bis zum Kastanien-Semifreddo ist der Nachspeisentisch im Tessin reich gedeckt. Nicht zuletzt gehören auch einige «Liquiditäten» zur Weltspitze: Zahlreiche Merlots wurden international ausgezeichnet, mehrere Grappe, Nocini und Kastanienbrände mit Medaillen bekränzt. Auch beim Brot backen die Tessiner keine «kleinen Brötchen»: Das Sant'Abbondio-Brot von Renato Gobbi wurde mehrfach ausgezeichnet. Dass Alain Philipona zu den weltbesten Brottüftlern gehört, ist ebenfalls unbestritten. Besonders schön ist auch die Wiederentdeckung der «farina bona», eines gerösteten Maismehls aus dem Onsernonetal, aus dem innovative Tessiner neue Essgenüsse kreiert haben, darunter eine Glace, die nach Popcorn schmeckt.

Zurück nach vorn

Die Spurensuche im kulinarischen Erbe ist kein nostalgischer Blick zurück. Die alten Rezepte erleben im Gegenteil in vielen Restaurants eine Renaissance. Manche dieser neu entdeckten Gerichte sind wahre Liebeserklärungen an die Natur. Etwa wenn ein altes Huhn ein letztes Mal geehrt wird, indem man es kunstvoll mit Fleisch füllt und nach stundenlanger Kochzeit als Gallina ripiena serviert (siehe Osteria degli Amici in Quinto, S. 34). Oder wenn Teile, die in der nördliche Kulinarik kaum Verwendung finden, als Delikatessen veredelt werden: zum Beispiel Kalbshirn, das paniert und gebacken serviert wird (S. 130). Oder Schweineknochen, die nicht weggeworfen werden, sondern tagelang in der Beize liegen und schliesslich als Oss in bogia auf die Teller kommen. Restaurants, die solche bäuerlichen Esstraditionen pflegen, sind wieder deutlich häufiger zu finden im Tessin.

Winterschlaf

Wo viel Sonne ist, gibt es auch Schatten. Die Fluktuation im Tessiner Gastgewerbe ist hoch. So manches Grotto wechselt jährlich den Besitzer. Viele Geheimtipps existieren bereits nach zwei Jahren nicht mehr, weil der Wirt «wieder etwas anderes machen wollte». Zudem findet im Tessin ein Generationenwechsel statt: Viele von der alten Garde verschwinden und machen jungen Einsteigern Platz, die zum Teil gerade erst die Wirteprüfung absolviert haben. Nicht wenige Restaurants in den Touristenzentren gehen den Weg des geringsten Widerstands: In jeder zweiten Osteria ist die Hausspezialität Polenta und Brasato. Als ob es in den Tessiner Kochbüchern nicht noch Spannenderes zu entdecken gäbe. Uralte Rezepte wie die Scmieza (Gemüsetorte aus Soazza) zum Beispiel. Oder die «farina bona», aus der sich so wundervolle Dinge wie Poltina, ein Maispudding, oder nach Popcorn duftende Apérohäppchen herstellen lassen. Aber auch aus den Tessiner Kastanien lässt sich mehr machen als nur Kastanienkuchen, wie einige Restaurants in diesem Buch beweisen. Und wenn wir schon bei den Süssigkeiten sind, das Tessin hat ein derart reiches kulinarisches Erbe, das von Cavolat (kalter Zabaglione) bis zu neuen Kreationen wie

Frischkäse-Mousse reicht, dass man sich fragen muss: Warum immer nur Panna cotta und Torta di pane?

Spaghetti carbonara. An dieser Tendenz zum Einheitsbrei arbeiten die Touristen wacker mit. Nie werde ich die Gruppe von Deutschschweizern vergessen, die im Grotto Romantico im Centovalli die frische, im Kupferkessel dampfende Polenta mit Luganighe verschmähte und Spaghetti verlangte! Das ist arrogant und macht jegliche Kreativität kaputt. Am Schluss kommt eben nur noch anrührfertige Polenta mit Maggisaucen auf den Tisch. Und statt hausgemachten Sorbets gibt es industrielle Massenware aus der Kühltruhe. «Erst wenn die Cars die Spitzkehren nicht mehr schaffen», sagte mir Claudio Sollberger, der Wirt von der Antica Osteria Dazio in Fusio, «können wir wieder gut kochen.» Sein Tipp: Je weiter weg vom grossen Touristenstrom, umso besser die Küche!

Gehen Sie im Winter ins Tessin! Das Ristorante Centrale in Olivone wollte partout nicht in unserem Buch erwähnt werden, «weil sonst zu viele Leute kommen und die Qualität unserer Küche sinkt», sagte mir die Besitzerin. Sie hätte lieber in den schwachen Wintermonaten mehr Gäste! Tatsächlich sind die Verdienstzeiten extrem kurz in der Tessiner Gastronomie. Die Grotti sind nur ab Ostern bis Ende Oktober offen, also höchstens sechs bis sieben Monate. Auch die Restaurants in den Agglomerationen arbeiten mit unglaublich kurzen Auslastungszyklen. Man darf nicht vergessen, dass gerade mal 300 000 Menschen im Tessin leben, weniger als in der Stadt Zürich. Wie soll da ein flächendeckend hohes Qualitätsniveau sichergestellt werden?

Wie die Natur, die im Tessin im November langsam in den Winterschlaf versinkt und erst im April explosionsartig wieder erwacht, kennt auch die Tessiner Gastronomie lange, unproduktive Zeiten. Da müssen einige Gastwirte ruinöse Durststrecken überwinden.

Die Chance liegt im Anspruch. Alle in der *Urchuchi* aufgeführten Restaurants zeigen, wohin der Weg geht: Wer eine saisonale Frischküche pflegt, regionale Produkte auf den Teller bringt, gleichzeitig alte Rezepte ausgräbt, forscht und Neues wagt, hat Erfolg. Hier liegt das Potenzial dieser einzigartigen Esskultur, die deshalb so fasziniert, weil sie längst vergessene, bäuerlich-alpine Züge trägt, gleichzeitig aber auch einen weiten Blick zum Mittelmeer öffnet.

Martin Weiss
www.urchuchi.ch

45 RESTAURANTS, DIE 30 SCHÖNSTEN GROTTI UND 200 EINKAUFSTIPPS

Die *Urchuchi* zeigt einen repräsentativen Querschnitt aus dem Tessiner Essangebot: 45 Restaurants, die authentische Tessiner Küche zubereiten, eine Auswahl der schönsten Grotti der Südschweiz und über 200 Produzenten, die besonders gute und originäre Produkte herstellen, sind aufgeführt. Natürlich ist die Auswahl subjektiv und nicht lückenlos. Wir hoffen sogar, dass Sie weitere Rosinen entdecken! Bitte senden Sie Tipps, Anregungen und natürlich auch Kritik an: mail@urchuchi.ch.

REZEPTSAMMLUNG

Die *Urchuchi «Tessin»* enthält im Anhang eine umfangreiche Rezeptsammlung: Es sind rund 120 Rezepte, die von den Köchinnen und Köchen zum Teil nur unter «Absingen schöner Lieder» aufgeschrieben wurden. Nicht wenige Kochprofis arbeiten nämlich aus dem Bauch heraus und sind sich nicht gewohnt, jeden Schritt der Zubereitung schriftlich festzuhalten. So manches Rezept ist eine Rarität, die sonst nirgends zu finden ist. Erica Bänziger und Simone Bühler haben die Rezepte ins Deutsche übertragen und darauf geachtet, dass alles nachvollziehbar rezeptiert und leicht nachzukochen ist.

AUSWAHLKRITERIEN

Die Auswahlkriterien für die Restaurants sind die gleichen wie bei der *Urchuchi «Deutschschweiz und Graubünden»*: Nur Restaurants mit konsequenter saisonaler Frischküche haben in der *Urchuchi* Aufnahme gefunden. Viele Restaurants arbeiten mit Bioprodukten oder zumindest mit einer hohen Wertvorstellung gegenüber Natur, Tier und Mensch und setzen sich für eine umweltgerechte Produktion ein.

Die drei wichtigsten Kriterien für die Auswahl:

1. Saisonale Frischküche im Takt der Natur (keine Fertigmenüs)
2. Tessiner Spezialitäten, traditionell-innovativ zubereitet
3. Restaurants mit Charme

SLOW FOOD

Alle aufgeführten Restaurants verfolgen im weitesten Sinne die Philosophie von Slow Food oder sind sogar Mitglied bei dieser in Italien gegründeten Bewegung des «guten Geschmacks». Die Schnecke ist das Symbol von Slow Food: Nicht «schneller Food», sondern eine Kochkunst, die sich Zeit nimmt, ist das Ziel. Eine Küche, in der Geschmack, das Unverfälschte und Natürliche im Zentrum stehen. Aber auch eine ökologisch sinnvolle, auf Qualität ausgerichtete Esskultur, die in jeder Beziehung Freude macht.

Im Projekt «Arche des Geschmacks» sammelt und unterstützt Slow Food Produkte und Produktionsmethoden, die durch die industrielle Massenproduktion zu verschwinden drohen. Dazu gehören der Zincarlin, der Tessiner Frischkäse, der im Valle di Muggio gerettet werden konnte. Oder die Cicitt, eine spezielle Bratwurst aus Ziegenfleisch, die weltweit nur im Verzasca- und im Maggiatal produziert wird. Oder kleine, feine Gebäcktraditionen wie die Spampezi in der Leventina. Allen diesen einzigartigen Produkten werden Sie im vorliegenden Band der *Urchuchi* begegnen. Und natürlich erfahren Sie auch, wo man sie essen oder kaufen kann.

Siehe auch: www.slowfood.ch

Ein Streifzug durch die kulinarische Geschichte des Tessins
Von der Beerenküche zu Polenta und Merlot

Polenta, Brasato und Merlot: Davon war man vor 15 000 Jahren im Tessin noch weit entfernt. Nur die Gipfel des Monte Generoso und des San Giorgio ragten aus den gewaltigen Eismassen heraus. Moose, Farne und andere Pionierpflanzen klammerten sich an das karge Gestein, garstige Winde fegten über die Eiswüste am Alpenkamm…
Erst als sich das Klima erwärmte, tauchten die ersten Menschen auf. Brandspuren im Bedrettotal zeigen, was die ersten Tessiner gegessen haben: Wildtiere, Beeren, Kräuter und Wurzeln bildeten die Grundlage der Urküche vor 10 000 Jahren. Warum die ersten Menschen ausgerechnet im hoch gelegenen Bedrettotal auftauchten, bleibt ihr Geheimnis. Erst 2000 Jahre später öffnet sich der kulinarische Vorhang auch weiter südlich.
Trink- und festfreudig. Auf dem Felsplateau des heutigen Castel Grande in Bellinzona steigt Rauch auf. Es wird ausgiebig gegessen, getrunken und gefestet! Die Trinkgefässe – Krüge mit Standfüsschen und Ösen – gleichen denjenigen, die an der ligurischen Küste gefunden wurden, und sie verraten: Es gab offenbar schon damals berauschende Säfte, und zwar aus vergorenen Wurzeln und Beeren! Die Spuren dieses mediterranen Partyvolkes tauchen dann erst wieder um 3000 v. Chr. in Biasca, Giubasco und Brugnasco auf: Viele Ortsnamen mit der Endung – asco oder – asca deuten auf frühe Siedlungen der Ligurer hin: Auch in den Ortsnamen von Urnäsch (Appenzell) oder Biäsche (Glarus) sind ligurische Endungen versteckt, ein Beweis für die Wanderfreude dieses Urvolkes.

Der Ticino gräbt sich seine Bahn durch das Gestein und schafft imposante Schluchten wie die Gola del Piottino in der Leventina. Auch in anderen Tälern formten die Flüsse nach der Eiszeit tiefe Schluchten – besonders eindrücklich die Canyons bei Ponte Brolla und bei der Römerbrücke im Verzascatal. Das buchstäblich steinreiche Tessin zeigt noch heute die gewaltige Erosionsarbeit, die vor 10 000 Jahren begann.

Die nach der Eiszeit entstandenen Seen waren früher von riesigen Sümpfen umgeben. Das Bild zeigt das Gemälde *Tal der Alpen* (1992) des in Mendrisio lebenden Malers Silvano Gilardi.
Er hat die Tessiner Urlandschaft in zahlreichen Werken thematisiert.

Alpkäse, Ziger und schöne Frauen

Den ersten kulinarisch entscheidenden Schub erlebt der südliche Alpenraum vor 2500 Jahren: Das keltische Bauernvolk der Lepontier lässt sich auf beiden Seiten des Mons Ursare (Gotthard) nieder. Sie geben nicht nur der Leventina den Namen. Auch Froda und Frutt (Wasserfall) oder der Name Ri (Bach) stammen aus der lepontischen Sprache. Im Bleniotal kontrollieren die zugewanderten Bergler den Lukmanier und die Greina und betreiben regen Handel – unter anderem mit heiratswilligen Jungfrauen, die sie im Süden an den Mann bringen. Die blauäugigen Nachfahren dieser Heiratsvermittlung kann man in den Tälern noch heute entdecken. Herausragende Qualität der Lepontier aber war die Milchwirtschaft: Sie züchteten Milchkühe, stellten Ziger und Käse her und machten ihren Alpkäse zum Verkaufsschlager. Die Römer liessen sich den Leventiner Alpkäse gleich tonnenweise nach Rom karren! Kaiser Antonius Pius war offenbar derart angefressen, dass er bei einem Gelage so gierig zugriff, dass er «mit den Anzeichen des Erstickungstodes in den Himmel der Alpkäse-Gourmands entschwebte», wie Hannes Maurer in seinem Buch *Tessiner Täler, Tessiner Welten* schreibt.

Die Lepontier haben die Kultur des Käsens vor 2500 Jahren in die Tessiner Täler gebracht. Bereits damals wurden Ricotta und Alpkäse hergestellt, bei den Römern gefragte Delikatessen.

Frischkäse, Wildkräuter und Bier

Im 3. Jahrhundert v. Chr. kommt nochmals Schub in die Tessiner Kulinarik: Vom Rhonetal und aus der Poebene wandern «kriegerische Kraftbolzen mit knirschenden Zähnen und langen Armen» (Mannius Marcellinus) ins Tessin ein. Die Kelten tragen Pluderhosen, lange Mäntel und gewaltige Schnurrbärte. Mit Asche und Ziegenfett bleichen die Männer ihre Haare. Die Frauen bemalen die Fingernägel und Augenbrauen mit Beerensaft und färben sich die Haare flammend rot. Vor allem in den dichter besiedelten Gebieten macht sich die keltisch-insubrische «Mode» breit und bringt auch kulinarisch Neues: ungesäuertes Fladenbrot, Wildkräuter, Frischkäse, Gemüse wie Bohnen, Linsen, Rettich, Sellerie und Kohl. Auch das Bierbrauen beherrschten die Kelten – den römischen Autoren zum Trotz, die das Keltenbier höhnisch als «abscheuliches, kloakenähnliches Gebräu» umschreiben.

Wein, Oliven und Früchte

Für den ganz grossen kulinarischen Quantensprung im Tessin sorgten die Römer. Nachdem sie in der Poebene Hannibal und seine keltischen Verbündeten besiegt hatten, begann der gehobene römische «way of life»: Strassen und Bogenbrücken entstehen, Händler, Arbeit suchende Gladiatoren, Wanderprediger und leichte Damen sind auf den Römerstrassen unterwegs. Auch kulinarisch geht es munter voran: Cäser siedelt 5000 pensionierte Legionäre im insubrischen Seengebiet an. Der Rebbau kommt in Schwung, Olivenhaine entstehen, Landwirtschaft und Handel florieren. Vor allem im Sottoceneri ist der Lebensstandard so hoch wie noch nie.

DER BOCCALINO IST 2500 JAHRE ALT

Die Urform des Boccalino sind die Schnabelkannen, die bereits vor 2500 Jahren von den Etruskern hergestellt wurden. Allerdings nicht als Trinkgefässe, sondern als grosse Krüge mit einer «bocca». Erst sehr viel später tauchen kleinere Formen auf, im Tessin «quint» oder «quintin» genannt, weil darin genau 1/5 eines Liters Platz hatte. Der «quintin» gehört spätestens im 19. Jahrhundert zur Grottokultur, wie der Historiker Hans Barth schreibt: «In allen Dorfrestaurants vergnügten sich die Menschen und tranken Wein aus farbig bemalten Boccalini.» Da der Wein im Boccalino länger kühl bleibt, war er das ideale Trinkgefäss in den Grotti.

«Zuhause dagegen hätte kein Bauer seine Lippen an einen Boccalino gesetzt», schrieb Mario Agliati 1986. «Die Landbevölkerung trank

ihren Nostrano lieber aus der Tazzina, einer einfachen, mit einem Streifen bemalten Tasse.»

Den ersten grossen Sprung zum Tessiner Markenzeichen machte der Boccalino 1939: An der Landi wurde er erstmals als Werbeträger eingesetzt.

In den Siebzigerjahren erhob ihn dann der damalige Tourismusdirektor, Marco Solari, endgültig zum «Botschafter der Südschweizer Lebensfreude und Kultur». Nicht zur Freude aller: «Der Boccalino hat im Alltag der Tessiner nie eine Rolle gespielt», sagte Michele Fazioli in seinen *Manifesti sul Ticino*. «Schluss mit dem Boccalino-Kitsch!», riefen auch andere. Doch der Erfolg der bauchigen Schnabeltasse, die als Souvenir kaum zu übertreffen ist, blieb bis heute ungebrochen.

VOM LANGOBARDISCHEN FLADENBROT ZUR PIZZA

Die Pizza wurde zwar erst im 19. Jahrhundert erfunden, doch das Wort «Pizza» ist langobardischen Ursprungs: Es stammt vom Wort der keltischen Langbärte für «Bissen» bzw. «bizzo» (Fladenbrot) ab. Die erste Pizza, die unseren Vorstellungen entspricht, wurde wahrscheinlich am 11. Juni 1889 von Peppino Brandi, einem jungen italienischen Bäcker, kreiert, der König Umberto I. und seiner Frau Margherita ein besonders knuspriges Fladenbrot backen durfte. Um es möglichst gut zu machen, belegte es Peppino in den italienischen Nationalfarben mit roten Tomaten, weisser Mozzarella und grünem Basilikum. Legende und Wirklichkeit dürften bei dieser Anekdote nahe beieinander liegen: Die «pitta inchiusa», der bäuerliche Pizza-Vorgänger der Langobarden, den man auch in Kalabrien kannte, wurde nur mit Olivenöl, Salz und Schweineschmalz belegt. Peppinos Pizza dagegen war ein vergleichsweise königliches Fladenbrot. Vor allem, dass er Käse darauf legte, war damals eine kleine Sensation.

Eines allerdings kam bei den Römern nie auf den Speiseplan: die Kastanie. Sie nutzten das Holz der Bäume, nannten die Marroni jedoch verächtlich ein armseliges Bauernfrüchtchen. Erst als die Römer aus der Geschichte verschwanden und von den Langobarden, den «Langbärten», abgelöst wurden, begann der Aufstieg der Kastanie im Tessin, die während Jahrhunderten das Brot der Armen war. Was die Römer dagegen schätzten, war der Reis, der in der Poebene angepflanzt wurde und als teures Luxusprodukt galt. Erst im Laufe der Jahrhunderte wurde der Reis zur Volksnahrung und zu einem Wahrzeichen der Tessiner Kulinarik: dem Risotto. Seit 2002 wird der Reis in den Terreni alla Maggia kultiviert und hat damit erstmals auch produktionstechnisch auf Tessiner Boden Fuss gefasst (siehe S. 183).

Die «Langbärte». Die Langobarden, die nach den Römern in ganz Norditalien die Macht übernahmen, gaben zwar der Region den Namen. Kulinarisch spielten sie allerdings keine tragende Rolle. Abgesehen von besserem Bier und einem etwas raffinierteren Fladenbrot, das sie mit Olivenöl und Schweineschmalz «aufpeppten», brachten sie wenig Neues mit. Trotzdem war ihre Kultur prägend für Norditalien und weite Teile des Tessins und gab der heutigen Lombardei ihren Namen.

Pasta, Mais und Kartoffeln

Nudeln wurden zwar bereits von den alten Griechen zubereitet. Auch in etruskischen Gräbern haben die Archäologen Abbildungen von Geräten zur Nudelherstellung entdeckt. Doch erst Marco Polo (1254–1324) löste mit den aus China mitgebrachten Spaghetti den modernen Pastaboom aus. Während der Siegeszug der Pasta in Italien nicht mehr aufzuhalten war, stiegen die Tessiner nur zögerlich darauf ein und blieben ihren Kastanien noch über zwei Jahrhunderte lang treu.

Mais. Das änderte sich, als Kolumbus Ende des 15. Jahrhunderts den Mais aus der Karibik nach Europa brachte. Endlich ein einfach anzubauendes Korn, das mit Wasser und Salz eine nahrhafte Mahlzeit ergab und sogar aufgewärmt noch gut schmeckte! Von da an blubberte es in den Kupferkesseln in jeder Tessiner Küche fast ununterbrochen!

FRESSEN STATT FASTEN

Zahlreiche Kirchen im Tessin sind dem heiligen Ambrosius geweiht – darunter die Kirchen in Chironico (Leventina), Dangio (Blenio) oder in Segno (Leventina), eine der ältesten überhaupt im Tessin (13. Jahrhundert). Dies hat durchaus kulinarische Gründe! Ambrosius, ursprünglich Stadtpräfekt von Mailand, entdeckte nämlich eines Tages sein Sendungsbewusstsein, liess sich im Schnellverfahren taufen und predigte fortan als Bischof sein ambrosianisches Urchristentum. Das war deutlich liberaler als das römische und ging vor allem mit dem fasnächtlichen Fasten lockerer um: So setzten sich die Ambrosianer am Aschermittwoch nochmals genüsslich zu Tisch, um gemästeten Kapaun und Truthahn zu spachteln – und natürlich floss auch der Wein in Strömen! Bis weit ins 19. Jahrhundert blieb diese Fasnachtsbecherei erhalten und führte zu einem eigentlichen Fasnachtstourismus: Von weit her kamen die Menschen, um in den ambrosianischen Hochburgen zu schlemmen. Vor allem in der Leventina, im Bleniotal und in der Riviera wurde ambrosianisch zugegriffen. Aber auch in Brissago und in Ascona ging es hoch zu und her: Dahin setzten sich die Bewohner von Locarno gerne ab, um «zu fasten» ...

Polentaesser, aufgenommen um 1900 im Canvetto Luganese (Lugano). Die Polenta kam aus dem Kupferkessel auf den Tisch und wurde am nächsten Tag wieder aufgewärmt. Typisch sind die tazzine, die mit einem Streifen bemalten Tassen, aus denen der Nostrano getrunken wurde.

Moderne Polenta mit Ossobuco, aufgenommen im Grotto Pergola in Giornico.

Und morgen Hamburger?

Der kulinarische Prozess ist im Tessin noch immer im Gang. Überall sind kreative Köchinnen und Köche am Werk, die mit Ideen und Mut zu Neuem die Tessiner Esskultur weiterentwickeln. Einzig Hamburger und Co. hatten im Tessin nie eine grosse Chance! Zu stark sind die Tessiner mit ihrem «territorio» verbunden und setzen lieber auf authentische, regionale Essgenüsse als auf globalisierten Einheitsfood. Das zeigt beispielhaft auch die Gazösa, das von den Tessinern hergestellte Mineralwasser, das dem braunen Saft aus den USA kaum eine Chance lässt.

Zahlreiche Restaurants und Produzenten drehen das Rad sogar bewusst zurück in die kulinarische Frühgeschichte: Der autochthone Bondola wird wieder gekeltert. Die Kastanie erlebt eine Renaissance. Und sogar die prähistorische Kräuterküche ist im Trend: Menschen wie Meret Bissegger, die – wie einst die Sammler im Bedrettotal – unterwegs sind und dieses uralte Wissen in ihrer «cucina naturale» mit einer weltoffenen Optik verbinden, bringen die Kulinarik im Tessin voran. Spannendes geschieht auch mit den alten Kornsorten, allen voran mit dem roten Mais. Diese im Sopraceneri einst wichtige Maissorte wird seit kurzem wieder angepflanzt und inspiriert Spitzenköche wie Silvio Galizzi im Al Portone in Lugano zu raffinierten, witzigen Kreationen wie dem Mais-rosso-Türmchen (siehe Bild und S. 246).

Alpin-mediterran. Es ist dieser jahrtausendealte, kreative Verschmelzungsprozess, der die Tessiner Küche zu einer der vielfältigsten der Welt gemacht hat. Zu einer Küche, die gleichermassen bäuerlich-alpin wie mediterran-urban ist, in der Ziegenfrischkäse genauso präsent ist wie gebratener Tintenfisch, die Trüffel aus dem Piemont genauso wie die Kastanien aus dem Malcantone. Dies alles macht spannende Entdeckungen möglich. Einige davon präsentiert das Buch Urchuchi «Tessin», das da beginnt, wo auch die Tessiner Esskultur vor rund 10 000 Jahren angefangen hat: im Bedrettotal!

Rezept von **Silvio Galizzi** im Anhang.

— **Mais-rosso-Türmchen mit Steinpilzen und Pfifferlingen,** S. 355

Mais-rosso-Türmchen, kreiert von Silvio Galizzi vom Ristorante Al Portone in Lugano.

BEDRETTO
Der Anfang aller Essgenüsse

Der Name «Ticino» (Tesing, Tezin, Tazin) ist eine uralte, aus der Zeit der Ligurer stammende Bezeichnung für «Fluss». Er kommt im Tessin in vielen Bezeichnungen vor, sogar beim «tazzin», der Tasse, aus der die Tessiner den Merlot trinken. Der Ticino ist damit auch sprachlich «der Fluss aller Flüsse», ein mythischer Lebensfluss, der auf der Novena (der «Neuen», dem Nufenen) im Bedrettotal entspringt und bis weit in die Poebene reicht.

RESTAURANT **1**
Albergo Stella Alpina
Ronco-Bedretto

RESTAURANT: **Albergo Stella Alpina**
ADRESSE: **6781 Ronco-Bedretto**
GASTGEBER: **Mauro Oliani und Alessandro Rech**
TELEFON: **091 869 17 14**
INTERNET: **www.stellaalpina.ch**
RUHETAGE: **keine**
BETRIEBSFERIEN: **Nov.**
WEGBESCHRIEB: **von Airolo Richtung Nufenen, Postauto ab Airolo direkt vor das Hotel-Restaurant**
SPEZIELL: **Risotto ai mirtilli, Wild, Fondue**

Frische Alpenküche mit einem Hauch Italianità heisst das Konzept von Mauro Oliani und Alessandro Rech. Seit 2005 führen die beiden Mailänder das Hotel und Restaurant Stella Alpina in Ronco. Und der Mix von Arvenduft und italienischer Kochkunst überzeugt: Im Sommer sind die Heidelbeeren kulinarisches Leitmotiv, im Herbst Wild, im Winter Fondue. Und ab und zu verirrt sich sogar ein Tintenfisch in Form von schwarzen Ravioli al nero di seppia auf den Teller. Wen wunderts, kommen die alpenhungrigen Gäste sogar von Italien ins abgelegene Bergtal.

Heidelbeer-Risotto und Arvenduft

Im Hochsommer verwandelt sich das Bedrettotal in ein blaues Meer: Die Heidelbeeren sind reif! «So kugelrund, prall und saftig wie sonst nirgends auf der Welt», behauptet zumindest Diego Orelli, Bürgermeister von Bedretto. Übertrieben ist das nicht: Am Geburtsort des Ticino wachsen die Heidelbeeren in grossen Mengen. Mit ein Grund, warum die Deutschschweizer jeweils zu Hunderten ins Tal strömen und das «blaue Gold» pflücken. «‹Die klauen unsere Heidelbeeren›, haben wir als Kinder immer gesagt!», erinnert sich Diego. Sein Bruder Giovanni Orelli hat 1965 den preisgekrönten Roman «Das Jahr der Lawine» («L'anno della valanga») geschrieben, sein Cousin Giorgio zählt zu den erfolgreichsten Lyrikern des italienischen Sprachraums. «Und ich kann nur kochen und singen», lacht Diego, der jahrzehntelang selber ein Restaurant geführt hat: die legendäre Locanda Orelli in Bedretto (siehe S. 30).

Mit Diego plaudern wir im gemütlichen Speisesaal der Stella Alpina über «die Fusion von Tintenfisch und Heidelbeeren», über die Steinzeitmenschen, die im Bedrettotal – vor 10 000 Jahren – Beeren sammelten: «Hier hat die Tessiner Esskultur ihren Anfang genommen», sagt Diego, «hier entspringt auch der Fluss, der unserer Region den Namen gab – der Ticino.»

Frische Alpenküche. Die Früchte dieser fast schon mythischen Urregion kann man in der Stella Alpina

auf raffinierte Art geniessen: Im Juli und August stehen Heidelbeersorbet, Panna cotta mit Heidelbeeren und Heidelbeer-Risotto auf der Karte des gemütlichen Bergrestaurants. Der Risotto ai mirtilli ist optisch zwar etwas gewöhnungsbedürftig, schmeckt jedoch erstaunlicherweise fast gar nicht süss. Da Alessandro nur frische Früchte verwendet (wie es sich gehört!), stehen die Heidelbeer-Gerichte nur im Sommer auf der Karte. Im Herbst wechselt der Risotto seine Farbe in ein herbstlich warmes Braun: Dann kommen die «funghi» (Pilze) in die Küche. Für Kenner die beste Zeit im Tal! Hirsch-, Reh- und Gamsfleisch sind eine Spezialität des «Alpensterns», genau wie die Fondueabende im Winter. Wenn das Cheminéefeuer knistert, schmecken auch einfache Gerichte wie die Mazze und der würzige Bedretto-Alpkäse besonders gut. Zumal das kalte Plättli edel auf den Tisch kommt: mit gefülltem Rohschinken und Crostini al tonno. Die Chance, dass man im Winter gar nicht ins Tal kommt, ist allerdings hoch. «Nirgends schneit es so intensiv wie hier am Fuss des Nufenen», sagt Diego, «nirgends war früher auch die Lawinengefahr so gross» – nachzulesen im Buch seines Bruders.

Pastefrolle. Zum Schluss geniessen wir noch eine berühmte Bedrettospezialität: die Pastefrolle. Die knusprig-knackigen Biskuits kommen im ganzen Tessin, zum Teil sogar in Mailand auf den Markt. Kleine Berühmtheiten also, die dem Ticino entlang den Weg bis in den Süden gefunden haben.

Das Haus mit Speisesaal, Gaststube und Sonnenterrasse bietet eine hochstehende Bergküche mit lombardischem Einfluss.

Alpkäse Bedretto Uno, hausgemachtes Brot und Merlot.

Alessandro bei der Zubereitung des Heidelbeer-Risottos.

Die Stella Alpina ist auch im Winter geöffnet.

Apropos Tintenfisch

Wie der das wohl geschafft hat? Vom Meer bis zum Geburtsort des Ticino ist er geschwommen und hat seine Tinte in die Pasta gespritzt. Ein für das Alpental gewagtes Menüangebot und für Puristen etwa so passend wie ein Krokodil am Nordpol! Und doch sind die schwarzen Ravioli nicht ganz untypisch für die Tessiner Esskultur: Von jeher flossen die Essideen vor allem aus dem Süden bis in die feinsten Kapillaren der Alpentäler. Warum also nicht auch eine seppia?

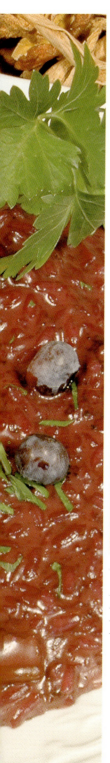

– Risotto ai mirtilli. Diese moderne Risotto-Variante wird vor allem in der Tessiner Spitzengastronomie serviert, zum Beispiel auch bei Daniele Blum in Verdasio (siehe S. 200).
– Mit Frischkäse gefülltes Trockenfleisch, Rohschinken und Crostini al tonno (Thunfisch).
– Ravioli al nero di seppia mit Basilikum.
– Rindsfilet mit Aceto Balsamico und scharfen Zwiebeln.
– Panna cotta mit Heidelbeeren.

Rezepte von **Mauro Oliani und Alessandro Rech** im Anhang.

— **Heidelbeer-Risotto mit Pilzen,** S. 355
— **Rindsfilet mit Aceto balsamico und scharfen Zwiebeln,** S. 362

Kulinarische Reise in die Vergangenheit
Der berühmte Risotto «Orelli»

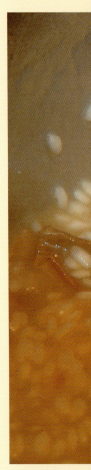

Vierzig Jahre lang führten Diego Orelli, seine Frau Sonia und seine Schwester Gianna die Locanda Orelli in Bedretto. Das Haus war fast weltberühmt! Sogar der Gesamtbundesrat – angeführt von Flavio Cotti – hat auf einem seiner Sommerausflüge hier getafelt und gesungen. Denn legendär war das «Orelli» nicht zuletzt wegen der Gesangskunst des Gastgebers: Tessiner Lieder und Chansons von Georges Brassens gab Diego am liebsten zum Besten. Dazu gab es den sagenhaften Risotto «Orelli»! Dafür pilgerten die Gäste von weit her ins Bedrettotal – und alle wollten das Rezept, keiner hat es je bekommen. Keiner…? Natürlich versuche ich, diesen Schatz im kulinarischen Erbe des Tessins zu retten!

Ich stapfe hinauf nach Bedretto, treffe den Risottomeister und lasse mir den Wunderrisotto im Gaumen zergehen. Begleitet wird meine kulinarische Spurensuche von den Klängen der Gruppe «Tira bonura», die zufällig noch auftaucht: Eros Clerici, Renato Togni und Valerio Vescovi stimmen die Instrumente an, Diego singt, der Merlot fliesst – es ist ein unvergesslicher Nachmittag im Bedrettotal. Und ein erfolgreicher!

Burro di siero. «Das Geheimnis ist die Butter», sagt Diego. «Es muss ‹burro di siero› sein, die Butter also, die nach dem Käsen aus der Restflüssigkeit hergestellt wird und wesentlich weniger Fett enthält. Die gibt es zum Beispiel im Caseificio, der Käserei, in Airolo. Genauso entscheidend ist aber das Wasser! Nur mit frischem Bedrettoquellwasser wird der Risotto wirklich gut», lacht Diego. Er habe den gleichen Risotto in Lugano gemacht, mit dem dortigen Wasser – kein Vergleich! Ein weiteres Geheimnis offenbart mir Diegos Frau Sonia: «Es muss Carnaroli-Reis sein! Nur der Carnaroli hat diese Körner, die beim Rühren so schön sämig werden. Und der alles entscheidende Punkt: Man muss rühren, rühren, rühren – und zwar genau siebzehn Minuten lang!»

Am besten probieren Sie es einfach mal aus.

Diego Orelli singt und spielt am liebsten Georges Brassens.

Der Risotto «Orelli» braucht Rührung.

Sonia und Diego Orelli am Kochherd in ihrem Haus in Bedretto.

Die Musiker der Gruppe «Tira bonura», die am Tag meines Besuchs aufspielten.

Rezepte der **Familie Orelli** im Anhang.

— **Risotto «Orelli»,** S. 353
— **Pastafrolla-Torte,** S. 371

«Sü, sü, camina!», rufen die Leventiner den Kühen nach, wenn sie die «mucche» im Sommer auf die hochgelegenen Alpen treiben. «Los, los, lauf!» Ein guter Imperativ: Abseits des grossen Transitstroms gibt es in den Tessiner Urtälern viel Überraschendes zu entdecken. Giacominas gefülltes Huhn, Ermannos Risotto mit grünen Spargeln, fruchtige Merlots «von den grossen Felsen» und die ersten Grotti jenseits des Gotthards ...

LEVENTINA

Tessiner Urküche ennet dem Gotthard

RESTAURANT 2
Osteria degli Amici
Quinto

RESTAURANT: **Osteria degli Amici**
ADRESSE: **6777 Quinto**
GASTGEBER: **Giacomina Jurietti**
TELEFON: **091 868 13 03**
INTERNET: **keines**
RUHETAGE: **Do.**
BETRIEBSFERIEN: **keine**
WEGBESCHRIEB: **Quinto, neben der Kirche S. Pietro e Paolo**
SPEZIELL: **Giacominas Hausmuseum**

Die Osteria degli Amici, im Dorfkern von Quinto, ist ein Juwel! Schon die Gaststube mit der tiefen Decke, den auf Hochglanz polierten Holztischen und der über 100-jährigen Registrierkasse schafft ein Ambiente, das man nicht alle Tage findet. Vor allem aber wirtet hier eine der grossen «alten Damen» des Tals! So mancher junge Tessiner würde sie am liebsten als Gross- oder noch lieber Schwiegermutter adoptieren. Und wer bei ihr gegessen hat, weiss: Wirklich gute, authentische Landküche gibt es nur bei Giacomina!

Gefülltes Huhn und Cavolat

Alles macht sie selber: das Brot, den Käse, die Salami, das Kochen und Servieren. Giacomina Jurietti ist über 80 Jahre alt, aber «eben eine ‹Bergamasca›», wie sie stolz sagt, «aus der Gegend von Bergamo, und das sind Menschen, die zupacken können». Sagt es und stellt mit Schwung einen Teller mit Salami, Rohschinken und einem grossen Stück Piora-Alpkäse auf den Tisch. Mindestens zwei Jahre hat der Käse auf dem Buckel – ein geschmacklicher Quantensprung, verglichen mit den viel zu jung verkauften Alpkäsen im Detailhandel. «Essen ist eine besondere Sache, da soll man sich nicht mit dem Erstbesten zufrieden geben», sagt Giacomina und holt noch ein Stück Ricotta aus dem Keller. Gestern hat sie ihn produziert, schneeweiss und luftig kommt er auf den Tisch. Besser kann man ihn gar nicht machen!

Cucina della nonna. Ruft man ein paar Tage vorher an, zaubert Giacomina ihre legendäre Nonnaküche auf den Tisch: Minestrone, Ravioli mit Fleischfüllung, Gnocchi, Lasagne – alles hausgemacht, in stundenlanger Arbeit zubereitet. Auf Wunsch macht sie Schweinsrippchen mit Kartoffelstock, Luganighe mit Salzkartoffeln oder ein uraltes Bergamaskergericht, das sonst niemand mehr zubereitet: Gallina ripiena, mit Fleisch gefülltes Huhn. Zum Dessert überrascht Giacomina die Gäste gerne mit einer alten Leventiner Spezialität: Cavolat, eine Eierschaumcrème, die eiskalt

serviert wird. Eine erfrischende, süsse Entdeckung! Allerdings nicht gerade kalorienarm…

Ein Schatzkästchen. Im Sommer ist Giacominas Gaststube oft randvoll – im Winter fast menschenleer. Das ist die beste Zeit, um mit der kommunikationsfreudigen Dame zu plaudern. Alptransit? Berlusconi? Bush? Da funkeln und blitzen Giacominas Augen, kommt die ganze Energie der «bergamasca» nach vorn, die früher oft selber auf dem Traktor sass, die Kühe auf die Alp trieb, käste, kochte und nicht zuletzt das Gasthaus führte. Und in dem schlummert Giacominas schönstes «Schatzkästchen»: Das ganze Haus ist randvoll mit Antiquitäten. Da stehen Raritäten wie eine alte Berkel-Wurstschneidemaschine aus dem 19. Jahrhundert, ein Telefon, das aussieht, als hätte Edison es eben erst erfunden, Heugabeln, uralte Käseformen, Bügeleisen, Traubenpressen, Buttertrommeln – ein Panoptikum der Geschichte. Viele Gäste sind so beeindruckt, dass sie die Dame ins Herz schliessen und immer wieder kommen. Vielleicht, weil der Zauber der guten alten Zeit in diesem Haus in jeder Ritze sichtbar ist. Weil die Zeit, wenn man hier hereinkommt, ein klein wenig langsamer tickt. Aber sicher auch, weil man unweigerlich spürt, wie vergänglich und kostbar dies alles ist…

Blick in Giacominas Privatmuseum.

Der Käsekeller mit gut gereiftem Alpkäse, darunter zweijährigem Piora.

Hausgemachte Ravioli mit Ricotta.

Giacomina beim Zuschneiden der Gallina ripiena (gefülltes Huhn).

– Luganighe mit Speck, Gemüse und Kartoffeln.
– Hausgemachte Ravioli mit Fleischfüllung.
– Hacktätschli mit Kartoffeln.
– Cavolat (kalte Eierschaumcrème nach Leventiner Art).

Rezepte von **Giacomina Jurietti** im Anhang.

— **Gefülltes Huhn** (Gallina ripiena) **nach Bergamasker Art,** S. 363
— **Cavolat** (kalte Eierschaumcrème Leventiner Art), S. 370

Dankeschön an alte Hühner

La bergamasca. 1939, als 15-jähriges Mädchen, ist Giacomina aus Bergamo in die Leventina eingewandert. Ein paar Jahre lang hat sie als Dienstmädchen gearbeitet und sich dann in einen hübschen Tessiner Landwirt verliebt. Zwei Kinder sind aus der Ehe mit Silvio Jurietti hervorgegangen. Giacomina war nicht die einzige Immigrantin: Viele Norditaliener flüchteten vor dem Krieg in die Leventina und das Val Bedretto. Vor allem die arbeitsfreudigen Bergamasken waren auf den Bauernbetrieben willkommen und brachten auch neue Gerichte mit. Zum Beispiel eben die Gallina ripiena.

Die Gallina ripiena ist ein Dankeschön an die betagten Hühner: Ein Leben lang haben sie Eier gelegt und die Bauernküche mit einem wichtigen Lebensmittel versorgt. Jetzt werden sie ein letztes Mal, sozusagen posthum, in kulinarische Höchstform gebracht: Prall gefüllt, gut gewürzt und nach stundenlanger Kochzeit kommen sie mit saftigen Zwiebeln und anderem Gemüse auf den Tisch. Eine Delikatesse und ein Dankeschön nach alter Bauernart.

Slow Food. Das gefüllte Huhn ist Slow Food im besten Sinn: Mindestens sechs Stunden dauert der Zubereitungsprozess. Da buchstäblich nicht mehr viel Fleisch am Knochen ist, wird das Huhn mit besonders gutem Fleisch gefüllt und mit viel Gemüse serviert. Spannend ist, dass Giacomina aus den verwendeten Zutaten gleichzeitig noch weitere Gerichte herstellt. Multitasking würde man das heute nennen.

Das war früher bei uns auf dem Bauernhof eine Selbstverständlichkeit. Wenn ich gefülltes Huhn kochte, dann entstand gleichzeitig auch eine kräftige Hühnersuppe. Wenn ich genügend Zwiebeln und Karotten mitkochte, konnte ich die am Abend noch als Beilage zu Luganighe servieren. Aus der Fleischfüllung entstanden zusätzlich noch frische Hacktätschli. Und wenn ich Eier aufgeschlagen habe, dann nahm ich noch ein paar mehr dazu und machte eine feine Cavolat als Dessert. Nur so konnte man früher alle Mäuler stopfen.

Vor kurzem hat man mir ausgerechnet in einem Agriturismo-Betrieb den Salat mit einer Fertigsauce serviert, und die Pommes frites mit Ketchup...
Die sind einfach zu faul oder zu dumm oder wahrscheinlich beides. Aber ich denke, das ist eine Ausnahme. Bei mir kommt nie Ketchup auf den Tisch. Und die Salatsauce ist die Visitenkarte eines Restaurants, da kann man keine Fertigsaucen verwenden! Genau wie bei der Bratensauce. Das ist die Seele der Küche! Da müssen Knochen rein, Fleischabschnitte, viel Gemüse und Barolo.

 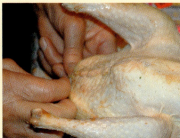 

Nun machst du auch die Pasta selber, das Brot, die Ricotta? Wie schaffst du das alles?
Ich habe das ein Leben lang gemacht, das ist Routine: Ich mache immer mehr Ravioli als ich gerade brauche. Genauso bei den Gnocchi. Da friere ich noch ein paar Portionen ein. Also kann man bei mir in der Osteria jeden Tag Gnocchi oder Ravioli essen. Ich will niemanden ohne warmes Essen wegschicken.

Du lebst über 70 Jahre in der Leventina: Wie hat sich die Esskultur entwickelt?
Traurig! Die Leute kaufen Fertiggerichte, alles muss schnell gehen – eine bedenkliche Entwicklung. Damit geht ein wichtiger Teil beim Essen verloren: der Bezug zu den Produkten, zum handwerklichen Teil, zum Wissen. Einige Kinder wissen ja nicht einmal mehr, woher die Milch kommt. Oder was frischer Prezzemolo für einen wunderbaren Geschmack hat. Der gehört an jeden Salat, frisch aus dem Garten! Aber ich bin optimistisch. Es gibt immer mehr Bauern, die Agriturismo machen, Landwirtschaft und daneben ein kleines Restaurant. Das ist eine positive Entwicklung, weil sie die Leute so zum Ursprung des Essens und zur Natur führen.

Werden deine Kinder deine Osteria eines Tages weiterführen?
Die wollen nicht, das ist ihnen zu anstrengend. Diese Art Küche ist sehr arbeitsintensiv, da muss man früh am Morgen anfangen und arbeitet bis spät in die Nacht. Das wollen viele nicht mehr leisten! Aber auch da bin ich optimistisch: Wenn mir die Leute nach so viel Werbung in der ‹Urchuchi› die Türen einrennen, dann hole ich natürlich jemanden, der mir in der Küche und im Service hilft.

ZABAGLIONE NACH LEVENTINER ART

Die Eier spielten in der alten Bauernküche eine wichtige Rolle. Daraus entstand unter anderem auch die Eierschaumcrème nach Leventiner Art, eine kalte Version der Zabaglione. Sie ist auch in anderen Tälern am Alpenkamm zu finden, wird heute aber leider nur noch selten angeboten in den Restaurants.

RESTAURANT 3
Dazio Grande
Rodi-Fiesso

RESTAURANT: **Dazio Grande**
ADRESSE: **6772 Rodi-Fiesso**
GASTGEBER: **Maria-Pia (Doi) Conconi-Amadò**
TELEFON: **091 874 60 66**
INTERNET: **www.daziogrande.ch**
RUHETAGE: **Mo., saisonal auch Di., Juli und Aug. immer offen**
BETRIEBSFERIEN: **18. Dez. bis 31. März**
WEGBESCHRIEB: **Ausfahrt Quinto, dann auf der alten Kantonsstrasse Richtung Rodi-Fiesso. Postauto ab Airolo bzw. Faido bis zur Haltestelle Rodi.**
SPEZIELL: **Museum**

Das Dazio Grande – das einstige Urner Zollhaus – liegt vor der Piottinoschlucht bei Rodi-Fiesso. Hier kann man eintauchen in die alten Säumerzeiten, in schönen Zimmern übernachten und kulinarisch nachvollziehen, was die Urner und ihre Untertanen so alles auf den Tellern hatten. Dass der palastähnliche Prachtbau heute ein Hotel und Restaurant ist, verdankt er der Stiftung Dazio Grande, die 1989 gegründet wurde. Sie hat das Kulturdenkmal renoviert und damit ein wichtiges Stück Zeitgeschichte gerettet. Oben rechts der Esssaal mit dem alten Specksteinofen und Fresken mit Szenen aus der Säumerzeit.

Essen wie die alten Säumer

Jahrhundertelang war die Leventina Urner Hoheitsgebiet. Und die bärtigen Kerle aus der «Svizzera interna» zeigten den Leventinern gerne, dass sie in diesem strategisch wichtigen Tal das Sagen hatten: 1561 stellten sie bei der Piottinoschlucht einen mächtigen Bau auf – den Dazio Grande. Bis Ende des 18. Jahrhunderts war der freskengeschmückte Palast nicht nur Gasthof, Herberge und Pferdewechselstelle, hier wurden die Reisenden und Säumer auch kräftig zur Kasse gebeten. 10 Prozent durfte der jeweils auf sechs Jahre gewählte Zöllner – in der Regel natürlich ein Urner – selber einsacken. Der Rest, Zehntausende von Gulden, floss in die Urner Kassen und machte in Spitzenzeiten bis zu 30 Prozent der Gesamteinnahmen des Kantons Uri aus. Dafür lieferten die Urner in der Piottinoschlucht ein bautechnisches Meisterwerk: Auf Holzstreben legten sie eine Steinstrasse in die steil abfallenden Felswände. Eine Konstruktion, die so manchen Reisenden das Fürchten lehrte. Der Heilige Karl Borromäus, der 1567 erstmals die Leventina besuchte, zeigte jedenfalls ordentlich Respekt, als er tief unten das «schreckliche Getöse der wilden Wasser, die den Stein zernagen» vor sich sah. Auch andere lernten auf der Urnerstrasse das Beten: «Als es dann auch noch zu blitzen und zu donnern begann, glaubte ich, der Teufel sei höchstpersönlich aus den Tiefen des Ticino aufgetaucht», schrieb ein italienischer Reisender. Viele Persönlichkeiten, dar-

unter Alessandro Volta, Horace-Bénédict de Saussure und Johann Jakob Scheuchzer, schilderten ihre Erlebnisse in der Piottinoschlucht und im Dazio Grande. Denn auch kulinarisch wurden die Herren verwöhnt, obwohl – so Borromäus – «oberhalb des Dazio Grande ausser wilden Kirschen und etwas Getreide kaum etwas gedeiht».

Urnerwochen. Heute ist der Dazio Grande ein wichtiges Kulturgut der Leventina. Das Haus beherbergt ein Museum mit Informationen zur Säumergeschichte, besitzt alte Fresken, einen Specksteinofen, sogar ein Brotofen aus dem 17. Jahrhundert ist noch da, der einmal im Jahr zu Ehren kommt: «Dann backen wir wie in den guten alten Zeiten auf dem Holzfeuer Brot», sagt Doi, die sympathische Gastgeberin des Hauses. Sie ist ein wandelndes Lexikon, man sollte deshalb unbedingt mit ihr einen Rundgang machen!

Im Herbst lassen die Köche des Hauses auch die alte Urner Küche aufleben. An den Urnerwochen stehen Rys und Boor (Reis mit Lauch), Schnitz und Drunder (Dörrbirnen mit geräuchertem Schweinefleisch) und andere Urner Klassiker auf der Karte. Geniessen kann man den alten Säumer-Food in der modern-rustikalen Locanda, in den aristokratisch-prunkvollen Sälen Urana und Stella oder bei schönem Wetter im von Natursteinmauern umrahmten Garten.

Das während der Restaurationsarbeiten entdeckte Fresko mit dem Erstellungsjahr des Baus (1561).

Die Piottinoschlucht einst und heute. Auf einer einstündigen Rundwanderung kann man die alte Urnerstrasse erkunden. Restauriert wurde der alte Säumerpfad in zehnjähriger Arbeit durch die Associazione Pro Media Leventina.

Die Gotthardpost, die ab Mitte des 19. Jahrhunderts auf dem Gotthard verkehrte.

Dazio Grande auf einem Stich aus dem 18. Jahrhundert. Im Dazio Grande kamen nicht nur Menschen aus Nord und Süd zusammen, auch kulinarisch fand ein reger Austausch statt: Die Leventiner brachten die Kastanien in die Küche, die Polenta und den Risotto – die Urner Gemüse wie Lauch, Kefen und Kohl sowie deftige Gerichte wie den Birnen-Kartoffel-Brei.

– Ziegenfleisch mit Rys und Boor (Reis und Lauch). Auf der andern Seite des Gotthards wurden diesem alten Urnergericht oft noch Kartoffeln beigegeben und der Reis wurde so stark verkocht, dass nur noch ein Brei übrig war. Den nannten die alten Urner dann «Gschlotter» ...
– Hausgemachte Apfeltörtchen mit Walderdbeeren aus der Leventina.

Rezept vom **Dazio Grande** im Anhang.

— **Rys und Boor** (Reis mit Lauch), S. 355 (adaptiert aus einem alten Urner Kochbuch)

RESTAURANT 4
**Locanda Chià d'Au
Molare**

RESTAURANT: **Locanda Chià d'Au**
ADRESSE: **6760 Molare**
GASTGEBER: **Dolly und Andrea**
TELEFON: **091 866 13 06**
INTERNET: **www.molare.ch**
RUHETAGE: **Zwischensaison Mo.–Do., im Sommer Mo., Di.**
BETRIEBSFERIEN: **siehe Internet**
WEGBESCHRIEB: **in Faido Abzweigung Richtung Carì, ca. 20 Min., Postauto ab Faido**
SPEZIELL: **Wer als Erster telefonisch reserviert, bestimmt das Menü**

Die Locanda Chià d'Au liegt 1500 m hoch an der Nordflanke der Leventina und gehört zu den «Geheimtipps», die es nie lange bleiben: Im Februar 2005 haben Dolly und Andrea aus dem zwei Jahrhunderte alten Edelbauernhaus ein Restaurant gemacht – und bereits rennen die Leute den beiden die Türen ein! Das liegt sicher daran, dass die beiden unter der Woche beim «Governo» – sie in Bellinzona, er in Mailand – arbeiten und entsprechend viele Leute kennen. Es liegt aber vor allem an der Küche, in der sich die gute alte Cucina casalinga von ihrer schönsten Seite zeigt.

Festival di arrosti auf dem Silbertablett

Chià d'Au heisst übersetzt das «Haus der Grosseltern» – und genau so ist es auch: urgemütlich, von unten bis oben aus Holz und mit wunderschönen antiken Möbeln eingerichtet. 1786 wurde dieses Edelstöckli hoch über der Leventina gebaut. Mit Sicherheit nicht von mausarmen Leuten…

Erstklassiges Essen. Zwanzig Minuten braucht es, um von Faido mit Postauto oder Auto zum «Haus der Grosseltern» zu gelangen. Die Anreise lohnt sich: Pollo con peperoni (Poulet mit Peperoni), Capretto arrosto (gebratenes Gitzi), Fischplatte, Bratenplatte – das ist nur eine kleine Auswahl der Menüs, die Andrea zubereitet und Dolly mit Charme serviert.

Der Erste bestimmt das Menü. Eine Besonderheit der Chià d'Au ist die Menüwahl: Der erste Gast, der Anfang der Woche einen Tisch reserviert, sucht aus, was er gerne essen würde! Und das ist dann das Menü für alle, die sich am Wochenende «auf dem Berg» einfinden. Publiziert wird der Entscheid jeweils Anfang der Woche im Internet. Das kann zum Beispiel das «festival del pesce» sein: Sieben Fischsorten mit Kartoffeln und Gemüse bringt Dolly dann auf grossen Silberplatten an die Tische. Serviert wird à discretion – und nicht wenig! Als Einstieg ist ein Antipasto dabei, dann eine Suppe, zum Beispiel Ravioli in brodo, oder eine Vorspeise, und zur Krönung gibt es ein hausgemachtes Dessert, zum Beispiel Semifreddo. Einzig beim Wein

haben die Gäste die individuelle «Qual der Wahl»: Ein stattliches Weinangebot schlummert im Keller der Chià d'Au, das vom Herrn des Hauses auf Wunsch kompetent erläutert wird.

Festival di arrosti. An unserem Besuchstag, einem Sonntag, füllt sich der Garten vor der Chià d'Au mit fröhlichen Gästen: Ganze Familien sind angereist, einige Pärchen, mehrheitlich jüngeres Publikum. Dolly serviert die Apéros, stellt die Gäste vor, nach wenigen Minuten ist man «en famille». Und dann geht es los: Den Auftakt macht ein kaltes Plättli mit Salami, Rohschinken und Trockenfleisch – schön präsentiert mit etwas Ziegenkäse-Mousse. Dann folgen Crêpesröllchen mit Spinatfüllung – eine luftige Kreation, die so gut ist, dass man mehrmals zugreift. Doch das ist gefährlich! Denn wer jetzt schon satt ist, verpasst das Beste: Truthahn, Kalbsrollbraten, Kaninchen, Capretto, Lamm – sieben Fleischsorten kommen beim «festival di arrosti» gut gewürzt und knusprig gebraten auf den Tisch. Und schliesslich folgt noch eine Vanillecrème. Keine Frage: Das ist ein Stück Tessiner Kulinarik, das intelligent an Traditionen anknüpft, sie mit moderner Kommunikation im Internet verbindet und erst noch preislich populär gestaltet ist. Bleibt zu hoffen, dass dies noch lange so bleibt. Oder noch besser: Dass Dolly und Andrea noch mehr solche «chià d'Au» im Tessin zu neuem Leben erwecken…

Der Meister in seiner kleinen, feinen Küche. Das Tagesmenü wird für bis zu vierzig Personen zubereitet.

Arrosto mit sieben verschiedenen Fleischsorten.

Essen im edel-rustikalen Dekor: Tisch in der Gaststube der Chià d'Au.

Sonnenterrasse vor dem Haus.

– Die ganze Menüpracht mit Crêpesröllchen, «festival di arrosti», Bratkartoffeln und Salat.
– Rohschinken mit Ziegenfrischkäse-Mousse.
– Arrosto auf dem Teller.
– Luftig-leichtes Semifreddo.

Rezept von **Andrea** im Anhang.

— **Crespelle mit Kräutern,** S. 354

RESTAURANT 5
Alla Stazione
Lavorgo

RESTAURANT: **Alla Stazione**
ADRESSE: **6746 Lavorgo, Via Cantonale**
GASTGEBER: **Ermanno und Monica Crosetti**
TELEFON: **091 865 14 08**
E-MAIL: **ermanno@gasarotti.net**
RUHETAGE: **So.-Abend, Mo.**
BETRIEBSFERIEN: **Jan., letzte Woche Juni und erste Woche Juli**
WEGBESCHRIEB: **Ausfahrt Faido, auf der alten Kantonsstrasse nach Lavorgo. Zugverbindungen und Postauto ab Airolo oder Faido.**
SPEZIELL: **Spitzenküche**

Wer im Tempo des Gehetzten durch die Leventina rast, verpasst eines der besten Restaurants im Tessin: Das Stazione in Lavorgo pflegt eine herausragende Frischküche im Takt der Natur. Und dies zu Preisen, die nur durch die etwas «abseitige» Lage zu erklären sind. In Lugano wäre Ermanno ein hoch dotierter Star, in der Leventina ist er ein Geheimtipp.

Spitzenküche im Takt der Natur

Bevor ich mich jeweils in meinem «Basislager» in Chironico zum Schlafen legte, machte ich noch einen Abstecher ins Stazione. Das Restaurant an der alten Kantonsstrasse ist nicht nur eine der besten Adressen in der Region, hier kocht einer, der viel über die Tessiner Kulinarik weiss und sie stets auf höchstem Niveau umsetzt: Egal, ob ich um 10 Uhr abends noch «kurz» Ravioli di magro bestellte oder eine Gemüseterrine oder eine Entenleber mit Linsen und Chicorée: Die Darbietungen Ermannos überzeugten immer. Und manche überraschen auch: Vor kurzem genoss ich eine Insalata di gallina. Der Hühnersalat ist eine Rarität aus der alten Bauernküche. Zubereitet wird er nämlich aus einem betagten Huhn, das nach entsprechend langer Kochzeit zart wie in jungen Jahren auf den Teller kommt und ganz hervorragend schmeckt.

Saisonale Frischküche. Natürlich gibt es im Stazione auch Risotto. Nur kommt der nie banal und schon gar nicht immer «ai funghi» auf den Teller. Im Frühling schmiegen sich junge Brennnesseln an die Körner. Im Mai sind es frische Spargelspitzen. Im Juni goldgelbe Zucchiniblüten. Im Herbst Trüffel aus dem Piemont. Und im Winter kommt auch mal frische Entenleber dazu: Kurz angebraten liegt die Delikatesse, begleitet von einer aromatischen Linsenmousse, auf dem Teller – ganz ohne Brimborium. Denn im Stazione wird nichts zu «Türmchen» hochstilisiert; trotzdem ist es hochstehend. «Das Einfache ist das Schwierige», sagt Ermanno, der sogar Spaghetti mit frischen Cherrytomaten und Kräutern in ein kleines Meisterwerk verwandelt.

Der Garten gibt den Takt an. Das Gemüse, der Salat, die Früchte – alles kommt aus dem Garten der Crosettis. Dort gedeihen Erdbeeren, Himbeeren, Fiori di zucchine, Basilikum, Peperoni, Rucola. Es ist der Garten, der mit seinen saisonalen Kostbarkeiten den Menüplan im Stazione entscheidend mitbestimmt. «Das ist der dritte Partner in unserem Geschäft», sagt Ermanno, «und das ist wie bei mir zu Hause im Piemont: Da wurde gekocht, was im Garten und auf den Feldern reif war.» Versteht sich, erst, wenn der Wind in der Leventina den Duft des Herbstes in die Dörfer trägt, bringt der sympathische Koch auch die Kastanien als luftig-leichte Mousse oder Lasagnette di castagne auf den Teller.

Tessin und Piemont. Dass dies die Merkmale eines Könners sind, wird klar, wenn man Ermannos Werdegang betrachtet: Aufgewachsen ist er in Domodossola im Piemont – in einer Region, in der die Küche das «Herz der Familie» ist. Im Piemont hat er auch seine Lehrjahre absolviert, dann im Hilton in Tokio und Kuala Lumpur seine Sporen abverdient und sich langsam die «Himmelsleiter» zum eigenen Restaurant emporgearbeitet, das er seit neun Jahren mit seiner Frau Monica führt. Die Tessinerin aus Biasca trägt viel zum Charme des Hauses bei. Sie ist es, die auch den Schlüssel zur önologischen Schatzkammer hat: Der Weinkeller steht zwar immer offen, jeder Gast darf sich seinen Tropfen selber auswählen. Doch der Keller ist so gut dotiert, dass sich etwas «fachliche Unterstützung» empfiehlt. Sonst entgehen einem Trouvaillen wie der Novi dal Drumpa von Ortelli, der Bio de la Rocca von Rolf Kaufmann oder der Sassi Grossi, der lokale Spitzenwein von Gialdi aus Giornico.

Der kulinarische Mai. Im Mai gibt es im Stazione einen besonderen Leckerbissen: das Menu gastronomico mit mehreren Gängen. Alles kommt aus dem Tessin: der Salmerino, die Animelle (Milken), die Tagliata di manzetta ticinese (fein geschnittenes Rindfleisch aus der Leventina) und natürlich auch der pyramidenförmige Zincarlin aus dem Muggiotal, serviert mit Honig. Auch ab September reservieren sich Kenner einen Platz im Stazione: Im Herbst ist Wild angesagt, zum Beispiel Rehrücken an einer Cassissauce. Im November verströmen Trüffel ihren Moschusduft. Und im Winter kommen auch mal Polenta und Brasato auf die Karte: «Gut gemacht, mit erstklassigem Fleisch und einer Sauce aus dem Fond, ist der Brasato ein wundervolles Gericht», sagt Ermanno, «aber es braucht bei solchen Standardgerichten einen hohen Qualitätsanspruch.»

Eine Auswahl der saisonal wechselnden Spezialitäten des Hauses.

Das Ambiente im Stazione ist rustikal-modern. Am schönsten ist es am langen Holztisch, aber auch in den kleinen, eleganten «Séparées» ist der Gast gut aufgehoben.

Ermanno im Weinkeller, der den Gästen offen steht: Jeder kann sich seinen Lieblingswein selber aussuchen. Zum Beispiel einen Tenuta Sasso Chierico aus Gudo oder einen Sassi Grossi von Gialdi, aus den Rebbergen von Giornico.

– Rosa gebratenes Lammcarré mit Kräuterkruste.
– Spargelterrine.
– Gemüsecarpaccio.
– Lasagne aus Kastanienmehl mit Formagella.
– Dessert-Komposition «Stazione».

Rezepte von **Ermanno Crosetti** im Anhang.

— **Gemüsecarpaccio mit Olivenöl,** S. 349
— **Schalotten-Oliven-Vinaigrette zu Gemüsecarpaccio,** S. 349
— **Kastanien-Lasagne mit Krautstiel und Kartoffeln,** S. 354

Trota fario

Ermanno ist passionierter Fischer. Immer am Dienstag fährt er ins Val Pontirone oberhalb von Biasca und versucht die Trota fario, die seltene und schmackhafte Bachforelle, an die Angel zu kriegen. Wenn es klappt, kommen die orange-rot gepunkteten Forellen fangfrisch auf den Teller im Ristorante Stazione. Zum Beispiel im Sud gekocht und begleitet von gartenfrischem Gemüse.

Rezept im Anhang.

— **Bachforelle** (trota fario), **gebraten**, S. 359

Bachforellen nach dem Fang: Typisch bei dieser Forellenart, die hohe Ansprüche an die Wasserqualität stellt, sind sind die orange-roten Punkte.

Bachforellen im Sud gekocht, mit Gemüsebeilage.

Spitzenkoch Ermanno Crosetti beim Fischen im Pontironetal.

LEVENTINA

RESTAURANT **6**
Pizzo Forno
Chironico

RESTAURANT: **Pizzo Forno**
ADRESSE: **6747 Chironico**
GASTGEBER: **Luca Merlo**
TELEFON: **091 865 16 26**
INTERNET: **www.pizzoforno.ch**
RUHETAGE: **Di.**
BERTIEBSFERIEN: **2 Wochen im Febr.**
WEGBESCHRIEB: **bei Lavorgo Richtung Chironico, Postautoverbindung ab Lavorgo**
SPEZIELL: **aufgeführt im Gastroführer «Osterie d'Italia» von Slow Food**

Chironico ist die Sonnenterrasse in der Leventina: Vor Jahrmillionen wurde das Plateau durch einen Bergsturz aufgeschüttet, heute liegt hier ein verträumtes Dörfchen mit geschichtsträchtigen Kulturgütern: Dazu gehören die Kirche Sant'Ambrogio (Ambrosius-Kirche) aus dem Jahr 1224 mit wunderschönen Fresken und der Torre dei Pedrini (Torre-Turm), dessen Baujahr wahrscheinlich noch weiter zurückliegt. Etwas jünger ist der Pizzo Forno, in dem ein junger Tessiner eine verblüffend innovative Küche pflegt, die man an diesem Ort kaum erwarten würde.

Der «junge Wilde» von Chironico

Die Karte im Pizzo Forno ist vielversprechend: Wildente, blaue Gnocchi, Rehschnitzel mit Spätzli, Kaninchenterrine, Crespelle mit karamellisierten Feigen stehen tagesaktuell im Menüangebot. Weit und breit keine Polenta mit Brasato! Nirgends ein Risotto ai funghi und schon gar keine Spaghetti! Luca Merlo ist einer der «jungen Wilden», die eine gehobene Kulinarik in die Täler tragen. Und der junge Mann macht das bravourös! Als Erstes serviert er ein würziges Rehtartar, gefolgt von einem Törtchen aus frischen Steinpilzen, Fasanenstreifen und einem Wachtelei – gekrönt von einigen Scheiben schwarzem Trüffel. Dann kommt ein butterzartes Rindsfilet mit Kräuterkruste. Und den Abschluss bildet Lucas beerenumrahmte Crema riversa, die vollends klar macht: Durchschnitt ist nicht Lucas Sache. Er versucht den «Duft des Alpenkamms» überraschend und höchst präzis auf die Teller zu bringen.

Herbstspezialität ist Wild. Von September bis Dezember steht der Pizzo Forno ganz im Zeichen der «selvaggina». Dann gibt es Rehrücken, zugeschnitten am Tisch der Gäste, sowie verschiedene Wildtartars und Wildterrinen. Natürlich sind auch die Trüffel aus dem Piemont im Herbst ein Thema: Luca ist ein grosser Trüffelfan und holt die weissen und schwarzen Edelpilze selber im Piemont bei einem befreundeten Trüffelsucher in der Nähe von Alba.

Maggio gastronomico. Auch im «gastronomischen Mai» ist der Pizzo Forno an vorderster Front dabei. Das Spezialmenü bestand im letzten Mai unter anderem aus einem Törtchen «Saint-Jacques» mit Spargeln und Tomaten, einem Lachstartar mit Kaviar und einem Semifreddo mit Rosenduft. Die Darbietung war preiswürdig, auch im direkten Sinn: Gerade mal 60 Franken musste man für einen ausgereiften Fünfgänger hinblättern – wahlweise mit Fleisch oder Fisch. Überraschend fair kalkuliert ist auch das Weinangebot, das von Vater Giorgio betreut wird. Da sind so ziemlich alle hochrangigen Merlots vertreten, aber auch einige edle Tropfen aus Italien und Frankreich

Dorfbeiz mit Edelrestaurant. Während Vater und Sohn die «Gourmetstube» betreuen, kümmert sich Mutter Elvira um die Dorfbeiz. Die repräsentiert ein Stück «lebendige Soziologie», mit ständig laufendem Fernseher, Leuten aus dem Dorf, die rein- und rausgehen und mehr oder weniger «ordentlich» platzierter Kunst. Laufend stellen im Pizzo Forno Tessiner Künstler ihre Werke aus, die einen Hauch von «Biennale» in die Berge zaubern. Während meiner Recherchen gehörte der «Ofenspitz» zu meinen bevorzugten Anlaufstellen, weil hier liebenswerte Menschen am Werk sind. Das spürt man auch an den Wochenenden, wenn bei schönem Wetter draussen aufgetischt wird: Dann ist der Pizzo Forno Treffpunkt der Dorfbevölkerung. Die Bewohner trinken ein Glas Wein, essen ein «Pizzo-Forno-Plättli» mit den hervorragenden Wurstwaren und Alpkäsen des Tals. Und wenn man in der Dämmerung nach Hause wandert, kann es durchaus sein, dass man einer Herde Rehe oder sogar Hirschen auf der Strasse oder am Waldrand begegnet: Die Sonnenstube von Chironico ist reich an Wild, nicht zuletzt, weil sie auch eine der kastanienreichsten Regionen im ganzen Tessin ist.

Blick auf Chironico und das Wahrzeichen des Dörfchens, den Torre. Er diente wahrscheinlich der Familie Della Torre als Wohnturm und stammt aus dem 12. Jahrhundert.

Rascana, Tòpia und Nöda – das Weintrio von Corrado Bettoni, einem innovativen Weinproduzenten in Giornico (siehe Einkaufstipps S. 68).

Luca Merlo in seiner gut ausgestatteten Küche.

– Törtchen mit Pilzen, Fasan, Wachtelei und Trüffeln.
– Rehtartar.
– Filetto di manzo (Rindsfilet, gratiniert).
– Crema riversa mit frischen Früchten.

Rezepte von **Luca Merlo** im Anhang.

— **Rehtartar,** S. 348
— **Warme Vorspeise mit Steinpilzen, Fasan, Wachteleiern und Trüffel,** S. 349
— **Waldbeerencrème,** S. 371

RESTAURANT **7**
**Bellavista
Anzonico**

RESTAURANT: **Bellavista**
ADRESSE: **6748 Anzonico, Strada alta**
GASTGEBER: **Rosa und Luciano Maddalon**
TELEFON: **091 865 11 10**
INTERNET: **keines**
RUHETAGE: **Di.**
BETRIEBSFERIEN: **Nov.**
WEGBESCHRIEB: **Von Lavorgo Richtung Anzonico. Postautoverbindung ab Lavorgo.**
SPEZIELL: **erwähnt im Gastroführer «Osterie d'Italia» von Slow Food**

Das Bellavista liegt am berühmten Höhenweg in der Leventina, an der Strada alta, die bis nach Biasca führt. Vom Tal her ist das kleine Bergdorf mit dem Auto oder Postauto ab Lavorgo zu erreichen. Rosa und Luciano Maddalon pflegen in diesem gastlichen Haus eine überdurchschnittliche, saisonale Frischküche mit einigen Gerichten, die sonst nirgends zu finden sind.

Fitri d'Anzonico und Pom e pasta

Das Bellavista in Anzonico muss keine Werbung machen. Seit Jahren ist das Haus am Südhang der Leventina im Gastroführer von Slow Food aufgeführt. Viele Gourmets, die hier durchreisen, machen im Bellavista Halt. Zudem liegt das Haus «zum schönen Ausblick» an der Strada alta, einem der beliebtesten Wanderwege jenseits des Gotthards. Und drittens hat es sich längst herumgesprochen: Im Bellavista ist auch der Blick auf den Teller «bello» – hier isst man einfach gut! Das liegt an Rosa Maddalon, die in der Küche steht. Sie macht alles «à la minute», nichts kommt aus der Tiefkühltruhe, alles ist frisch und hausgemacht. Die Karte ist entsprechend klein und wechselt im Rhythmus der Jahreszeiten. Dabei stehen Tessiner Traditionsgerichte im Vordergrund: Es gibt hauseigene Wurstwaren, Maialino al forno (Schweinebraten aus dem Ofen), Lamm und Roastbeef. Im Herbst bekommt man Wild und Carne alla pioda (auf dem heissen Stein). Im Januar ist Mazza-Zeit (Metzgete); dann werden fürstliche Schlachtplatten aufgefahren, unter anderem mit Blutwürsten, Lebermortadella, Luganighe, Oss in bogia (Knochen aus der Beize), begleitet von Risotto.

Fitri d'Anzonico. Einen besonderen Leckerbissen bietet das Bellavista im Mai im Rahmen des «Maggio Gastronomico»: Es sind die Fitri d'Anzonico – kleine, frittierte Küchlein aus Buchweizen mit einer wunder-

baren Käsefüllung. Für Kulinarik-Archäologen eine Knacknuss! Woher diese lokale Spezialität stammt, wer sie erfunden – oder sogar geklaut! – hat, wissen nämlich nicht einmal die ältesten Dorfbewohner so genau. Sicher ist nur: Die «fitri» sind mindestens hundert Jahre alt, und nirgends sonst auf der Welt werden diese knackig-knusprigen Käseküchlein aus Buchweizen gebacken, die sich damit als eine der grossen Raritäten ins kulinarische Erbe des Tessins einreihen.

Pom e pasta. Das gilt – etwas weniger ausgeprägt – auch für die Pom e pasta: Die Kombination von Kartoffeln und Teigwaren ist im 18. Jahrhundert entstanden und zählt zu den Klassikern der bäuerlichen Fusionsküche im Tessin! Die Kartoffeln aus dem Norden, die Pasta aus dem Süden – alpine und lombardische Kochkunst vereinigen sich in vollendeter Einfachheit. Und genauso simpel wird die Heirat von «pom» und «pasta» von Rosa auch vollzogen: Egal, ob sie einen Mehrgänger auftischt oder jagdfrisches Wild auf die Teller zaubert, alles ist ungekünstelt, ehrlich und gut und wird von ihrem Mann Luciano mit dem freudigen Lächeln des «Wissenden» serviert.

Sorbetto di uva. Als Dessert geniesse ich im Bellavista jeweils ein Sorbetto di uva aus Trauben von Giornico. Ein erfrischender Abschluss, bevor man wieder hinunter ins Tal steigt oder weiter zieht auf der Strada alta Richtung Süden.

– Ein Gericht, das es sonst nirgends gibt: die Fitri d'Anzonico.
– Pom e pasta – die «Heirat» von Kartoffeln und Teigwaren.

Rezept von **Rosa Maddalon** im Anhang.

— **Gebackener Alpkäse in Buchweizen-Käsekruste** (fitri d'Anzonico), S. 355

RESTAURANT **8**
Grotto Pergola
Giornico

RESTAURANT: **Grotto Pergola**
ADRESSE: **6745 Giornico, Via San Nicolao**
GASTGEBER: **Familie Fiorella Macullo**
TELEFON: **091 864 14 22**
INTERNET: **www.grottopergola.ch**
RUHETAGE: **Mo.**
BETRIEBSFERIEN: **Febr.**
WEGBESCHRIEB: **in Giornico über die Brücke, dann Richtung Kirche San Michele**
SPEZIELL: **schöner Garten**

Das Grotto Pergola liegt bei der Kirche San Michele und ist das älteste in Giornico: Seit 1965 führt die Familie Macullo das rustikale Haus mit dem lauschigen Pergola-Garten und dem grossen Cheminée im Innern. Der herzliche Empfang ist hier genauso selbstverständlich wie eine ehrliche Tessiner Küche und guter Wein.
Das Wirten liegt den Menschen von Giornico ohnehin im Blut. Bereits im 16. Jahrhundert führten sie eines der ältesten Gasthäuser im Tal namens Casa Stanga und entwickelten eine einzigartige Idee: Jeder berühmte Gast wurde mit seinem Familienwappen an der Hausfassade verewigt! Diese historische «Visitenkartensammlung» kann man im alten Dorfkern bewundern: Das ehemalige Wirtshaus beherbergt heute das Museum der Leventina.

Polenta, Brasato und Torta di pane

Im Grotto Pergola habe ich mir zum ersten Mal einen Merlot Sassi Grossi gegönnt! Dieser leicht barriquierte Edeltropfen aus Giornico zählt nicht nur zu den besten und teuersten im Tessin, er trägt auch einen historischen Namen: Bei den «Grossen Felsen» in Giornico schlugen die Leventiner 1478 die Armee der Sforza in die Flucht – tatkräftig unterstützt von den Urnern. Fortan gehörte die Leventina für immer den Eidgenossen. Durchaus möglich, dass die Haudegen zur Feier des Tages ein paar Flaschen entkorkten! In Giornico liegt die nördliche Weingrenze im Tessin. Bereits zur Römerzeit wurden hier Weine gekeltert. Heute reifen bekannte Merlots wie der Giornico Oro, aber auch kleine, feine Etiketten wie der Nöda am Fusse der wärmespeichernden Granitfelsen.

Polenta und Brasato. Was passt besser zu einem felsengereiften Sassi Grossi als eine goldgelbe Polenta? Fiorella bereitet sie im Grotto Pergola auf dem offenen Feuer zu. Auch ihr Brasato ist Klassen besser als in jedem Durchschnittsgrotto: Stundenlang darf der «Braune» in einem hausgemachten Fond mit frischem Gemüse und bestem Merlot schmoren. Dünn aufgeschnitten und butterzart kommt der Brasato auf den Teller. Die Rezeptur stammt von Fiorellas Mutter Maria, die im über 40-jährigen Grotto tatkräftig mithilft und ihrer Tochter auch das Geheimnis der Torta di pane beigebracht hat: Der Tessiner Klassiker wird aus al-

tem Brot mit viel Milch und etwas Grappa zubereitet und muss möglichst knusprig gebacken werden. Wer es lieber schaumig mag, dem sei Fiorellas Zabaglione empfohlen: Da ist viel Marsala drin und die Konsistenz ist wunderbar luftig.

Gratinierte Zwiebelsuppe. Am liebsten gehe ich in der kühlen Jahreszeit in die Pergola, wenn in der Ecke das Cheminéefeuer knistert. Dann schmecken Fiorellas Zuppa di cipolle gratinata, der Risotto al Merlot oder das jagdfrische Wild aus der Leventina noch einmal so gut. Auch das Grotto Pergola macht jeweils im Mai beim «Maggio Gastronomico» mit und setzt saisonal immer wieder neue, spannende Schwerpunkte, darunter Gerichte mit Bachforellen aus der Leventina. Ein Ausflug auf die Website und ins Lokal lohnt sich also immer.

Sieben Kirchen. Durchaus möglich, dass Sie in Giornico bisweilen ihr eigenes Wort nicht mehr verstehen. Das liegt am Glockengeläut im «Felsendorf»! Nicht weniger als sieben Gotteshäuser stehen auf dem Gemeindegebiet, darunter die Kirche San Nicolao aus dem 12. Jahrhundert. Viele Kirchen sind dem heiligen Ambrosius gewidmet, der ein höchst freiheitliches Christentum predigte und in den «rebellischen» Tälern entsprechend hochwillkommen war. Die Leventina, das Bleniotal und die Riviera werden deshalb auch die ambrosianischen Täler genannt.

Fiorellas Polenta – im Kupferkessel auf dem offenen Feuer zubereitet.

Roter und weisser Merlot, zwei Tropfen, die sich vor dem knisternden Feuer am schönsten geniessen lassen.

Hausgemachtes Brot: Täglich wird es im holzgefeuerten Backofen in der Pergola knusprig gebacken.

– Polenta mit Ossobuco, Hausspezialität in der Pergola.
– Zabaglione (Eierschaumcrème mit Marsala nach italienischer Art).
– Gratinierte Zwiebelsuppe.
– Torta di pane – einst Restenverwertung, heute eine Ikone im kulinarischen Erbe des Tessins.

Rezepte von **Fiorella Macullo** im Anhang.

— **Gratinierte Zwiebelsuppe,** S. 351
— **Ossobuco mit Polenta,** S. 365
— **Torta die pane** (Tessiner Brottorte), S. 372

Die süssen Schätze im kulinarischen Erbe ennet dem Gotthard

Das Bedrettotal und die Leventina hüten einige kostbare kulinarische Schätze des Tessins. Das Interessante dabei ist: Die meisten dieser Spezialitäten sind süss! Das mag an den Lebensbedingungen in den hoch gelegenen Tälern liegen. Im Bedrettotal liegt der Schnee oft meterhoch – da musste man sich mit Süssigkeiten über den Winter helfen. Und in der Leventina waren die Säumer auf den steilen Bergpfaden unterwegs und mussten von ihren Frauen kalorienmässig gut versorgt werden. In der Leventina erfanden die Frauen die Spampezi, im Bedrettotal die Pastefrolle. Auch die Torta di pane (Brottorte) könnte durchaus in den Tälern am jungen Ticino erfunden worden sein. Zumindest wird hier die am besten zur Bauernküche passende Version, nämlich ohne Kakaopulver, gebacken.

Pastefrolle

Wenn es sie nicht gäbe, müsste man sie erfinden! Die Pastefrolle aus dem Val Bedretto schmecken nämlich so gut, dass sie jeder Tessiner kennt und liebt. Jahrzehntelang stellte sie Paolo Forni in Ronco her. Jetzt hat Agnese Leonardi das über 100-jährige kulinarische Erbe des Tals übernommen: Zwei Mal po Woche stellt sie in Villa Bedretto die Pastefrolle in kleineren Mengen her und macht auf Wunsch auch Postversand. *Agnese und Marco Leonardi, 6781 Villa Bedretto, 079 402 79 87.*

Spampezi

Spampezi – oft auch Spanspezie und in einigen Dörfern Grèfli genannt – heisst wörtlich übersetzt «Brotstücke». Mit Brot hat dieses traditionelle Weihnachtsgebäck der Leventina allerdings wenig zu tun: Es wird mit Eiern, Mehl, Nüssen und Grappa zubereitet und gehört am ehesten in die Familie der Nusstorten und Tirggelgebäcke. Bei den Säumern waren die Spampezi eine beliebte Wegzehrung. Jede Familie hatte ihre eigenen Spampezi-Formen und -Dekors, wovon die kunstvoll gefertigten Holzformen zeugen. Im Museum in Giornico sind alte Spampezi-Formen zu bewundern, darunter reich verzierte Kunstwerke mit hohem Sammlerwert. Eine der schönsten Spampezi-Formen – ein Herz – zierte einige Jahre lang auch eine Pro-Patria-Briefmarke. Spampezi sind erhältlich bei: *Renato Schröder, Restaurant Camping Gottardo (die Backstube ist im selben Haus), 6764 Chiggiogna, Tel. 091 866 15 62.*

Pastefrolle mit Heidelbeerlikör aus dem Valle Bedretto.

Agnese Leonardi aus dem Bedrettotal und ihre Pastefrolle, die sie zwei Mal pro Woche frisch zubereitet.

Renato Schröder, einer der Bäcker in der Leventina, der die Spampezi noch nach alten Rezepturen zubereitet, mit viel Nüssen und Grappa.

Oben rechts: Uralte Holzformen verschiedener Familien. Einige der schönsten Exemplare sind im Museum der Leventina in Giornico ausgestellt. Viele Sujets sind religiös motiviert, zum Beispiel der Fisch oder die Rosetten.

Torta di pane. Geweiht ist sie Petrus, und gebacken wird sie Mitte Juni, in der Leventina traditionellerweise ohne Zugabe von Kakao.

Rezept aus **Tessiner Landfrauen kochen** im Anhang.

— **Spampezi**, S. 374

Torta di pane

Ob der Brotkuchen in den ambrosianischen Tälern erfunden wurde, ist nicht überliefert. Sicher ist dagegen, dass die Leventiner als eher geiziges Völkchen galten und mit den Zutaten höchst dosiert umgingen. Deshalb ist bei der Leventiner Brottorte kein teures Kakaopulver drin! Ganz anders im vergleichsweise urbanen Biasca: Dort wird der Brotmasse sogar reichlich Kakaopulver zugefügt.

Eine der besten Brottorten in der Leventina macht Fiorella Macullo vom Grotto Pergola in Giornico: Hier kommt die Torta di pane so aus dem Ofen, wie ich sie liebe: aussen knusprig, fast schwarz, innen feucht (aber nicht zu feucht!) und, völlig untypisch für die Leventina, mit viel Kakaopulver drin. Fiorella schickt ihre Brottorte auf Wunsch auch per Post. *Grotto Pergola, 6745 Giornico, Tel. 091 864 14 22 (siehe S. 60).*

Der Piora – der Star im Tessiner Alpkäse-Universum

Schon vor 2000 Jahren waren die Alpkäse aus dem Bedretto und der Leventina für ihre Qualität bekannt. Vor allem die Römer liessen sich den «formaggio d'alpe» kiloweise in die Stadt am Tiber karren. Mit Vorliebe, wenn der Käse bereits die etwas «wurmstichig» anmutende, graue Rinde angesetzt hatte – ein untrügliches Zeichen: Jetzt ist er reif! «Es ist wie bei einem guten Wein», erklärt Diego Orelli, Gemeindepräsident im Bedretto und selber Produzent des Bedretto Uno auf der Alp Manegorio: «Erst mit der Zeit entwickelt ein Alpkäse seinen Charakter: Nach einem Jahr ist er gut, nach zwei hervorragend, nach drei schmeckt er schlicht phänomenal.»

Ob es der Piora war, den die Römer so liebten? Denkbar ist es, denn der Piora, der am Ritomsee produziert wird, gilt als das Flaggschiff der Tessiner Alpkäseproduktion. Die Piora-Alpwiesen liegen auf über 2000 Metern Höhe und sind besonders kräuterreich. So wächst hier die seltene Alpenmutterwurz, das beste Kraut für Milchkühe.

Rund 300 Kilo Piora werden am Ritomsee täglich hergestellt und gehen jeden Abend in den Reifekeller. Trotzdem ist die Produktion zu klein, um die Nachfrage zu decken. Der Piora ist deshalb auch der teuerste Alpkäse überhaupt: Rund 50 Franken kostet das Kilo – fast doppelt so viel wie ein erstklassiger Emmentaler.

Falls Sie die Piora-Produktion miterleben möchten: Das Ritomgebiet erreicht man von Piotta aus mit der Zahnradbahn, einer der steilsten der Welt. Von der Bergstation aus führt dann ein Wanderweg dem See entlang zur Alpkäserei.

Für weitere Informationen: *www.ritom.ch*

«FAST FOOD» AUS DEN URZEITEN
Mit 3500 Hektaren ist die Piora-Alp die grösste der Schweiz: Die Kühe haben viel Auslauf und können sich die besten Kräuter herauspicken. Im Bild: Die Alpe Piora und der Cadagno-See.

Die für den Tessiner Alpkäse so typische, wurmstichig wirkende Rinde ist Schimmel, die sogenannte «muffa». Sie wird von den Käsern gehegt und gepflegt wie ein Kunstwerk. Dabei wird der Tessiner Alpkäse höchstens mit einem feuchten Tuch abgewischt, nie aber mit Wein, Schnaps oder Kräutern eingerieben. Das ist ein wesentlicher Unterschied zu anderen Halbhartkäsen.

Der Käse war für die Tessiner Bevölkerung während Jahrhunderten ein wichtiger Proteinspender, und er ist eine praktische Milchkonserve, gut zu lagern, lange haltbar und erst noch gesund und ohne grosse Vorbereitung geniessbar – genialer «Fast Food» aus den Urzeiten.

SELBER KÄSEN

Im Caseificio di Airolo, der Schaukäserei von Airolo, kann man selber Käse herstellen und ihn nach einer Woche abholen. Die Schaukäserei hat dafür eine alte Käserei mit Kupferkessel eingerichtet. Selbstverständlich steht allen «Möchtegernkäsern» ein gestandener Profi zur Seite, der schaut, dass alles aufs Grad und die Minute genau richtig abläuft: Auf exakt 32 Grad muss die Milch erhitzt werden, dann kommt das Lab dazu und muss eine halbe Stunde lang wirken. Aus 10 kg Milch gibt es bis am Schluss etwa 1 kg Käse. Für Käseliebhaber ist die Schaukäserei interessant, weil man hier fast alle Käse der Region degustieren und kaufen kann, darunter auch die hauseigenen Tremola, Lucendro und Gottardo. Die dürfen sich allerdings nicht als Alp-, sondern «nur» als Bergkäse bezeichnen, weil sie das ganze Jahr und nicht auf den Alpen produziert werden. Im Caseificio gibt es auch ein hervorragendes Fondue, das man in der gemütlichen Fonduestube geniessen kann. Die Schaukäserei befindet sich vis-à-vis von Airolo, kurz vor dem Eingang zum Bedrettotal. Informationen bei: *Caseificio del Gottardo, Valeria Lombardi, 6780 Airolo, Tel. 091 869 11 80, www.cdga.ch.*

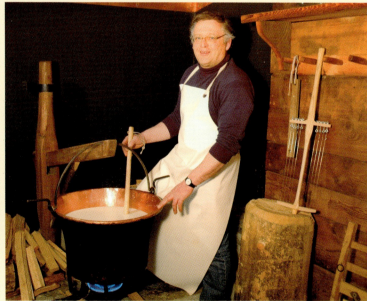

Einkaufstipps Bedretto und Leventina

Zamberlani vini, Piotta

Eingangs der Leventina, in Piotta, befindet sich der kleine Laden des ehemaligen Eishockeyspielers und heutigen Weinhändlers Kuki Zamberlani. Kukis romantisch-rustikaler Laden ist eine gute Anlaufstelle, um sich mit den besten Tropfen der Region bekannt zu machen – darunter auch Kukis eigenen Weinen.

Schön ist die Sammlung uralter Weinetiketten aus der Frühgeschichte des Merlots. *Zamberlani vini, 6776 Piotta (an der alten Kantonsstrasse) Tel. 091 868 11 33, www.zamberlani.ch.*

Der Salamitempel in der Leventina

Donato Mattioli in Lavorgo gilt unter Kennern als der beste Metzger der Region. Seine Salametti, Salami, Mortadella, Luganighe und Luganighette geniessen den Ruf von besonders würzigen, fein abgeschmeckten Delikatessen. Als ich den «Starmetzger» besuchte, wurde eben ein ganzes Kalb verarbeitet. Frisch geht das Fleisch auch an einige Restaurants im Tal. *Macelleria Donato Mattioli, Lavorgo, Tel. 091 865 11 44.*

Giornico Oro, Sassi Grossi, Trentasei

Giornico ist die Wein- und Grottogrenze in der Leventina. Hier beginnt der Tessiner Rebbau und zeigt sich bereits von seiner schönsten Seite. Drei hervorragende Merlots werden hier im Hause Gialdi produziert: der Giornico Oro, der Sassi Grossi (Barrique) und der Trentasei, der drei Jahre in den Eichenfässern reifen darf. Erhältlich bei: *Gialdi, 6743 Bodio, Tel. 091 864 16 55, www.gialdi.ch.*

Nöda, Tòpia, Rascana

Auch kleinere Produzenten beweisen in der Leventina ihre Meisterschaft. Allen voran Corrado Bettoni, der zusammen mit Lorenzo Ostini aus Arbedo den Tòpia und Rascana produziert, frische, gradlinige Merlots. Dazu kommt der Nöda, ein fruchtiger Sauvignon, sowie eine eigentliche Rarität: Aus der autochthonen Tessiner Urrebe keltern die Produzenten auch den Bondola. Erhältlich sind die Weine direkt beim Produzenten in Giornico: *Corrado Bettoni, Funt da Tera (beim Museum), 6745 Giornico, Tel. 078 852 14 74.*

Auflugstipp

Die Casa Stanga war früher ein wichtiger Etappenort für die Reisenden. Das Haus ist heute ein Museum und bietet interessante Einblicke in die Geschichte des Tals und die Lebensweise in früheren Zeiten. Besonders interessant ist die Sammlung alter Spampezi-Formen. Öffnungszeiten: Mi. bis Sa. am Nachmittag, ausserhalb der offiziellen Öffnungszeiten sind Besichtigungen auch individuell vereinbar. *Tel. 091 864 25 22 oder 091 868 30 29, www.museodileventina.ch.*

Feliciano Gialdi und sein Önologe bei der Weinprobe im Keller der Firma Gialdi in Bodio.

Corado Bettoni in seinem Rebberg in Giornico, der nördlichen Weingrenze im Tessin.

Herbststimmung in Chironico.

Maggio Gastronomico 3 valli e bellinzonese

Weitere Restaurants Bedretto, Leventina

Der kulinarische Mai

Im Mai führen die Gastwirte in der Leventina, dem Bleniotal und der Riviera den «Maggio Gastronomico tre valli e bellinzonese» durch. Dutzende von Restaurants überbieten sich dann jeweils mit kulinarischen Spitzenleistungen und überraschenden Gerichten. Das Valsole in Acquarossa präsentiert zum Beispiel seinen Risotto al limone und panierte Milken. Das Nante im gleichnamigen Dorf bietet Brasato mit Eselfleisch. Und das Stazione in Lavorgo bietet ein Fünf-Gang-Menü mit «Salmerino» und einer Kräutermayonnaise als Ouvertüre. Kenner der Materie picken sich jeweils die spannendsten Darbietungen heraus und machen richtiggehende «Fress»-Touren in den Tälern. Fabrizio Barudoni, der die Aktivitäten bei Leventina Turismo koordiniert, betrachtet den «Maggio» als eine sympathische Möglichkeit, um die gastronomischen Werte der Region sowohl bei den Tessinern als auch den Touristen besser bekannt zu machen: «Wir haben fantastische

Produkte, hervorragende Restaurants und kaum bekannte kulinarische Schätze, die zu entdecken sich lohnt.» Informationen bei: *Leventina Turismo, 6780 Airolo, Tel. 091 869 15 33 und auf www.maggiogastronomico.ch und www.leventinaturismo.ch.*

Ristorante All'Aqua

Kurz bevor es so richtig losgeht mit dem Nufenen, kann man im Ristorante All'Aqua, zuoberst im Bedrettotal, noch kulinarisch auftanken. Die Küche ist einfach, das Angebot reicht vom Alpkäseteller über Antipasti bis zu Käseschnitte, Risotto, Polenta Brasato und im Herbst Wild. Auch am «Maggio Gastronomico» macht das All'Aqua mit und präsentiert jeweils kleine «Gourmetmenüs». *Ristorante All'Aqua, Familie Zendralli, geöffnet in der Saison im Sommer und an schönen Tagen im Winter, Tel. 091 869 11 85.*

Albergo Forni, Airolo

Das Forni beim Bahnhof in Airolo zählt zu den besten Adressen in der oberen Leventina. Jean-Yves Thomas, Küchenchef aus Frankreich, pflegt eine mediterrane Küche, setzt aber auch einfache Gerichte hervorragend um. *Albergo Forni, Familie Marzio Forni, 6780 Airolo, keine Ruhetage, Tel. 091 869 12 70, www.forni.ch.*

Nante, Airolo-Nante

Das Nante ist ein Restaurant mit Berghüttenromantik und schöner Sonnenterrasse in der Nähe der Skipiste. Es gibt Risotto, Polenta, im September Wild mit Gamspfeffer, sowie auf Vorbestellung Rehrücken. Im Winter auch Fondue. Im Mai kreiert das Nante spezielle Menüs, zum Beispiel Eselbrasato mit Tagliatelle.

Ristorante Nante, Lilia und Silvia Pedrini, 6780 Airolo-Nante, Ruhetage: Mo., Di., Betriebsferien im April und Nov. jeweils drei Wochen, Tel. 091 869 27 88.

Albergo Defanti, Lavorgo

Die Familie Defanti ist eine Tessiner Institution. Ende des vorletzten Jahrhunderts wanderte Urgrossvater Antonio nach Paris aus und eröffnete dort ein Farben- und Lackgeschäft. Vor hundert Jahren kam die Familie nach Lavorgo zurück und eröffnete ein Restaurant mit Tankstelle und Laden. Filippo Defanti gehörte zu den ersten, die in der Leventina mit einem Auto unterwegs waren – einem Fiat 501. Heute führt sein Enkel Cesare das Familienunternehmen. Das Restaurant ist vor allem bei den Einheimischen beliebt und bietet gute Tessiner Küche an. Zum Jubiläum des Merlot haben die Defantis ein uraltes Gericht ausgegraben: Ravioli, zubereitet aus Polenta. *Albergo Defanti, 6746 Lavorgo, Ruhetage von Nov. bis März jeweils So. und Mo., keine Betriebsferien, Tel. 091 865 14 34, www.defanti.ch.*

Grotto dei due Ponti, Giornico

Eine der empfehlenswerten Adressen in der mittleren Leventina. Koch Arturo Sartore setzt die Tessiner «Urküche» gepflegt und ideenreich um. Zudem verwöhnt das Grotto mit seiner direkten Lage am Ticino mit einer schönen Aussicht. *Grotto dei due Ponti, Isola, 6745 Giornico, Tel. 091 864 20 30.*

Valle di Blenio (Bleniotal)

Das Kräuterparadies am Alpenrand

Der Lukmanier und die Greina waren einst wichtige Alpenübergänge. Kaiser, Könige und Päpste zogen über diese vergleichsweise «sanften» Pässe von Norden nach Süden und umgekehrt. Heute ist das Bleniotal vor allem als Naturparadies und Sonnenstube bekannt. Einige der besten Tessiner Alpkäse verdanken ihr Aroma den saftigen Alpweiden. Und auch die Küche ist reich an Düften und aromatischen Kreationen – von Bärlauch-Gnocchi über Forelle im Salzmantel bis zur karamellisierten «Botticelli-Kuppel».

RESTAURANT **9**
Grotto Dötra
Dötra

RESTAURANT: **Grotto Dötra**
ADRESSE: **6718 Olivone, Monti di Dötra**
GASTGEBER: **Françoise und Claudio Caccia**
TELEFON: **091 872 11 54**
INTERNET: **keines**
RUHETAGE: **in der Saison keine, im Winter 1 Tag pro Woche (anfragen)**
BETRIEBSFERIEN: **Nov.**
WEGBESCHRIEB: **Von Olivone nach Camperio, nach 2 km rechts. Postauto bis Haltestelle Piera.**
SPEZIELL: **Berghausromantik mit Spitzenküche; Winterservice mit Motorschlitten**

Das Grotto Dötra liegt hoch oben im Bleniotal und wird seit Juni 2006 von Françoise und Claudio Caccia geführt.
Um Superlative kommt man bei diesem romantischen Berghaus nicht ganz herum: Es ist – auf 1800 Meter über Meer – das höchstgelegene Grotto im Tessin, gleichzeitig das einzige, das ganzjährig offen ist –, und es steht erst noch in der kleinsten Gemeinde im ganzen Kanton. «Mal spiele ich den Gemeindepräsidenten», lacht Claudio, «mal übernimmt Françoise den Posten. Und wenn wir uns nicht einig sind, muss Kirikou die Pfote heben.» Der kommt aus Madagaskar und dürfte der einzige «äquatoriale» Hund sein, der die Tessiner Polenta kennt und liebt. Die macht Claudio jeden Tag frisch, auf dem offenen Feuer im Cheminée.

Forelle im Salzmantel und «Cupola di Botticelli»

Ein bisschen verrückt sind sie schon, diese Caccias! Vor kurzem noch führten Françoise und Claudio im untersten Zipfel des Tessins ein Edelrestaurant – jetzt sind sie am «Ende der Welt» in einer Berghütte. Und natürlich ist das Essen auch hier «typisch Caccia»: Keine simplen Plättli oder aus dem Beutel fabrizierte Minestrone kommen im Dötra auf den Tisch, sondern frische, kreative Kochkunst. Zum Beispiel mit Zwetschgen gefülltes Kaninchen, Forelle im Salzmantel oder Bollito misto mit frischem Gemüse und einer süss-sauren Sauce. Nicht zu vergessen Claudios dessertales Meisterwerk: die «Cupola di Botticelli»! Mindestens einmal im Leben sollte man sich dieses filigrane Kunstwerk mit dem luftigen Biskuitboden, den marinierten Früchten und der «schwebenden» Konstruktion aus Caramelfäden gönnen! Doch auch wenns Polenta gibt, kommt sie im Dötra mit «comment» auf den Tisch. Genau wie Claudios hausgemachte Bärlauch-Ravioli mit Honig, das Lammcarré mit Kapern oder das Porcellino (Spanferkel), das er einmal im Jahr auf dem offenen Feuer schmoren lässt – dann allerdings gleich im Dutzend.
Um 6 Uhr steht der Kochprofi auf, schiebt wie jeden Tag seine Crème brulée in den Ofen und empfängt um sieben Uhr bereits einen Bergbauern, der frische Waldpilze bringt. Die Natur kocht im Dötra mit: Pilze, Bergkräuter, Waldbeeren und wildes «Urgemüse» wachsen

vor der Haustüre. Eben hat Françoise wilden Spinat entdeckt: «Der passt wunderbar zum gefüllten Kaninchen», sagt die sympathische Gastgeberin mit ihrem unverkennbaren französischen Akzent. In Genf haben sich die beiden vor zehn Jahren kennen gelernt – kurz danach gings ab in die Welt: Zuerst nach Kourou in Neuguinea, dann nach Paris, weiter nach Honduras (wo sie das El Pirata führten), dann in die Dominikanische Republik, nach Vancouver, Rio und die Malediven, bis Claudio in Asien vollends in die Liga der Spitzenköche aufzusteigen begann: Im Intercontinental in Seoul und im Hyatt in Jakarta war er Küchenchef und kreierte dort erstmals seine «Cupola di Botticelli», die im Dötra auf Vorbestellung zu haben ist.

Sind die beiden Weltenbummler jetzt endlich zur Ruhe gekommen? «Wir haben das Haus fünf Jahre gepachtet und werden garantiert so lange bleiben», lacht Françoise. «Zudem lieben wir die Natur, die Ruhe, die Wildtiere: In grossen Rudeln ziehen die Hirsche und Rehe im Herbst an unserem Grotto vorbei – ein wundervoller Anblick.» Un pò romantico sind sie eben auch, die Caccias! Und grosse Jazzfans.

Zum Beispiel Miles Davis. Lassen Sie sich den Blick auf die LP-Sammlung nicht entgehen: Im Keller liegen 1170 Vinylplatten mit Musik von Miles Davis und Co. Und betrachten Sie auch das Bild in der Gaststube etwas genauer: Signiert ist es mit «A. Schmidlin, 1925». Gefunden haben es die beiden im Abfall, das Frauenporträt dürfte jedoch einiges wert sein: Ich habe sicherheitshalber schon mal 1500 Franken offeriert…

Meine Prognose: So viel positive Energie und Können spricht sich herum. Ich bin deshalb sicher, dass man im Dötra schon bald reservieren muss, um diese alpine Spitzenküche geniessen zu können. Besonders im Herbst, wenn Wild auf der Karte steht. Aber auch im Winter, wenn das Alpkäse-Fondue für Stimmung sorgt. Auch wenn der Schnee meterhoch steht, kommt man zum Dötra hinauf: Dann holt Claudio den Motorschlitten aus dem Keller und braust mit den Gästen den Berg hoch durch den Pulverschnee.

Alle zwei Jahre dürfen im Tessin die «marmotte» gejagt werden. Das Murmeltierfleisch ist besonders würzig und wird von Claudio kunstvoll «entfettet» und als Pfeffer zubereitet. Wild ist im Dötra ab Mitte September ein Thema und kommt jagdfrisch auf den Teller.

Wer das Dötra von früher kennt, wird staunen: Aus der verschachtelten Berghütte haben Françoise und Claudio ein helles, romantisches Bergrestaurant gemacht.

Spanferkelplausch im Dötra (jeweils anfangs August).

Einsalzen der Bergbachforelle.

Frische Polenta, von Claudio auf dem offenen Feuer zubereitet.

Kirikou, der wohl einzige Hund aus Madagaskar, der die Tessiner Polenta liebt.

– Die «Cupola di Botticelli» (Botticelli-Kuppel) ist nicht nur optisch ein Kunstwerk.
– Zander-Carpaccio, im Hintergrund die hausgemachte Bärlauchpaste.
– Bergbachforelle im Salzmantel.
– Alpkäse vom Lukmanier und Mazze aus dem Tal.

Rezepte von **Claudio Caccia** im Anhang.

— **Marinierte Forelle «in carpione»**, S. 358
— **Forelle in Salzkruste**, S. 358
— **«Zuppa» von roten Beeren, im Gewürzwein mariniert**, S. 368
— **Formaggini von der Alp mit Bärlauch**, S. 375

RESTAURANT **10**
Grotto Al Sprüch
Ludiano

RESTAURANT: **Grotto Al Sprüch**
ADRESSE: **Milena und Oliviero Rusconi**
GASTGEBER: **6722 Ludiano**
TELEFON: **091 870 10 60**
INTERNET: **keines**
RUHETAGE: **Mo.**
BETRIEBSFERIEN: **1 Woche im Nov., 2 Wochen im Jan.**
WEGBESCHRIEB: **am oberen Dorfrand von Ludiano bei «den Felsen»**
SPEZIELL: **Die Konstruktion im Felsen**

Das Grotto Al Sprüch liegt im Weindorf Ludiano, nicht weit von der Burgruine Serravalle, einem Zeugen der bewegten Vergangenheit des Tals: Mehrmals wurde die Burg belagert, unter anderem von Barbarossa (1176). Zuerst gehörte sie den Herren da Torre, danach den Orelli, den Visconti und schliesslich der Mailänder Familie Pepoli. Doch dann hatten die «bleniesi» genug von all den «fremden Herren», stürmten 1402 die Trutzburg und machten sie praktisch dem Boden gleich.

Urchige Tessiner Küche unter dem Felsendach

In der Hitparade der originellsten Grotti im Tessin liegt das Al Sprüch weit vorn: Es wurde direkt unter einen riesigen, überhängenden Felsbrocken gebaut! Der Naturfels, der 1306 den Berg heruntterrutschte und heute die Decke des Grottos bildet, hängt stellenweise ein wenig durch, was das «Grottogefühl» zusätzlich verstärkt. Selbst Stararchitekt Mario Botta hatte an dieser Konstruktion seine Freude, als er kurz einmal hereinschaute.

Nicht minder urwüchsig ist das kulinarische Angebot. Die Gastgeber setzen konsequent auf Tessiner Traditionsküche, die sauber und frisch auf den Tisch kommt. An unserem Besuchstag stand Ossobuco auf der handgeschriebenen Menükarte. Vier Stunden durfte das «Fleisch am Knochen» im hausgemachten Fond schmoren und war entsprechend zart und geschmackvoll. Etwas Besonderes hatte sich Oliviero zusätzlich ausgedacht: Mortadella fegato (Leber-Mortadella) mit weissen Bohnen, ebenfalls begleitet von der Hauspolenta. Als Saucen-«Tiger» komme ich bei dieser saftigen Sache voll auf meine Rechnung: Das Gericht ist nicht gerade kalorienarm, kommt aber mit der Kombination von leicht säuerlich (Mortadella) und süsslich (Bohnen) im Gaumen sehr gut an.

Polenta, mit Käse überbacken. Auch bei der «Beilage in Gelb» wird im Sprüch gut gearbeitet: Die Fünf-Korn-Mischung kommt schnittfest auf den Teller und wird

auf Wunsch «conscia» serviert (mit Käse überbacken), was allerdings einem vollwertigen Hauptgang entspricht. Schön ist auch die Dessertkarte, die zur Beerenzeit Entdeckungen erlaubt wie Erdbeeren im Merlot, zubereitet nach einem Rezept von «Mama» Rusconi.

Milena und Oliviero sind seit 2006 auf dem Sprüch und haben sich mit dem Grotto im Felsen einen Traum verwirklicht: «Es ist unser erstes eigenes Restaurant», sagt Milena, die mit ihrem Künstler-Look und ihrem fröhlichen Lachen stets für gute Stimmung sorgt. Oliviero ist eher der ruhige Pol und wirkt in der Küche mit hohem Qualitätsanspruch: «Einfach, aber gut», heisst sein Motto.

In vino veritas. Spannend ist das Weinangebot im Sprüch, weil es lokale Merlots wie den Ludiano von Tamborini oder den Ca'Bianca von Boldini enthält. Dazu kommt eine Rarität: der etikettenlose «Nostrano», von Giuseppe Ferrari aus Merlot und Bondola gekeltert. Die Bondola-Traube gehört zu den Urreben des Tessins, im Fachjargon «autochthone» Rebsorten genannt, und erlebt vor allem bei kleinen Winzern eine Renaissance. Giuseppes Ur-Nostrano gehört zu meinen Lieblingsweinen, wenn ich im Sprüch einen leichten, süffigen Tropfen trinken möchte und – zur Abwechslung mal – keinen Merlot! Es kommen ohnehin einige spannende Weine aus dieser romantischen Ecke des Bleniotals! Anfang Oktober findet in Ludiano die «Festa del Torchio» – das Fest des Torkels – statt. Dann setzen die Winzer die 300-jährige Traubenpresse in Gang, und der Saft läuft blutrot aus der Presse. Es ist die einzige im Tessin, die noch funktioniert! Informationen bei: *Giuseppe Ferrari, Weinproduzent, 6722 Ludiano, Tel. 091 870 12 65.*

Unter dem «Felsbrocken» ist es urgemütlich. Auch draussen an den Steintischen fühlt man sich im Sprüch in einer Naturoase.

Interessantes Getränkeangebot: hauseigener Grappe, der Merlot Ca'Bianca von Boldini und der aus den Dorftrauben gekelterte Ludiano von Tamborini.

Auswahl aus den urchigen Tessinergerichten, die im Sprüch jeden Tag frisch zubereitet werden.

– Polenta mit Mortadella und fagioli (weissen Bohnen).
– Polenta mit Ossobuco, ein Klassiker der Polenta-plus-Küche im Tessin.
– Polenta «conscia» (mit Käse überbacken).
– Erdbeeren in Merlot.

Rezepte von **Oliviero Rusconi** im Anhang.

— **Mortadella mit weissen Bohnen,** S. 360
— **Kalbshaxen** (Ossobuco), S. 361

RESTAURANT **11**
Grotto Morign
Pontirone, Malvaglia

RESTAURANT: **Grotto Morign**
ADRESSE: **Pontirone**
GASTGEBER: **Bice und Flavio Rè**
TELEFON: **091 870 11 81 und 079 365 79 02**
INTERNET: **keines**
RUHETAGE: **Juli./Aug. keine, sonst Mo.–Fr.**
BETRIEBSFERIEN: **Nov. bis April**
WEGBESCHRIEB: **von Malvaglia Richtung Malvagliatal, dann rechts Richtung Val Pontirone**
SPEZIELL: **atemberaubende «Hanglage»**

Das Grotto Morign (Mühle) liegt im Pontironetal, etwa 15 Autominuten von Biasca entfernt: Saftige Alpwiesen, rauschende Bergbäche und im Sommer unzählige Walderdbeeren sind die Fahrt in dieses versteckte Paradies wert. Ermanno vom Ristorante Stazione in Lavorgo fährt regelmässig hinauf, um die seltene, rot gepunktete Bergforelle zu fischen und auf 2000 Metern Höhe den Cava-Alpkäse zu posten. Im Winter ist das Tal menschenleer, nur zwei Bauern wohnen das ganze Jahr mit ein paar Ziegen hier.

Alpenküche in einem Naturparadies

Immer im April packen Bice und Flavio Rè in Biasca die Koffer und fahren ins Pontirone. Dann beginnt die Grottozeit, und auch das Morign öffnet seine uralten Holztüren. Die Lage ist spektakulär: Gleich hinter dem Haus liegt ein Felshang mit riesigen Steinbrocken in atemberaubender Schräglage! «Bis jetzt ist noch keiner heruntergekommen», sagt Bice, die allerdings vorgesorgt hat: An den exponierten Stellen hat die Familie Eisennetze montieren lassen. «Sicher ist sicher», sagt Flavio Rè.

Familiengrotto seit 1900. Seit über einem Jahrhundert führt die Familie Rè das Berggrotto, in dem früher nur Wurst, Käse, Merlot und «gazzosa» serviert wurden. Dann begann Mutter Rè einfache Gerichte zu kochen – und zwar so gut, dass das Morign zu einer beliebten Anlaufstelle für die Biasca-Bewohner wurde. Seit 1975 sind Bice und Flavio auf dem Morign. «Wir können nicht davon leben, aber es macht Spass, hier oben in den Bergen, in der Natur zu sein», sagt Bice.

Lauschiger Grottogarten. Ein kleines Paradies ist der kleine, versteckte Garten hinter dem Haus mit uralten Granittischen, einer «cantina» im Fels und grossen, schattenspendenden Kastanienbäumen. Auch etwas «Trümmerromantik» trägt zum Erlebnis bei: Das verfallene Rustico neben dem Garten war im 18. Jahrhundert das Haus des Pfarrers. Der musste die Gegend allerdings fluchtartig verlassen, weil er einer jungen

Dame im Dorf allzu intensiv den Hof machte. «Das war ein Mädchen aus unserer Familie, eine Rè», lacht Bice und verschwindet in der Küche, denn es steht einiges auf dem Programm.

Pizzocan. Als Erstes macht sie Pizzocan, eine spezielle Gnocchi-Version, die nur mit Eiern, Wasser, Milch und weissem Mehl (früher Roggenmehl) zubereitet wird. Das uralte Pontirone-Rezept stammt von Grossmutter Rè und schmeckt hervorragend, zumal es von einem kühlen Merlot aus Biasca begleitet wird. Dann folgt ein Klassiker der Tessiner Bauernküche: der Capretto (Gitzi), den Bice mit Weisswein und Marsala ablöscht und zwei Stunden im Ofen schmoren lässt. Wer diesen saftigen Capretto im Morign genossen hat, wird anspruchsvoll; so gut ist er selten zu finden! Zum Dessert hat sich Bice ebenfalls etwas vom «territorio» ausgedacht: Am Morgen hat die Familie Walderdbeeren gesammelt, erntefrisch kommen sie auf den Tisch. Dazu gibt es kleine, luftige Meringues, ebenfalls nach einem Hausrezept. Etwa 200 Stück macht Bice an den Wochenenden. «Wir versuchen, die Gäste mit einfachen Dingen zu verwöhnen», sagt Bice, «Wasser, Salz, Butter und die Produkte der Region – das ist eigentlich alles. So habe ich es gelernt, und so esse ich auch selber am liebsten.»

Wenig, das wenige aber gut: Diesem Prinzip folgt auch das Fleischangebot im Morign. Im Herbst, wenn die Schweine von der Alp kommen, kaufen die Rès jeweils zwei Tiere und lassen sie metzgen. «Das gibt wunderbar würziges Fleisch», sagt Flavio, dessen über 100-jährige Gewürzmischung für die Mazze besser gehütet wird als das Bankgeheimnis. Er freut sich auch sonst auf den Herbst: Dann ist Wildzeit im Morign. Spezialität ist das Hirsch-Roastbeef mit gerösteten oder im Rotwein gekochten Kastanien. Auch das ein Pontirone-Rezept, das von der Familie gepflegt wird.

Der lauschige Grottogarten hinter dem Haus.

Bice Rè bei der Zubereitung der Pizzocan.

Mini-Meringues. Serviert werden sie nature oder mit hausgemachter Glace.

Fragole del bosco (Walderdbeeren).

VALLE DI BLENIO (BLENIOTAL)

– Mascarpa, ein Ziegenmilch-Ricotta, der vorzüglich zu Gschwellti schmeckt oder mit Aceto bianco und Salz gegessen wird. Rechts im Bild Formaggio d'Alpe Cava. Etwa achtzig Kühe sind im Sommer auf der Alp. Der Cava ist ein hervorragender Alpkäse, der etwas süsslicher schmeckt als der Piora.
– Kaltes Plättli mit hausgemachter Mazze.
– Pizzocan, eine spezielle Gnocchi- bzw. Spätzli-Version.
– Capretto (Gitzi) mit Kartoffeln.

Rezepte von **Bice Rè** im Anhang.

— **Pizzocan «Pontirone»**, S. 354
— **Capretto «Rè»**, S. 361

Frauenpower im Kräutertal

Im Centrale in Olivone zaubert Annemarie Emch Spitzenküche auf den Teller, im Sprüch betreut Milena die Gäste unter dem Felsbrocken, Meret Bissegger aus Malvaglia ist die in der ganzen Schweiz bekannte «Kräuterfrau» – und ganz oben auf dem Lukmanier zeigt eine 19-jährige Sennerin den «Herren der Schöpfung», was ein wirklich guter Alpkäse ist: Im Bleniotal ist Frauenpower angesagt, natürlich nicht nur, aber doch auffallend häufig.

Das war schon früher so, wie man im Museo storico in Lottigna sehen kann: Im schön renovierten Palast aus dem 15. Jahrhundert, in dem einst die Landvögte residierten, ist die Frauenpower im Bleniotal gut dokumentiert. Viele Männer wanderten aus, um als «marronai» (Marronibrätler), Schokolademacher und später auch als Glaceverkäufer Geld zu verdienen. Die Frauen, Kinder und älteren Leute bewirtschafteten die Felder und Alpen. Wie Nomaden zogen sie mit ihren wenigen Tieren auf die Alpweiden und wieder zurück ins Tal, um die mageren Böden zu

Marienbild auf einem alten Fresko, das im Museo storico in Lottigna im Bleniotal zu sehen ist.

VALLE DI BLENIO (BLENIOTAL)

nutzen. Der Käse war von geringer Qualität, fast alles musste verkauft werden. Gegessen wurde eine typische «cucina povera», vor allem Kartoffeln und Reis.

Trotzdem haben die Blenieser Frauen ein paar originäre Gerichte ins kulinarische Erbe des Tessins eingebracht: Die Alborada zum Beispiel (Kartoffeltorte), die Oss da mort (Totenbeinchen) oder die Tortelli di San Giuseppe, die jeweils am 19. März zu Ehren des Heiligen zubereitet wurden. Auffallend viele Spezialitäten sind religiös motiviert.

Gratinierter Kartoffelstock.
Ein bekanntes Blenio-Gericht sind die Gnücch in pigna, die man im Albergo Acquacalda, ganz oben auf dem Lukmanier, und ab und zu auch im Stazione in Olivone essen kann. «Das ist Kartoffelstock, der im Ofen gratiniert wird», sagt Tiziano Canonica von der Osteria Centrale, «wobei die Gnücc in jeder Familie wieder etwas anders zubereitet werden. Leicht anders rezeptiert sind auch unsere Luganighe, in denen Schwarten drin sind. Oder der Ricotta, der gesalzen und in Tonbehältern gelagert wird, was einen pikanten Käse ergibt, den man im Blenio Mascarpe nennt.»

Rezept «Gnücch in pigna» (Kartoffel-Käsegratin) im Anhang S. 356

Mascarpe im Tongefäss.
Hedy Roth Marchi und ihr Mann Giampaolo, Landwirte in Olivone, stellen den «gesalzenen Ricotta im Tontopf» her, im Bleniotal Mascarpe genannt. Erhältlich ist die Rarität ab November bei *Hedy Roth Marchi, 6718 Olivone, Tel. 091 872 19 16 oder 091 872 10 13.*

STARKOCH AUS DEM BLENIOTAL

Weltberühmt wurde der in Torre im Bleniotal geborene Koch Martino Rossi: Er wanderte im 15. Jahrhundert nach Italien aus und bekochte unter dem Künstlernamen Martino de Rubeis ab 1457 Francesco Sforza, später den Heerführer Gian Giacomo Trivulzio und den reichen Patriarchen Lodovico Trevisan, der in Aquila residierte. Rossi bzw. Rubeis war auch als «Kochphilosoph» tätig und propagierte eine auf das Wesentliche reduzierte Küche mit ausschliesslich frischen Zutaten – ein Denkansatz, der zum Glück in der Tessiner Gastronomie wieder zunehmend die Regel ist.

BUCHTIPP

So isst das Tessin (Ticino a tavola), Edizione San Giorgio, Corriere del Ticino. Das Buch von Maryton Guidicelli und Luigi Bosia enthält zahlreiche Rezepte aus dem Bleniotal und aus dem ganzen Tessin und ist eine Fundgrube.

AUSFLUGSTIPP

Das Museo storico ist ab April bis Ende Oktober, jeweils Di. bis So., 14 bis 17.30 Uhr geöffnet. Zufahrt via Acquarossa über die Brücke, nach drei Kilometern rechts nach Lottigna. *Museo storico di Blenio, 6716 Lottigna, Tel. 091 871 19 77, www.museodiblenio.valledblenio.ch.*

Alpkäse Pertusio

Der beste Tessiner Alpkäse? Für Claudio Caccia vom Grotto Dötra ist es klar der Pertusio! Auf dem Lukmanier, auf 1840 Metern Höhe, wird sein Lieblingskäse hergestellt – in einer filmreifen Kulisse: Im Hintergrund türmen sich Kalksteinfelsen, ein Bach sprudelt aus dem Fels, davor steht die kleine Käserei mit ihrem Granitsteindach. An diesem idyllischen Plätzchen wird noch so gekäst wie vor hundert Jahren: ohne Strom, alles von Hand, mit viel Gefühl und Aufwand.

Die Murmeltiere schätzen die alljährliche «Invasion» nicht! Zuerst weiden die Kühe einige Wochen auf den Wiesen in Dötra, dann kommen die 40 Tiere auf die Alp Pertusio, die Luigi Truaisch aus Olivone als Hirt betreut.

Das gibt Betrieb, zumal auch noch einige Schweine zum «Treck» gehören. Im Sommer mutieren sie zu Alpschweinen und werden mit der würzigen Käseschote gemästet.

Frauenpower. Gekäst wird unter den Kalkfelsen von Frauen. Eva Cotti ist 19 Jahre alt, doch bereits ein Profi. Ein Jahr lang hat sie bei ihrem Vater in der Leventina Ziegenfrischkäse hergestellt – jetzt ist sie Sennerin auf dem Lukmanier: «Ich stehe jeweils um 5 Uhr auf, helfe beim Melken und beginne dann um 8 Uhr mit dem Käsen», erklärt mir die wohl jüngste Käserin im Tessin. Unterstützt wird sie von Daniela, die aus Innsbruck kommt. Neben dem Alpkäse stellen die beiden Butter, Ricotta, Büscion (stangenförmiger Frischmilchkäse mit Salz, Pfeffer und Kräutern) sowie Robiola her: «Der wird nicht gesalzen und ist etwas kompakter als der Büscion», erklärt Eva. 400 Liter Milch verkäsen die beiden Frauen täglich, acht Alpkäse-Laibe, jeder 5 Kilo schwer, entstehen in mehrstündiger Handarbeit. Dann geht es ab in den Felsenkeller, wo die Käselaibe von Luigi alle zwei Tage mit einem feuchten Lappen gereinigt, gebürstet und gewendet werden: «Erst nach 45 Tagen darf der Alpkäse verkauft werden», sagt Luigi, der sich um den Absatz keine Sorgen machen muss: Je-

Handarbeit wie in alten Zeiten: Eva, die jüngste Käserin im Tessin, produziert täglich 40 Kilo Alpkäse.

Herausnehmen der Käsemasse.

Luigi pflegt den Käse in der «Cantina» im Kalksteinfelsen.

Die Pertusio-Endprodukte: Formagella, Alpkäse, Ricotta und Büscion.

Eva, Luigi und Daniela: Während hundert Tagen bilden sie im Sommer das «Pertusio-Team» auf dem Lukmanier.

der Kuhbesitzer erhält im Herbst seine Alpkäse-Ration. Was bleibt, kaufen Touristen und Käseliebhaber direkt auf der Alp.

Das Geheimnis des Pertusio? Eva lacht, verrät mir aber zwei Dinge: Erstens lässt sie das Lab nach der Arbeit mit dem Holzrechen nochmals zweimal absenken und rührt es wieder auf. «Das macht den Käse homogener.» Und Sie schneidet den Käse in der flüssigen Schote, bevor sie ihn nach alter Sennenmanier mit einem Tuchzipfel im Mund aus dem Kessel holt: «Das sind traditionelle Techniken, die besser sind als die automatisierten Herstellungsprozesse», sagt die junge Sennerin stolz.

Verkauf ab Alp
Die Käserei ist in den Sommermonaten offen. Der Alpkäse kommt erst gegen Ende der Saison aus dem Felsenkeller. Die Käserei befindet sich zwischen Acquacalda und Hospitz. *Alp Pertusio, Luigi Truaisch, Tel. 079 239 08 48.*

Die Kräuterfrau aus Malvaglia

«Merets grosses Buffet» steht in dicker Kreideschrift auf der Tafel über der Freiluftküche im Garten des Teatro Paravento. Wie immer während dem Filmfestival kommt Meret aus dem Bleniotal nach Locarno und bekocht zwei Wochen lang das Publikum. Zucchinisalat, Gemüsetorte und Gewürzglacé gehören heute zum Menüangebot. Die Ausgangsprodukte stammen zum grossen Teil aus dem Tessin, sind einfach zubereitet, aber stets raffiniert gewürzt.

Merets Gewürzkoffer. «Ich habe immer meinen grossen Koffer voll von Gewürzen dabei», lacht Meret, die konsequent saisonal und ausschliesslich mit Bioprodukten kocht. «Das Grundprinzip ist die Vollwertküche, ich versuche, den vollen Wert der Naturprodukte auf die Teller zu bringen», erklärt die Kräuter-Gourmetköchin, die – wie sie selber sagt – im Vorfrühling zur Geiss mutiert: «Ich freue mich jedes Jahr wie ein Kind darauf, endlich wieder etwas Grün zu sehen: Dann gehe ich hinaus und sammle Brennesseln, Vogelkraut, weisse Melde, Hirtentäschchen und andere essbare Wildkräuter. Manche sind wahre Geschmacksbomben. Daraus mache ich Salate, Vorspeisen und kleine Gerichte. Ich spiele aber auch gerne mit Haselnussöl, Kürbiskernöl, Rapsöl und Olivenöl», erklärt Meret, die Essen mit ethischer Verantwortung verbindet: «Mir geht es auch darum, den Leuten zu zeigen, dass wir durch unser Essverhalten mitbestimmen, ob es sozial und ethisch gut abläuft in unserer Welt. Die graue Energie ist zum Beispiel ein Thema: Dass es eben viel zu viel Energie braucht, um im ganzen Jahr Tomaten oder Erdbeeren zu haben. Oder dass wir nicht jeden Tag Fleisch essen sollten, wenn wir die Tiere nicht zu Fleischmaschinen degradieren wollen. Hier in Locarno jeden Abend für 200 Leute ein Buffet zu machen, das in jeder Beziehung stimmt, macht mir Freude: Jetzt sind die Zucchetti reif, also gibt es Zucchinisalat mit Zitronen und Basilikum. Oder Zucchini trifolati, stark angebraten mit Peterli und Knobli. Und Zucchini marinati, im Weisswein mariniert, mit Zitronenthymian und Nelken.»

Mehr Info zu Merets Cucina naturale: Meret führt Kochkurse und im Frühling spezielle Wildkräuterkurse durch, macht Catering und kann als Köchin gebucht werden. Zweimal jährlich verschickt sie ihr aktuelles Programm per E-Mail. *Meret Bissegger, 6713 Malvaglia-Rongie, Tel. 091 870 13 00 und 078 605 10 07, meret@ticino.com.*

Rezept von **Meret Bissegger** im Anhang.

— **Apérokugeln aus «farina bona»** (geröstetes Maismehl), S. 348

Tausend Jahre Bondola

Stolze 250 Jahre hat die alte Weinpresse auf dem Buckel, die jeweils während der Weinlese im Herbst in Ludiano wieder in Betrieb genommen wird. Blutrot läuft der Rebensaft über das saftgetränkte Rebholzbündel ins Eichenfass. Es ist der einzige historische Torkel im Tessin, der noch funktioniert: «Genau so wurde in den Urzeiten der Wein produziert, lange bevor es den Merlot gab», erklärt Giuseppe Ferrari, Weinproduzent in Ludiano, der die Besucher jeweils durch die Anlage führt. «Produziert wurde ein einfacher Nostrano, der aus Bondola-Trauben gepresst wurde, einer der ältesten autochthonen Rebsorten im Tessin.»

VALLE DI BLENIO (BLENIOTAL)

Zeitreise. Wer heute einen Bondola trinkt, macht eine Zeitreise: Etwa so kann man sich den Wein vorstellen, den man vor 1000 Jahren getrunken hat. Aus moderner Sicht mag dieser Urwein zwar kaum an einen modernen, charaktervollen Merlot herankommen. Trotzdem haben sich etliche Weinproduzenten im Tessin des Bondola angenommen. Allen voran Corrado Bettoni aus Giornico, der zusammen mit Lorenzo Ostini zu den eigentlichen Bondola-Pionieren gehört: «Der Bondola ist ein wichtiger Teil der Tessiner Weingeschichte, die wir nicht verlieren sollten», sagt der engagierte Produzent. Auch andere Produzenten erweisen der Uraltsorte die Reverenz:

Giorgio Rossi von der Azienda Mondò produziert in Sementina den Bondola Riserva Nonu Mario. Peter Gauch, ebenfalls in Sementina zu Hause, nennt sein Gewächs schlicht Bondola, genau wie Roberto Belossi in Contone und Pian Marnino in Gudo. Auch die Terreni alla Maggia in der Nähe von Ascona machen bei der Renaissance der Uraltsorte mit. Zwischenzeitlich sind rund ein Dutzend Bondola-Etiketten als eigenständige Weine wieder auf dem Markt. Und die Renaissance hat eben erst begonnen!

Qualitätssteigerung und Assemblagen. Aus heutiger Sicht ist der Bondola ein dünner Wein: «Der Alkoholgehalt ist gering, verwöhnte Weintrinker vermissen Struktur und Boden», sagt Corrado Bettoni, der Bondola-Pionier in Giornico. «Die Bondola-Traube eignet sich deshalb vor allem für Nostrano oder kann in Kombination mit Merlot verwendet werden: So bekommt der Wein eine spezielle Tonalität, mehr Farbe, wird süffig und frisch. Wir haben aber eben erst begonnen. Die Bondola-Rebstöcke produzieren problemlos 2 kg Trauben pro Quadratmeter, sind also äusserst ergiebig. Das bedeutet, dass man viel rausschneiden muss, um eine gute Qualität zu erreichen. Und da liegt noch einiges drin», sagt Corrado.

Nostrano mit Bondola
Giuseppe Ferrari (siehe S. 89) keltert seinen Nostrano zu je 50 Prozent aus Merlot- und Bondolatrauben und zeigt den Besuchern gerne den letzten noch funktionierenden «torchio» im ganzen Tessin!
Giuseppe Ferrari,
6722 Ludiano,
Tel. 091 870 12 65.

100 JAHRE MERLOT

Der heute für das Tessin typische Merlot hat eine vergleichsweise junge Geschichte. Sie beginnt mit einer Katastrophe: Phylloxera vastatrix heisst das wenige Millimeter grosse, aus Nordamerika eingeschleppte Insekt, das vor 120 Jahren sämtliche Weinreben befallen hat. Die über 1000jährige Weinkultur wurde von der Reblaus – wie fast überall in Europa – flächendeckend zerstört! Stefano Franscini führt in seinem Buch «La Svizzera Italiana» über ein Dutzend Sorten auf, die damals noch angebaut wurden: Bondola, Spagnuola, Regina, Negrita, sowie die Palestina und die Paganola, zwei uralte Rebsorten, die nur im Mendrisiotto heimisch waren. Auch weisse Trauben führt der Historiker in dem um 1837 erschienenen Werk auf, darunter die Mastirola und die seltene Malvasia. Am besten gefiel Franscini offenbar der «Strozze prete» auch «Bauerntäuscher» genannt, «ein süsser, angenehmer Wein, trotz seiner etwas schielenden Farbe».

Der Tessiner Wein, das machen all diese klingenden Namen deutlich, war ein önologisches Universum, das mit der Reblaus für immer entschwand – bis auf den Bondola, der als einzige Uraltsorte überlebt hat.

Der Merlot kommt aus Bordeaux. Nach der Reblaus-Katastrophe war im Tessin eine neue, resistente Sorte gefragt. Gefunden wurde sie in einem der traditionsreichsten Weinbaugebiete Europas: in Bordeaux. Aus den edlen Bordeaux-Trauben, aufgepfropft auf amerikanische Rebhölzer, entstand der Merlot. Heute sind rund neunzig Prozent aller Tessiner Weine Merlots. Einige gehören zu den weltbesten, viele wurden mit Auszeichnungen bedacht, andere sind nicht viel mehr als Tischweine, die unter dem Namen «Nostrano» verkauft werden. Diese Hausmerlots stammen meist aus kleinen, familieneigenen Rebbergen und kommen oft ohne Etikette auf den Tisch. So im Restaurant Lessy in Gnosca in der Nähe von Bellinzona: «Der heisst bei uns einfach Nostrano», sagt der Besitzer des Restaurants, Ermanno Zobele, mit Stolz: «Wir pressen die Trauben, lassen den Saft gären, und fertig ist der Wein!»

VALLE DI BLENIO (BLENIOTAL)

Einkaufstipps im Bleniotal

Einkauftipps Bondola

Bei allen hier aufgeführten Produzenten ist der Bondola erhältlich:

*Corrado Bettoni, Funt da Tera (beim Museum), 6745 Giornico, Tel. 078 852 14 74.
Azienda Mondò, Giorgio Rossi, 6514 Sementina Tel. 091 857 45 58.
Peter Gauch, viticoltura al Mondò, 6514 Sementina, Tel. 091 857 23 21.
Roberto Belossi, via Cantonale , 6594 Contone Tel. 091 858 32 67.
Cantina Pian Marnino, 6515 Gudo, Tel. 091 859 09 60.
Terreni alla Maggia SA, via Muraccio 105, 6612 Ascona, Tel. 091 791 24 52
www.terreniallamaggia.ch.*

Alles zwischen zwei Zipfeln

Sie heisst Carla Vescovi und ist die sympathische Metzgersfrau im Dorfkern von Olivone. Ihr Partner Carlo stellt die bekannten Vescovi-Wurstwaren her, von Salametti bis Luganighe, von Rohschinken bis Trockenfleisch. Auch den Lardo (weisser Speck) und die «Vescovi»-Leber-Mortadella sollte man unbedingt probieren. *Metzgerei Vescovi, Carla Vescovi und Carlo Bozzini, 6718 Olivone, Tel. 091 872 17 21.*

Alpkäse und Frischjoghurts Predasca

Sergio Balestra auf dem Campo di Blenio macht seit dreissig Jahren nicht nur den Alpkäse Predasca, sondern auch frische Joghurts, Formaggini und Butter. Vor allem Sergios Joghurts finden bei den Sommergästen reissenden Absatz: «Weil es die besten der Welt sind», lacht Sergio, «und weil wir sie in zwanzig Sorten machen, von Brombeeren- bis Zitronen-Aroma.» Sergios Sommerjob lässt die Alpenkasse klingeln: «Es ist eine kleine Goldgrube», sagt Sergio, der in den Sommermonaten gegen 10 000 Joghurts herstellt. Die gehören tatsächlich zur Weltspitze: Sie sind wunderbar luftig, haben schön viel Früchte drin. Mein Tipp: Kalt geniessen! Das ist besser als jede Glace! Die Alp Predasca ist vom 20. Juni bis 15. Sept. geöffnet. *Alpe di Predasca, Valle Campo di Blenio, Sergio Balestra, Tel. 091 872 13 20.*

Kräutertee und Sonnenblumenöl

Die Cooperativa Cofit in Olivone nutzt das reiche Vorkommen von Wildkräutern und Heilpflanzen im Bleniotal. Sie stellt den Kräutertee «Olivone» und «Regina dei Ghiacci» (Königin der Gletscher) her sowie das aus Sonnenblumenkernen kalt gepresste Feinschmeckeröl «Buongustaio». Über die Website können die Produkte bestellt und nach Hause geliefert werden. Empfehlenswert ist allerdings zu telefonieren. *Cooperativa Cofit, Sekretariat fasv, 6718 Olivone, Tel. 091 872 21 68, www.fasv.ch.*

Weitere Restaurants im Bleniotal

Osteria Centrale, Olivone

Das Centrale in Olivone wird seit Jahren im Slow-Food-Führer *Osterie d'Italia* aufgeführt und gehört zu den besten im Bleniotal. An sich hätten wir über das intelligent geführte Haus gerne ausführlich berichtet. Doch die beiden sympathischen Gastgeber wollten keine grosse Sache machen, «weil uns sonst die Leute die Türen einrennen, wie damals, als Jost auf der Maur einen Artikel in der NZZ veröffentlichte», wie Annemarie Emch, Mitbesitzerin und Kochfrau des Centrale, lachend sagt. «Wir bleiben klein und fein!» Alles klar, liebe Annemarie! Also mache ich hier keine Werbung, sondern sage den Leuten einfach: Gehen Sie ja nicht ins Centrale! Die Küche ist nämlich so gut und frisch, dass Sie nie allein in der Gaststube sitzen werden. Zudem ist alles «bio», das Gemüse z. B. von der Linea verde in Cadenazzo; das Fleisch von Biobauern aus der Region. Die Wurstwaren macht Tiziano selber; die Eier stammen von glücklichen Hühnern. Nudeln, Lasagne, Gnocchi werden täglich frisch hergestellt. Alles folgt den Rhythmen der Natur, ist einfach und sauber. Und falls Sie Restaurants hassen, in denen sich auch echte, authentische Dorfbewohner ein Gläschen genehmigen, und ab und zu kulturell etwas abgeht, sollten Sie ohnehin nie ins Centrale: Hier finden nämlich auch noch Jazzkonzerte und Theaterabende statt. Also, damit Sie die Adresse gleich wieder streichen können: *Osteria Centrale, Annemarie Emch und Tiziano Canonica, 6718 Olivone, Tel. 091 872 11 07, www.osteriacentraleolivone.ch*

PS: Ich darf mich im Centrale wahrscheinlich nie mehr blicken lassen. Selbstverständlich habe ich nämlich im Centrale nicht nur vorzüglich gegessen, sondern trotz «Werbeverbot» eine Innenaufnahme mit «versteckter Kamera» gemacht.

Osteria Piancabella, Aquila

Der braun gebrannte Daniele Monti ist ein klassischer Aussteiger: Vor sechs Jahren hat er sein Elektronik-Imperium mit 400 Angestellten verkauft, reiste dann fünf Jahre in der Welt herum, bis er das Piancabella kaufte und in eine kleine Edel-Osteria umbaute. Die Mischung aus Berghütte und Landsitz mit indischen Sitzgelegenheiten ist zwar etwas gewöhnungsbedürftig. Dafür ist die Aussicht phänomenal, das Essen «nostrano» mit Arrosto, Polenta und Risotto.

Zusätzlich gibt es hausgemachte Terrinen und im Holzofen gebackenes Brot. Mehrmals jährlich bietet Daniele zudem Gourmetmenüs mit Themen an, zum Beispiel ein «Käsefestival» mit verschiedenen Weinen aus einer Region. Der Hochsitz ist gleichzeitig auch ein Hotel und bietet «Schlafen in Tipis» an: Mehrere Indianerzelte stehen im Wald hinter dem Haus, in dem vor allem Familien mit Kindern ihre Abenteuerferien verbringen. Das Piancabella erreicht man über die Strasse, die zwischen Dangio und Olivone in einer engen Kurve abzweigt (Fahrzeit ca. 15 Minuten). Das Haus ist ganzjährig offen.

Osteria Piancabella, Daniele Monti, 6719 Aquila, Tel. 091 871 21 44, www.piancabella.ch.

Grotto Milani, Ludiano

Ins Sprüch oder doch ins Milani? Die beiden schönsten Grotti in Ludiano kämpfen Tür an Tür um die Gunst der Grottofreunde. Das Milani mit etwas mehr Raum, «urchigeren» Menüs wie Pferdefilets, einem Risotto, der einen Ehrenplatz verdient und: einem Tisch, der sich in einer Astgabel auf einem Baum befindet. Offen ist das lauschige Plätzchen in der Grottosaison von April bis Nov. *Grotto Milani, 6721 Ludiano, Tel. 091 870 10 60.*

Grotto Canvett, Semione

Das hübsche Grotto mit Pergola liegt oberhalb von Semione in der alten Grottozone. Hier kann man die Patina der Tessiner Urgeschichte bestaunen und klassische Grottokost geniessen, zum Beispiel die hervorragenden Wurstwaren und den «Büscion», den kleinen, weissen Frischkäse, den man mit etwas Olivenöl, Salz und Pfeffer isst. Die Grottobesitzer und Öffnungszeiten sind etwas «wechselhaft» und vielleicht schon im nächsten Jahr nicht mehr die gleichen. Angaben deshalb ohne Gewähr: *Grotto Canvett, Cesare Degrussa Tel. Tel. 091 872 24 94.*

PROFUMI E SAPORI 2007

Die Spezialitäten des Tals im Überblick
Unter dem Titel «Profumi e sapori» führt das Bleniotal alle zwei Jahre eine kulinarische Rundreise durch die Spezialitäten der Region durch. Die besten Produzenten und Restaurants zeigen, was sie können. Man kann degustieren, sich informieren, kaufen. Der nächste «Profumi e sapori» findet im Mai 2007 statt.
Informationen bei: *Associazione Blenio Bellissimo, c/o Blenio Turismo, Edgardo Manhard, 6718 Olivone, Tel, 091 872 14 87, unter www.blenio.com* und bei Luigi Ferrari in Acquacalda, der sich mit seiner Fondazione uomo e natura für die Renaissance der alten Kulinarik und für ökologische Produktionsmethoden einsetzt. *Tel. 091 994 56 36 bzw. 091 872 26 10.*

Mesolcina (Misox)
Ewiger Schnee und Palmen

Das Misox gehört zwar zu Graubünden, doch alle im Mesolcina sprechen italienisch. Auch beim Essen ist am Südhang des San Bernardino einiges anders als anderswo. Das Trockenfleisch ist eine Bündner Spezialität, darf im Misox aber in einer speziellen Tessiner Merlot-Beize liegen. Das Wild kommt aus den Bergen und wird von Kastanien aus dem Süden begleitet.
Und wer noch tiefer in die Essgeschichte des Tals eintaucht, entdeckt wahre Wunder der Nord-Süd-Verbindung wie die «Scmieza», eine süss-saure Gemüsetorte, oder Mascarpa, getrockneten und geräucherten Ricotta.

RESTAURANT **12**
Al Cacciatore
Soazza GR

RESTAURANT: **Al Cacciatore**
ADRESSE: **6562 Soazza**
GASTGEBER: **Pia Cafiero-Ullmann**
TELEFON: **091 831 18 20**
INTERNET: **www.hotel-cacciatore.com**
RUHETAGE: **keine**
BETRIEBSFERIEN: **keine**
WEGBESCHRIEB: **an der Piazzetta, in der Dorfmitte von Soazza**
SPEZIELL: **Restaurant mit Hotel**

In Sichtweite ewiger Schnee und vor der Haustüre Palmen: Das Dörfchen Soazza am Südhang des San Bernardino versteht sich als «Schnittstelle zwischen Nord und Süd, zwischen Gestern und Heute, Traumwelt und Wirklichkeit». Tatsächlich liegt das Dorf klimatisch im Süden und ist trotzdem «mit einem Bein» In der Deutschschweiz. Mit einer gelungenen Synthese von alpiner Bergküche und Italianità überrascht auch Pia Cafiero-Ullmann, die das Restaurant und Hotel Al Cacciatore führt – mit Abstand das kulinarisch edelste Haus im Tal.

Genuss «unter Heimatschutz»

Soazza steht unter Heimatschutz, und das ist das Beste, was diesem wunderschönen Bergdorf passieren konnte: Kulturinteressierte aus ganz Europa besuchen die Barockkirche San Martino, das Ospizio, ein ehemaliges Kapuzinerkloster, und die edlen Patrizierhäuser. Vor allem im Sommer sprüht Soazza vor Lebensfreude. Das liegt zu einem schönen Teil auch an Pia Cafiero, die das «Jägerhaus» führt: Eben hat sie ein Barockmusik-Konzert mit Stardirigent Diego Fasolis organisiert, als Nächstes steht eine Fotoausstellung mit italienischen Fotografen auf dem Programm, dann eine Ausstellung mit dem Schweizer Künstler Daniel Spörri. Auch kulinarisch bewegt die aktive Frau einiges: Seewolf im Salzmantel, Misoxer Schinken mit Feigen oder Torta di pasqualina, eine Spezialität aus Ligurien, stehen auf der Karte des Hauses. Jedes Gericht hat Pia persönlich ausgewählt und rezeptiert. Das gesamte Menüangebot hat auf einer Seite Platz. Das signalisiert Qualität: «Ich will eine frische, kreative Küche anbieten, die schmeckt und überraschend ist. Alles wird à la minute zubereitet, mit den besten Ausgangsprodukten der Region», sagt Pia.

Gamsfleisch. Ihr Flair für barocke Inszenierungen kann sie jeweils im Herbst ausleben: «Wild ist bei uns ein Muss, schliesslich heissen wir Jägerhaus. Vor allem der Camoscio in salmi, Gamsfleisch, das zwei Tage im Barolo gelegen hat, ist unsere Spezialität.»

Da wir die Reportage im Juli machen, zeigen die Gerichte einen eher «leichteren» Querschnitt. Angefangen mit einer Zuppetta di cozze (Muschelsuppe), gefolgt von Pennette all'Ischitana und Pasta mit grünen Bohnen. Die goldgelben Pennette mit Zucchinischeiben sind ein altes Rezept aus Ischia, die Pesto-Pasta eine Kreation aus der Lombardei. Als Hauptgericht geniessen wir einen Coniglio disossato (Kaninchen ohne Knochen), der nicht nur optisch eine gelungene Kreation darstellt, begleitet von einer Polenta, die zu den besten gehört, die ich kenne. Den Abschluss machen Panna cotta mit Baileys und ein Apfeltörtchen mit einem hauchdünnen Blätterteig.

Bilanz der sommerlichen Momentaufnahme: Im Cacciatore wird hochstehend und kreativ gekocht. Das Ambiente ist gepflegt, der Service perfekt, nicht zuletzt, weil Pia die Gäste selber mitbetreut. Wenn kein Schwertfisch mehr da ist, ruft sie sofort den Lieferanten an, der innert zehn Minuten neuen liefert. Und wenn die Gäste lieber im romantischen Gärtchen sitzen statt in der edlen «Sala», lässt sie dort noch schnell einen Tisch aufdecken. Kein Grund also, angesichts der edlen Herkunft der Gastgeberin in Ehrfurcht zu erstarren. Zwar stammt ihre Mutter, Silvia di San Samuele a Marca de Donatz, aus einem alten Misoxer Patriziergeschlecht, doch Pia interessiert sich weniger für die edle Vergangenheit: «Ich will etwas bewegen hier im Tal. Wir werden deshalb unsere Konzertreihe in Zukunft nicht nur in Soazza durchführen, sondern sie gemeinsam mit Maddalena Marx vom Centro Ricreativo Culturale bis in die Bergdörfer hinaustragen, sogar bis ganz nach hinten ins Calancatal.» Bleibt zu hoffen, dass Pia auch ihr kulinarisches Konzept in die Dörfer hinausträgt. Hervorragende Restaurants wie das Al Cacciatore sind am Südhang des San Bernardino noch immer eine Rarität.

Bücher kann man getrost zuhause lassen: Im Cacciatore hat es genug.

Der lauschige Garten hinter dem Haus. Etwas weiter hinten befindet sich die Casa Mantovani, die als Hotel genutzt wird.

Oberhalb des Cacciatore befindet sich eine der grossen Sehenswürdigkeiten des Dorfs: das Ospizio, früher ein Kapuzinerkloster.

Blick aus dem Kloster auf das Dorf Soazza.

– Gefüllte Kaninchenbrust mit Polenta (Coniglio disossato farcito con polenta)
– Misoxer Schinken und Salami mit Feigen.
– Muschelsuppe (Zuppetta di cozze).
– Pennette all'Ischitana.
– Apfeltörtchen.

Rezepte von **Pia Cafiero-Ullmann** im Anhang.

— **Pennette mit Zucchini-Safran-Sugo,** S. 353
— **Gefülltes Kaninchen mit Spinat-Frittata,** S. 360

RESTAURANT **13**
Grotto Zendralli
Roveredo GR

RESTAURANT: **Grotto Zendralli**
ADRESSE: **6535 Roveredo, San Fedee**
GASTGEBER: **Marta und Goyo Züger**
TELEFON: **091 827 13 48**
INTERNET: **keines**
RUHETAGE: **Mo.**
BETRIEBSFERIEN: **Febr.**
WEGBESCHRIEB: **im Dorf Roveredo Richtung Osten (Wegweiser Laura); das Zendralli liegt am Anfang der Grottozone**
SPEZIELL: **im Herbst Wild, eigener Grappa**

Das Zendralli liegt etwas versteckt am Dorfrand von Roveredo und ist eine Institution: Das halbe Dorf versammelte sich früher an den Granittischen, der Merlot floss in Strömen, auf der Bocciabahn rollten die Kugeln. Und wenn Fussball-WM war, gab es keinen freien Platz unter den Kastanienbäumen. Heute kämpfen selbst Traditionsgrotti wie das Zendralli ums Überleben. «Es findet ein Generationenwechsel statt», sagt Marta, die zusammen mit ihrem Partner Goyo das Zendralli führt. «Die Grottoliebhaber, darunter viele Deutschschweizer, sind alt geworden, und die Jungen gehen lieber in Bars, essen exotisch oder Fast Food. Es muss sich erst wieder eine neue Gästestruktur aufbauen, aber das kommt bestimmt, es wäre ja schade, wenn all diese Grotti in Wohnungen umgewandelt würden.»

Bionda magra und Gambe lunghe

Das Grotto, das eigentlich ein ausgewachsenes Restaurant ist, kämpft mit Bravour um die Gunst der Gäste: Das Essen ist gut, das Ambiente gemütlich, und die beiden Gastgeber gehören zu den amüsantesten Menschen, die man im Tessin – pardon, in Süd-Graubünden – antreffen kann.

Wie heisst es doch so schön? Was sich liebt, das neckt sich! Marta und Goyo, nicht verheiratet, seit Jahrzehnten ein Paar, sie in der Küche, er bei den Gästen, lassen keine Minute verstreichen, ohne sich auf die Schippe zu nehmen. Sie nennt ihn «gambe lunghe», Langbein, weil er so kurze Beine hat. Er ruft sie «bionda magra», weil sie eher füllig oder «X-Large», wie Goyo sagt, durchs Leben geht. Im Zendralli wird viel gelacht, man spürt den Spass, den die beiden am Job, am Leben haben. Das schlägt sich natürlich auch auf das Essen nieder. Alice Vollenweider, eine profunde Kennerin der Tessiner Restaurantszene, lobt Martas Risotto-Kunst. Der Künstler Daniel Spörri, der ganze Esstische an die Wand klebt, schwärmt von Martas Panna cotta. Gut essen im Misox? Wen immer man das fragt, er nennt garantiert das Zendralli.

Baden-Baden. Im Herbst ist das Zendralli für Wildliebhaber Pflichtprogramm. Dann bereitet Marta den legendären Zendralli-Rehrücken zu: klassisch «Baden-Baden» und opulent wird er auf dem Silbertablett serviert. Marta ist keine Köchin, die jede Kastanie und

jedes Rotkrautblättchen zählt. Sie kocht, wie sie aussieht, keiner muss hungrig vom Tisch. Auch das Antipasto ist im Zendralli grosszügig bestückt: Die ganze Misoxer Wurstpracht gibt sich die Ehre, vom Rohschinken über Salami, Mortadella nostrano, Coppa, Trockenfleisch bis zu saftiger Pancetta (gerolltem Speck). Vor allem die Bündner Spezialitäten sind eine Klasse für sich: Nach alter Misoxer Tradition werden Coppa, Rohschinken und Trockenfleisch wochenlang in eine Rotwein-Beize gelegt, bevor man sie «an die Luft stellt». «Das macht die Misoxer Fleischspezialitäten einfach besser», sagt Marta, die als Nächstes eine Tessiner Spezialität auftischt: Trota in carpione, in Essig eingelegte Forelle. Optisch habe ich zwar schon schönere gesehen, doch die Marinade sitzt. Wer Fisch lieber klassisch mag, dem sei Martas gebratene Bachforelle empfohlen, die allerdings nicht immer auf der Karte steht. «Es kommt sehr darauf an, ob der Fischer genug gefangen hat», sagt Marta, «früher gab es sehr viele Forellen im Tessin, jetzt ist das eine Rarität.»

Schon Alice Vollenweider hat die Dessertkunst des Hauses gelobt, und ich stimme bei: Die Panna cotta ist eine Delikatesse, und die hausgemachte Linzertorte so gut, dass ich noch ein Stück nach Hause nehme, inklusive Rezept, das mir Marta aus dem Kopf heraus diktiert.

Martas Risotto. Bekannt ist Marta auch für ihren Risotto, den sie mit Weisswein und Marsala ablöscht und dann noch etwas «Abwaschwasser» von den getrockneten Steinpilzen dazugibt. «Das gibt einen besonders sämigen Risotto», sagt die «bionda magra». Die Gäste ringsum nicken. Und ich habe ein weiteres «Geheimrezept» ins kulinarische Erbe gerettet. Eines Tages werde ich alle diese Risotto-Zubereitungsarten kochen und vergleichen. Gewissermassen als simultane Risottokochpartie ...

Misoxer Fleischspezialitäten.

Die «dünne Blonde» und das «Langbein» – unzertrennlich seit Jahrzehnten.

Der Hausgrappa des Zendralli.

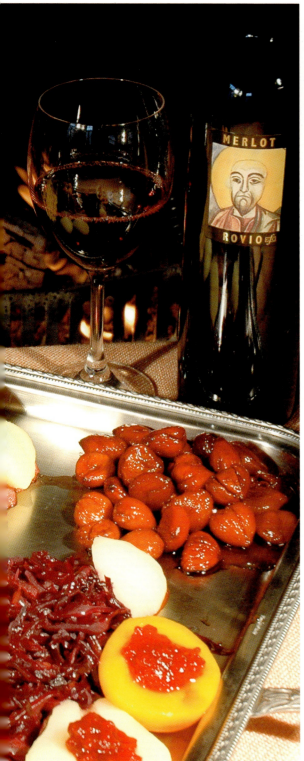

– Rehrücken «Zendralli».
– Misoxer Fleischspezialitäten.
– Pesce in carpione (Fisch in Essig-Gemüse-Marinade).
– Panna cotta.

Rezept von **Marta Züger** im Anhang.

— **Linzertorte «Marta»** (Crostata «Marta»), S. 372

Die Wurster aus dem Misox

Schon die Tessiner sind weltmeisterliche Mazze-Produzenten. Doch wenn es um Rohschinken, Coppa und Trockenfleisch geht, fahren sogar die verwöhnten «ticinesi» «über die Grenze» ins Mesolcina. Vor allem zwei Metzger im südlichen Graubünden werden von Kennern der Fleischmaterie als «Stars» bezeichnet: Lino Lorenzini von der Macelleria Bernasconi-Fumagalli in Grono und Ivano Boldini in Roveredo, Hauslieferant des Grotto Zendralli.

Boldinis kleine Metzgerei liegt an der Hauptstrasse in Roveredo und ist ein Familienbetrieb. Schon der Grossvater hat hier gewurstet und die Rezepturen an seine Söhne weitervererbt. Salz, Pfeffer, Öl und Wein sind die wichtigsten Komponenten der Misoxer Rezeptur, die vor allem in einem Punkt speziell ist: Anders als im Tessin oder in den nördlichen Teilen Graubündens, wird das Fleisch nach dem Würzen nicht sofort getrocknet oder geräuchert, sondern vorher noch tagelang in eine Beize mit Rotwein gelegt. «Coppa und Rohschinken liegen drei Wochen in der Weinbeize», erklärt Ivano, «das Trockenfleisch sieben Tage.» Der Wein zeigt Wirkung: «Das Fleisch wird durch den Alkohol konserviert, gleichzeitig aber auch homogener und würziger», sagt Ivano, der einen weiteren Trick anwendet: Er legt noch einige Lorbeerblätter dazu, die dem Fleisch eine besondere Note geben.

Auch der andere «Star», Lino Lorenzini von der Macelleria Bernasconi-Fumagalli in Grono, arbeitet nach der Misoxer Methode: «Es muss kein edler Wein sein, meist nehmen wir einen Nostrano aus dem Tessin, weil der wesentlich besser ist als unsere Weine hier im Misox.» Stolz verweist er auf das Qualitätsbewusstsein: «Wenn wir gutes Fleisch brauchen, fahren wir hundert Kilometer weit – es muss erstklassiges Ausgangsmaterial sein für gute Wurstwaren!» Dieser Qualitätsanspruch ist im Misox nicht überall die Regel. «Heutzutage fühlt sich jeder als Metzger im Tal, jeder Bauer macht Würste und versucht sich in der Trockenfleischkunst», sagt Boldini, der die flächendeckende Konkurrenz in den letzten Jahren zu spüren bekam. «Ich könnte sehr viel mehr produzieren!», sagt der Metzger, der sich erfolgreich bewegt im Markt: Nebst dem Zendralli beliefert er gut ein Dutzend Grotti im Misox und im Tessin, darunter das Grotto Ticinese in Bellinzona.

Macelleria Bernasconi-Fumagalli mit Metzgermeister Lino Lorenzini, 6537 Grono, Ruhetag: Mo., Tel. 091 827 11 41.

Ivano Boldini in Roveredo, Piazza, 6535 Roveredo, Ruhetag: Mo., Tel. 091 827 17 84.

Einige von Ivano Boldinis Wurstkreationen.

Meister Boldini beim Zufügen des Rotweins.

Coppa und Rohschinken liegen drei Wochen, das Bündner Trockenfleisch eine Woche in der Rotweinbeize.

Der für die Beize verwendete Wein ist ein Nostrano, gekeltert von der Vini Boldini SA in Monticello.

Scmieza und Fogascia

Das kulinarische Erbe im Misox

Spezialität, vor allem im Norden des Tals, sind die Pizzochen, eine spezielle Pizzoccheri-Version: «Wir schichten Teigwaren und Kartoffeln übereinander und verwenden einen speziellen Reibkäse: Mascarpa, das ist getrocknete und geräuchte Ricotta», erklärt mir Samia Tognola, die aus dem Misox stammt. «Immer am Freitag gab es bei uns zuhause Pizzochen, meist mit Fisch – ein klassisches Freitagsmenü.»

Eine weitere Spezialität ist der Scmieza, ein Gemüsekuchen mit fein geschnittenem Gemüse, Maismehl, Zucker und Salz. «Der Scmieza ist ein bisschen süsslich und ein bisschen salzig, sehr speziell», sagt Samia und erinnert sich noch an eine dritte Spezialität, die nur in Soazza gemacht wird: «Das sind die Fogascia, die am Dreikönigstag traditionell in Soazza gebacken werden. Da sind Feigen, Haselnüsse und Sultaninen drin. Oft tun sich mehrere Familien im Dorf zusammen und backen ihre Fogascia gemeinsam im Holzofen. Das ist eine typische Soazza-Spezialität.»

Profunde Kennerin der Misoxer Kulinarik ist Martina Wicky-Barella, die ein Buch über Misoxer Spezialitäten verfasst hat: Es heisst *La stanza di pom*, was übersetzt «Mehlkeller» heisst. Die Autorin, die heute in Ascona wohnt, führt darin mehrere Misoxer Gerichte auf, die typische «cucina povera», also höchst einfach und doch genial sind. Leider ist das Buch vergriffen.

Rezepte von **Lucia Ferrari-Parolini,** Soazza, im Anhang.
— «**Scmieza**,» S. 366
— «**Fogascia**,» S. 373

Einkaufstipps Misox

Das beste Brot im Tal

Ein Abstecher nach Soazza lohnt sich schon wegem des herausragenden Brotes, das im Cacciatore aufgetischt wird. Gebacken wir es vom Dorfbäcker Gianfranco Cuoco, der nicht nur die kleinen Brötchen in zahlreichen Varianten macht, sondern auch hervorragenden Zopf, Schwarzbrot mit Sesam, Nusszöpfe und Plunder mit Suchtpotenzial. Unbedingt ausprobieren! *Panetteria Gianfranco Cuoco, 6562 Soazza und 6563 Mesolcina, Tel. 091 831 12 31.*

Bündner Merlot

Auf 30 Hektaren wird im Misox Wein angebaut, das sind immerhin sieben Prozent der gesamten Bündner Rebfläche. Cama, Grono, Leggia, Roveredo, San Vittore und Verdabbio sind die wichtigsten Weingemeinden. Wie im benachbarten Tessin ist der Merlot die Hauptsorte. Dazu kommen Blauburgunder, Cabernet Sauvignon und Cabernet Franc. Als Weissweinsorten gibt es Chardonnay, Chasselas und Grauburgunder. Und auch der Bondola, die Uraltrebsorte, ist im Misox zuhause. Eine besonders empfehlenswerte Weinadresse im Mesolcina – genau auf der Grenze von Graubünden und Tessin – ist Jakob Rohner in Monticello, der u. a. den La Fiducia Merlot produziert. Domiziliert ist das Unternehmen in Zizers. *Jacob Rohner, Pozzat Viticoltura, 6534 Monticello-San Vittore, Tel. 091 829 38 92.*

Weitere Restaurants und Grotti im Misox

Es gibt nicht viele herausragende Restaurants im Misox, die Spitzengastronomie fehlt sogar gänzlich. Dafür findet man Dutzende von lauschigen Grotti im Tal, die noch nicht so überlaufen sind.

Das Grottodorf Cama

Wenn es um die Grottodichte geht, hält das Dörfchen Cama den Weltrekord: Mehrere Grotti tummeln sich am oberen Dorfrand. Dazu kommen 46 weitere, die im alten Grottobezirk in den Felsen restauriert werden. Zwei sind als öffentliche Grotti in Betrieb, darunter das Grotto Del Paulin. Geführt wird das auf zwei Ebenen angelegte Waldgrotto vom Metzger Paolo Prandi, der sich in der Saison auch als Wirt versucht. Paolos Darbietungen hängen etwas von der Tagesform des «Artisten» ab, umfassen aber in jedem Fall die hervorragenden Mazze aus der Hand eines Könners. *Grotto Del Paulin, Cama, geöffnet nur in der Grottosaison, jeweils abends, Tel. 091 830 16 29 und 079 712 19 68.*

Grotto Milesi-Belloli, Cama

Das von Remo Pesenti und Patrizia Rinaldi geführte Grotto bietet nebst Salumeria aus dem Misox und einer regional zusammengestellten Käseauswahl auch Polenta, Mortadella cotta, Luganighe alla griglia, Gnocchi, Büsecca und Minestrone an. *Grotto Milesi-Belloli, beim alten Bahnhof, Cama, geöffnet vom 19. März bis 1. Nov., Ruhetag: Mo., Tel. 091 830 18 03 und 076 369 09 07.*

Grotto De-Ritz, Lostallo

Klassische Grottoküche «plus» mit der Hausspezialität Costine (Schweinsrippchen) und Grilladen. Dazu gibt es günstige Tagesmenüs, z. B. Ragout mit Polenta oder Risotto mit Saltimbocca. Das Grotto befindet sich am Ende des Dorfs rechts, im Wald unter Kastanienbäumen. *Grotto De-Ritz, 6558 Lostallo, Petra Gysel und Peter Barmettler, Anfang März bis Ende Nov., Ruhetag: Mo., Tel. 091 830 13 88.*

Osteria Marcacci, Giova San Vittore

Gerade mal neun Menschen wohnen in Giova, 1000 Meter über Meer, auf den Monti von San Vittore. Das einzige Grotto am Platz ist die Osteria Marcacci, zu der kein Wegweiser hinführt und wo auch kein Wirtshausschild prangt. Der ganze Weiler wirkt wie ein Gespensterdorf. Wer die Patina vergangener Zeiten und Trümmerromantik liebt, kommt hier auf die Rechnung! Dagegen ist Diana, die Wirtin im Marcacci, höchst lebendig! Hellblaue Augen hat die 80-Jährige, die von Tom bewacht wird, einem Mischling, der wie ein Kampfhund aussieht, aber keiner Fliege etwas zu Leide tut. Es gibt im Grotto nur eine Sorte Wein: «Barbera, weil ich den selber am liebsten habe», sagt Diana. Essen kann man Formagella von einer kleinen Käserei auf der Alp Giova und Salami von Ivano Boldini aus Roveredo. Und das ist auch schon alles zum Thema Speisekarte. Dafür ist die Aussicht ins Tal einen längeren Blick wert. Und ein Gespräch mit Diana, die spannende Geschichten vom Landleben auf den Monti zu erzählen weiss. Ein wunderbares Plätzchen! *Osteria Marcacci, immer geöffnet, wobei man besser vorher kurz telefoniert. Tel. 091 827 13 10.*

Grotto Matafontana, San Vittore

Schweinsrippchen vom Grill sind die Spezialität des Hauses, das vor allem von jüngeren Bewohnern des Tals gut frequentiert wird. Im Grottogarten unter den Kastanienbäumen isst man an grossen Granitttischen. Vor den Augen der Gäste werden die Costine knusprig braun gegrillt. Schön sind auch die rustikalen Gaststuben im Innern. *Grotto Matafontana, Fabrizio und Reto Togni, offen von März bis Ende Okt., Betriebsferien: Nov. bis Febr., Tel. 091 829 32 97.*

La Cascata, Augio

Der Prachtbau mit Blick auf den Wasserfall sucht seit Jahren nach seiner kulinarischen Bestform, ist aber trotzdem einen Abstecher wert. Zum einen verfügt das Haus über sehr schöne Deckenfresken in den Hotelzimmern, zum andern ist der fast schon königliche Spiegelsaal eine Darbietung, die man im hintersten Zipfel dieses Bergtals kaum erwarten würde. Gebaut wurde das Haus von einem Tessiner aus dem Dorf, der im letzten Jahrhundert nach Paris auswanderte, dort als Glasfabrikant reich wurde und mit seiner Frau, einer Französin aus gutem Hause, hier im Calancatal einen Sommersitz erstellen liess. Heute gehört das Haus einer Stiftung, die La Cascata auch für kulturelle Veranstaltungen nutzt, etwa für «Serate gastronomiche con musica e letture» – gastronomische Abende mit Musik und Literaturlesungen.

La Cascata, 6547 Augio, Tel. 091 828 13 12, www.lacascata.ch und cultura.lacascata.ch.

Riviera, Bellinzona, Gambarogno
Essen im «Land der Lombarden»

Vom Kloster in Claro über die Ebene der Riviera dem Ticino entlang zum Lago Maggiore – der Bogen in den fruchtbaren Ebenen rund um Bellinzona ist landschaftlich weit gespannt. Auch die kulinarischen Genüsse sind breit gefächert: Im «Land der Lombarden» findet man uralte Bauerngerichte wie Oss in bogia, edelste Fischküche, hervorragende Pasta und kreative Restaurants mit vegetarischen Gerichten.

RESTAURANT **14**
**Osteria del Carlin
Claro**

RESTAURANT: **Osteria del Carlin**
ADRESSE: **6702 Claro**
GASTGEBER: **Nicoletta Snozzi, Piergiorgio Rossi**
TELEFON: **091 863 46 00**
INTERNET: **www.osteriadelcarlin.ch**
RUHETAGE: **Di.**
BETRIEBSFERIEN: **keine**
WEGBESCHRIEB: **von Bellinzona auf der alten Kantonsstrasse Richtung Biasca, am oberen Dorfrand in Claro. Postauto ab Bellinzona oder Biasca bis Claro**
SPEZIELL: **fröhliches Ambiente**

Wer von Biasca nach Bellinzona fährt, kann das Carlin nicht verfehlen: Schon von weitem sieht man das weisse Karmeliterinnenkloster auf dem Berg. Und genau darunter, am Fusse des Monte Spève, liegt die Osteria del Carlin. Seit Oktober 2005 führt Nicoletta Snozzi das Haus mit den Steintischen im Garten. «Ein Restaurant führen hat mit Forschung zu tun», sagt die stets gut gelaunte Gastgeberin.

Auf der Suche nach den verlorenen Gerichten

Am besten geht man bei schönem Wetter um die Mittagszeit ins Carlin, dann gibt es garantiert «spettacolo»: Arbeiter kommen, Freunde Nicolettas tauchen auf, Piergiorgio, ihr Partner, erkundigt sich nach dem Stand der Dinge – und zum Schluss setzen sich noch drei Fernsehleute, der Polizeichef von Bellinzona und ein Mechaniker an einen der Granittische, um die Polenta «conscia» (gratinierte Polenta) zu geniessen. Wenn Wirten etwas mit einer Opernaufführung zu tun hat, ist Nicolettas Osteria am Fusse des Klosters die perfekte Bühne. «Nur die Musik», meint Pietro, einer der Söhne und gelernter Kellner, «müsste für meinen Geschmack nicht Verdi, sondern Hiphop sein!»

Wirten heisst forschen. Trotz leicht chaotischem Ambiente ist das Carlin ein ernst zu nehmender Kandidat für einen Spitzenplatz in der Tessiner Gastronomie. Dies zeigt sich in den täglich wechselnden Menüs, die Nicoletta auf den Takt der Natur abstimmt und mit regionalen Produkten zubereitet. Gegrillte Auberginen mit Ricotta stehen heute auf der Karte, eine wunderbare Alternative zu den ewig gleichen Antipasti. Auch die Polenta ist wohltuend anders: Sie kommt «conscia» auf den Teller, also mit Käse überbacken – eine gelungene Fusion der lombardischen und der alpinen Küche: Der aus Norditalien zugewanderte Mais wird mit dem Käse der Alpen verheiratet bzw. gratiniert.

Cazzöla. «Kochen heisst forschen», sagt Nico und hat zwei alte Bauerngerichte ausgegraben. Das eine ist

Cazzöla, auch Cazzuola oder Cazsöl geschrieben: Eintopf mit Schweinsrippchen, Wirz, Karotten und Kartoffeln. Wunderbar saftig, mit knackigem Gartengemüse und Fleisch wird dieser «Oldie» im Carlin serviert, der zu Recht auch in hoch dotierten Gourmettempeln eine Renaissance erlebt. «Das Spannende ist die geniale Einfachheit», sagt Nico, «die Leute mussten kochen, was vorhanden war. Also machten sie Cazzöla, einen Eintopf, in dem alles drin ist, was im Frühsommer auf den Feldern reif war.»

Knochengericht. Vollends in die Urgeschichte tauchen wir mit den Oss in bogia ab (oft auch Ess in bògio geschrieben), das sind Schweineknochen in der Beize – intelligente Restenverwertung. «Statt die Knochen nach der Metzgete einfach wegzuwerfen, wurden sie früher mit viel Rotwein und Gewürzen in die Beize gelegt», erklärt Nico, «jeder Metzger hatte sein Spezialrezept. Meines habe ich von einem alten Metzger, dem Ostini, der einer der Spezialisten der Oss war.» Das Knochengericht kommt im Carlin allerdings mit viel Fleisch am Knochen auf den Tisch. Dazu gibt es Kartoffeln, Salat und Senffrüchte, die das Ganze mit einer säuerlich-süssen Note aufpeppen.

La ricerca del genuino. Die Suche nach dem Authentischen, nennt Nicoletta ihr Konzept. «Genuino heisst: nur frische Produkte, direkt von den Produzenten und möglichst gesund. Der Mascarpello (Frischkäse) kommt von Manuele De Gottardi, der Cotechino (weisser Speck) von Mirada Quarella Forni aus Airolo», erklärt Nico. «Ich kaufe nichts, ohne dass ich den Produzenten kenne». Das gilt auch für die hervorragende Mazze im Carlin.

Nicolettas Alpschweine. Zwei Schweine kauft sie jeweils im Juni und gibt sie der Bäuerin in Airolo mit auf die Alp, um sie dort in Hochform zu bringen. Im Herbst werden sie geschlachtet, und Nico hat ihre hauseigene Mazze. «Das hat man früher so gemacht und ist eine typische Form von Koproduktion, die am Schluss auch zu besseren Produkten führt. Solche Dinge bringen Qualität in die Küche. Aber da stehe ich erst am Anfang», sagt die ehemalige Lehrerin, die das Essen auch als didaktische Aufgabe versteht: «Man muss die Gäste informieren, muss erzählen, woher die Dinge kommen, wie sie zubereitet werden, was sie bedeuten. Deshalb mache ich auch keine gedruckte Karte. Ich will die Leute persönlich informieren und damit auch die soziale Komponente meiner Osteria pflegen», sagt Nicoletta. Und serviert mir zum Schluss noch Fruttini sotto grappa, Früchte im Grappa eingelegt. Natürlich weiss sie, woher die Früchte kommen und aus welchen Trauben der Grappa stammt. Ich strahle – das Kloster auf dem Berg auch.

Nicoletta mit ihrem Koch beim Abschmecken der Gerichte.

Reichhaltiges Weinangebot mit Schwerpunkt Merlot.

Fruttini sotto grappa con gelato (Früchte im Grappa mit Glace).

RIVIERA, BELLINZONA, GAMBAROGNO

– Cazzöla, Eintopf mit Schweinsrippchen, Wirz, Karotten und Kartoffeln.
– Grillierte Auberginen mit Ricotta aus Lumino.
– Polenta «conscia», mit Käse überbackene Polenta.
– Oss in bogia, Schweineknochen aus der Beize.
– Hausgemachte Sorbets.

Rezepte von **Nicoletta Snozzi** im Anhang.

— **Gekochte Schweineknochen** (Oss in bogia), S. 361
— **Tessiner Gemüseeintopf mit Schweinerippen und Weisskohl** (Cazzöla), S. 362
— **Fruchtsorbet (Zitrone, Mandarine, Melone, Pfirsich)**, S. 369
— **Gebrannte Crème mit Amaretti**, S. 370

RESTAURANT **15**
**Pedemonte
Bellinzona**

Hinter den Geleisen

RESTAURANT: **Pedemonte**
ADRESSE: **Via Pedemonte 12, 6500 Bellinzona**
GASTGEBER: **Rosanna Mengozzi und Tiziano Fosanelli**
TELEFON: **091 825 33 33**
INTERNET: **keines**
RUHETAGE: **Sa.-Mittag, Mo.**
BETRIEBSFERIEN: **Juli bis Mitte Aug., 1 Woche im Jan./Feb.**
WEGBESCHRIEB: **in Bellinzona, hinter dem Bahnhof**
SPEZIELL: **kleiner Garten hinter dem Restaurant**

Buchstäblich hinter den Gleisen liegt das von Efeu überwachsene Pedemonte in Bellinzona. Seit 1995 führen Rosanna und Tiziano das kleine Restaurant, das über eine Bar mit einem langen Holztisch, einen Speisesaal mit fünf Tischen und einen kleinen Garten hinter dem Haus verfügt. Da die Platzzahl beschränkt ist und die Küche gleichzeitig einen hervorragenden Ruf geniesst, empfiehlt sich eine Reservation. Vor allem am Sonntag, wenn sich die «bellinzonesi» mit der ganzen Familie zum Sonntagsbraten an die Tische setzen.

Rosanna ist die Menükarte: Temporeich trägt sie am Tisch die Kostbarkeiten des Tages vor, die ihr Partner Tiziano in der Küche zubereitet. Heute sind es Tintenfischsalat mit Artischocken, Kaninchen-Carpaccio, Pasta, Rinds- oder Eselfilet, und zum Dessert hausgemachte Panna cotta oder eine Torta di grano saraceno. Wer kein Italienisch versteht, kann sich die jeweils rund zehn Positionen auch auf Deutsch vortragen lassen. Das Tempo ist allerdings nicht viel langsamer und setzt – kleiner Tipp – einen «Spickzettel» voraus, damit man am Schluss weiss, was man gerne essen möchte. Allein die live vorgetragene Menükarte ist sympathisch. Die Kochkunst Tizianos ist es noch viel mehr.

Terrinen und Carpaccios. Bereits die mediterrane Ouvertüre mit Tintenfischsalat und Artischocken beweist, dass es noch ein Leben jenseits vom Antipasto misto gibt. Das zeigen auch Tizianos Terrinen und Carpaccios, die zu seinen Stärken zählen. Vor allem mit dem Kaninchen geht der junge Tessiner brillant um. Mein Kompliment für das Carpaccio di coniglio trug Rosanna jedenfalls strahlend in die Küche. Die Gnocchi aus Kastanienmehl an einer leichten Butter-Salbei-Sauce machen klar, dass Tiziano die ganze Bandbreite der lombardisch inspirierten Kochkunst beherrscht, die bis zur Tagliata di asino, rosa gebratenem Eselfleisch mit Morcheln, reicht.

Wild. Im Herbst ist das Pedemonte eine gefragte Adresse für Wild, dann steht unter anderem Rehrücken im Angebot. Schön rosa gebraten, butterzart und ohne allzu viel Schnickschnack kommt er auf den Tisch. «Wir sind ein einfaches Familienrestaurant», betont Rosanna bescheiden, «die Leute wissen, dass wir keine unnötigen Türmchen bauen, sondern eine gute Küche zu anständigen Preisen bieten.» Mit diesem Konzept haben die beiden 1995 im Pedemonte begonnen – einfach und bescheiden. «Die Weinkarte hatte gerade mal drei Etiketten, ich arbeitete am Tag auf dem Büro und kam nur über Mittag zum Servieren», erinnert sich Rosanna. Das ist natürlich längst vorbei. Heute ist das Pedemonte praktisch immer ausgebucht, «tutta la famiglia» kommt am Sonntag zum Filetto di branzino, im Frühling zum Gitzi oder im Herbst zur «selvaggina». Auffallend am Pedemonte ist auch die Konstanz: Ich habe mehrmals, zum Teil auch unangemeldet, hier gegessen, stets war das Essen hervorragend, stets standen neue Gerichte zur Wahl, immer erinnerte sich Rosanna noch an den Wein, den ich das letzte Mal getrunken hatte.

Nichts wie weg. Tansania, Ladakh, Jemen: Die beiden lieben das Reisen. Das Restaurant ist voll von Mitbringseln dieser abenteuerlichen Fahrten in die Welt. Hier lächelt eine meterhohe Holzfigur aus Indonesien, dort eine afrikanische Maske aus Tansania. In ihrer Wohnung hat Rosanna eine ganze Sammlung von Schmuckschachteln aus Ägypten. «Letztes Jahr waren wir in Bolivien, auf 4000 Metern Höhe in den Anden, da hat man den Eindruck, in einem Bild von Van Gogh herumzulaufen: Die Farben sind unglaublich intensiv und wechseln alle Minuten», erzählt Rosanna mit verträumtem Blick.

Die Affinität zu bergigen Landschaften, zur Urnatur und den «wahren Dingen» spiegelt das, was auch das Pedemonte auszeichnet: Ehrlich sollen die Dinge sein. Bescheiden. Und nie so, dass man zu viel riskiert. Schön an dieser Reiselust ist, dass die beiden immer wieder zurückkommen. Damit Rosanna wieder die Menükarte runterrattern kann …

Auberginen-Carpaccio.

Schokoladetörtchen mit Amaretti.

Eines der Souvenirs, das die beiden Weltenbummler von einer ihrer Reisen mitgebracht haben: Das Pedemonte ist voll von Ethno-Fundstücken, hinter jedem steckt eine abenteuerliche Geschichte.

– Eselfilets mit Morcheln.
– Gnocchi aus Kastanienmehl an Butter und Salbei.
– Mit Oliven gefülltes Kaninchen an Nocinosauce.
– Buchweizentorte mit Himbeeren.

Rezepte von **Tiziano Fosanelli** im Anhang.

— **Gefülltes Kaninchen an Nocinosauce,** S. 363
— **Buchweizentorte mit Himbeeren,** S. 373

RESTAURANT 16
Osteria Malakoff
Ravecchia-Bellinzona

RESTAURANT: **Osteria Malakoff**
ADRESSE: **6500 Ravecchia-Bellinzona, Carrale Bacilieri 10**
GASTGEBER: **Rita und Antonio Fuso**
TELEFON: **091 825 49 40**
INTERNET: **keines**
RUHETAGE: **So.**
BETRIEBSFERIEN: **2 Wochen Jan., Aug.**
WEGBESCHRIEB: **3 Gehminuten vom Stadtzentrum entfernt im Quartier Ravecchia**
SPEZIELL: **13 GM**

Wie die Osteria Malakoff zu ihrem Namen kam, ist ein Rätsel. Manche behaupten, dass 1799, als Suworow mit 20 000 Kosaken, Kalmücken und Tataren bei Bellinzona durchmarschierte, ein Soldat abgesprungen sei, der sich dann im Nobelquartier in Bellinzona als Wirt betätigte. Andere sehen einen Bezug zur Festung Malakoff in der Krim, die Mitte des 19. Jahrhunderts gestürmt wurde. Da waren Söldner aus dem Tessin und der Romandie dabei, die sich später zur Auffrischung ihrer Heldentaten in Genf trafen und knusprige Käsekugeln assen. Tatsache ist: Malakoffs gibt es keine im Malakoff. Hier wird eine raffinierte italienische Küche gepflegt mit viel Pasta. Und die gibt keine Rätsel auf: Sie ist schlicht etwas vom Besten, was man mit Mehl, Wasser und Eiern anstellen kann.

Pasta, aber nicht basta!

Rita Fuso ist ein Phänomen: Solo, in einer Küche, die keine vier auf vier Meter misst, zaubert die zierliche Signora täglich ihre frische Pasta auf die Teller. So feinfühlig geht sie mit ihren Tagliatelle, Gnocchi und Ravioli um, dass man manchmal fast ein wenig Angst bekommt, sie übernehme sich. Tut sie natürlich nicht! Täglich verwöhnt das Haus mittags und abends hundert Menschen mit Pasta und einigem mehr. Und Rita macht das so effizient, dass ihr Mann Antonio und Tochter Laura im Service manchmal kaum nachkommen.

Ein ganzes Pasta-Universum. Seit bald zwanzig Jahren gibt es Pasta im Malakoff. Und zwar in einer Vielfalt, dass man problemlos einen Mehrgänger damit bestreiten könnte. Wie wärs also mit Gnocchi alle olive zum Anfangen? Dann eine Gemüselasagnetta, gefolgt von Cannelloni mit Fleisch-Steinpilz-Füllung und luftig-leichten Tagliolini mit Trüffeln aus dem Piemont? Und zur Krönung eine Buchweizen-Crêpe mit Ziegenfrischkäse, Flusskrebsen und Birnen? Und das ist nur eine kleine Auswahl: «Ich mache die Pasta im Rhythmus der Jahreszeiten, also immer wieder mit anderen Saucen und Zutaten», sagt Rita, die ursprünglich aus Italien stammt. Auch ihr Mann Antonio kommt aus Italien. In Apulien hat er eine önologische Ausbildung genosse. Das spürt man beim Weinangebot des Hauses: Edle Weine aus dem Piemont, der Toskana und

Sardinien sind vertreten und natürlich die «Crème de la Crème» aus dem Tessin. Darunter eine Rarität, die in keinem anderen Restaurant zu finden ist: der Vigna del Pero von Gian Carlo Pedotti. Ein aristokratischer Merlot, naturnah produziert und drei Jahre im Eichenfass gelagert (siehe S. 243).

Ziehmichauf. Natürlich gibt es im Malakoff nicht nur Pasta. Auch Bollito misto, Cazzöla, Capretto und Fisch gehören zu den Spezialitäten des Hauses. Täglich wechselt das Menü. Stets wird gekonnt mit den Jahreszeiten gekocht. Nicht zu vergessen die Desserts, die Rita in jahrlanger Feinarbeit zur Perfektion gebracht hat, allen voran ihr Tiramisù mit Orangensplittern. Das «Ziehmichauf» macht sie mit der gleichen Präzision wie etwa die kunstvoll mit Ziegenfrischkäse und Birnen gefüllte Crêpetasche, die majestätisch in einem feinen Süppchen mit Crevetten trohnt.

Der Preis des Initiierten. Das einzige Problem beim Malakoff: Wer hier Pasta gegessen hat, kann die in anderen Restaurants oft so lieblos hingekochten Teigwaren mit Fertigsauce kaum mehr essen. Geschweige denn vorfabrizierte Pasta aus der Tiefkühltruhe. Das ist der Preis, den man als Initiierter bezahlen muss. Aber wahrscheinlich ist das bei den Käsekugeln genauso.

Rita, die «Pastakönigin» vom Malakoff, in ihrer Miniküche.

Täglich stellt sie frische Pasta her, täglich in wechselnder, auf die Saison abgestimmter Darreichung.

Käse und Wein sind die Domäne von Antonio. Im Bild ein Riserva di Giubiasco der Cantina Gaggi aus Giubiasco.

– Buchweizen-Crêpe (Fagottino) mit Ziegenfrischkäse, Flusskrebsen und Birnen.
– Carpaccio vom Wittling (auch Merlan, Weissling oder Gadden genannt).
– Tagliolini mit Thunfischeiern.
– Gemüselasagne.
– Tiramisù mit Orangenlikör und Schokoladesplittern.

Rezepte von **Rita Fuso** im Anhang.

— **Carpaccio vom Wittling** (Merlan), S. 348
— **Tagliolini mit Thunfischeiern,** S. 356
— **Buchweizen-Crêpes** (Fagottini) **mit Ziegenfrischkäse, Flusskrebsen und Birnen,** S. 358
— **Gemüselasagne,** S. 367

RESTAURANT 17
Grotto Paudese
Paudo, Valle Morobbia

RESTAURANT: **Grotto Paudese**
ADRESSE: **6582 Pianezzo-Paudo**
GASTGEBER: **Mirna und Carlo Rigamonti**
TELEFON: **091 857 14 68**
INTERNET: **keines**
RUHETAGE: **Mo., Di., und immer mittags ausser So.**
BETRIEBSFERIEN: **Mitte Dez. bis 8. März**
WEGBESCHRIEB: **nach Bellinzona Richtung Val Morobbia, Postauto ab Bellinzona**
SPEZIELL: **im Restaurantführer *Osteria d'Italia* von Slow Food aufgeführt. Pension. Garten.**

Das Paudese liegt in einem Seitental des Valle Morobbia, hoch über Bellinzona. Dass das gemütliche Haus mit kleiner Pension trotz dieser etwas abseitigen Lage so blendend funktioniert, liegt an der exzellenten Küche, dem guten Preis-Leistungs-Verhältnis und an den Gastgebern, die ganz einfach aufgestellte Menschen sind.
Seit 1998 sind die Rigamontis stolze Besitzer des Paudese und haben sich damit einen Traum erfüllt. Carlo ist ursprünglich Müller, hat sich dann aber seiner Leidenschaft, dem Kochen, zugewendet. Vieles hat er von seiner Grossmutter gelernt: «Pasta, gefüllter Fasan, Pesce in carpione – was immer meine Grossmutter machte, war schlicht fantastisch.»

Einfach gut und einfach sympathisch

Ein Workaholic ist Carlo Rigamonti nicht: Nur an fünf Abenden ist sein Grotto offen, am Sonntag zusätzlich noch über Mittag, und all das nur gerade acht Monate im Jahr. Zählt man noch all die Feiertage ab und sonstige Unpässlichkeiten, muss man sich fragen, wann denn dieses Grotto überhaupt noch für die Gäste da ist …? Ist ein bisschen bösartig, ich weiss! Doch das ist purer Frust! Denn Carlo kocht so gut, dass ihm die Paudese-Fans dieses Dolcefarniente zwar gönnen, sich aber doch ein bisschen erweiterte Öffnungszeiten wünschten! Kein Grund, lieber Carlo, sich so rar zu machen. Zumal dein Paudese auch im Gastroführer von Slow Food als eines der wenigen Restaurants im Tessin erwähnt wird.

Fischen als Leidenschaft. Nun muss man fairerweise sagen, dass Carlo seine Freizeit höchst sinnvoll und ganz im Sinne der Gäste nutzt. Er ist leidenschaftlicher Fischer, steht stundenlang in den Bergbächen der Morobbia und der Malvaglia und holt die fangfrischen Forellen raus, aus denen er dann seine Trota in carpione macht – in einer Wundermarinade mit Sellerie, Rüebli, Rosmarin und Salbei. Wer je Carlos Carpionekunst genossen hat, wird anspruchsvoll! Oder die Arborelle, in der Deutschschweiz als «Läugeli» bekannt, die Carlo so raffiniert zubereitet, dass sie schon fast als Aperitif-Gebäck durchgehen. Hier liegt ohnehin seine Stärke: Am liebsten macht er Vorspeisen, Crostini mit Rucola oder Parmigiano, Peperoni stuffati (gefüllte Peperoni), grillierte Auberginen mit Thonsauce oder kleine, geräucherte Crevetten mit Mascarpone. Dafür kommen die Leute von weit her und reservieren gruppenweise das ganze Grotto. Auf Voranmeldung öffnet sich der «heilige Paudese-Gral» nämlich fast zu jeder Tages- und Nachtzeit.

Qualität beim Einkauf. Und dann ist Carlo auch oft unterwegs, um die besten Produkte einzukaufen. Fürs Fleisch zum Beispiel fährt er bis in den Malcantone, um bei seinem Lieblingsmetzger den besten Coniglio oder das zarteste Eselfleisch einzukaufen. Das kommt dann rosa gebraten und aussen schön knusprig auf den Tisch, begleitet von randenroten Gnocchetti mit Pancetta. Also: Auch der Einkauf braucht Zeit. Genauso wie das Sammeln von Beeren und Blüten, die dann zum Beispiel in einem Sorbetto di fiori di sambuco (Holunderblütensorbet) oder Ciliegie sotto grappa (Kirschen im Grappa) zu kulinarischer Höchstform auflaufen.

Olympiade. Damit wird klar, warum das Paudese eigentlich alles richtig macht. «Lieber an wenigen Tagen offen, dann aber Spitzenleistung und Superservice», sagt Carlo, der damit dem Prinzip eines Hochleistungssportlers folgt: im stillen Kämmerlein trainieren und dann an die Olympiade und an die Öffentlichkeit. Carlos Olympiade ist im Herbst, von Mitte September bis Ende Dezember bestimmt die Selvaggina das Kochprogramm. Dann muss man im Paudese zwingend reservieren. «Die Gäste sind wild auf Wild», lacht Carlo, «und wir haben nur fünf Tische.»

Fast wie bei McDonald's. So hoch Carlos Anspruch an sich selber ist, so hart ist der Könner, wenn er die Tessiner Essszene analysiert: Sauce fédérale, nennt Carlo die aus dem Beutel angerührte Brasato-Sauce, die in vielen Grotti an der Tagesordnung ist: «Das ist schon fast wie bei McDonald's: Überall die gleiche Sauce, der gleiche Geschmack für den gleichen Standard-Brasato. Das ist irgendwie auch Etikettenschwindel. Nur das wenigste ist in diesen Touristengrotti wirklich hausgemacht, und das macht auf die Länge unsere Esskultur kaputt. Sobald man jedoch von den Touristenströmen weggeht, wird die Küche sofort besser – denn da müssen die Restaurants echt etwas bieten, damit die Leute kommen.» Wie im Paudese.

Tutta la famiglia (Bild links oben): Marta, Mirna, Emma und Carlo.

Lara beim Aufdecken im Grotto-Garten. Sie sorgt seit sechs Jahren für das Wohl der Paudese-Gäste.

Kleine Küche, grosser Koch.

Das Weinangebot umfasst einige Raritäten wie den Elisir oder den Loverciano.

Fisch kommt im Paudese häufig auf den Tisch, denn Carlo ist passionierter Fischer.

RIVIERA, BELLINZONA, GAMBAROGNO

– Pesce in carpione: ein Meisterwerk der Marinadekunst.
– Frittierte Alborelle (Läugeli).
– Rosa gebratenes Eselfilet mit Randen-Spätzli.
– Holunderblütensorbet.

Rezepte von **Carlo Rigamonti** im Anhang.

— **Randen-Spätzli,** S. 353
— **Frittierte, marinierte Albeli,** S. 359
— **Holunderblütensorbet,** S. 368
— **Kirschen im Grappa,** S. 369

RESTAURANT **18**
Il Guardiano del Farro
Cadenazzo

RESTAURANT: **Il Guardiano del Farro**
ADRESSE: **6593 Cadenazzo**
GASTGEBER: **Nicola Rizzo**
TELEFON: **091 858 39 77**
INTERNET: **www.gdf.ch**
RUHETAGE: **Mo.-Abend**
BETRIEBSFERIEN: **erste 2 Wochen Aug., erste Woche Jan.**
WEGBESCHRIEB: **Cadenazzo Richtung Ceneri**
SPEZIELL: **Restaurant mit Laden und Küche «mit Einblick»**

Ein Laden? Ein Restaurant? Oder beides? Wer zum ersten Mal vor dem Guardiano del Farro, dem «Wächter des Korns», steht, ist irritiert. Wie ein Restaurant sieht dieser kleine Laden trotz farbigen Sonnenstoren nicht aus! Eher schon nach einem Verkaufsgeschäft für Körner, Öle und edle Naturprodukte. Doch dann entdeckt man die Holztische, die Küche und vor allem Nicola, der mit strahlendem Lächeln alles klar macht: Willkommen im «Haus der kreativen Naturküche»!

Das Lieblingsmenü der Gladiatoren

Das Konzept ist originell: Umringt von Säcken mit Kastanienmehl, Flaschen mit Olivenöl und hausgemachten Konfitüren geniesst man im Guardiano hochstehenden Vegi-Food. Gleichzeitig kann man zusehen, wie Nicola in der Küche die Gerichte zubereitet. Eine multidimensionale Darbietung, die natürlich nicht selbstlos ist: Wem es gemundet hat, der kann die Produkte gleich kaufen, begleitet von kompetenten Erläuterungen des jungen Tessiners, der zu den Koryphäen in Sachen Naturküche gehört. Kein Wunder, seine Mutter führt eine renommierte Kochschule in Cadenazzo. Kurz: Im Guardiano sind wir nicht irgendwo, sondern gewissermassen in der Hochburg des kulinarischen Wissens und der gekonnt praktizierten Kunst der Zubereitung höchster Gaumenfreuden auf Biobasis. Aber nur noch Randencarpaccio, Linsenmousse und Joghurtkäse …?

Heldenreise. Ich gebe zu: Ich liebe gutes Fleisch, kann auf ein saftiges Bio-Maialino oder Mazze von glücklichen Tieren nur schwer verzichten! Entsprechend skeptisch habe ich den «Wächter des Korns» betreten und kam als Initiierter wieder heraus. Die klassische Heldenreise! Der Held betritt eine neue, unbekannte Welt und wird hart geprüft – in meinem Fall zuerst vergleichsweise human, mit einem Randencarpaccio mit Ziegenfrischkäse, Linsenmousse und Sesamkörnern. «Überraschend und kreativ», sagt der Held, nickt anerkennend, muss aber bereits weiter zur nächsten, noch grösseren Herausforderung: einem Farro-Risotto mit frischem Spinatpesto, wunderschön arrangiert und wesentlich körniger als gewöhnlicher Risotto. Und wieder lernt der Held …

Das Lieblingsmenü der Gladiatoren. Der Farro ist eine 9000 Jahre alte Zweikornsorte, die schon von den Römern angepflanzt wurde. Vor allem bei den Gladiatoren war das Zweikorn beliebt, denn es enthält viel Magnesium, gibt Energie und – wie die Römer glaubten – ein langes Leben. Gestärkt von dieser «potion magique», zieht der Held weiter in die entscheidende «Schlacht»: Vollkorn-Polenta mit Kastanienstücken im Rotwein, dazu Kokossnussstücklein und Rosmarin! Unnötig zu sagen, Nicola hat die Dramaturgie der Gerichte intelligent gestaltet! Wäre diese höchst ungewohnte Geschmackskombination am Anfang gestanden, die Geschmacksknospen wären nie so freudig erregt in Schwingung geraten! Wenn das vegetarische Küche ist, dann bin ich ab sofort Vegetarier, sagt der Held. Als Dankeschön wird er zum Schluss noch mit einer wahren Geschmacksorgie in Form verschiedener Desserts verwöhnt: *Pralino di frutta secco al coco, Formaggio di yogurt al miele con purea di mirtilli, Cioccolata densa al peperoncino und eine Frolla vegana all'albicocca.* Das klingt so schön, dass wir es für einmal beim Italienischen belassen. Nur so viel sei erwähnt: Natürlich ist auch hier alles rein vegetarisch und stammt aus biologischer Produktion.

Intelligenter Food. Essen ist für Nicola mehr als nur den Hunger stillen: «Essen ist die Kunst, mit der Natur in einen Dialog zu treten», sagt der engagierte junge Mann, der die vegetarische Kochkunst mit einer fast schon wissenschaftlich-nüchternen, in keinem Fall sektiererischen Denkweise angeht. «Es gibt eine Unmenge spannender Produkte in der Natur, die früher eine bedeutende Rolle spielten und im Laufe der Jahrtausende verloren gingen», sagt Nicola. «Dieses Wissen wieder zu aktivieren und daraus gesunde, intelligente Nahrung zu machen, ist spannend.»

Nicola in der offenen Küche. Das Hobby des jungen Kochs ist das Fotografieren, entsprechend schön arrangiert kommen seine Gerichte auf den Tisch.

Einige der Produkte, die im Laden des Restaurants zum Verkauf angeboten werden.

Alte Marronipfanne als Dekorelement.

— Dessertkreation, u.a. mit Joghurtkäse und Orangen-Kokos-Praline.
— Randen-Carpaccio mit Ziegenfrischkäse.
— Dinkel-Risotto mit Spinatpesto.
— Kastanien-Spezzatino im Rotwein geschmort mit Emmerpolenta.

Rezepte von **Nicola Rizzo** im Anhang.

— **Randen-Carpaccio mit Ziegenfrischkäse mit Mohnsamen,** S. 347
— **«Farrotto», Dinkelrisotto mit Spinatpesto,** S. 352
— **Kastanien-Spezzatino im Rotwein geschmort mit Emmerpolenta,** S. 352
— **Joghurtkäse mit Honig, Mandeln und Pistazien,** S. 374

RESTAURANT **19**
La Bolla
Camorino-Comelino

RESTAURANT: **La Bolla**
ADRESSE: **6528 Camorino-Comelino, Ai Campisch**
GASTGEBER: **Mauro und Tatiana Pedrelli**
TELEFON: **091 857 65 95**
INTERNET: **www.labolla.ch**
RUHETAGE: **Sa.-Mittag, So. ganzer Tag**
BETRIEBSFERIEN: **erste 2 Wochen Aug., erste Woche Jan.**
WEGBESCHRIEB: **mit dem Auto nach Bellinzona auf der Kantonsstrasse, Ausfahrt Sant'Antonino. Postauto von Bellinzona oder Locarno.**
SPEZIELL: **alte Tessiner Gerichte mit Innereien**

Das La Bolla liegt etwas versteckt in Camorino. Am besten fährt man von Bellinzona her bei Sant'Antonino raus, macht wieder linksumkehrt und fährt durch die Unterführung auf die andere Seite. Die erste Strasse links ist die Ai Campisch. Die etwas komplizierte Anfahrt lohnt sich: Mauro Pedrelli versucht auszubrechen aus den alltäglichen Standardmenüs. Wenn Sie zum Beispiel noch nie Hirn gegessen haben – im La Bolla steht die Delikatesse im Frühsommer auf der Karte.

Paniertes Kalbshirn und Ravioli mit Honig

Hirn? Kann man das essen? Man kann! Fein paniert und knusprig gebraten, entwickelt es sogar einiges Suchtpotenzial. «Es muss junges Kalbshirn sein», sagt Mauro, «frisch und von bester Qualität. Zubereitet wird es wie ein paniertes Schnitzel. Wichtig ist, dass man zuerst das feine Häutchen auf der Oberschicht entfernt, und zwar wenn das Fleisch kühl ist, am besten bei null Grad.»

Picconi. Kennen gelernt hat Mauro das Gericht bei seinem Lehrmeister Giovanni Picconi, der in den Achtziger-Jahren in Biasca kochte. «Picconi war eines dieser Ausnahmetalente, die es nur einmal in hundert Jahren gibt», sagt Mauro, «ein Künstler, ein Poet, ein Perfektionist. Und er hat sich leidenschaftlich für die ‹cucina povera› interessiert, in der alles verwertet wurde – die Knochen, die Innereien, das Hirn. Darin manifestierte sich für ihn die Kreativität der einfachen Leute.» Mauro hat seine Lektionen gelernt. Alles, was im La Bolla auf den Tisch kommt, ist «reduced to the max». Das zeigt nicht nur das Cervello, das aussen knusprig und innen saftig und weich, fast wie Muschelfleisch, auf der Zunge liegt. Das zeigt auch sein Carpaccio vom Hecht aus dem Lago Maggiore. Hauchdünn liegen die Rondellen unter Kapernblüten und einer Rucola-Olivenöl-Sauce – ein sommerlich-leichter Auftakt unseres Mittagsmenüs. Dann folgen Tortellini, die aussehen wie ganz gewöhnliche Tortellini. Doch im Innern hat

Mauro eine besondere Füllung versteckt: Kalbsleber mit Äpfeln, mariniert in Honig. «Das ist eine Rezeptur, die ich selber kreiert habe, eine Kombination von pikant, süss und sauer», erklärt der in Camorina aufgewachsene Tessiner, der seine Gäste im Sommer auch in die einfache süditalienische Bauernküche entführt.

Sardinien zu Gast. Jeweils im Juni führt das La Bolla die «Rassegna di Sardegna» durch, mit Spezialitäten aus Sardinien, etwa dem Carasau, einem Fladenbrot, das mit Olivenöl serviert wird. Im Herbst geht es in die nördliche Richtung: Wild ist das Hauptthema und Trüffel aus dem Piemont. Das ist die Zeit, in der Tatiana, die Gastgeberin des Hauses, voll in den Service steigt. Am Carnevale in Camorino haben sich die beiden kennen gelernt und kurz nach der Heirat mit dem Wirten begonnen: «Alle haben gesagt, ihr seid verrückt», sagt Tatiana, «aber es hat funktioniert. Mauro hat mitgebracht, was er bei Picconi gelernt hat – eine hochstehende, marktfrische Küche, direkt aus dem ‹campo›. Und ich, was ich am liebsten mache, den Umgang mit den Gästen.»

Im «campo» sind die beiden oft. Vor allem, um das Weinsortiment zu optimieren. 260 Etiketten lagern im Keller des Hauses. Darunter einige von der Weinkellerei La Minerva, deren Reben nicht weit vom Restaurant wachsen. Auch für andere Produkte muss Mauro nicht weit: Die grosse Gemüse- und Früchtekammer des Sopraceneri, die Bolle di Magadino, liegt vor der Haustüre. «Das ist ein Vorteil, dass wir sehr kurze Lieferwege haben und jeden Produzenten persönlich kennen», sagt Mauro, der zwischenzeitlich auch zu einem kleinen Medienstar geworden ist. Täglich um halb zwölf macht er auf Radio Fiume Ticino einen tagesaktuellen Rezeptvorschlag – eine Art kulinarische Meteorologie. Einzig das Rezept mit dem Hirn hat er bislang noch nie über den Äther geschickt.

Das Kalbshirn im Rohzustand, luftig-leicht paniert und gebraten ist es eine Delikatesse.

Mauro Pedrelli auf Einkaufstour bei einem Gemüseproduzenten in der Magadinoebene.

Und in der Cantina La Minerva in Muntagna. Von diesem Produzenten stammen einige Weine, die im Keller des La Bolla auf die Geniesser warten, darunter das Flaggschiff des Hauses, der La Minerva.

– Hecht-Carpaccio mit Kapernblüten und Rucola-Vinaigrette.
– Leber-Ravioli mit Äpfeln und Honig.
– Das Hirn, in Öl und Butter gebacken, mit etwas Rosmarin.
– Gratinierte Erdbeeren.

Rezepte von **Mauro und Tatiana Pedrelli** im Anhang.

— **Paniertes Kalbshirn,** S. 360
— **Gratinierte Erdbeeren,** S. 368

RESTAURANT **20**
Agriturismo Monte Pioda Quartino

RESTAURANT: **Agriturismo Monte Pioda**
ADRESSE: **6594 Contone, Monte Pioda s/Quartino**
GASTGEBER: **Edo Martinelli**
TELEFON: **091 825 87 57 und 079 651 18 16**
INTERNET: **www.tourisme-rural.ch**
RUHETAGE: **keine**
BETRIEBSFERIEN: **keine**
WEGBESCHRIEB: **von Quartino (Dorfmitte) Richtung Monte Pioda, zu Fuss (ca. 30 Min.) oder mit Edo Martinellis Jeep (auf Voranmeldung)**
SPEZIELL: **Kastanienprodukte aus eigener Produktion**

Edo Martinelli setzt in seinem Agriturismo auf ein einziges Naturprodukt: die Kastanie. Er gehört zu den Pionieren der wieder erwachten Kastanienkultur im Tessin. Auf dem Monte Pioda, hoch über Quartino, kann man die Kastanienkultur «mehrdimensional» erleben: Ringsum laden uralte Selven zum Spazieren ein. Auf dem Hof kann man die Arbeit des Kastanienprofis mitverfolgen. Und im gemütlichen Mini-Grotto mit Granittisch und Holzofen serviert der Kastanienbauer auf dem Holzfeuer zubereitete Polenta aus Kastanienmehl mit Luganighette.

Kastanienküche in den Selven

Wer Edos Naturküche entdecken will, muss sich auf einen längeren Fussmarsch oder eine Fahrt mit Edos klapprigem Jeep über eine amazonasähnliche «Urwaldstrasse» gefasst machen. Der Mann, der seine ganze Existenz auf Kastanien ausgerichtet hat, wohnt wie ein Einsiedler auf dem Berg, mitten in einer Waldlichtung. Rund um Edos Blockhaus weiden Ziegen, gackern Hühner, gurren Tauben, und weiter unten suhlen sich zwei fette Wollschweine, die das Privileg haben, fast ausschliesslich mit Kastanien gefüttert zu werden.

Edo stellt Kastanienmehl, getrocknete Kastanien, Kastaniennudeln, Kastanienmarmelade, Kastanien in Grappa her – alles mit Kastanien aus den umliegenden Wäldern. Auch als Koch hat der Kastanientüftler einiges auf dem Kasten: Am Tag unseres Besuchs serviert er Kastaniennudeln mit Pilzen, selber gemachten Kastanienkuchen mit Mandeln (Castagnaccio) und ein Kastanien-Semifreddo. Und zur Krönung geniessen wir auch noch eine flüssige Hauskreation: Kastanienlikör, produziert von einem Könner des Fachs, dem Brenner Boldini aus Monticello im Misox (www.boldini.ch).

Wurst mit Kastanienduft. Auch wer klassische Grottoküche liebt, wird bei Edo seine Freude haben: Die Alpkäse, die er aus seinem Felsenkeller holt, sind gut gelagert und gehören zu den besten des Tessins. Vor allem aber sind Edos Salametti und Mortadella erst-

klassig: Sie verdanken ihren feinen Geschmack der Kastanienfütterung der Tiere. «Kastanien sind sehr proteinreich, haben nur gesunde Fettstoffe und sind für die Tiere eine Delikatesse», erklärt Edo, der alles auf seinem Hof naturnah, ohne jegliche Pflanzenschutzmittel oder Zusatzstoffe produziert. «Die Kastanien sind ein Naturprodukt, das man nicht industriell ernten oder verarbeiten kann», erklärt Edo, «hier sind im Gegenteil viel Handarbeit, Wissen und Zeit gefragt.» Die hat der Kastanienmann auch in ein Buch investiert: Dreissig Kastanienrezepte aus aller Welt hat er gesammelt und verkauft das kleine Werk, das vor kurzem sogar ins Inventar der Landesbibliothek aufgenommen wurde, auf seinem Hof.

Für die «Expedition ins Urwaldparadies» sollte man sich bei Edo voranmelden oder beim Aufstieg zumindest ein Handy dabei haben. Schon einige sind irgendwo gelandet, nur nicht auf dem Monte Pioda! Auch kulinarisch macht die Voranmeldung Sinn: Dann kann man mit Edo absprechen, was genau man essen will. Wem es auf dem Monte gefällt, kann auch länger bleiben: Auf der Pioda gibt es zwei einfache Zimmer und ein Matratzenlager.

Edo Martinelli, der Kastanienpionier auf dem Monte Pioda.

Zehn Ziegen und zwei Wollschweine gehören zum Hofe.

Alles Eigenproduktion. Die Kastanienprodukte vom Monte Pioda sind zum Teil auch in Tessiner Fachgeschäften erhältlich, zum Beispiel bei Cattaneo, Via Borgo, Ascona.

Castagnaccio (Kastanienkuchen) aus dem Holzofen.

135

RIVIERA, BELLINZONA, GAMBAROGNO

– Castagnaccio (Kastanienkuchen mit Mandeln).
– Nudeln aus Kastanienmehl mit Pilzen.
– Kastanien-Semifreddo.

Rezepte von **Edo Martinelli** im Anhang.

— **Kastanien-Tagliatelle,** S. 352
— **Kastanien-Semifreddo,** S. 370
— **Castagnaccio,** S. 371

Tausend Jahre Tessiner Kastanienkultur

Diego Orelli, heute Gemeindepräsident in Bedretto, hat als Kind in Zürich Marroni verkauft. Ganze Familien, vor allem aus dem Centovalli, dem Valle Onsernone und dem Bleniotal wanderten in den Wintermonaten in die «Svizzera interna», um zu rösten. Die Tessiner und die Marroni: Das war in den 1950er-Jahren eine Marke so wie heute der Käse und die Schweiz. Tatsächlich hat die Kastanie fast tausend Jahre lang im Tessin eine tragende Rolle gespielt.

Arbor. Seit dem Mittelalter lieferte der «arbor» (so nennen die Tessiner liebevoll den Baum) die Hauptnahrung für einen grossen Teil der Bevölkerung. Vor allem in den Berggebieten und den Tälern entstand rund um diesen fast schon mythischen Baum eine Kultur, die das Dorfleben von der Blütezeit im Juni bis weit über den Winter hinweg prägte: Im Herbst waren Jung und Alt in den Selven, um das «braune Gold» zu ernten. In vielen Dörfern hatten die Kinder schulfrei, um mitzuhelfen. Gemeinsam wurden die Kastanien in Säcke gefüllt, geschlagen und anschliessend in den «grà», den Dörrhäusern, im Rauch getrocknet.

Kastanienwanderungen. Viele Familien in den oberen Talregionen pachteten Bäume in den kastanienreichen Gebieten. So wanderten die Einwohner von Bedretto und Airolo jeweils im Herbst nach Lodrino und Iragna. Und die Einwohner von Mesocco ernteten Kastanien in den Selven von Soazza. Die Pachtverträge sicherten den Wanderfamilien auch die Nutzung der Trockenhäuser zu, eine wichtige Voraussetzung, um die Früchte haltbar zu machen und die harten Wintermonate in den Alpentälern zu überstehen. «Vier bis sechs Monate pro Jahr haben sich die Menschen in den Tälern fast ausschliesslich von Kastanien ernährt», sagt Marco Conedera, der die Kastanienkultur seit Jahren erforscht und wieder zu beleben versucht. «Das waren damals bis zu 150 Kilo Kastanien pro Kopf und Jahr. Die Kastanie sicherte mit Milch, Käse und Getreide das Überleben.»

Der Kastanienforscher von der Eidgenössischen Forschungsanstalt für Wald, Schnee und Landschaft (WSL) ist Experte: Hunderte von Pollenfunden in Europa und Kleinasien hat er mit seinem Team erfasst, in Karten die Verbreitung seit der letzten Eiszeit festgehalten und sogar bei alten Autoren wie Homer, Vergil und Apicius nach Kastanienspuren gesucht: «Spannend ist, dass der Kastanienbaum bei den Römern und Griechen vor al-

---

Bei den alten Römern stand die Kastanie höchst selten auf dem Speiseplan: Eine «armselige Bauernfrucht» nannten die verwöhnten Gourmets und (Fress-)Experten die braune Frucht der Wälder. Nur ein einziges Kastaniengericht führt der römische Autor Apicius in seinem Kochbuch *De re coquinaria* (Über die Kochkunst) auf. Eines jedoch schätzten die alten Römer sehr: Das tanninreiche, witterungsbeständige Holz der Kastanienbäume, das sie im Rebbau, für Fässer und Aussenanwendungen einsetzten. Vor allem da, wo ein Netzwerk von Flüssen und Seen vorhanden war, wurden die Brandrodungen eingestellt und stattdessen Kastanienbäume angepflanzt. Rund um den Lago Maggiore, den Lago di Lugano und entlang den Flüssen in den Tälern entstanden im Tessin grossflächig Kastanienwälder. Erst gegen Ende der Römerzeit begann auch der kulinarische Siegeszug der Kastanie. Vor allem deshalb, weil an den mageren Hängen in den Tälern mit Kastanien zwei- bis dreimal mehr Kalorien produziert werden konnten als mit Getreide. In Zeiten der Hungersnot galten die Früchte als Lebensretter für die Bergbevölkerung. Aus diesem Grund nannte man die Kastanie auch «Holzbrot» («pane di legno») und den Baum «Brotbaum» («albero del pane»).

Die typische Tessiner Edelkastanie ist eher klein, eignet sich aber gut zum Dörren.

Edo Martinelli und Marco Conedera im Kastanienhain auf dem Monte Pioda.

Die Kastanie ist ein Spätzünder: Sie blüht erst ab Juni und ist damit vor Frost sicher. Im Bild die männliche Blüte, die mit ihrem pastelligen Gelb an sonnigen Tagen die Wälder zum Leuchten bringt.

lem als Holzlieferant beliebt war. Erst viel später und ganz ausgeprägt im Tessin wurde die Kastanie auch als kalorienreiche Nahrung entdeckt.»

Die besten Kastanienzüchter der Welt. Die Kastanie war so wichtig, dass sich die Tessiner – wie andere Bergbevölkerungen Europas auch – zu innovativen Kastanienzüchtern entwickelten. Nirgends wurden so viele, genau auf den Verwendungszweck zugeschnittene Sorten entwickelt: früh- und spätreife, solche, die gut zum Dörren sind, andere, die sich besser für den raschen Verzehr eignen, und sogar solche, die man roh gut essen kann. «Wir haben in einzelnen Dörfern über ein Dutzend Kastaniensorten gezählt», sagt Marco Conedera, «darunter die Verdesa, die sich als einzige bei der Reife nicht öffnet und sich gut zum Einlegen in den Gärhaufen eignet. Oder die Lüina, die man gedörrt sehr lange lagern kann. Aber auch Raritäten, wie etwa die Berögna, von der wir einige Samen retten konnten, sonst wäre sie für immer verloren gegangen.»

Nur die edelste Sorte, die Marroni, konnten die Tessiner nie grossflächig anpflanzen: Ausgerechnet die grösste und süsseste Kastanie setzt nämlich tiefere Hanglagen voraus, die in der Südschweiz nicht überall zu finden sind. «Die grossflächige Marroniproduktion müssen wir wohl auch in

RIVIERA, BELLINZONA, GAMBAROGNO

Zukunft den Norditalienern überlassen. Aber wer weiss: Schliesslich haben wir auch den Mais wieder mit Erfolg im Tessin angesiedelt, sogar die uralte Sorte, der ‹mais rosso›, gedeiht wieder prächtig in der Schweizer Sonnenstube» (siehe S. 150).

Kastanienküche. Auch bei der Zubereitung zeigt sich die Castanea sativa variationsreich. Über 50 Rezepte hat die Kochbuchautorin Erica Bänziger aufgespürt. Darunter viele aus der Ardèche in Frankreich, aber auch einige, die im kulinarische Erbe des Tessins eine Schlüsselrolle spielen. Etwa das Kastanienbrot und der Tessiner Kastanienklassiker, der Castagnaccio (Kastanienkuchen). Festgestellt hat die im «Dimitro-Dorf» Verscio lebende Autorin allerdings auch, dass vor allem die Deutschschweizer die Kastanie spannend finden. Für viele Tessiner hat sie dagegen das Image einer «Arme-Leute-Frucht» – was natürlich bei richtiger Zubereitung nicht stimmt. Zum Beweis hat sie einige moderne Kastanienrezepte ausgetüftelt, zum Beispiel ein luftiges Kastaniensoufflé, eine Kastanien-Linsen-Pastete oder Tessiner Kastanienpralinen. Mehr im Buch: *Kastanien*, Erica Bänziger, Fredy Buri, Edition Fona, 2003, ISBN 3-03780-147-6.

Silvia Ghirlanda, die Kuratorin des Ethnografischen Museums im Valle di Muggio, mit gedörrten Marroni aus dem «grà» in Cabbio. Auf grossen Rosten schmoren die Kastanien über dem mottenden Feuer fünf Wochen lang. Die «grà» (Dörrhäuser) werden überall im Tessin wieder aktiviert, um diesen wichtigen Teil im kulinarischen Erbe zu erhalten.

Wo man die Kastanien entdecken kann

Überall im Tessin beginnt die uralte Kastanienkultur wieder aufzuleben. Es gibt Lehrpfade, Sammelstellen, Besichtigungstouren zu alten Mühlen, selbst die alten Dörrhäuser («grà») werden wieder aktiviert. Im Herbst finden in vielen Dörfern die «Sagre delle castagne» statt, fröhliche Kastanienfeste mit Musik und Marktständen. Informationen auf: www.ticino.ch.

Kastanienweg im Alto Malcantone

Der zwölf Kilometer lange Kastanienweg liegt im Alto Malcantone, südwestlich von Lugano. Er beginnt in Arosio, führt durch lichte Selven und malerische Dörfer. Die Rundwanderung dauert fünf bis sechs Stunden und kann streckenweise mit dem Postauto verkürzt werden. Informationen: *Verkehrsverein des Malcantone, 6987 Caslano, Tel. 091 606 29 86, www.malcantone.ch.*

Dörrhaus («grà») im Valle di Muggio

Interessant ist das Dörrhaus im Spätherbst (etwa Mitte November), wenn es drinnen qualmt und intensiv nach Kastanien duftet. Informationen: *Museo etnografico della Valle di Muggio, Casa Cantoni, 6838 Cabbio, Tel. 091 690 20 38, www.mevm.ch.*

Kastanienprodukte

Alles aus Kastanien gibt es bei Edo Martinelli auch im Postversand (siehe S. 134) oder bei *Erboristi Lendi, Zona artigianale, 6986 Curio, Tel. 091 606 71 70, www.erboristi.ch*

Marrons glacés

Die Klassiker kommen von Sandro Vanini in Caslano – die etwas weniger stark gezuckerten von Giglia in Lugano.
Sandro Vanini SA, Via Mera 14, 6987 Caslano, Tel. 091 611 27 47.
Giuseppe Giglia SA, Marrons glacés, Via Ciseri 15, 6900 Lugano, Tel. 091 922 08 30.

Bissolo

Der Bissolo reiht sich als jüngste Kastanienkreation ins kulinarische Erbe des Tessins: Das mit Kastanienschaum gefüllte Gebäck hat die Form einer alten Münze, wurde von Giulia Clerici kreiert und in einem Wettbewerb zum «süssen Wahrzeichen» Bellinzonas erkoren. Erhältlich bei: *Konditorei Gazzaniga, Piazza Indipendenza, 6500 Bellinzona, Tel. 091 825 17 48.*

LITERATUR ZUM THEMA «KASTANIEN»:
– *Ernte, Behandlung und Konservieren von Kastanienfrüchten,* Marco Condera, Mauro Jermini, Alberto Sassella, Thomas N. Sieber, Eidg. Forschungsanstalt WSL, 2004.
– *Die Kastanienkultur in der Schweiz.* Marco Condera, Andreas Rudow in: *Schweizerisches Freilichtmuseum Ballenberg* (Hrsg.) 4. Wissenschaftliches Jahrbuch, 2003, S. 226–242.
– *Kastanien,* Erica Bänziger, Fredy Buri, Edition Fona, 2003, ISBN 3-03780-147-6.

Restaurants mit Kastaniengerichten

Alla Stazione, Lavorgo
Zu süss, zu kalorienreich? Die Vorurteile kann man im Stazione in Lavorgo vergessen. Ermannos Kreationen sind luftig-leicht, oft mit anderen Geschmacksnoten kombiniert und gehören zum Besten in der modernen Kastanienküche. *Ristorante Stazione, ia Cantonale, 6746 Lavorgo, Tel. 091 865 14 08.*

Guardiano del Farro, Cadenazzo
Vegetarische Küche ist das Markenzeichen von Nicola, nur logisch, dass dazu im Herbst auch Kastanien gehören. *Guardiano del Farro, Nicola Rizzo, 6593 Cadenazzo, Tel. 091 858 39 77, www.ilguardianodelfarro.ch*

San Michele, Arosio

Das Restaurant im Malcantone ist eine der besten kulinarischen Anlaufstellen für gute, innovative Kastaniengerichte. Ideal auch als Ausgangs- oder Zielpunkt für die Kastanien-Wanderung (siehe S. 236). *Pensione San Michele, 6939 Arosio, Tel. 091 609 19 38.*

Furmighin, Sagno

Im gemütlichen Dorfrestaurant im untersten Zipfel des Tessins gibt es im Herbst Kastaniensuppe mit Pilzen, Castagnaccio, Kastaniennudeln und Marroni vom Holzfeuer. *Osteria Ul Furmighin, 6839 Sagno, Tel. 091 682 01 75.*

RESTAURANT **21**
Da Rodolfo
Vira

RESTAURANT: **Da Rodolfo**
ADRESSE: **6574 Vira (Gambarogno)**
GASTGEBER: **Waldis und Bea Ratti**
TELEFON: **091 795 15 82**
INTERNET: **www.gambarogno.ch/rodolfo**
RUHETAGE: **März bis Okt.: So., Mo.;
Nov. bis Febr.: So.-Abend**
BETRIEBSFERIEN: **2 Wochen im Nov., 2 Wochen vor dem Karneval**
WEGBESCHRIEB: **an der Hauptstrasse in Vira**
SPEZIELL: **hochstehende Fischküche**

Das Da Rodolfo liegt direkt an der Seestrasse in Vira. Das Dorf mit seinen verwinkelten Gassen und einem kleinen Hafen am See hat sich auch als «Ort der Kunst» einen Namen gemacht. Alljährlich werden hier Skulpturen namhafter Künstler aus der ganzen Schweiz ausgestellt. In Vira sind auch zwei Berufsfischer zuhause, die jeden Abend hinausfahren, um ihre Netze zu legen, und sie in den frühen Morgenstunden wieder einholen. Ist der Fang gut, landen die schönsten Exemplare im Da Rodolfo.

Der Fischtempel von Vira

Das Da Rodolfo in Vira ist eine Tessiner Institution. Seit Jahrzehnten führt die Familie Ratti das gemütliche Restaurant im Fischerdorf im Gambarogno. Draussen erwartet den Gast ein Pergola-Garten mit einem Säulengang, der auf die klösterliche Vergangenheit hinweist, drinnen befindet sich ein Cheminée-Raum mit einem mächtigen Holztisch, der als Treffpunkt für die Dorfbewohner dient. Dazu kommt ein eleganter Speisesaal mit weiss aufgedeckten Tischen.

Waldis Ratti und der Fisch. Waldis ist ein Urgestein in der Tessiner Gastronomie. Jeder kennt ihn, jeder weiss: Der Waldis macht guten Fisch! Vor allem sein Fritto misto di lago gehört zu den Klassikern der Fischküche im Tessin. In einen luftig-leichten Teig gebacken, liegen die fangfrischen Fische auf dem Teller. Und die kommen nicht etwa tiefgekühlt als Importware aus dem Ausland, sondern stammen aus dem Urgewässer, das nach der Eiszeit vor 10 000 Jahren entstanden ist. Noch immer ist der Lago Maggiore ein guter Fischgrund: «Seeforelle, Zander, Hecht sind reichlich vorhanden, etwas schwieriger ist es mit Felchen und Egli», sagt der Fischer Walter Branca. «Das Wasser ist zwischenzeitlich fast zu sauber, sodass die Fische zu wenig Futter finden. Gleichzeitig erwärmt sich das Wasser im Sommer zu stark.» Soeben hat er einen fangfrischen Zander ins Restaurant gebracht. Gute fünf Kilo wiegt das Prachtexemplar.

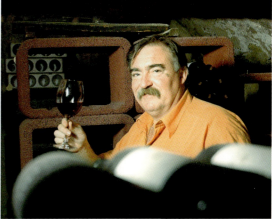

Leicht und raffiniert. Auch wenn im Cheminée täglich frisch aufgesetzte Polenta im Kupferkessel brodelt, die Küche des Hauses ist auf leichte und raffinierte Kreationen ausgerichtet. Geräucherter Lachs, begleitet von einer Forellenterrine, bildet den Auftakt unserer kulinarischen Rundreise im Da Rodolfo. Dann folgen Opaccheri con coste (grosse Maccheroni mit Mangoldfüllung), die zeigen, dass der Chefkoch auch mit Pasta hervorragend umzugehen weiss. Und natürlich lassen wir uns den Klassiker des Hauses nicht entgehen: das «Fritto misto del lago», für die Fischliebhaber so etwas wie der Rolls-Royce unter den Fischgerichten.

Geheimgänge im Untergrund. Auch das Haus selber ist ein Urgestein. Aufgrund des Säulengangs, der «Portici», vermutet man, dass es früher ein Kloster oder zumindest ein Patrizierhaus war. Wer in die «Unterwelt» steigt, entdeckt nicht nur Rattis gut dotierten Weinkeller, sondern auch ein uraltes Kellergewölbe. Noch immer gibt es Stimmen, die vermuten, dass dieser Keller der Beginn eines geheimen, unterirdischen Ganges war. «Das sind Legenden», lacht Waldis, der die besondere Atmosphäre und Patina des Kellergewölbes immer wieder für festliche Dinners nutzt. Er gehört ohnehin zu den Wirten mit hohem Inszenierungsflair: Wenn zur kalten Jahreszeit die Polenta auf dem Cheminéefeuer brodelt und Waldis seine herbstlichen Kreationen auf die Teller zaubert, etwa Polenta mit frischen Waldpilzen, ist die Stimmung perfekt. Die künstlerische Ader hat er geerbt. Sein Vater Edgardo Ratti ist ein bekannter Tessiner Künstler, der kraftvolle Bilder malt, die überall im Haus zu bewundern sind. Waldis, der Sohn, «malt» am Kochherd, unterstützt von seiner Frau Bea, die charmant die Gäste betreut und übrigens perfekt Schweizerdeutsch spricht: Sie kommt aus Reichenburg im Kanton Schwyz und ist, so Ratti, «der beste Fang, den ich je an Land gezogen habe».

Fresko im Keller des Hauses, an der Türe, die möglicherweise in den «Geheimgang» führt.

Waldis Ratti im Kellergewölbe, das als Lagerort für auserlesene Weine dient.

Das Kellergewölbe wird oft auch für Galadinners mit Kerzenlicht genutzt.

Walter Branca, einer der beiden Berufsfischer von Vira, mit seinem jüngsten Fang, einem Zander und einer Seeforelle.

RIVIERA, BELLINZONA, GAMBAROGNO

- Fangfrischer Zander und Seeforelle, links auf dem Teller Salat mit Fagioli, rechts das Tris del Lago mit gebackenem Hecht, Zander und Seeforelle.
- Geräucherter Lachs mit Forellen-Terrine.
- Detail vom Fritto misto del lago, der Hausspezialität.
- Ossobuco mit Polenta.
- Schokoladetörtchen mit Erdbeeren.

Rezept von **Waldis Ratti** im Anhang.

— **Trio «da Rodolfo»** (Lachs, Forellenfilet, Krebsschwanz), S. 347

RESTAURANT **22**
Sass da Grüm
San Nazzaro

RESTAURANT: **Sass da Grüm**
ADRESSE: **6575 San Nazzaro**
GASTGEBER: **Verena und Peter Mettler**
TELEFON: **091 785 21 71**
INTERNET: **www.sassdagruem.ch**
RUHETAGE: **keine**
BETRIEBSFERIEN: **Nov. bis März**
WEGBESCHRIEB: **von San Nazzaro Richtung Vairano, dann Richtung Sass da Grüm, ca. 20 Min. Wanderzeit**
SPEZIELL: **Bioknosppe und Goût mieux (WWF), nur zu Fuss erreichbar**

Nur wer gut zu Fuss ist und den 20-minütigen, zum Teil steilen Aufstieg schafft, kommt zum Sass da Grüm auf die Monti. Es gibt keine Zufahrtsstrassen, nur einen Warenlift. Doch die Anstrengung lohnt sich! Als «Ort der Kraft» wird das Plateau oberhalb von San Nazzaro bezeichnet. Tatsächlich haben Wissenschaftler der ETH hier besonders intensive Erdstrahlungen gemessen. Das Felsplateau liegt in einem urgeschichtlichen Vulkangebiet, das sich vom Gambarogno durch den Lago Maggiore bis nach Ascona und dem Monte Verità erstreckt. Leute mit erhöhter Sensitivität spüren diese Energien. Andere geniessen einfach die wundervolle Aussicht auf den Lago Maggiore und die vegetarische Küche, die auch einiges ins Schwingen bringt: die Geschmacksknospen nämlich.

Geschmackstraining auf den Monti

Wer seine Sensoren wieder einmal mit unverfälschten Aromen und Düften beglücken möchte, ist im Sass da Grüm am richtigen Ort: Das Restaurant bietet eine biologische Küche frei von Zusatzstoffen oder Geschmacksverstärkern. Gartenfrische Zucchetti und Peperoni verströmen ihre authentischen Aromen, knackige Salatblätter wetteifern mit duftenden Wildkräutern im kaltgepressten Olivenöl, und rund ein halbes Dutzend kleine, feine Kreationen zeigen, wie raffiniert die «Körnchenküche» schon als Vorspeise sein kann. Wie das Guardiano del Farro in Cadenazzo zählt auch das Sass da Grüm zur Spitzengastronomie im Bereich der vegetarischen Bioküche.

Blumen zum Essen. Was die Gastgeber auf der Karte bescheiden als Gemüse-Crêpe bezeichnen, entpuppt sich als knusprig überbackene, raffinierte Gemüse-Quarkmousse auf einem Ratatouille aus Zucchetti und Peperoni. Die Melonensuppe – im Gazpachostil kühl serviert – ist schon farblich gut komponiert: das fruchtige Melonengrün kontrastiert mit den intensiven Farben der Magnolienblüten, die man ebenfalls mit Genuss verspeisen kann. Eine Delikatesse sind die Ricotta-Ravioli, die auf einer Linsen-Balsamico-Sauce serviert werden und deutlich machen: Es braucht wenig, um aus diesem Pastaklassiker ein überdurchschnittliches Gericht zu machen! Nicht zu vergessen die Desserts der Alp Sass da Grüm! Wer diese delika-

ten Kunstwerke voll auskosten möchte, dem sei die «Sélection Sass da Grüm» empfohlen: eine Auswahl hausgemachter, frischer Früchtesorbets mit Panna cotta und einem knusprig gebackenen Soufflé.

Schmecken lernen. Wer sein Leben lang mit künstlichen Aromastoffen aufgepeppten Food genossen hat, muss seine Geschmacksknospen im Sass da Grüm neu trainieren: Die Aromen sind unverfälscht und weniger knallig. Es braucht manchmal einen Moment, um die feinen Nuancen und Geschmackskombinationen zu entdecken. Was am besten geschieht, indem man sich die Dinge buchstäblich auf der Zunge zergehen lässt. Auch das ist nicht Esoterik, sondern schlicht eine Tatsache: Wir haben verschiedene Rezeptorenbereiche auf der Zunge um süss, sauer, salzig und bitter zu unterscheiden.

Vegi-Food und mehr. Auch sonst muss man an diesem Kraftort nicht darben: Die Weinauswahl ist umfassend, Bier gibt es in zahlreichen Varianten, darunter das Kastanienbier aus dem Appenzell. Weiter stehen Holunderblütensirup, das Cüpli «mezzo-mezzo» (Holundersirup und Weisswein), Bio-Apfelsaft und -Traubensaft zur Wahl. Und wer sich nach dem Aufstieg zuerst etwas abkühlen möchte: Auf der Alp gibt es sogar ein Schwimmbad, in dem man seinen Körper 650 Meter hoch über dem Lago Maggiore in kühles Bergwasser tauchen kann.

Aussteiger. Die Mettlers sind klassische Aussteiger. Peter arbeitete während Jahren in der Industrie und wollte «irgendwann einmal etwas anderes machen. Dann stiessen wir auf ein Inserat, in dem das Sass da Grüm zum Verkauf angeboten wurde. Es war Liebe auf den ersten Blick», sagt Peter, der zusammen mit seiner Frau Verena allerdings einige bürokratische Hindernisse überwinden musste, bis das Gebäude mit der Sonnenterrasse und das Schwimmbad endlich standen.

Sympathische Gastgeber: auf der linken Seite (Mitte) der Chef des Hauses, Peter Mettler, oben seine Frau Verena.

Nicht nur bio: Ausschnitt aus dem Weinangebot des Hauses.

Aussicht vom «Kraftplatz» aus auf den Lago Maggiore.

Nichts für «Schlaffis»: der Aufstsieg zum Sass da Grüm.

RIVIERA, BELLINZONA, GAMBAROGNO

– Melonen-Gazpacho mit Magnolienblüten.
– Antipasto mit Auberginenpurée, Gemüseterrine, Räuchertofu, Ziegenkäse.
– Gefüllte Aubergine auf Ratatouille mit Honig.
– Ricotta-Ravioli an Linsen-Balsamico-Sauce.
– Luftig gebackenes Schokoladetörtchen mit Orangen.

Rezept von **Verena Mettler** im Anhang.

— **Ratatouille mit Akazienhonig,** S. 367

Die Gemüse- und Kornkammer des Tessins

Nach der Eiszeit flossen gewaltige Wassermassen in die Ebene zwischen Bellinzona und dem heutigen Lago Maggiore. Die ganze Region war Sumpfgebiet, in Hunderten von kleinen und kleinsten Flussläufen suchte sich der Ticino den Weg nach Süden. Fische, Reptilien, Krebse und vor allem riesige Mückenschwärme tummelten sich in dieser Urlandschaft, die voll von Krankheitserregern war. Doch dies schien die Siedler wenig zu stören: Am Rand der Sümpfe stellten sie ihre Dörfer auf, nicht zuletzt die Langobarden, die Mitte des 6. Jahrhunderts in grosser Zahl im Bellinzonese auftauchten.

Die Langbärte. Die Langobarden waren ein keltisch-germanischer Stamm, der ursprünglich an der unteren Elbe in Deutschland siedelte. Angeführt von König Albion drangen sie im Jahr 568 nach Italien vor. 200 000 Menschen waren bei dieser gigantischen Völkerwanderung unterwegs! Zwar dauerte ihre Vormachtstellung nur zwei Jahrhunderte, und auch kulinarisch brachten die Langbärte, abgesehen von Fladenbrot und besserem Bier, nur wenig Neues mit. Trotzdem war ihre Kultur prägend für Norditalien und weite Teile des Tessins und gab auch der heutigen Lombardei ihren Namen.

Es dauerte fast 2000 Jahre, bis die grosse Sumpflandschaft zwischen Bellinzona und dem Lago Maggiore verschwand: Erst Ende des 19. Jahrhunderts wurde der Ticino in einen Kanal gelegt und die Ebene entwässert. Dadurch entstand ein riesiges Agrargebiet, in dem von Äpfeln bis Zucchini so ziemlich alles gedieh, was die Tessiner an Frischprodukten brauchen. Sogar Reis wird seit kurzem etwas weiter westlich, in den Terreni alla Maggia, angebaut. Auch der Mais gedeiht auf den Magadinoböden nach einem Unterbruch von über fünfzig Jahren wieder. Und falls Sie in einem Grotto schon mal rote Maiskolben als Wandschmuck bewundert haben: Auch diese uralte Tessiner Maissorte ist im «Langobardenland» wieder prächtig am Spriessen.

Tessiner Mais

Paolo Bassetti ist der Maisexperte im Tessin. Nachdem der Mais nach dem Zweiten Weltkrieg aus der Tessiner Landwirtschaft völlig verschwunden war, hat Paolo als Erster Mitte der Neunziger-Jahre wieder Mais angepflanzt. Produziert wird das Maismehl nach uralten Methoden. «Wir ernten die Maiskolben ganz und mahlen auch die Körner ganz, das heisst: Nur die gröbste Kleie wird ausgeschieden, alle wichtigen Nährstoffe, Vitamine und die für den Geschmack wichtigen Komponenten bleiben drin. Mit 100 Kilogramm Maiskolben produzieren wir so rund 92 Kilo Maismehl.» Neben geschmackvollem Maismehl stellt Paolo Bassetti auch Cornflakes, Dinkel und Buchweizen biologisch her. Jüngste Pioniertat ist die Wiederanpflanzung des «mais rosso». Diese uralte, rote Maissorte, die früher im Sopraceneri heimisch war, ist damit wieder ins kulinarische Erbe des Tessins zurückgekehrt.

Der «rosso del Ticino»

Einige wenige Bauernfamilien im Tessin haben den «rosso del Ticino», die rote Maissorte, noch für den Eigenbedarf angebaut. Fast wäre das wertvolle genetische Kulturgut für immer verschwunden! Aus wenigen Samen hat Pro Specia Rara das Projekt für die Wiederanpflanzung entwickelt. 2004 hat Paolo Bassetti mit dem Anbau begonnen. Der Rosso wird nach traditionellen Methoden produziert: Die Kolben werden manuell geerntet und als Ganzes getrocknet. Dann folgt die Vollkornmahlung, das heisst, die Körner werden als Ganzes inklusive «Ballaststoffen» vermahlen, was einen hohen Nährwert ergibt.
Paolos «rosso del Ticino» ist direkt beim Produzenten erhältlich (auch Postversand):
Paolo Bassetti, 6582 Pianezzo, Tel. 091 857 30 93 oder 079 204 69 90, www.basset-ti.ch.

Fiori di zucchini ripieni

Anfang Juni blühen in der Magadinoebene die Zucchetti, im Tessin Zucchini genannt. Mit den grossen, goldgelben Blüten lassen sich raffinierte Gerichte zubereiten. Zum Beispiel die Fiori di zucchini ripieni – mit Kräuterquark, Ziegenfrischkäse oder Ricotta gefüllte Zucchiniblüten, ein Klassiker der Tessiner Blumenküche. Im Anhang finden Sie ein Rezept, das von Nico Sargenti stammt. Jahrelang hat sie das Grotto La Baita in Orgnana geführt. Ihre Terrinen, ihr Siedfleisch in grüner Sauce, der Pesce in carpione und eben ihre gefüllten Zucchiniblüten gehörten zum Besten, was im Bereich Frischküche im Gambarogno zu finden war. Nun kann man Nico, die mit «passione» und «amore» kocht, für Events, Hauspartys und Kochkurse buchen: *Nico Sargenti, 079 549 68 50 oder n.sargenti@bluewin.ch.*

Rezept von **Nico Sargenti** im Anhang, S. 365
— **Gefüllte Zucchini-Blüten** (Fiori di zucchini ripieni)

RIVIERA, BELLINZONA, GAMBAROGNO

Einkaufstipps Riviera, Bellinzonese, Gambarogno

Markttag in Bellinzona

Immer am Samstagmorgen stellen Dutzende von Produzenten in den mittelalterlichen Gassen von Bellinzona ihre Verkaufsstände auf. Nirgends kann man sich einen besseren Überblick verschaffen über die Essspezialitäten und Produzenten der Region und gleichzeitig in den umliegenden Restaurants spezielle Markttags-Gerichte geniessen. Eine wundervolle Institution! Jeweils Sa., 7 bis 12 Uhr rund um die grosse Piazza in der Stadtmitte.

Fisch vom Lago Maggiore

Der 35-jährige Branca ist der Star unter den Lago-Maggiore-Fischern auf der Gambarogno-Seite – einer, der die Fische nur lebend aus den Netzen holt und deshalb in den Sommermonaten schon um 2 Uhr nachts draussen ist. Wer bei ihm Fisch kaufen will oder den von ihm selbst geräucherten Lachs, muss ebenfalls früh aufstehen: Bereits um 8, spätestens 9 Uhr ist der Fang des Tages jeweils ausverkauft. *Pescheria Walter Branca, Via Cantonale, 6574 Vira-Gambarogno, Tel. 091 795 23 45 oder 079 421 90 29.*

Alpkäse

Elda Fasciati ist jeden Samstag am Markt. Sie verkauft vor allem Alpkäse, darunter Piansegno vom Lukmanier, Quarnei aus dem Val Malvaglia, Puntino aus Airolo, Cava aus dem Pontirone, Formozzora und viele weitere. Wenn man irgendwo noch ein Stück vom berühmten Piora ergattern kann, dann sicher bei Elda, die jeden Alpkäse blind erkennt: «Beim einen schmeckt man das leicht Bittere von den Bergkräutern, der andere hat etwas leicht Süssliches, der dritte erinnert an eine Bergblume. Man schmeckt in jedem Käse die Luft der Alp, von der er herkommt», sagt die Käseexpertin, die auch ein Lädeli in Biasca führt. *Elda Fasciati, Via Macello 3, 6710 Biasca, Tel. 078 712 18 90 und 091 862 22 79.*

Magnolien und Kamelien

Im März, wenn nur noch die Kuppen der Berge weiss sind, beginnen die Forsythien mit ihrem knalligen Gelb zu blühen, wenig später entfalten die Kamelien und Magnolien ihre Farbenpracht – ein untrügliches Zeichen: Es ist Frühling im Tessin! Im Gambarogno, zwischen Vairano und Piazzogna, kann man die Frühlingsboten bewundern. Ein verschlungener Pfad führt durch den romantischen Garten mit Tausenden von blühenden Pflanzen am Hang. Auch mit Schiff und Bus erreichbar. *Parco Botanico, Tel. 091 795 26 20, www.parcobotanico.ch.*

Salumeria und Geflügel

Die Azienda Agricola Guerra in Cadenazzo ist ebenfalls am Markt anzutreffen, verkauft aber auch direkt ab Hof. Die Familie Guerra produziert vor allem erstklassiges Geflügel und verkauft das Huhn mit den Füssen dran! Der Betrieb befindet sich auf der Höhe von Cadenazzo in der Magadinoebene, auf der gegenüberliegenden Seite der Zufahrt zur alten Ceneristrasse. *Azienda Agricola, Claudio Guerra, Piano di Magadino, 6593 Cadenazzo. Tel. 091 858 15 66.*

Biogemüse und Früchte

Der Bauernhof, bei dem unter anderem die Osteria Centrale in Olivone und das Restaurant Guardiano in Cadenazzo das Gemüse, den Salat und die Früchte beziehen. Alles wird biologisch angebaut, im Takt mit der Natur, umwelt- und tiergerecht. Der Hofladen ist am Di. und Fr. von 10 bis 11.30 und 13.30 bis 17.30 Uhr geöffnet, am Sa. nur am Morgen von 09.00 bis 11.30 Uhr. *Linea Bio verde, Familie Cattori, Via al piano, 6593 Cadenazzo, Tel. 091 858 19 53.*

WEIN
Cantina La Minerva, Camorino

Die Flaggschiffe des Traditionshauses, das über einen der schönsten Rebberge des Sopraceneri verfügt (und einen Kellermeister, der die Etiketten selber malt), sind der La Minerva, Sogno d'Autumno, der Fortino (ein Cabernet barrique) und der Merlot barrique. Die Cantina kann auf telefonische Vereinbarung besucht werden. Mit Degustationsmöglichkeit und Kauf direkt ab Lager. *La Minerva, In Muntagna 50, 6528 Camorino, Tel. 091 851 31 24, www.laminerva.ch.*

Wein aus Giubiasco

Der Ticino DOC Riserva Speciale steht unter anderem im Ristorante Malakoff in Bellinzona prominent auf der Weinkarte: Achtzehn Monate darf der edle Merlot der Cantina Giubasco in den Fässern lagern, zwölf davon in Eichenfässern. Seit 1929 konzentriert sich das traditionsreiche Weinhaus auf hochwertige Tessiner Etiketten aus den besten Reben des Bellinzonese. Die Cantina steht Besuchern für Besichtigungen und Degustationen offen. Und selbstverständlich kann man den Wein auch direkt ab Produktion kaufen. *Cagi, Cantina Giubiasco SA, Via Linoleum 11, 6512 Giubiasco, Tel. 091 857 25 31.*

Die Brotkünstler von Sant'Abbondio

Renato und Rita Gobbi gehören zu den ganz grossen Brottüftlern im der Schweiz. Von ihnen stammt das berühmte Sant'Abbondio-Brot, das nach alter Tradition gebacken wird und mehrfach ausgezeichnet wurde. Auch das Vallemaggia-Brot bietet die Traditionsbäckerei in besonders schöner und grosser Form an, dazu Olivenbrot, Panettone und die Osterspezialität, die «Colomba».

Panificio artigianale, Renato und Rita Gobbi,
6577 Sant'Abbondio, Tel. 091 794 18 62.

Weitere Restaurants Riviera, Bellinzonese, Gambarogno

Essen im Kloster Santa Maria in Claro

Das 1490 erstellte Benediktinerinnen-Kloster hoch über Claro ist ein hermetisch abgeschlossener Ort: Nie dürfen die zehn Nonnen, die hier in Klausur leben, einem fremden Menschen ins Auge blicken. Trotzdem kann man hier Klosterküche geniessen oder hausgemachte Marmeladen, Kastanienhonig und Gebäck kaufen. Die Waren werden über einen halbseitig offenen Holztubus nach aussen gedreht, sodass es unmöglich ist, einen Blick auf die Nonnen zu werfen! Das Kloster erreicht man von der Osteria del Carlin auf einem beschilderten Waldweg oder über die klostereigene Lufseilbahn, die man an der Talstation telefonisch ordern kann. Für das Essen im Kloster braucht es mindestens zehn Personen und eine telefonische Voranmeldung (eine Woche vorher). *Monastero di Santa Maria, 6702 Claro, Tel. 091 863 15 36.*

Locanda Orico, Bellinzona

Spitzenküche in einem gediegenen Ambiente: In der Locanda Orico verwöhnt Lorenzo Albrici seine Gäste mit hochstehender italienischer Küche (16 GM, 2 M). Am Mittag kann man das preiswerte Tagesmenü wählen, zum Beispiel Filettino di vitello, am Abend gibts à la carte auf Gourmetniveau. *Locanda Orico, Via Orico 13, 6500 Bellinzona, Ruhetage: So., Mo., Betriebsferien Mitte Juli bis Mitte Aug., Tel. 091 825 15 18, www.locandaorico.ch.*

Ristorante Castelgrande, Bellinzona

Nicht weit vom Marktplatz steht das Wahrzeichen Bellinzonas, das Castelgrande. Dieser grossartige Zeuge der bewegten Geschichte der Stadt, geschrieben von den Römern und Langobarden, den Innerschweizern und den Mailändern, gehört zum Weltkulturerbe der Unesco und kombiniert heute gekonnt mittelalterliche Bausubstanz, moderne Architektur und kulinarische Genüsse. Im Grotto geniesst man traditionelle Tessiner Küche, im modernen Restaurant italienisch-mediterranes Essen. *Castelgrande, Collina di San Michele, 6500 Bellinzona, Familie Larini, Ruhetag: Mo., Betriebsferien: Jan. bis März abends, Tel. 091 826 23 53, www.castelgrande.ch.*

Osteria Sasso Corbaro, Bellinzona

Auch in der Burg Sasso Corbaro, etwas erhöht über der Stadt, kann man gepflegt speisen, wahlweise im Burghof oder im edlen Saal der Kavaliere. Tessiner Urküche nach Grossmutterrezepten, Grillspezialitäten, Fisch, Wild, Risotto – alles wird terroirgerecht zubereitet. *Osteria Sasso Corbaro, 6500 Bellinzona-Artore, Ruhetage: Mo., So.-Abend, Betriebsferien Jan., Tel. 091 825 55 32.*

Grotto Scarpapé, Morobbia

Das Grotto Scarpapé, eines der ältesten Grotti in der Morobbia, wurde leider etwas zu sehr modernisiert und vergrössert. An der guten, klassischen Tessiner Küche hat sich aber nichts geändert, auch nicht an den hausgemachten Mazze und dem von der Familie produzierten Nostrano. Immer am ersten Freitag im Monat sieht man etwas weiter unten die Madonna unter Kastanienbäumen wandeln – jedenfalls pilgern dann Menschen in grosser Zahl zur kleinen Kirche, die dem Grotto den Namen gab. *Grotto Scarpapé, Pietro Ostini, Via scarpapè, 6512 Giubiasco, Ruhetag: Mo., Tel. 091 857 03 95.*

Roccobello, Gerra-Gambarogno

Das äussere Erscheinungsbild und die einfache Einrichtung täuschen: Ernesto Rüegg (Markenzeichen langer Rossschwanz) liefert in seinem Restaurant mit Panoramablick eine schnörkellose Küche mit traditionellen Gerichten, z.B. Kartoffel-Spinat-Gnocchi, täglich frische Ravioli, Mistkratzerli mit Valtellina-Polenta, Fisch aus dem Lago. Spezialität im Herbst ist Wild. *Ristorante Roccobello, Ernesto Rüegg, 6576 Gerra-Gambarogno, Ruhetage und Betriebsferien: am besten telefonieren, Tel. 091 794 16 19, www.roccobello.ch.*

Grotto Bellavista, Sant'Abbondio-Gerra

Das Grotto am Fusse der Kirche wird seit über fünf Jahrzehnten von der Familie Galli geführt, bietet gute Pasta, Ravioli, Minestrone, Gnocchi und hervorragendes Fleisch an, z.B. Entrecôte, Rindsplätzli, Rindsfilet mit Risotto. Im Sommer, jeweils am Donnerstag, finden Grillabende statt. *Grotto Bellavista, 6577 Sant'Abbondio (oberhalb von Gerra), Maria-Luisa Galli, 091 794 11 05, www.ristorantebellavista.ch.*

Locanda Lessy, Gnosca

Kastanienbäume, dicke Granittische und eine Bocciabahn mit einer uralten Cynar-Uhr: Das Lessy in Gnosca ist eine Tessiner Dorfbeiz wie aus dem Bilderbuch. Hier geniesst man unverfälschte Tessiner Küche! Zum Beispiel Bollito misto, die Hausspezialität des Lessy. «Den machen wir mit sieben Fleischsorten, von September bis April immer am Mittwoch», sagt Ermanno. Mitte September beginnt die Wildsaison mit Rehrücken, Hirschmedaillons und Wildschweinragout. Ab Februar kommen die Gitzi in den Ofen, im April ist Spargelzeit, und im Sommer sind leichtere Gerichte angesagt: Roastbeef, Forelle oder Merluzzo an einer Rahmsauce. zubereitet nach einem alten Bellinzoneser Rezept. Auch das Manzo California, eine kulinarische Rarität der Region kann im Lessy entdeckt werden.
Locanda Lessy, Ermanno und Marilena Zobele, 6525 Gnosca, Ruhetage: So.-Abend und Mo. ganzer Tag, Betriebsferien: erste drei Wochen Aug., eine Woche Feb./März, Tel. 091 829 19 41.

RIVIERA, BELLINZONA, GAMBAROGNO

Locarnese und Valli

Das Locarnese und die Valli

Als hätte der liebe Gott seine Hände besonders lustvoll in den Lehm gedrückt, so verzweigt und fein verästelt sind die Valli hinter Locarno und Ascona. Im Vordergrund des steinreichen Tableaus lächelt der Lago Maggiore mit zwei weltoffenen Tessiner Städten und lauschigen Restaurants am See. Entsprechend reich gedeckt sind die Tische, auf denen man von der Ziegenfrischkäsemousse bis zum Wunderrisotto des Centovalli so ziemlich alles entdecken kann, was der liebe Gott verboten hat. Ein schöner Grund, ihm wieder einmal auf die Finger zu schauen!

RESTAURANT **23**
Fattoria l'Amorosa
Gudo

RESTAURANT: **Fattoria l'Amorosa**
ADRESSE: **6514 Sementina-Gudo, Via Moyar**
GASTGEBER: **Familie Delea**
TELEFON: **091 840 29 50**
INTERNET: **www.amorosa.ch**
RUHETAGE: **So.-Abend, Mo.**
BETRIEBSFERIEN: **keine**
WEGBESCHRIEB: **auf der Westseite der Magadinoebene, zwischen Sementina und Gudo**
SPEZIELL: **Weinproduktion, Olivenhaine, Galloway- und Angus-Rinder**

Mitten in den Rebbergen von Gudo liegt das Anwesen der Familie Delea. Auf 15 Hektaren betreibt die Tessiner Familie Rebbau, baut Oliven an und lässt Galloway- und Angus-Rinder frei auf den Wiesen und in den Wäldern weiden. Die Fattoria l'Amorosa ist ein Bauernhof, in dem alles, was produziert wird, hochveredelt auf den Tisch kommt.

Essen auf dem Bauernhof

Wer beim Wort Bauernhof an Miststöcke und gackernde Hühner denkt, kennt Angelo Delea nicht: Der Mann produziert edle Barriqueweine, brennt ausgezeichnete Grappe und bewirtschaftet auch die Rebberge beim Castello in Contone. Auch sein «Bauernhof» in Gudo ist schon eher ein fürstlicher Edellandsitz mit Blick bis zu den Castelli von Bellinzona und in die Alpen. Hier sitzt man in gepflegten Rebbergen, kann den Trauben zuhören, wie sie ihre Öchslegrade in die Höhe treiben, und trinkt einen hauseigenen Merlot dazu, zum Beispiel den Bianco dell'Amorosa. Serviert wird er mit Lardo (weissem Speck) oder einem klassischen Antipasto-Teller. Und dies höchst charmant von einer Dame namens Christiana, die ich sofort engagieren würde, wenn ich je einmal ein Restaurant führen sollte. Aber da hätte wahrscheinlich der gute Angelo keine Freude!
Edles Landhausambiente. Auch im Innern der Amorosa sitzt man in medias res: Die Küche ist offen, man kann den Köchen – alle in Weiss und mit Kochmützen – bei der Zubereitung der Speisen zusehen. Rosa gebratenes Roastbeef, Spanferkel oder mit Rohschinken gefüllte Agnolotti kommen aus der Produktion. Da gegen hundert Rinder zum Hof gehören, ist Fleisch ein Hauptthema, vor allem das Roastbeef vom Angus-Rind sollte man sich nicht entgehen lassen. Aber auch die Salsiccia mit hausgemachten Tagliatelle und das Maialino al forno, knusprig gebratenes, knackig gewürztes

Spanferkel, sind den Ausflug auf diesen kulinarisch hochstehenden Bauernhof wert. Am Mittag gibt es ein Tagesmenü mit zwei Hauptgangvarianten, am Abend steht ein verzweigtes Fünf-Gang-Menü zur Wahl, alles ist fair kalkuliert, gewissermassen zu Preisen «ab Hof».

Edle Weine. 20 000 Reben wachsen auf dem Fattoria-Terroir, vor allem Merlot, Cabernet Franc, Cabernet Sauvignon und Petit Verdot werden angebaut. In einem Naturkeller im Fels sind die edlen Tropfen gelagert, darunter der Rosso dell'Amorosa, der hier in Gudo produziert wird, aber auch die beiden Spitzenweine des Hauses, der Merlot Carato und der Carato Riserva, leicht barriquierte, schnörkellose Weine mit Substanz. Als einer der Ersten im Tessin hat Angelo Delea vor mehr als zwanzig Jahren mit dem Barrique-Ausbau begonnen. Auch seine als Agriturismo konzipierte Amorosa, mit zwei Gästehäusern in den Rebbergen, gehörte zu den ersten ihrer Art im Tessin. Desgleichen die Olivenproduktion, die hier in Gudo zwei Hektaren umfasst und aus der edles, kaltgepresstes Öl entsteht – noch immer eine Rarität im Tessin. Es lohnt sich, die Produktionspalette des Hauses genauer ins Auge zu fassen. Dazu gehören nebst den Weinen auch Nocino, Grappa, Aceto balsamico (jung, erwachsen und alt) sowie in Öl eingelegte Oliven. Das ergibt ein paar schöne Souvenirs, die man vom Bauernhof mit nach Hause nehmen kann.

Angelo Delea, der Padrone des Familienunternehmens.

Die Fattoria dell'Amorosa liegt mitten in den Rebbergen am Dorfeingang von Gudo.

Produktpalette des Hauses mit dem Hauswein «dell'Amorosa», Nocino, Grappa, Olivenöl und Aceto balsamico.

Oliven aus der Delea-Produktion in Gudo.

– Salsiccia aus Angus-Kalbfleisch mit hausgemachten Tagliatelle.
– Ossobuco mit viel «Fleisch am Knochen» (wird wahlweise mit Polenta oder Tagliatelle serviert).
– Pollo «Amorosa» an Rotweinsauce mit dem Hauswein «Amorosa» (Merlot, Cabernet).
– Dessertkreation mit Kastanienmousse und Amaretti.

Rezept von **Angelo Delea** im Anhang.

— **Geschmortes Kaninchen mit Oliven,** S. 361

RESTAURANT 24
Osteria Brack
Gudo-Progero

RESTAURANT: **Osteria Brack**
ADRESSE: **6515 Gudo-Progero, Via delle Vigne**
GASTGEBER: **Marco Brack**
TELEFON: **091 859 12 54**
INTERNET: **www.osteriabrack.ch**
RUHETAGE: **Mo., Di., Mi. und am Mittag**
BETRIEBSFERIEN: **Nov. bis Febr.**
WEGBESCHRIEB: **auf der alten Kantonsstrasse, auf der westlichen Seite der Magadinoebene, zwischen Gudo und Sementina.**
SPEZIELL: **mediterrane Parkanlage**

Seit 1919 besitzt die Familie Brack das Hotel mit dem weit in den Garten hinausreichenden Restaurant oberhalb von Gudo-Progero. Den Gast erwarten hier nicht nur Marcos berühmte Pastagerichte, sondern auch eine paradiesische Parkanlage. Ein Ort zum Lustwandeln und Geniessen. Ferienstimmung garantiert!

Genuss in einem mediterranen Park

Marco Brack ist ein aufgestellter Mensch! Wie ein Wasserfall spricht er über die Kunst der Pastazubereitung, philosophiert über Mehlsorten und Kräuteraromen und liefert Anekdoten über die Ravioliverliebtheit der Päpste. Gleichzeitig mischt er in seiner kleinen Pastawerkstatt routiniert junge Brennnesselblätter mit Ricotta, zieht den Pastateig durch die Maschine, bis die Masse so ist, wie er sie haben will: «Hauchdünn muss sie sein. Und: keine Eier drin! Das ist das Geheimnis meiner Pasta», sagt Marco, der täglich in stundenlanger Handarbeit eine beachtliche Bandbreite herstellt. Nicht weniger als sechs Sorten versammeln sich auf dem Pastateller des Hauses, darunter Gnocchi, Cicche del nonno, Ravioli mit Fleischfüllung, Nuss-Tortelloni und Paglia e fieno an feiner Rauchlachssauce. Je nach Saison wechselt das Angebot, das auch im Saucenbereich eine unglaubliche Vielfalt zeigt: Eine simple Tomatensauce ist da keine zu finden! Wenn, dann beinhaltet sie mindestens noch ein halbes Dutzend frischer Kräuter.

Kräutergarten. Marco ist auch ein begnadeter Gärtner. Hinter dem Haus pflegt und hegt er ein wahres Kräuter- und Gewürzparadies. Von Basilikum bis Zitronengras wächst hier so ziemlich alles, was die Natur an aromatischen Stoffen in Jahrtausenden entwickelt hat. In Marcos Frischküche spielen sie eine tragende Rolle: Egal, ob er Pasta oder Coniglio oder Gitzi macht, alles

wird mit gartenfrischen Kräutern zubereitet. Dazu kommen schöne Vorspeisenteller, im Sommer mit Lachs, geräucherter Forelle und Crostini. Besonders empfehlenswert sind auch der Ziegenfrischkäse aus dem Verzascatal und die täglich frisch zubereiteten Desserts, darunter schaumiges Grand-Marnier-Soufflé, Schokoladenmousse, Früchtesorbets oder die in Grappa eingelegten Dörrzwetschgen.

Lustwandeln im mediterranen Park. Ein Meisterwerk der Gartengestaltung ist die Parkanlage: Hier wachsen schlanke Pinien in die Höhe, blühen Rhododendren, Kamelien und Magnolien, und überall sind lauschige Plätzchen in der mediterranen Vegetation versteckt – denn das Brack ist nicht zuletzt auch ein Hotel, das seinen Gästen ein naturnahes, ruhiges Ambiente am Sonnenhang von Gudo bietet – inklusive Aussicht auf den Lago Maggiore und bis weit hinauf in die Alpen.

Ein Pasta-Rezept? Marco lächelt. Denn selbstverständlich werden seine Geheimrezepte besser als das Bankgeheimnis gehütet. «Aber eines gebe ich euch trotzdem mit», lacht der Pastameister, «denn so gut wie hier in Gudo werden sie ohnehin nirgends auf der Welt.»

Der Pastameister in seinem Kräutergarten.

Lauschige Ecken gibt es im mediterranen Park eine ganze Reihe.

– Pastateller, u. a. mit Brennnessel- und Spinat-Ricotta-Ravioli, Tortellini mit Kalbfleischfüllung, Spinat-Gnocchi und Taglierini mit Pilzen.
– Vorspeisenteller mit Rauchlachs und geräucherter Seeforelle.
– Ziegenfrischkäse mit Balsamico.
– Diverse Desserts, darunter Grand-Marnier-Soufflé, Erdbeersorbet, gedörrte Zwetschgen in Grappa.

RESTAURANT **25**
Froda
Gerra-Verzasca

RESTAURANT: **Froda**
ADRESSE: **6635 Gerra-Verzasca**
GASTGEBER: **Rihana Salvi Bacciarini mit Luca Brughelli am Herd**
TELEFON: **091 746 14 52**
INTERNET: **keines**
RUHETAGE: **Mi.**
BETRIEBSFERIEN: **Febr.**
WEGBESCHRIEB: **im Verzascatal, ca. 30 km von Locarno. Postautoverbindung bis vors Haus**
SPEZIELL: **Lucas Kochkunst**

Weit hinten im Verzascatal, fast schon am «Ende der Welt», liegt eine der grossen Perlen in der Tessiner Gastronomie: das Ristorante Froda, geführt von Rihana Salvi-Bacciarini mit Luca Brughelli am Herd. Der Kochprofi, der im Dorf aufgewachsen ist und während Jahren ein Restaurant bei Locarno führte, gilt als Ausnahmetalent. Nichts, was aus seiner Küche kommt, ist Mittelmass. Ehrlicher, saisonaler Slow Food heisst das Konzept des Mannes, der am Ende der Welt seine Sache schlicht perfekt macht.

Der Caprino-Künstler am Ende der Welt

Wenn man Luca zusieht, wie er mit der Pinzette einige Körnchen Meersalz auf einem frittierten Brennnesselblatt platziert, dann noch eine Messerspitze Tomatenmark millimetergenau ins Gesamtkunstwerk einfügt und schliesslich einen Schritt zurücktritt und lächelt, der versteht: Hier ist einer am Werk, der nichts dem Zufall überlässt. Deshalb müssen sich die Gäste manchmal etwas gedulden, bis Lucas Meisterwerke zu ihrer Bestimmung finden. Fünfzehn Minuten muss man einrechnen, wenn man im Froda ein mehrgängiges Menü wählt – zwischen jedem Gang, wohlverstanden. Doch das lohnt sich, und wie!

Terrina di caprino. Das zeigt bereits Lucas Spezialität, die Terrine aus Ziegenfrischkäse mit Gemüse: Optisch kommt sie fast wie ein Mirò daher, mit genau platzierten Gurken-, Karotten- und Waldpilzscheiben, eingelegt in ein weisses, fein gewürztes Frischkäsebeet. Nicht minder schön für Augen und Gaumen ist die Melonensuppe mit Ziegenfrischkäse-Mousse mit Minze, gefolgt von pastellgrünen Gnocchi all'ortica (Brennnessel-Gnocchi) mit dünn aufgeschnittenem Alpkäse, Tomatenmark und frittierten Brennnesselblättern. Was scheinbar zufällig daliegt, wurde von Luca gekonnt inszeniert und hat einige Zeit in Anspruch genommen.

Hamburger. Was dann folgt, ist die wohl witzigste Kampfansage an Fast Food, die je kreiert wurde: der Capretto-Burger, ein Hamburger aus Gitzifleisch! Die

Kreation aus erstklassigem Biofleisch, begleitet von Spargeln, Frühlingszwiebeln, Senfsprossen und knusprigen Kartoffelfäden, lässt jeden «Big Mac» vor Scham erbleichen. Mit in die Versenkung der Vergessenheit verschwinden müssten auch einige Panne cotte auf dieser Welt: Lucas Version, der Caprino al limone verde, ist eine ebenso geniale wie köstliche Kombination von Joghurt, Ziegenfrischkäse und grünen Zitronen. Kinder, ist das ein Stück Tessiner Gastronomie: frisch, innovativ, intelligent!

Luca, der Ziegenfan. Viele von Lucas Gerichten sind den Ziegen gewidmet, von denen es im Tessin wieder rund 12000 gibt. «Der vitaminreiche Frischkäse ist gesund und gleichzeitig sehr vielseitig einsetzbar», sagt Luca, der mehrmals im Jahr Ziegenwochen durchführt. Dann kreiert er von der Vorspeise bis zum Dessert mehrgängige Menüs, alles von der Capra. «Noch vor hundert Jahren gab es mehr Ziegen im Tessin als Menschen», sagt Luca, «auch unsere Familie hatte mehrere Ziegen. Das ist ein Stück Kultur, das ich wieder auf die Teller bringen möchte, auch wenn viele Tessiner die Ziege als Relikt der armseligen Bauernvergangenheit ansehen. Dabei ist es das genaue Gegenteil».

Auch sonst ist Luca einer, der die Menschen gerne zum Besseren verführt: Er gibt Kochkurse in Cadenazzo, ist Mitglied bei Slow Food und damit ein Befürworter der langsamen, intelligenten Küche: «Wir müssen wieder zurück zu den kulinarischen Anfängen. Nicht indem wir blind einfach alles so kochen wie früher, sondern indem wir es an die heutigen Kochtechniken adaptieren. Da liegt noch ein riesiges Potenzial brach im Tessin.» Sagt es und wird bestaunt von der Kochassistentin, die vor lauter Begeisterung die Kartoffelscheiben in der Butter schwarz werden lässt. Die beiden lachen und beginnen noch einmal von vorne.

Fast wie ein Mirò: Detail aus Lucas Ziegenfrischkäseterrine mit Gemüse.

Venka und Daniela und Küchenchef Luca Brughelli in der Küche des Restaurants Froda. Das symapthisch Haus, dass von Rihana Salvi-Baccarini mit Eleganz geführt wird, empfiehlt sich auch für Übernachtungen und als Ausgangspunkt für Exkursionen ins wild-romantische Verzascatal.

– Ziegenfrischkäse-Terrine mit Gemüse.
– Melonensuppe mit Ziegenfrischkäsemousse mit Minze.
– Brennnessel-Gnocchi.
– Capretto-Burger (Hamburger aus Gitzifleisch).
– Ziegenjoghurt mit Limes (grünen Zitronen).

Rezepte von **Luca Brughelli** im Anhang.

— **Ziegenfrischkäseterrine mit Gemüse,** S. 350
— **Brennnessel-Gnocchi,** S. 357
— **Ziegenjoghurt mit Limes,** S. 368

Rückkehr der schwarzen Ziegen

Im wild zerklüfteten Verzascatal war die Ziege einst ein wichtiges Nutztier. Vor allem die schwarzen Ziegen (Nera Verzasca) prägten das Bild auf den steilen Bergflanken des Tals – eine der widerstandsfähigsten Rassen überhaupt. Keine andere Ziegenart ist derart kräftig, kletterfreudig, gleichzeitig genügsam und in der Lage, auch mit extremen Temperaturunterschieden umzugehen. Kein Wunder, ist die Zucht dieser Superrasse wieder im Aufwind – mit Nachdruck im Malvagliatal, im Centovalli und im Verzascatal: «Früher galt die Ziege als Kuh der Armen», sagt Fabiano Foletta, der in Gerra-Verzasca Käse produziert. «Die armen Bauern hatten das schlechtere, nämlich steilste Land, und auf dem konnten nur Ziegen weiden. Dabei haben sich diese Bauern dank ihren Ziegen aus heutiger Sicht besonders gesund ernährt: Ziegenmilch enthält weniger Fett als Kuhmilch, hat mehr Vitamin A und D und ist gleichzeitig besser verdaulich.»

Der junge Foletta gehört zu den Pionieren der Ziegenkäseproduktion im Tal. 120 Ziegen hat er in seinem Bestand. Im Sommer geht er mit seinen Tieren auf die 1800 Meter hoch gelegene Alp Valdo-Cortzora, wo er nicht nur Ziegenkäse produziert, sondern auch beim Käsen des Er Marcia mithilft. Dieser Alpkäse wird – typisch für die Verzasca- und Maggiatal-Region – aus bis zu 30 Prozent Ziegenmilch hergestellt.

Fabiano und Daniela Foletta, die in Gerra-Verzasca Käse produzieren und einen kleinen Agriturismo mit einer Bergbeiz betreiben.

Im Felsenkeller reift Fabianos Büscion.

Fabiano mit seinen Nera-Verzasca-Ziegen.

Das Verzascatal ist der Geburtsort der Nera Verzasca, einer lokalen, alten Ziegenrasse, die hier gezüchtet wurde und heute in vielen Regionen am Alpenkamm anzutreffen ist. Bereits zur Römerzeit war «die Schwarze aus dem Verzascatal» bekannt, wie Funde in Augusta Raurica zeigen.

Fabiano Foletta ist erfolgreich: Coop gehört zu den Abnehmern seines Ziegenfrischkäses, von dem er täglich 20 bis 30 Kilogramm herstellt, zahlreiche Delikatessgeschäfte und einige der besten Restaurants im Tessin, darunter das Brack in Gudo. Das liegt auch daran, dass der junge Käser ständig nach Neuem sucht. Eben hat er einen Büscion (Ziegenfrischkäse) mit Bergkräutern kreiert und war dafür einige Wochen «auf Spionage» in Frankreich: «Ich wollte sehen, wie die dort den Boursin machen», sagt Fabiano. Der Versuch ist gelungen, wie man im Weiler Lorentign bei Gerra feststellen kann: Dort bieten die Folettas in ihrem Agriturismo verschiedene Käseplättli mit Alpkäse, Formagella und natürlich auch Büscion an. Die sympathische Bauernfamilie findet man auf der anderen Bachseite in Gerra, etwa 500 Meter vom Ristorante Froda entfernt. *Azienda Agricola Lorentign, 6635 Gerra-Verzasca, Fabiano und Daniela Foletta, 091 746 12 81 und 079 241 71 01.*

RESTAURANT 26
Bistro Latino
Locarno

RESTAURANT: **Bistro Latino**
ADRESSE: **6600 Locarno, Via Marcacci 9**
GASTGEBER: **Simone Bianchi**
TELEFON: **091 751 01 70**
INTERNET: **keines**
RUHETAGE: **Sa.-Mittag und So.**
BETRIEBSFERIEN: **letzte 2 Wochen Aug.**
WEGBESCHRIEB: **im hinteren Drittel der Piazza Grande in die Altstadt hinauf**
SPEZIELL: **schöner, ruhiger Garten**

Abseits vom grossen Touristengetümmel, in einer der kleinen Seitengassen oberhalb der Piazza Grande, liegt das Bistro Latino, das sich innert Kürze zu einem der besten Häuser in Locarno entwickelt hat. Das liegt an der weltoffenen Kulinarik des Hauses, die gekonnt regionale Ausgangsprodukte mit innovativen Rezepturen kombiniert. Ein guter Ort, um den Gaumen wieder einmal mit der ganzen Bandbreite raffinierter Aromen zu verwöhnen.

Urküche mit Weltstadtflair

Von den Tälern in die Stadt, zu kulinarischem Weltstadtflair ins Bistro Latino! Puristen der Tessiner Urküche werden jetzt wohl die Stirn runzeln! Schliesslich gehören Bistros eher zur Küche Frankreichs. Und «latino» deutet auch nicht gerade auf typisch tessinerische Esskultur hin. Doch das Bistro Latino macht etwas, das durchaus zur Südschweiz gehört: eine hocharomatische Küche mit viel Fisch, hausgemachten edlen Gemüsesüppchen und vielen Kräutern. Nicht ohne Grund ist diese kleine Oase in der Altstadt Locarnos eines der Lieblingsrestaurants von Meret Bissegger. Hier kommt sogar die Kräuterköchin aus dem Bleniotal ins Schwärmen.

Piatto quadro. Und bitte, wenn das nicht Urküche ist: Gnocchi aus roten Kartoffeln mit Pinienkernen und Schnittlauch. Knuspriges Pollo mit Avocado. Tagliolini mit Safran und Kürbisblumen, begleitet von Crevetten und Rucola. Nicht zu vergessen das kulinarische Flaggschiff des Hauses, der so genannte «piatto quadro». Auf dem quadratischen Teller hat Simone Bianchi, Besitzer und Koch des Hauses, kunstvoll fünf Gerichte platziert – ein ganzes Menü, das täglich wechselt. Es kostet, dies sei ausnahmsweise gesagt, 22 Franken, also gerade mal so viel wie zwei Mac-Menüs. Wen wunderts, dass hier vor allem junge Tessiner häufig anzutreffen sind. Denn wo kriegt man so viel kulinarischen Gegenwert, serviert an schön aufgedeck-

ten Tischen, mit freundlicher und effizienter Bedienung mit viel Grün ringsherum und unter einem sommerlich gelben Sonnendach?

Simone Bianchi, von Haus aus Mailänder, ist sich bewusst, dass er mit seinem weltoffenen Konzept die Kulinarik in Locarno etwas aufgemischt hat. «Die Esskultur bewegt sich», sagt der junge Koch und Familienvater, «es gab für mich keinen Grund, hier in Locarno noch eine weitere Pizzeria oder eine Risottobeiz hinzustellen, ich wollte etwas völlig anderes machen.» Ich selber gebe gerne zu: Wenn ich nach einer Woche Polenta mit Brasato und Risotto mal wieder etwas anderes geniessen möchte, ist das Haus mit dem französisch-südamerikanischem Namen ein wundervoller Ort, um den Blick weit hinaus in die Welt schweifen zu lassen. Evviva!

Mitten in der Altstadt von Locarno und doch abseits vom grossen Getümmel: Das Bistro Latino ist eine Oase mit viel Grün und weiss aufgedeckten Tischen.

Zwei Gartenterrassen gehören zum Haus, im Innern eine Bar und ein elegantes Sääli.

– Joghurt-Käse-Mousse mit sardinischem Carasaubrot, Tomaten, Kürbisblüten und grünen Paprikaschoten.
– Piatto quadro: ein ganzes Menü auf einem viereckigen Teller, unter anderem mit geräuchertem Lachs, Auberginenmousse mit Frischkäsestückchen, Tartar mit Parmesansplitter und Toast aus hausgemachtem Brot.
– Rindfleischtartar mit Avocado.

RESTAURANT **27**
**Centovalli
Ponte Brolla**

RESTAURANT: **Centovalli**
ADRESSE: **6652 Ponte Brolla**
GASTGEBER: **die Geschwister Silvia und Renato Gobbi**
TELEFON: **091 796 14 44**
INTERNET: **www.ristorante-centovalli.ch**
RUHETAGE: **Mo., Di.**
BETRIEBSFERIEN: **23. Dez. bis erster Mi. im März**
WEGBESCHRIEB: **Locarno Richtung Centovalli, an der Gabelung Vallemaggia-Centovalli das rosarote Haus**
SPEZIELL: **Risotto**

Ristorante Centovalli gleich Risotto: Kaum jemand, der diese kulinarische Gleichung nicht kennt. Und weil der Centovalli-Risotto tatsächlich ein Wunderrisotto ist, nämlich unglaublich sämig, fast flüssig und mit viel Gorgonzola drin, gibt es einige, die ihn immer wieder haben müssen. Zu diesen Abhängigen zähle auch ich.

Der Wunderrisotto vom Centovalli

Es gibt Gerichte, die prägen sich für immer in unserem Gedächtnis ein: Ein guter Duft, ein besonders feiner Geschmack, ein Ort, an dem sich der «homo culinaris» wohl fühlt – und Klick, die Sache ist gespeichert! Bei mir gehört der Risotto vom Ristorante Centovalli dazu. Vor 30 Jahren habe ich ihn zum ersten Mal gegessen, seither bin ich immer wieder in das rosafarbene Haus gepilgert. Und das Verrückte daran: Der Centovalli-Risotto hat sich nie verändert! Als hellbraune Reissuppe schwimmt er auf der Chromstahlplatte, wunderbar sämig, fast flüssig. Er wirkt wie die Urmutter aller Reisbreie und hat sich vielleicht auch deshalb so stark ins Gedächtnis eingeprägt: Da werden Erinnerungen an die Kindheit wach, eine Menge schöner Dinge schwimmen in dieser duftenden Ursuppe mit, die im Centovalli nach Wahl von einem butterzarten Rinds-, Kalbs- oder Lammfilet begleitet wird. Davor gibt es jeweils gartenfrischen Salat, der in der Schüssel auf den Tisch kommt und den die Gäste selber mit der Sauce vermischen dürfen.

36 Jahre Centovalli-Risotto. Geboren wurde der Centovalli-Risotto in den Sechzigerjahren. Damals gab es noch nicht überall Telefon im Tessin. Domenico Gobbi, der Vater der Gobbi-Geschwister, installierte die Drähte in den Tälern, und abends stand er am Herd im kleinen Familienrestaurant in Ponte Brolla. Mit dabei war auch die damals 18-jährige Tochter Silvia: «Wir wollten etwas Einfaches, aber Gutes machen», erinnert sich Silvia, «und das war Risotto.» Der wurde zu Beginn von Vater Gobbi klassisch mit Pilzen zubereitet, dann fügte er etwas Gorgonzola dazu – und der Risotto Centovalli war geboren. «Mein Vater war ein einfacher Arbeiter, aber er hat ein Rezept hinterlassen, das zu unserem Markenzeichen geworden ist», sagt Silvia stolz.

Geheimrezept. Natürlich will sie mir das Rezept nicht verraten. Nur so viel gibt sie preis: «Es braucht erstklassigen Gorgonzola! Und man muss rühren, zwanzig Minuten lang, keine Sekunde darf man den Risotto aus den Augen lassen!» Mehr ist aus der Gobbi-Schwester nicht herauszukriegen. Auch ihr Bruder Renato lässt sich nicht knacken. Dafür gibt Loris Zurini, der Tessiner Küchenchef, einige Rezepte preis. Denn es gibt im Centovalli noch einiges mehr an hoch stehender Kulinarik zu entdecken…

Formaggino-Mousse. Zum Beispiel den luftigen Ziegenfrischkäse, begleitet von knusprigem Brot. Oder die Ravioli alle erbe, ein weiterer Kandidat für das kulinarische Gedächtnis: Prall gefüllt mit Kalbfleisch und an einer Butter-Salbei-Sauce kommen sie im Pfännli auf den Tisch. Oder das Couscous mit einem Tomaten-Avocado-Törtchen. Und selbstverständlich isst man auch erinnerungswürdige Desserts: Angefangen bei der hausgemachten Schokoladencrème bis zum Sorbetto di uva. Das Traubensorbet wird aus den «Katzenseicherli» aus der Pergola und dem familieneigenen Rebberg in Tegna zubereitet und gehört – wie der Risotto – seit Jahrzehnten zum «Kanon» des rosaroten Hauses.

Alles bleibt. Konstanz zeigt sich auch bei der Crew: Seit Jahren sind die gleichen sympathischen Menschen im Service und kennen die Wünsche der «Risottoabhängigen»: Bei mir muss es beim Wein immer Merlot sein, zum Beispiel ein Sassi Grossi oder ein Sinfonia. Wobei die Weinauswahl weit mehr edle Tropfen enthält. Jeden Monat werden zwei Etiketten empfohlen, zum Beispiel der Albino von Carlevaro oder der Vignola Riserva, ein Merlot vom Cousin der Geschwister in Tegna. Und auch das ist seit Jahrzehnten so: Silvia macht das Tischmanagement, ihr Bruder Renato führt das Hotel und hilft im Service mit. Und beide gehören zu der Sorte Menschen, die sich – wie gutes Essen – rasch einen vorderen Speicherplatz erobern.

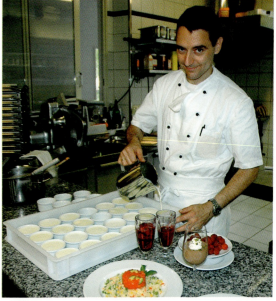

Die Hausspezialität in voller Pracht: Risotto «Centovalli» mit rosa gebratenen Lammfilets an Pfeffersauce, Sorbetto di uva americana und einem edlen Tropfen von Gialdi.

Loris Zurini, Küchenchef im Centovalli, in seinem Reich. Der sympathische Koch ist im Centovalli aufgewachsen und seit 2005 im Gobbi-Team dabei.

Gepflegte Essräume. Mit viel Geschmack wurde das Centovalli vor einigen Jahren renoviert. Überall sind Werke von regionalen Künstlern zu entdecken, darunter von Gianfredo Camesi.

– Risotto «Centovalli» mit rosa gebratemen Lammfilets an Pfeffersauce.
– Ziegenfrischkäsemousse mit Salbei.
– Tomatenmark-Tartar mit Couscous.
– Sorbetto di uva americana aus den hauseigenen Trauben.
– Panna cotta mit Himbeercoulis und frischen Himbeeren.

Rezepte von **Loris Zurini** im Anhang.

— **Ziegenfrischkäse-Mousse,** S. 349
— **Schokoladencrème** (Crema di cioccolato), S. 368

Der Tessiner Risotto

Entstanden ist der Risotto wahrscheinlich aus dem Reisbrei, den die Italiener «eingedampft» und später mit Safran vergoldet haben. Doch erst die Bewohner am Alpenrand haben den bäuerlichen Risotto mit Pilzen zur Vollendung gebracht. Dabei hat im Tessin auch der Carnevale mitgeholfen!

Zuppa magra. An der Fasnacht, so erzählt es die Legende, liessen die reichen Tessiner für die Armen die Zuppa magra kochen, um sich im Himmel ein paar Pluspunkte zu ergattern. Diese «dünne Suppe» war nicht viel mehr als eine Brühe aus gekochten Knochen mit etwas Reis und Pilzen drin. Aus dieser Armensuppe haben die Tessiner im Lauf der Jahrhunderte unter Zugabe von Wein und Käse den Pilzrisotto kreiert. In veredelter Form lebt die Tradition noch heute weiter: An der Fasnacht machen viele Dörfer eine «risottata». Unter freiem Himmel wird der Risotto in grossen Kesseln zubereitet und an Volksfesten unter «die Armen» verteilt.

Ein variationsreiches Gericht. Heute ist der Risotto eines der variantenreichsten Korngerichte überhaupt. Es gibt ihn tessinerisch ai funghi, alla milanese (mit Safran), agli asparaghi (mit Spargeln), als Risotto nero (mit der schwarzen Tinte der Seppia), als Risotto ai frutti di mare (mit Meeresfrüchten), mit Heidelbeeren, Zucchini, Brennnesseln, Trüffeln – nichts, so scheint es, lässt sich mit gekochten Reiskörnern nicht verbinden. Und natürlich gibt es Risotti und Risotti! Nur wer die richtige Reissorte nimmt und ständig rührt, kriegt den Risotto so hin, wie er sein muss, sämig, oder wie es der italienische Schriftsteller Carlo Emilio Gadda (1893–1973) in seinem Buch «Die Wunder Italiens» formulierte:

Der Risotto darf nicht verkocht sein, pfui Teufel! Nur ein klein wenig feuchter als körnig soll er auf den Teller kommen. Nach dem ersten Septemberregen dürfen sich frische Pilze oder trockene Trüffel in die kupferne Kasserolle senken. Doch weder die Variation mit Pilzen noch die mit Trüffeln vermag die tiefe, vitale, edle Bedeutsamkeit des Risotto mit Safran zu ersetzen, das so unvergleichlich anregend ist, gewonnen aus den Blüten der Krokusse in aufwendiger Handarbeit!

Reis aus dem Tessin. In den Terreni alla Maggia bei Ascona wird seit einigen Jahren der erste und einzige Schweizer Reis angepflanzt. Anders als in Asien, wo die Pflanzen im Wasser stehen, wird der Reis in Trockenkulturen angebaut. Dies ist möglich, weil die Niederschlagsmenge relativ

hoch ist und genügend Wasser – aus der Maggia und dem Lago Maggiore – für die Bewässerung vorhanden ist. Um die Tropenpflanze überhaupt so hoch im Norden anbauen zu können, war die Wahl der Reissorte entscheidend. Gewählt wurde die Sorte Loto, die auch in der Poebene angebaut wird – ein Reis mit langem, konvexem Korn, das sich hervorragend für Risotto eignet, weil die Körner während des Kochens lange al dente bleiben. Der Tessiner Reis, produziert von den Terreni alla Maggia, ist direkt beim Produzenten und im Fachhandel erhältlich.
Terreni alla Maggia, via Muraccio 105, 6612 Ascona, Tel. 091 792 33 11, *www.terreniallamaggia.ch*.

Der Risotto milanese mit Safran
Nichts gibt eine so schöne, goldgelbe Farbe wie Safran. Deshalb arbeiteten die Glaser im Mittelalter gerne mit dem aus den Krokusblüten gewonnenen Farbstoff, um die Kirchenfenster einzufärben. Doch wie kam dieses teure Naturprodukt in den Risotto nach Mailand?

Der Pinsel im Kochtopf. Eine der vielen Legenden berichtet, dass Valerio di Fiandra, ein junger talentierter Glaskünstler, seinen Meister ärgern wollte und deshalb vorsätzlich einen dicken Pinsel voller Safranfarbe in den Kochtopf fallen liess. Der Meister fand das goldgelbe Reisgericht allerdings derart spannend, dass er es all seinen Freunden zum Probieren gab – mit durchschlagendem Erfolg: Der Risotto milanese war geboren!

Heimweh ist goldgelb. Die zweite Legende ist mit dem Bau des Mailänder Doms gegen Ende des 16. Jahrhunderts verbunden. Mit dabei war Alvaro, ein junger Bursche aus den Abruzzen. Der hatte allerdings so viel Heimweh, dass er ständig von den lilafarbenen Safrankrokussen der Abruzzen träumte. Da ihm seine Mamma einige Gramm Safran zugesteckt hatte, mischte er die Fäden kurzerhand mit dem faden Reisbrei der Dom-Kantine. Natürlich schlug auch Alvaros Heimweh-Risotto wie eine Bombe ein – zumal er ein höchst edles Gericht erfunden hatte: Für hundert Gramm Safran müssen nämlich die Stempelfäden von 8000 Blüten ausgezupft werden. Safran galt schon damals als das teuerste Gewürz der Welt.

RESTAURANT 28
Grotto La Froda
Foroglio, Bavonatal

RESTAURANT: **Grotto La Froda**
ADRESSE: **6690 Cavergno-Foroglio, Val Bavona**
GASTGEBER: **Martino und Sara Giovanettina**
TELEFON: **091 754 11 81**
INTERNET: **www.foroglio.ch**
RUHETAG: **keine**
BETRIEBSFERIEN: **Nov. bis März**
WEGBESCHRIEB: **im Vallemaggia bis Cavergno, Abzweigung Richtung Bavonatal**
SPEZIELL: **Martinos Mazze**

Das Bavonatal gehört zu den besonders urwüchsigen Naturlandschaften im Tessin: Riesige Steinbrocken liegen im Fluss und an den Hängen. Da und dort wurden Häuser direkt unter die Felsen gebaut. Hans Arp, Maler und Bildhauer, hat sich von dieser archaischen Steinwelt inspirieren lassen. Auch gastronomisch darf man hier unverfälschte Urküche erwarten: Im Grotto La Froda in Foroglio – in Sichtweite des Wasserfalls – bieten Martino Giovanettina und seine Frau Sara hervorragende Schweinshaxen, Linsen, Polenta und vor allem ihre hauseigene Mazze an, darunter die legendäre Tessiner Lebermortadella.

Stinco di maiale und Codighe am Wasserfall

La Froda heisst Wasserfall, und der rauscht in diesem romantischen Bergdorf unüberhörbar: Beachtliche Wassermassen stürzen wenige hundert Meter vom Grotto entfernt senkrecht die Felswand herab. Leni Riefenstahl durfte 1932 für den Film «Das blaue Licht» durch diese Naturdusche schreiten. Fotos im Cheminéeraum des Grottos zeigen Bilder von den Dreharbeiten und davon, wie es damals in Foroglio ausgesehen hat: Ein kleines Bergdorf, bewohnt von armen Bauern, die den Naturgewalten ausgeliefert waren. Damals war Foroglio ganzjährig bewohnt, heute ist das Dorf im Winter menschenleer. Zu hoch liegt jeweils der Schnee in dieser Urlandschaft, noch immer gibt es hier nicht überall Strom.

Urküche. Im Grotto La Froda kocht Martino auf dem Holzherd, und das merkt man den Gerichten an: Körnig und fest kommt die goldgelbe Polenta auf den Tisch, die zwei Stunden auf dem Herd gebrutzelt hat. Drei Sorten Maismehl bilden die La-Froda-Hausmischung: Saracena, grobkörnige Bramata und fein gemahlener Nostrano. «Wir fügen noch eine vierte Mehlsorte dazu, die ich aber nicht verrate», lacht Martino. Wunderbar archaisch sind auch die Linsen, die Martino zu einer zweiten Froda-Spezialität entwickelt hat: Karotten, Zwiebeln und Sidano werden im Butter angedünstet, dann kommen die Linsen und ein Liter Wasser dazu. «Das Ganze muss etwa eine halbe Stun-

de köcheln», sagt Martino, der am Schluss noch etwas Knoblauch und wilden Thymian dazufügt. «Aber keinen Speck, das ist wichtig, damit die Linsen ihren feinen Geschmack beibehalten!»

Würste nach Familienrezept. Die hauseigenen Mazze darf man sich im La Froda nicht entgehen lassen! Nach uralten Familienrezepturen werden die Würste hergestellt. Mehrere Alpschweine kaufen die Giovanettinas im Sommer und lassen sie auf den hoch gelegenen Alpen Gewicht zulegen. Das ergibt erstklassiges Fleisch, das man in Form von Salami, Luganighe, Codighe und vor allem als Leber-Mortadella geniessen kann. Martinos Mortadella di fegato wird von Kennern als besonders aromatisch und urchig eingestuft. Aber auch die anderen Fleischgerichte im La Froda dokumentieren einen ausgeprägten Qualitätsanspruch: Die Schweinshaxe fällt praktisch von selbst vom Knochen. Die Luganighe sind prall gefüllt und saftig. Und wer noch dickere Würste liebt, dem seien die Codighe empfohlen: Die sind etwas grösser als die Luganighe, und das Fleisch ist von hauchdünnem Schweinsdarm umhüllt. Natürlich darf man auch bei den Nachspeisen Gutes erwarten: Es gibt eine reiche Käseauswahl, darunter zweijährigen Alpkäse von Fusio, aber auch süsse Desserts wie hausgemachte Brottorte oder Karottentorte – selbstverständlich nach La-Froda-Art, also frisch, hausgemacht und schlicht genial.

Foroglio wird heute vor allem als Ferienort genutzt, hat das rustikale Gepräge aber weitgehend behalten.

Der Wasserfall hinter dem Grotto hat immer Hochbetrieb.

Leni Riefenstahl wandelte 1932 für den Film «Das blaue Licht» durch diese Urlandschaft.

Martino bei der Zubereitung der Polenta.

– Die Codighe, die grossen Brüder der Luganighe, mit Polenta und Linsen.
– Martinos Mazze-Kunst auf einem Teller vereint – in der Mitte Mortadella di fegato.
– Stinco di maiale (Schweinshaxen) mit Polenta.
– Ausschnitt aus dem wechselnden Dessertangebot: Brot- und Kartoffeltorte.

Rezept von **Martino Giovanettina** im Anhang.

— **Tessiner Polenta,** S. 356

RESTAURANT **29**
Antica Osteria Dazio
Fusio, Vallemaggia

RESTAURANT: **Antica Osteria Dazio**
ADRESSE: **6696 Fusio**
GASTGEBER: **Claudio Sollberger**
TELEFON: **091 755 11 62**
INTERNET: **www.hats.ch**
RUHETAGE: **keine**
BETRIEBSFERIEN: **Dez. bis Ende Febr.**
WEGBESCHRIEB: **im letzten Dorf im Maggiatal. Postautoverbindung ab Locarno**
SPEZIELL: **schöne Sonnenterrasse; antikrustikales Interieur mit Intarsientischen**

Die Strasse wird immer steiler und kurvenreicher, bis sich das Tal öffnet und den Blick freigibt auf Fusio, das letzte Dorf im Maggiatal. Und mitten drin, buchstäblich eingepackt in die alten Holzhäuser, befindet sich das einzige Hotel und Restaurant am Platz. Seit drei Generationen gehört es den Sollbergers, die ursprünglich aus dem Solothurnischen stammen. Geführt wird es seit drei Jahren von Claudio, der hier den «Duft der Alpen» auf die Teller zaubert – zugeschnitten auf ein natur- und kulturinteressiertes Publikum.

Kastanientorte und Mario Botta

Der Käser und Tischler Luigi Dazio hat das Haus 1880 gekauft und im Winter jeweils seiner grossen Leidenschaft gefrönt: dem Tischlern. Entstanden sind wunderschöne Tische mit Intarsien aus feinstem Nuss- und Kirschbaumholz. Eine edle Unterlage, um die gepflegte Küche des Hauses zu geniessen.

Der Duft der Alpen. «Hier kannst du nicht Spaghetti oder Pizza bieten, hier muss man den Duft der Alpen auf die Teller bringen!», sagt Claudio Sollberger, der das Dazio heute führt. Ein Konzept, das der junge Christian aus Ascona am Kochherd mit Bravour umsetzt. Das beginnt mit einem knackigen Wildkräutersalat mit Estragon, gefolgt von einer Capra bollita, die Christian ähnlich wie den Bollito misto mit viel Gemüse zubereitet. Das Ziegenfleisch-Gericht – für mich eine Premiere – schmeckt vorzüglich, zumal der junge Koch auch die Kunst der guten Vinaigrette beherrscht. Zum Schluss erweist er auch noch den Kastanien die Reverenz, die hier im Maggiatal einst eine wichtige Rolle spielten: Es gibt hausgemachte Vermicelles – wunderbar luftig und leicht – und einen Kastanienkuchen. So schön präsentiert und dekoriert habe ich den Castagnaccio noch nirgends gesehen! Und natürlich ist die Torte genau so, wie sie sein muss: aussen knackigknusprig und innen wunderbar weich und feucht.

Vorsicht, Suchtpotenzial! Christian ist ein ambitionierter Koch. Das zeigen seine knusprig gebratenen

Kartoffelkugeln mit Formagella – eine kleine, feine Sache mit Suchtpotenzial. Serviert werden die Kartoffelkugeln als Beilage oder als Aperitif. Auch die Crespelle, Gnocchi und Lasagne dürfen sich mit den Besten messen. Rindsfilet vom Grill und Filetto d'agnello sind immer auf der Karte. Im Herbst erweitert sich das Angebot mit Wildgerichten, darunter Fasan, Hirsch und Reh. Und natürlich stehen auch die besten Alpkäse prominent im Angebot des Hauses: Da ist zum Beispiel ein zweijähriger Zaria dabei, der – typisch für die Alpkäse der Region – aus zwei Dritteln Kuh- und einem Drittel Ziegenmilch hergestellt wird. «Die Frage, welches der beste Alpkäse ist, dauert wahrscheinlich schon tausend Jahre», lacht Claudio. «Hervorragend sind sicher auch die Alpkäse von der Alp Fusio oder vom Campo la Torba, zwei der ältesten Alpkäsereien im Tessin.» Da all die aufgeführten «Besten» im Dazio erhältlich sind, kann man eine spannende Käsetour machen – begleitet von einem der edlen Tropfen, die im Keller lagern.

Natur und Kultur. Im Vallemaggia liegen nicht nur einige des schönsten Alpen im Tessin, sondern auch grosse Kastaniengebiete mit uralten «grà» (Dörrhäusern). Jeweils im Oktober findet in Moghegno das «patimac» (Kastanienschlagen) statt, begleitet von einem Volksfest. Nicht weit vom Hotel lässt sich aber auch eine der gewagtesten Architekturleistungen im Berggebiet bewundern: Mario Bottas Kirche in Mogno. «Das sind die Dinge, die unsere Gäste suchen», sagt Claudio und organisiert für uns eine kulinarische Exkursion: In seinem zweiten Restaurant, dem Grotto Lafranchi in Solduno, dürfen wir die legendäre Cicitt geniessen. Mehr über diese denkwürdige Begegnung mit der legendären «Stinkwurst» erfahren Sie am Schluss dieses Kapitels, S. 204.

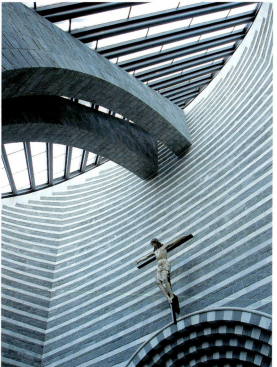

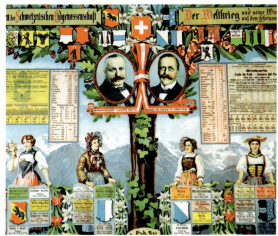

Christian, der Dazio-Koch, gehört zu den Berufsleuten, die kein Mittelmass mögen: Mit unglaublicher Sorgfalt und viel Liebe bereitet der junge Könner die Gerichte zu.

Die Kirche von Mario Botta in Mogno, etwas weiter unten im Tal.

Ein Prunkstück ist der kleine Saal im Dazio, der komplett aus Holz besteht und einige schöne alte Stiche und Drucke enthält.

– Kastanienroulade (rotolo di castagne).
– Kürbissuppe mit Schnittlauch und Rahm.
– Capra bollita (gekochtes Ziegenfleisch) mit Kartoffeln, Gemüse und Vinaigrette.
– Vermicelle aus Vallemaggia-Kastanien.

Rezepte von **Claudio Sollberger** im Anhang.

— **Capra bollita mit Salsa verde (Vinaigrette)**, S. 363
— **Vermicelles**, S. 370

RESTAURANT **30**
Stazione da Agnese
Intragna, Centovalli

RESTAURANT: **Stazione Da Agnese**
ADRESSE: **6655 Intragna**
GASTGEBER: **Agnese und Adriana Broggini**
TELEFON: **091 796 12 12**
INTERNET: **www.daagnese.ch**
RUHETAGE: **keine**
BETRIEBSFERIEN: **Dez. bis Ende Febr.**
WEGBESCHRIEB: **am Anfang des Centovalli, beim Bahnhof in Intragna**
SPEZIELL: **15 GM, Esssaal mit Panoramablick**

Das Ristorante Stazione kann man nicht verfehlen: Es liegt direkt an den Geleisen der Centovallibahn, gegenüber vom Bahnhof Intragna. Hier wird ohne Schnickschnack, aber mit höchstem Anspruch Tessiner Küche vom Feinsten geboten. Von hausgemachter Pasta über Güggeli aus den Terreni alla Maggia bis zur fangfrischen Seeforelle aus dem Lago.

Kalbsbäggli mit Panoramablick und Bahnanschluss

Das Kalbsbäggli wird an einer Merlotsauce serviert, der Salat an einer Tessiner Feigensenfsauce, und nicht irgendein Parfait ziert den Dessertteller, sondern eines aus Kastanienblütenhonig: Im Stazione in Intragna sind die Düfte des Tessins kulinarisches Hauptthema. Das war schon so, als die quicklebendige Agnese noch selber in der Küche stand. Heute stehen die Jungen am Herd, genauer Adriana Broggini, gelernte Köchin und Frau des Broggini-Sohns Patrick. Mutter Agnese hat die Gästebetreuung übernommen, ihr Mann Cicci kümmert sich um Wein, Grappa und Nocino. Und am Donnerstag darf er wie eh und je seine Polenta im Kupferkessel kochen: «Tradition ist Tadition», lacht der Tessiner, der stets in Hosenträgern rumläuft. Vor vierzig Jahren hat er seine Agnese in Basel kennen gelernt und die aufgestellte Serviertochter ziemlich rassig geheiratet. Seither sind die Agnese und ihr Cicci unzertrennlich.

Einfach schön. Trotz edlem Panoramablick und Gourmetambiente: Die Kunst, das Essen schön auf die Teller zu bringen, wird im Stazione nicht in Form hoch gestapelter Türmchen zelebriert. Mit wenigen Handgriffen umhüllt Adriana das Salatbouquet mit einem Gurkenstreifen und legt frischen Ziegenkäse dazu. Serviert wird der Salat an einer süss-sauren Feigensenfsauce, die sich für immer ins Buch des Wohlgeschmacks einschreiben darf. Endlich mal kein

Balsamico und kein langweiliges Öl-Essiggemisch! Auch das edelste Fleisch vom Kalb gehört seit Jahren zu den Spezialitäten der «Bahnhofsküche»: Butterzart kommt es auf den Teller, begleitet von einer Merlot-Sauce, die stundenlang im Fond reifen durfte. Ebenfalls Tradition ist das Parfait aus Tessiner Kastanien und Kastanienhonig, begleitet von Feigen oder Früchten. In den kleinen Details zeigt sich, dass Adriana aus Leidenschaft kocht: Sie macht jede Konfitüre selber, der Fond köchelt pausenlos vor sich hin, und wenn Sie noch nie weisse Tomatenmousse gegessen haben: Die Tagliatelle werden mit dieser Kreation Adrianas serviert. Seit über zehn Jahre steht die junge Könnerin im Stazione am Herd – da wird noch sehr viel Schönes auf uns Geniesser zukommen!

Weinliebhaber dürfen sich freuen. Natürlich macht auch Cicci seine Arbeit gut: Vom Riserva Marcello aus Verscio über den Classici aus Gudo bis zum Sinfonia Barrique aus dem Bellinzonese hat der Mann mit den Hosenträgern einige der edelsten Etiketten im Felsenkeller gelagert. Eine Besonderheit ist der hausgemachte Nocino, der aus einer Flasche mit einem über zwei Meter langen Hals eingeschenkt wird – millimetergenaue Präzisionsarbeit, die Agnese mit dem «Lächeln der Seiltänzerin in der Zirkuskuppel» schafft. Sie ist aus dem Stazione ohnehin kaum wegzudenken: Strahlend wuselt sie von Tisch zu Tisch, fügt hier noch eine Anekdote zum Feigensenf, dort noch eine Information zur Weinauswahl bei, weiss von jeder Kiwi, wo sie wachsen durfte – ein wandelndes Lexikon und Erzähltalent. In wirklich grossen Restaurants sind die Gastgeber eben auch exzellente Kommunikatoren.

Kunst: Der Stazione-Garten ist ein kleiner Skulpturenpark.

Nocino (Nusslikör). Angesetzt wird er aus jungen, noch grünen Nüssen.

Der Lieblingswein von Agnese: Merlot von der Enoteca Convento.

Echt oder gemalt? Trompe-l'œil an der Hausfassade.

Immer am Donnerstag: Cicci bei der Polentazubereitung im Esssaal.

– Dessertteller mit Crema brucciata, Kastanientorte und Himbeersorbet.
– Vorspeise mit Salami, Feigen und Kräutersalz an Feigensenfsauce.
– Kalbsbäggli, eine der Hausspezialitäten des Stazione.
– Castagnaccio-Gugelhopf.

Rezepte von **Agnese Broggini** im Anhang.

— **Salatsauce mit Feigensenf**, S. 347
— **Kalbsbäggli «Agnese»**, S. 362
— **Kastaniengugelhopf «Agnese»**, S. 372

RESTAURANT 31
Osteria Bordei
Bordei, Centovalli

RESTAURANT: **Osteria Bordei**
ADRESSE: **6657 Palagnedra-Bordei**
GASTGEBER: **Rosaria Quattrini und Magda Mazzi**
TELEFON: **091 780 80 05**
INTERNET: **www.bordei.ch**
RUHETAGE: **Mo.**
BETRIEBSFERIEN: **Mitte Okt. bis Ostern**
WEGBESCHRIEB: **zuhinterst im Centovalli, beim Stausee über die Brücke, in Palagnedra weiter nach Bordei**
SPEZIELL: **von der Stiftung Terra Vecchia schön restauriertes altes Tessinerdorf**

Wenn sich das Centovalli fast am Ende der Welt befindet, dann ist Bordei schon darüber hinaus: Über die Stauseebrücke die Hügel hinauf, dann hinunter in eine Schlucht und wieder den Hang hinauf – nach rund fünfzehn Minuten Fahrt erreicht man das abgelegene Bergdorf, das vor zwanzig Jahren völlig zerfallen war. Heute ist jedes Haus ein Juwel. Die Stiftung Terra Vecchia, unterstützt von zahlreichen Gönnern, hat mit ehemals drogenabhängigen Jugendlichen das Dorf mustergültig restauriert. Dazu gehört auch das einzige Restaurant am Platz, zu dem man eigentlich nur einen einzigen Satz schreiben müsste: Hier kocht Rosaria!

Die Wunderküche von Rosaria

Sie war nicht einfach zu knacken, die lebensfrohe, stets etwas unter Strom stehende Rosaria mit den funkelnden Augen in der Osteria Bordei: «Bitte keine Reportage und schon gar keine Fotos!», lachte die sympathische Tessinerin und meinte es ernst: «Weil sonst noch mehr Leute kommen und ich jetzt schon fast nicht nachkomme mit Kochen.» Natürlich habe ich meinen ganzen Charme eingesetzt – und natürlich hat Rosaria schliesslich doch einige Gerichte auf den Tisch gezaubert, die sich für immer in mein kulinarisches Gedächtnis eingeprägt haben.

Mammaküche. Was Rosaria macht, ist schlicht und ergreifend die gute alte Mammaküche, die so gut ist, dass sie auch in tausend Jahren nicht untergehen wird: Stundenlang raspelt sie Karotten, schnipselt Kräuter aus dem Garten, wirft noch einige Knochen und Fleischstücke in den Fond und schiebt die Brasati und Arrosti gleich im Dutzend in den Ofen. Dazu summt sie ein Liedchen, wischt sich ein paar Tränen von den Frühlingszwiebeln aus dem Gesicht und strahlt! Die Frau strahlt, wie nur jemand strahlen kann, der seine Bestimmung gefunden hat – und das ist bei Rosaria das Kochen.

Cucina povera, ricchissima. Ungekünstelt und atemberaubend einfach kocht sie, so wie die Mamma und die Nonna gekocht haben. «Cucina povera» von den Grundprinzipien her, aber «cucina ricchissima» bei

den Zutaten und in der Ausführung. Daraus entstehen kleine Wunder des Wohlgeschmacks.

Zum Beispiel ein Pâté vom Fasan. Oder Ravioli, prall gefüllt mit Kalbfleisch, Spinat und Gartenkräutern. Oder gefüllte Auberginen mit frischen Pilzen. Oder Kalbsbraten, bei dem sich kleine, feine Fettstreifchen an die Ränder schmiegen, die dem Saftbrocken noch mehr Würze und Charakter geben. Oder eine Gemüsetorte, vom Grundprinzip her ähnlich wie die Scmieza aus Soazza (siehe S. 106), aber dicker und mit dem halben Gemüsegarten drin. Oder Linzertorte, Panna cotta und Tiramisù – alles schlicht vom Feinsten. Wobei man sagen muss: Für die Desserts ist Magda Mazzi, die Mitarbeiterin von Rosaria, zuständig. Und Magda hat das gleiche Gen geerbt. Kurz, diese Wunder-Küche von Bordei kann man schlicht nicht besser machen! Was soll ich also noch viele Worte verlieren: Gehen Sie doch einfach mal hin.

Romantische Gärten und verträumte Ecken: Das Dorf Bordei ist ein kleines Paradies.

Mammaküche – auch bei den Kuchen, im Bild Linzertorte (Crostata).

– Gefüllte Auberginen.
– Pâté aus Fasan mit Selleriesalat und Chutney.
– Zucchinitorte.
– Ravioli mit Kalbfleisch- und Spinatfüllung.
– Kalbsbraten mit Gemüse.

Rezepte von **Rosaria Quattrini** im Anhang.

— **Spaghetti «Fiorello»**, S. 356
— **Scaloppina «Bordei»**, S. 361
— **Zucchinitorte**, S. 366

RESTAURANT 32
Al Pentolino
Verdasio, Centovalli

RESTAURANT: **Al Pentolino**
ADRESSE: **6655 Verdasio (Centovalli)**
GASTGEBER: **Daniele und Doris Blum**
TELEFON: **091 780 81 00**
INTERNET: **www.alpentolino.ch**
RUHETAGE: **keine**
BETRIEBSFERIEN: **Jan. bis Mitte März**
WEGBESCHRIEB: **Von Intragna das Centovalli hinauf, Abzweigung nach ca. 5 km rechts Richtung Verdasio. Postauto ab Intragna**
SPEZIELL: **14 GM**

Verdasio liegt weit hinten im Centovalli, auf einem sonnigen Felsplateau. Vom Kirchplatz des Dorfes sieht man bereits Italien. Kein Mensch würde vermuten, dass sich hier einer der Stars der Tessiner Gastronomie versteckt: Daniele Blum, dessen Grossvater Deutschschweizer war, also ganz weit hinten noch etwas «Zücchin» ist, und vielleicht gerade deshalb die Tessiner Urküche so gekonnt zur «Cucina alta» veredelt hat: Aus Distanz sieht man die inneren Werte der Dinge oft etwas besser.

Tessiner Küche zur Spitzenkunst veredelt

Pentolino heisst kleiner Kochtopf. Der Diminutiv ist für die Gaststube durchaus zutreffend: Gerade mal zwanzig Gäste finden darin Platz. Doch was Daniele in seinem kleinen Kochtopf macht, ist eher ziemlich gross! Der Tessiner war die Gault-Millau-Entdeckung 2005, gehört zu den meistinterviewten Köchen der Südschweiz und hat sich auch als Erneuerer der Tessiner Küche einen Namen gemacht. Was also macht ein Star wie Daniele zuhinterst im Centovalli, im Bergdörfchen Verdasio...?

Einen Traum erfüllt. «Wir haben schon immer von einem eigenen Restaurant geträumt, nicht zu gross, romantisch. Und dann haben wir das Pentolino entdeckt», sagt Doris. Und Daniele ergänzt: «Wir haben diese Abgeschiedenheit bewusst gesucht, um ein bisschen über den Dingen und abseits vom Getümmel, unsere Sache machen zu können.» Natürlich wussten die beiden genau: Wenn die Küche stimmt, fahren die Geniesser auch bis ans Ende der Welt! Und genau das ist im Pentolino der Fall. Das Restaurant ist immer gut besetzt, am Wochenende muss man reservieren.

Rustikale Küche, fein rezeptiert. Daniele hat ausschliesslich Klassiker der Tessiner Küche auf der Karte – nur: Er hat sie alle neu rezeptiert und mit den besten Ausgangsprodukten zur Spitzenkunst veredelt. Dazu gehört der Risotto, den er je nach Saison als Spargel-, Trüffel- oder Heidelbeer-Risotto zubereitet. Selbstver-

ständlich mit Reis aus dem Maggiadelta. Auch Polenta, Gitzi (Capretto) oder Luganighe werden unter Danieles Händen zur Neuentdeckung, wobei man sich nicht verrückte Gourmetkreationen vorstellen muss, sondern das, was in der Kochkunst am schwierigsten ist: leicht zubereitete Gerichte, harmonisch komponierte Düfte, die Quintessenz der Tessiner Küche. Dazu gehören auch höchst raffinierte Kreationen wie das Kalbsfilet «Palagnedra» unter einer Kastanienkruste, serviert mit Kürbisrisotto und einer Uva-americana-Sauce. Oder Wachtelbrüstchen im Speckmantel. Oder Dessertkreationen wie eine mit Kastanien zubereitete Crème brulée. Auch ganz simple Dinge wie Forelle blau schmecken im Pentolino einfach noch eine Spur besser. Das kann allerdings auch am Fischer liegen, denn der heisst Blum, ist Danieles Vater und ein passionierter Angler: Aus dem italienischen Teil des Lago Maggiore bringt er die Forellen fangfrisch nach Verdasio. Doch dies alles sind letztlich nur Momentaufnahmen. Denn Daniele arbeitet saisonal, im Takt der Natur und bringt deshalb immer wieder neue, spannende Gerichte auf die Teller.

Hier serviert auch der Koch. Es ist eine ambitionierte und sehr persönliche Küche, die hier im Pentolino zu den anspruchsvollen Gästen kommt. Was Daniele kocht, bringt er manchmal auch selber an den Tisch. Er gehört ohnehin zu den Köchen, die sich den Gästen gerne zeigen, schon weil die Küche von den Tischen aus gut einsehbar ist. Herz und Seele im Service aber ist Danieles Frau Doris, die mit ihrem strahlenden Lachen den oft etwas am Anschlag arbeitenden Solokoch als ruhigen Pol ergänzt. Das Fazit unserer letzten Etappe in den Valli ist klar: Verdasio ist nicht das Ende, sondern eher der Anfang der Welt – ein wundervoller Ort, um sich ein Stück Tessiner Spitzengastronomie zu gönnen.

Besonders stolz sind die Blums auf ihren grosszügig dotierten Weinkeller.

Weiter Blick ins Tal von der Kirchenterrasse aus. In Verdasio steht die Kirche noch im Dorf – und in umittelbarer Nachbarschaft des Pentolino.

Mediterranes Ambiente im Garten des Restaurants.

Fangfrische Seeforellen vom Vater Danieles.

– Poulet im Speckmantel mit Polenta.
– Der Wurstsalat einmal anders – mit saftigen Luganighe-Rondellen.
– Zanderfilet mit Speck an süss-saurer Sauce.
– Kalbsfilet «Palagnedra» unter knuspriger Kastanienkruste.
– Desserttrio «Sapori ticinesi» mit Crème brulée aus Kastanien, Uva-americana-Sorbet, Panna cotta mit Tessiner Berghonig.

Rezepte von **Doris und Daniel Blum** im Anhang.

— **Kalbsfilet aus Palagnedra unter Kastanienkruste auf Asconeser Kürbisrisotto mit Americanosauce** S. 364
— **Mousse von Americanotrauben**, S. 368
— **Gebrannte Kastaniencrème**, S. 369
— **Panna cotta mit Tessiner Honig**, S. 369

Mazze und die «Stinkwurst» aus den Valli

Natürlich wurden die Mazze nicht in den Valli erfunden, in der gesamten Südschweiz wird gemetzget und gewurstet! Doch wenn es um saftige Luganighe, Codighe im Schweinsdarm und vor allem um die Tessiner Mortadella di fegato geht, werden in den Valli einige der schönsten Darreichungen in die Därme gefüllt. Nicht zuletzt ist hier auch die Wurst zu Hause, die es sonst nirgends gibt auf der Welt: die Cicitt! Sie ist eine kulinarische Rarität, die in die Arche von Slow Food aufgenommen wurde. In der Arche werden einzigartige Spezialitäten gesammelt, damit solche Originale nicht verloren gehen. Gleichzeitig versucht Slow Food den Produzenten zu helfen, diese Raritäten besser bekannt zu machen und verstärkt zu den Konsumenten und in die Gastronomie zu bringen.

Cicitt – eine Rarität im kulinarischen Erbe des Tessins

Eine «Stinkwurst», nennen sie die einen – für andere ist es schlicht die beste Bratwurst der Welt: Gemeint ist die Cicitt, eine Ziegenwurst, die es nur im Maggia- und im Verzascatal gibt, eine eche Rarität im kulinarischen Erbe des Tessins.

Wenn die Ziegen im Herbst von den Alpen kommen, werden die ältesten Tiere gemetzget. «Die Cicitt besteht im Grunde genommen aus dem Fleisch und dem Fett der Ziegengrossmütter», sagt Claudio Sollberger lachend, der die Cicitt speziell für uns in seinem Grotto Lafranchi auf den Grill legen lässt. Und sofort verströmt sie ihren würzigen, etwas strengen Duft. Bei keiner Wurst scheiden sich die Geister so rasch: Es gibt Leute, die fast süchtig sind nach dieser böckeligen Wurst, während andere fluchtartig das Weite suchen. Ich gehöre zu den ersteren und geniesse die knackig gebratene, charaktervolle Cicitt wie eine normale Bratwurst mit einem Stück Brot. Die Rezeptur ist je nach Metzger anders, deshalb ist auch nicht jede Cicitt gleich. Die von der Macelleria Zanoli in Gordevio gilt als die vergleichsweise «normalste», die vom Wurstkünstler Primo Pallua in Ronchini als wesentlich urchiger. So oder so duftet es jeweils im Oktober und November ganz ordentlich rund um die Metzgereien. Dann wissen alle: Es ist wieder Cicitt-Zeit!

Cicitt
Bei den Gebrüdern Zanoli in Gordevio gibt es die Cicitt von Oktober bis November. Zubereitet wird sie wie jede Bratwurst auch – auf den Grill legen und schön knusprig braten. Dazu passt Brot, allenfalls auch geröstete Kastanien. Erhältlich bei: *Macelleria Valmaggese, Boris und Franco Zanoli, 6672 Gordevio, Tel. 091 753 10 47.*

Das herabtropfende Fett der «Stinkwurst» produziert auf dem Grill manchmal wahre Feuerstürme.

Mike vom Grotto Lafranchi in Coglio führt die Cicitt jeweils ab Oktober im Menüangebot (siehe S. 326).

Auf dem Grill gebraten, mit einem Sück Brot und einem Boccalino Merlot schmeckt die Cicitt am besten.

Von Mazze-Träumen und praller Verführungskunst

Anfang Januar fährt Martino Giovanettina mit seiner geheimen Gewürzmischung nach Ronchini zum Metzgermeister Primo Pallua. Allerdings erst bei Neumond, denn gewurstet wird nur bei zunehmendem Mond: «Ich weiss nicht, ob dies wirklich etwas bringt, aber es ist einfach eine jahrhundertealte Tradition in der bäuerlichen Welt», sagt Martino. Salami, Luganighe, Leber-Mortadella und Codighe entstehen in der kleinen Metzgerei in aufwendiger Handarbeit. Erst nach drei Monaten Lager- und Trocknungszeit sind die Endprodukte essbereit – genau wenn die Grotto-Saison beginnt. «Am besten sind die Würste allerdings erst nach sechs Monaten. Es braucht wie beim Wein eine gewisse Reifezeit», sagt Giovanettina, der es sich nicht nehmen lässt, das Fleisch selber zu würzen und den Rotwein beizufügen.

Frisch von der Leber weg. Die Art, wie Martino und Primo wursten, buchstäblich frisch von der Leber weg, mit viel Kunstverstand und jahrzehntealtem Wissen, ist jetzt schon eine Rarität im Tessin – in einigen Jahren wird man sie noch seltener zu sehen bekommen: «Es gibt immer mehr Vorschriften, alles wird normiert und rationalisiert, auch die Tessiner Mazze werden deshalb einen Teil ihrer Authentizität und geschmacklichen Vielfalt verlieren», sagt Martino, der im Winter als Journalist arbeitet. «Ich denke allerdings, dass die Mazze im Tessin eine derart wichtige Rolle spielen – fast jedes Restaurant, fast jede Familie macht ihre Wurstwaren – dass es sicher noch einige Zeit dauern wird, bis alle unsere Würste aus der Fabrik kommen!» Das hoffen wir auch und geniessen die Meisterwerke dieses in Jahrhunderten von den Vätern auf die Söhne vererbten Wursthandwerks umso mehr! Vor allem in den Tälern, wo der Fels die Landschaft prägt und die Alpen für die Sömmerung der Schweine liegen, füllen die besten Wurster des Tessins die Därme. Hier entsteht auch die Wurst aller Würste, die im kulinarischen Erbe der Südschweiz eine wichtige Rolle spielt: die Leber-Mortadella.

Mortadella di fegato. Ungeübte Augen können die Leber-Mortadella kaum vom Salami unterscheiden, obwohl sie etwas dunkler ist und einen feineren Glanz aufweist. Der entscheidende Unterschied entfaltet sich erst im Gaumen: Die Mortadella ist üppiger, etwas fetter und weicher. Denn sie hat Leber drin und wurde deshalb einst auch als die Wurst der armen Leute bezeichnet. Dies ist auch der Unterschied zu den Mortadella-Brummern aus Italien, die kein Stückchen Leber drinhaben und industriell, am Fliessband, gefertigt werden. Dagegen ist die Tessiner Mortadella ein kleines, knorriges Stück Handarbeit – eine richtige Bauernwurst eben.

Die beste Wurst kommt vom Alpschwein. Bei vielen Tessiner Alpkäsereien sieht man im Sommer glückliche Schweine, die hier auf Fresskur sind: Die Schweine schlürfen die eiweissreiche Molke, die nach dem Kä-

sen übrig bleibt. Im Herbst wird der Futtertrog mit Mais und Kastanien aufgefüllt, und spätestens im Dezember wird geschlachtet. Aus den magersten Fleischstücken entsteht Salami, die etwas fetteren vom Hals, dem Bauch und der Laffe gehen mit der Leber in die Mortadella. Dazu kommen zwei Tessiner Extrawürste, die Luganighe und die Codighe – an manchen Orten auch Cotechini genannt: Das ist eine in Schweinsdarm gefüllte, grosse Luganighe-Variante, die als Brühwurst gegessen wird.

Die Würzmischung ist geheim. Viele Familien haben ihre eigenen Rezepturen. Salz und Pfeffer gehören dazu, weitere Gewürze, Kräuter, Rotwein und bei der Mortadella auch noch Zimt, der die Wurst etwas süsslich macht. Kalorienarm ist die «Wurst aller Würste» nicht. Aber man kann ja danach einen hausgemachten Grappa geniessen, um die pralle Verführungskunst etwas schneller zu verbrennen.

Die Lebermortadella ist eine traditionelle Tessiner Bauernwurst und wurde früher als Armeleutewurst bezeichnet.

Martino Giovanettino vom Grotto La Froda testet das Ausgangsprodukt. Die Rezeptur seiner Mazze stammt von seinem Grossvater.

Das Wurstertrio, das in der Metzgerei von Primo Pallua zur Vollmondzeit die Wurstspezialitäten für den Froda-Wirt herstellt.

Entscheidend ist die richtige Fleisch-Gewürzmischung und ein kräftiger Schuss Rotwein.

Primo Pallua, der Chefmetzger beim Binden einer Lebermortadella. Nach der Fertigstellung werden die Würste für mindestens drei Monate luftgetrocknet und gereift.

Die Magie der Polenta

Fernando Foresti vom Grotto Pozzasc (siehe auch S. 328).

Wenn Fernando Foresti vom Grotto Pozzasc am Morgen aufsteht, dann macht er zuerst einmal tüchtig Feuer im grossen Cheminée. Spätestens um 10 Uhr muss er die Polenta aufsetzen, mindestens eine Stunde sollten die gelben, feinen Körner im Kupferkessel blubbern, damit daraus eine schnittfeste, richtige Tessiner Polenta wird. Das Gleiche macht auch Anna Biffi im Ul Furmighin in Sagno, ganz unten im Tessin. Genau wie Fiorella Battistessa im Grotto Borei hoch über dem Lago Maggiore, Waldis Ratti im Ristorante Da Rodolfo in Vira, Fiorella Macullo in der Pergola in Giornico. Und selbst ganz im Norden, fast an der Grenze zu Graubünden, setzt Claudio Caccia im Dötra jeden Morgen seine Polenta auf das Feuer: In Hunderten von Restaurants und Grotti in der Südschweiz wird täglich Polenta zubereitet. Das gelbe Maisgericht ist damit – noch weit vor dem Risotto – so etwas wie die Tessiner Nationalspeise.

Der Duft der Heimat. So stark ist die Polenta im kulinarischen Gedächtnis der Tessiner verankert, dass sie unweigerlich auftaucht, wenn die Ticinesi Heimweh haben! Plinio Martini schildert in seinem Buch *Il fondo del sacco* diesen Heimwehduft: Ein Tessiner aus dem Maggiatal, ausgewandert nach Australien, wird dort derart von Heimweh geplagt, dass

Polenta mit Katzenragout. Der Tessiner Schriftsteller Alberto Nessi erinnert sich an einige spezielle Polenta-Gerichte von einst: «Bei uns ass man die Polenta mit Milch, unsere Nachbarn fügten Zucker dazu, und mein Grossvater liebte sie mit Katzenragout! Er erzählte mir, wie sie um 1900 in der Osteria in Vacallo sassen und Polenta mit Katzenragout verspeisten. Das hat die Deutschschweizer immer entsetzt, aber es war einfach ein Brauch, der auch mit der Armut in früheren Zeiten zu tun hatte.»

sich das steinige Tal in eine geradezu mythische Landschaft verwandelt – von strahlender Sonne, dem fröhlichen Meckern der Ziegen und den würzigen Düften der Formaggi und der goldgelben Polenta erfüllt. Nirgends am Alpenkamm spielt die Polenta eine derart tragende Rolle im kulinarischen Erbe wie im Tessin, nirgends ist auch die Rezeptur so ausgefeilt und genau definiert.

Körnig und schnittfest. Eine richtige Tessiner Polenta hat nichts mit dem Maisbrei zu tun, den die Deutschschweizer zubereiten. Die Tessiner Polenta muss körnig sein und so schnittfest, dass man sie mit einem Faden schneiden kann. Sie enthält in ihren besten Darreichungsformen mehr als nur eine Mehlsorte: Martino Giovanettina im Grotto La Froda verwendet Saracena, grobkörnige Bramata und fein gemahlenen Nostrano. Vor allem die Bramata liefert das entscheidende geschmackliche und optische Merkmal: den leicht gräulichen Farbton im Gelb und die feinen dunkelbraunen Punkte.

Tessiner Mais. Jahrhundertelang wuchsen die Maispflanzen bei fast allen Tessiner Bauern in die Höhe. Während des letzten Weltkriegs wurde die Produktion eingestellt und das Maismehl praktisch ganz aus dem Ausland, vor allem aus Südamerika, importiert. Erst seit wenigen Jahren gibt es wieder Tessiner Mais, angebaut vom Maispionier Paolo Bassetti.

Bildreihe rechts: Polenta conscia (mit Käse überbacken), Polenta mit Büsecca (Kuttelsuppe), der Klassiker der Tessiner Maisküche: Polenta mit Kalbshaxe.

Polentazubereitung im grossen Kupferkessel über dem offenen Feuer.

Einkaufstipps Locarnese und Valli

Vallemaggia Alpkäse, Campo la Torba

Die Alpkäse im Vallemaggia sind speziell, weil sie zu einem Teil mit Ziegenmilch gemacht werden. Einen guten Vallemaggia Alpkäse produziert Giorgio Dazio ganz oben im Valle Lavizzara: den Torba Vallemaggia. Seit fast hundert Jahren führt die Familie Dazio die Alp. Rund zwanzig 5kg-Laibe entstehen hier jeden Tag, im Hochsommer mit dreissig Prozent Ziegen- und siebzig Prozent Kuhmilch, was den Torba besonders urchig macht. Der Weg auf die Alp ist abenteuerlich und führt auf einer schmalen Strasse dem Stausee entlang (ca. zwanzigminütige Fahrt ab Fusio bzw. ca. eine Std. Wanderzeit).

Campo la Torba, Familie Dazio, 6696 Fusio, Tel. 091 755 12 36.

MAGGIATAL
Alpkäse mit Auszeichnung

Einen berühmten Vallemaggia mit Auszeichnung macht Giorgio Speziale, der in Bignasco wohnt und im Bavonatal in Robiei auf die Alp geht: Giorgio Speziale, 079 413 75 80. Erhältlich ist der Käse in Avegno im kleinen Lädeli an der Strasse.

Schafmilch-Joghurt (Bio)

Hervorragendes Joghurt aus Schafmilch – eine Rarität im ganzen Tessin – macht der Agriturismo la Stalla in Cevio, 200 Meter hinter der Piazza (am Hang). Entstanden ist die Idee, weil die Fleischpreise immer niedriger werden und die Familie eine neue Verwertungsmöglichkeit suchte. Geschmacklich sind die Schafmilch-Joghurts ähnlich wie normale Joghurts aus Kuhmilch, aber besser verdaulich als diese. *La Stalla, Familie Frei, 6675 Cevio, Tel. 091 754 20 20, www.lastalla.ch.*

Cicitt und Ziegenkäse vom Geissenpeter

Pietro Zanoli in Gordevio hat über hundert Ziegen, geht im Sommer mit den Tieren auf die Alp, macht Ziegenkäse und im Herbst die Ziegenwurst Cicitt – und er ist nicht nur der bekannteste «Geissenpeter» der Region, sondern einer, der sich im Rahmen des Carnalpina-Projekts stark für die Wiederbelebung der alten Ziegenkultur einsetzt. Käse und Cicitt direkt vom Ziegenhirt: *Pietro Zanoli, Gordevio, Tel. 079 230 48 79, www.vallemaggia.movingalps.ch*

Wurst und Fleisch von Primo Pallua

Hier lässt Martino Giovanettina vom Grotto La Froda in Foroglio seine Würste machen. Primo Pallua produziert aber auch eigene hervorragende Wurstwaren: Salami, Mortadella, Salametti, Carne secca, dazu Lamm- und Schweinefleisch aus eigener Produktion. Von Locarno her Richtung Maggiatal, nach ca. 10 km am Dorfende von Gordevio-Ronchini links. *Primo Pallua, 6677 Aurigeno, Tel. 091 753 22 13.*

Colomba und Vallemaggiabrot

Die beste Colomba weit und breit (nur an Ostern erhältlich), sowie hervorragende Panettone und ein erstklassiges Vallemaggia-Brot gibt es in der Bäckerei und Konditorei Poncini in Maggia und in der Poncini-Filiale in Ascona. Panettone und Colomba werden auch per Post verschickt. *Bäckerei und Konditorei Poncini, 6673 Maggia, Filiale an der Via Borgo 32 in 6612 Ascona, Tel. 091 753 13 20, www.panetteria-poncini.ch.*

CENTOVALLI
Die «glückliche Ziege»

Capra contenta, glückliche Ziege, nennen Christiane Kostka und Adriano Berguglia ihren Ziegenhof auf der Alp Riei oberhalb von Verscio im Centovalli. Sie produzieren erstklassigen Büscion, Formaggini und im Herbst Cicitt. Wegbeschrieb: Von Verscio den Berg hinauf Richtung Riei. Im Winter verkaufen die beiden ihre Produkte in Cresmino, 3 km von Cavigliano im Val Onsernone. Je nach Jahreszeit umfasst das Angebot: auch Rucola-Pesto, Wurst- und Fleischspezialitäten von Ziege und Schwein, Frischfleisch, Marmelade, Nuss-Likör und andere Köstlichkeiten. *Capra contenta, Cresmino, 6654 Cavigliano, Tel. 079 324 56 15, www.capra-contenta.net.*

Mortadella und Violino

Die Fratelli Freddi in der Macelleria in Intragna führen die renommierteste Metzgerei im Centovalli. Hier gibt es den berühmten «Violino», eine violinenförmige Wurst aus Gämsen- oder Ziegenfleisch und die beste Mortadella-Brühwurst weit und breit. *Salumeria Fratelli Freddi, 6655 Intragna, Tel. 091 796 12 49.*

ASCONA-LOCARNO
Cattaneo Früchte und Gemüse

Das Lebensmittelgeschäft der Familie Cattaneo in Ascona kann man kaum übersehen, so farbenprächtig ist die Gemüse- und Früchteauslage. Hier gibt es alles, was Gourmetherzen höher schlagen lässt: von einer riesigen Käseauswahl, über Salumeria, Pasta in allen Sorten, bis zu einem sorgfältig zusammengestellten Weinangebot mit zahlreichen Tessiner Etiketten. Seit 1918 sind die Cattaneos als «Gmüesler» tätig, stellen Konfitüren selber her und machen frische Ravioli mit saisonal wechselnden Füllungen. Ein richtig schöner Familienbetrieb mit aufgestellten Menschen!

Aldo Cattaneo, Via Borgo 39, 6612 Ascona,
Tel. 091 791 18 91.

Terreni alla maggia

Der landwirtschaftliche Grossbetrieb zwischen Ascona und Locarno bietet Wein, Grappa, Olivenöl und Aceto Balsamico an. Dazu Geflügel, Maismehl, Pasta und nicht zuletzt den einzigen Tessiner Risottoreis, den «Nostrano Ticinese Loto». Wegbeschrieb: von Ascona Richtung Castello del Sole. Näher bei der Stadt, an der Via Ferrera 87, befindet sich ein zweites Verkaufsgeschäft. Terreni alla Maggia, Via Muraccio 105, 6612 Ascona, Tel. 091 791 24 52, www.terrenillamaggia.ch

WIEDERENTDECKT IM ONSERNONETAL:
die «farina bona»

Es begann alles damit, dass Ilario Garbani, Lehrer im Onsernonetal, mit seiner Schulklasse die Geschichte des Maisanbaus durchnahm und dabei auf eine völlige vergessene Mehlsorte stiess: Die «farina bona». Hergestellt wurde dieses Mehl aus gerösteten Maiskörnern – ähnlich wie Popcorn – und zwar ausschliesslich im Onsernonetal. Auf der Spurensuche stiess die Schulklasse auf Nunzia, eine Hausfrau aus Vergeletto, die vor über hundert Jahren ihr Popcorn an die Kinder verteilte und in der Dorfmühle das geröstete Maismehl mahlen liess, das sie verkaufte. Gegessen wurde die «farina bona» (auch farina sec'a genannt) mit Milch und Rahm, als Poltina (eine Art Pudding), aber auch als Polenta. Völlig neu ist die Idee Garbanis, daraus ein Glace herzustellen! Es brauchte einige Versuche, bis es dem Glaceprofi Silvano Piffero in Locarno gelang, dieses neuartige Glace herzustellen. Sie sieht aus wie Vanilleglace, schmeckt aber nach Popcorn. Heute ist diese Neukreation in zahlreichen Restaurants im Onsernonetal, sowie im Restaurant Madonna in Golino (siehe Restauranttipps nächste Seite) und direkt beim Produzenten erhältlich.

Glace aus farina bona erhältlich bei:
La Dolcevita, Silvano Piffero, Via d'Alberti 4, 6600 Locarno, Tel. 079 676 45 40.

Farina bona (auch mit Postversand) erhältlich bei: Ilario Garbani Via Scuole 46 6654 Cavigliano, Tel. 078 709 48 85 und 091 796 29 67, gila@ticino.com

Weitere Restaurants Locarnese und Valli

Ristorante Madonna, Golino

Der Ort, um die Farina-bona-Glace zu probieren! Auf dem obersten Balkon hängt bei Sonnenschein die Wäscheleine, die Gaststube ist so gross, dass gerade mal neun Tische Platz haben, und das Essen ist so, dass man sich sofort zu Hause fühlt: Es gibt jeden Abend ein 4-Gang-Menü, z.B. mit Tomatensalat in vier Sorten, begleitet von Alpen-Ricotta, hausgemachte Gnocchi mit Basilikum-Tomatensauce, Kaninchen al limone mit Ratatouille, und zum Abschluss ein hausgemachtes Fruchtcoulis mit der jüngsten Tessiner Glace-Kreation: hergestellt aus «Farina buona» aus dem Valle Onsernone! Das Haus ist aus dem 17. Jahrhundert!

Ristorante Madonna, 6656 Golino, Alvaro Walzer, Angela Rüber. Ruhetage: Di., Tel. 091 796 16 95.

San Martino, Porto Ronco

Mehr Seesicht gibt es kaum in der Gegend, das Wasser plätschert einem im Roncobello schon fast um die Füsse.
Nachdem die Gault-Millau-Entdecker ebenfalls hier gelandet sind, muss man reservieren. Spezialität sind Fische aus dem Lago, aber auch der Risotto wird raffiniert variiert (z.B. mit Randen oder frischen Spargeln). Ein paradiesisches Plätzchen am See. *San Martino, Claudio Borsoni und Leo Ackermann, Via Cantonale 47, 6613 Porto Ronco, Ruhetage: Mi.- und Do.-Mittag, Tel. 091 791 91 96, www.san-martino.ch*

Das La Tegola und die Bollito-Misto-Loge

Elf Tessiner Bollito-misto-Fans, angeführt vom Präsidenten Giorgio Ghiringelli, testen jährlich die besten Bollito-Restaurants. In über 140 haben sie sich bereits die Darbietung zu Gemüte bzw. «zu Bauche» geführt. Wo gegessen wird, entscheiden sie jeweils an der «Generalversammlung» im besten Bollito-Tempel der Region: Im La Tegola in Muralto. Immer am Donnerstag wird der Bollito aufgefahren und zwar standesgemäss auf einem Wagen. 15 verschiedene Fleischsorten warten auf die Bollito-Fans – vom Rippli bis zum Kalbskopf, vom Zampone (dem gefüllten Schweinsfuss) bis zur Zunge. Renato Ravani in Ascona liefert das Fleisch, das klassisch von Salzkartoffeln, Salsa verde und Senffrüchten begleitet wird. Die stammen ebenfalls von einem Logenmitglied, nämlich von Angelo Belotto, der nach alter Tradition Senffrüchte ohne jegliche Zusatzstoffe und Färbemittel herstellt. Die Senffrüchte wirken dann zwar etwas blass, sind aber umso bekömmlicher.
La Tegola, Piazza Burbaglio, 6600 Muralto, Tel. 091 743 71 21.

Da Enzo, Ponte Brolla (17 GM)

Das Da Enzo gehört zu denjenigen Restaurants, um die kein Tessiner Gastroführer herumkommt. Zumal auch Eros Ramazzotti & Co. hier gerne tafeln, wenn sie mal wieder auf der Piazza Grande in Locarno aufspielen. Lage und Ambiente sind in der Tat wunderschön, der Service ausgezeichnet, alles ist edel, bisweilen schon fast ein wenig zu elegant. Doch wer will, kann sich in den kleinen Nischen in den Felsen dem gesellschaftlichen Sehen und Gesehen-Werden auch entziehen. Zum Beispiel bei Lammcarré an Pomerol-Senf, Agnolotti mit Peperoncino-Füllung und Basilikumschaum, Stubenküken aus dem Maggiatal oder Zanderfilet auf einem Rucolabeet mit Pinienkernen. Die Karte ist überschaubar, die Preise sind in Anbetracht des Gebotenen moderat und die Weinauswahl fast zu gross, um sich nicht besser ein wenig beraten zu lassen. *Ristorante Da Enzo, Enzo und Josy Andreatta, 6652 Ponte Brolla, Ruhetage Mi. ganzer Tag und Do. bis 17 Uhr, Tel. 091 796 14 75, www.ristorantedaenzo.ch.*

Osteria dell'Enoteca, Losone (17 GM)

Die Enoteca liegt versteckt im alten Dorfteil von Losone und gehört mit 17 Gault-Millau-Punkten zu den Spitzenrestaurants der Region. Daniel Zürcher zaubert eine kreative, auf den Takt der Natur abgestimmte Küche auf die Teller, zum Beispiel Kaninchenrücken, Hechtfilet und spezielle Tessiner Menüs. *Osteria dell'Enoteca, Contrada Maggiore 24, 6616 Losone, Ruhetage Mo. und Di., Tel. 091 791 78 17, www.osteriaenoteca.ch.*

Osteria da André, Verzascatal

Ein romantisches, verzweigtes Grotto mit mehreren Ebenen und Terrassen, das sich wohltuend vom Brasato-Polenta-Einheitsangebot absetzt: Es gibt im Korb gedämpftes Gemüse, Tris di Ravioli, Lammrücken, Coniglio und Steinpilzrisoto – und zwar einen richtig guten!. Herausragend ist die Weinkarte: da tummeln sich die besten Etiketten von Tamborini, Zündel und Stucky, darunter sein Conte di Luna. Das Grotto ist mitten im Feriendorf «Rustici della Verzasca». Wer wieder mal Schweizerdeutsch hören möchte, ist hier bestens aufgehoben. *Osteria Da André, 6632 Vogorno/Berzona, Betriebsferien: Dez. bis Feb., Ruhetage: Di., Mi., Tel. 091 745 10 81.*

Osteria Chiara, Locarno-Muralto

Die Osteria in Muralto wird von Silvia vom Centovalli empfohlen. Dort isst man sehr gut, sagt die Gastgeberin der legendären Risotto-Beiz in Ponte Brolla. Geprüft und für sehr gut befunden haben wir: Thunfisch-Carpaccio, die hausgemachten Tortelloni mit Pilzen, das Kalbskotelett mit Salbei – schön klassisch-einfach zubereitet und wunderbar saftig, sowie das Sorbetto all'uva americana. Schön ist die kleine Terrasse mit Pergola. *Osteria Chiara, 6600 Muralto-Locarno, Ruhetage: Mo., Di., Tel. 091 743 32 96, www.osteriachiara.ch.*

Osteria Grütli, Camedo

Während Jahren haben Christine Berger und Hans Gloor erfolgreich die Juraweid im Aargau geführt. Jetzt brillieren sie im Grütli mit einer überzeugenden Interpretation südlicher Essgenüsse. Die Gourmets dürfen sich freuen!

Ristorante Grütli, Hans Gloor und Christine Berger, 6659 Camedo, Tel. 091 798 17 77.

Capanna Lo Stallone, Cardada

Ganz hoch über den Dingen, auf 1496 Metern Höhe, sitzt man in der Capanna Lo Stallone in Cardada, oberhalb von Locarno-Minusio. Nebst schöner Aussicht und sauberer Bergluft bietet das komfortable Bergasthaus eine frische Küche mit Bioprodukten, darunter neun verschiedene Gerichte mit Polenta (auf dem Holzfeuer gekocht) sowie ein grosses Salat- und Kuchenbuffet. Wegbeschrieb: von Locarno mit dem Funicolare bis Orselina, von dort mit der Luftseilbahn bis Cardada, dann zu Fuss zur Capanna (ca. 20 Minuten). *Capanna Lo Stallone, Nita und Ciano, Cardada, 6648 Minusio Tel. 091 743 61 46, www.stallone.ch*

Grotto Scalinata, Tenero

Die drei Balerni-Schwestern pflegen mit Herzblut die alte Grotto-Tradition. Es gibt Polenta vom Holzfeuer, Kaninchen, Arrosto und laufend wechselnde, saisonale Menüangebote. *Grotto-Ristorante Scalinata, Via Contra, 6598 Tenero, ganzjährig geöffnet, Ruhetag: Di., Tel. 091 745 29 81.*

Grotto Baldoria, Ascona

Es gibt, was es gibt, «all inclusive». Moro und Mauro führen seit über einem Jahrzehnt die Oase in der Altstadt von Ascona – und das Baldoria ist ein Unikum: Denn erstens gibt es einfach, «was es hat», sprich: ein Einheitsmenü für alle. Zweitens kommt alles ohne grossen Schnickschnack auf den Tisch, was heisst: Der Gast darf den Salami selber aufschneiden, schöpft die Polenta eigenhändig aus den Schüsseln und darf am Schluss auch die Teller zusammentragen. Im Baldoria ist Mitarbeit angesagt. Dafür kostet es dann auch für alle gleichviel und zwar «all inclusive». Tessiner verirren sich eher selten an diesen etwas touristisch angehauchten Ort. Doch das Essen ist gut, die Idee, die Gäste zum Mitarbeiten zu zwingen auch. Einmal erleben ist also durchaus angesagt. *Grotto Baldoria, Via S. Omobono, 6612 Ascona, Moro und Mauro, Ruhetage keine, Betriebsferien: Nov. bis Ostern, Tel. 091 791 32 98.*

Grotto Broggini, Losone

Das Edelgrotto in Losone, das vom Chef des Modehauses Feldpausch gegründet wurde, ist vor allem für seine knusprig gebratenen Güggeli bekannt. Schöner Garten, gepflegtes Intérieur und beeindruckende Cantina im Untergeschoss mit einigen hundert erlesenen Tropfen, die man hier auch degustieren kann.

Grotto Broggini, Via San Materno 18, 6616 Losone, Tel. 091 791 15 67.

Luganese und Malcantone
Schlemmen rund um die heimliche Hauptstadt

Der Monte Ceneri bildete von jeher eine Art «Polentagraben» zwischen dem eher alpinen Norden, dem Sopraceneri, und dem mediterraneren Süden, dem Sottoceneri. Natürlich wird hüben wie drüben Polenta gekocht. Doch jenseits des Ceneri, rund um die «heimliche Hauptstadt» Lugano, ist ein deutlich südlicheres Ambiente anzutreffen. Da tauchen plötzlich Scampi und Sardinen auf, aber auch gefüllte Peperoni und Baci d'angelo (Engelsküsse).

RESTAURANT **33**
Canvetto Luganese
Lugano

RESTAURANT: **Canvetto Luganese**
ADRESSE: **6900 Lugano, Via Rinaldo Simen 14b**
GASTGEBER: **Hans Bürgi**
TELEFON: **091 910 18 90**
INTERNET: **www.f-diamante.ch**
RUHETAGE: **So., Mo.**
BETRIEBSFERIEN: **keine**
WEGBESCHRIEB: **im Quartier Molino Nuovo, in der Nähe der Post**
SPEZIELL: **seit 2003 im Gastroführer von Slow Food**

Die Slow Food-Küche des guten Geschmacks

Vor 200 Jahren war Lugano noch ein kleines Städtchen und das Canvetto ein Kloster mitten in den Maisfeldern. Als die Mönche Anfang des 19. Jahrhunderts abzogen, wurde das Haus in eine Locanda mit Stallungen für Pferde und Kutschen umfunktioniert. Der erste Wirt hiess Davide Montorfani, genannt Tota, deshalb hiess das Haus damals Tota di Frà: Rauschende Landfeste und Boccia-Wettkämpfe fanden im Tota di Frà statt. Später trainierten nicht weit entfernt auch die Fussballer des FC Lugano. Heute ist das Canvetto ein beliebtes Restaurant in der heimlichen Hauptstadt und gleichzeitig eine soziale Einrichtung: Beim Unterhalt arbeiten Behinderte mit. Geführt wird das Haus von der Fondazione Diamante, die im Tessin über ein verzweigtes Netzwerk von Betrieben verfügt.

Im Canvetto Luganese kann man problemlos einen ganzen Tag verbringen: Es gibt eine grosse Bar, einen Innenhof mit Gartenrestaurant, zwei Esssäle, eine Bocciabahn und sogar eine eigene Pastafabrikation. 400 Kilo Nudeln, Lasagne und Ravioli werden hier jede Woche hergestellt. Die Ravioli sind je nach Saison mit Spargeln, Brennnesseln, Artischocken, Pilzen oder Wild gefüllt. Sechzig Varianten produzieren die Canvetto-Mitarbeiterinnen und -Mitarbeiter im Jahr.
Täglich frische Pasta. Täglich steht ein Pastagericht im Menüangebot. Am Tag meines Besuchs waren es Currynudeln, begleitet von Riesencrevetten und wilder Rauke. Das Gericht kam «typisch Canvetto» auf den Teller: perfekt zubereitet und ausgesprochen preiswert. Da das Preis-Leistungs-Verhältnis stimmt, sind die beiden Esssäle immer sehr gut besetzt. Vor allem die «luganesi» selber sind im Canvetto oft anzutreffen.
Slow Food. Der Chefkoch heisst Hans Bürgi, spricht perfekt italienisch, stammt ursprünglich aber aus Wasen im Emmental. Aufgewachsen ist er auf einem Bauernhof, ging dann mit sechzehn ins Wallis und lernte im Hotel du Grand Quai in Martigny Koch. Seit über dreissig Jahren ist er im Tessin, seit 2002 Chef im Canvetto. «Mein Konzept war von Anfang an eine Küche in der Philosophie von Slow Food, also saisonal, geschmackvoll und auf das Terroir und die Jahreszeiten ausgerichtet», sagt Hans. Das dokumentiert der Profi

mit täglich wechselnden Drei-Gang-Menüs. An meinem Besuchstag bildet eine knusprige Gitzikeule, gefüllt mit frischen Morcheln und Bärlauch, den Hauptgang. Als Alternative steht ein Trio aus fangfrischen Felchen, Seeforelle und Zander aus dem Lago di Lugano auf der Karte.

Frischer Fisch. Der Luganersee hat sich in den letzten Jahren wieder zu einem reichen Fischgrund entwickelt: «Nach der Katastrophe in Tschernobyl war die Fischerei drei Jahre lang gesperrt. In dieser Zeit konnten sich die Fische ungestört vermehren», sagt Hans, der sich beim Einkauf der Ausgangsprodukte auf hervorragende Lieferanten verlassen kann. «Geflügel, Schweinefleisch, Gemüse und Früchte – alle kommen aus unserem eigenen Biobetrieb in Gudo. Dort führt die Fondazione einen grossen landwirtschaftlichen Betrieb, das heisst: Wir produzieren fast alles selber und können die Qualität entsprechend kontrollieren.»

Der Terrinen-Spezialist. Vor allem die Terrinen sind Bürgis Spezialität, wie ich an zwei seiner Meisterwerke feststellen darf. Die erste, eine Seeforellen-Terrine mit Flusskrebsen auf Safransauce und Dill, ist ein Wunder des Geschmacks. Die zweite, eine Terrine aus Dörrzwetschgen mit Grappa und kalter Merlot-Schaumcreme, bildet das süsse Finale meiner kulinarischen Rundreise im Canvetto. Wer die Dessertterrine selber machen will, findet das Rezept im Anhang.

In die Zukunft gerettet. Fast wäre das Canvetto abgerissen worden. Doch die «luganesi» wehrten sich, reichten eine Petition ein und retteten das ehrwürdige Gebäude mit Hilfe der Fondazione Diamante. Erhalten wurde auch die alte Bocciabahn: Hier trafen sich früher die Luganeser, um am Wochenende eine ruhige Kugel zu schieben. Heute finden hier regelmässig Boccia-Wettkämpfe mit Festen und gutem Essen statt.

Hans Bürgi in Aktion.

Täglich frische Pasta. Sie wird auch über die Gasse und im Fondazione-Laden «La Tavola» in Mendrisio verkauft.

Fast alle Ausgangsprodukte im Canvetto stammen aus eigener Produktion. Die Fondazione Diamante verfügt in Gudo über eine grosse Gemüse-, Schweine- und Geflügelzucht auf Biobasis.

– Dreierlei Fischfilets aus dem Luganersee vom Grill auf gedämpftem Mönchsbart.
– Hausgemachte Currynüdeli mit Riesencrevetten und wilder Rauke.
– Mit frischen Morchel und Bärlauch gefüllte Gitzikeule aus dem Verzascatal.
– Dörrzwetschgen-Terrine mit Grappa und kalter Merlotschaumcrème.

Rezepte von **Hans Bürgi** im Anhang.

— **Gefüllte Gitzikeule,** S. 364
— **Dörrzwetschgen-Terrine mit Merlotschaum und Grappatrauben,** S. 369

RESTAURANT **34**
**Motto del Gallo
Taverne**

RESTAURANT: **Motto del Gallo**
ADRESSE: **6817 Taverne, Via al Motto**
GASTGEBER: **Pietro Tenca und Josè De la Iglesia**
TELEFON: **091 945 28 71**
INTERNET: **www.mottodelgallo.ch**
RUHETAGE: **So., Mo.-Mittag**
BETRIEBSFERIEN: **keine**
WEGBESCHRIEB: **In Taverne, an der alten Ceneri-Strasse, etwa 10 km von Lugano entfernt**
SPEZIELL: **17 GM**

Motto del Gallo heisst «Hügel des Hahns». Und der Gallo ziert nicht nur die Eingangspartie des ehemaligen Zollhauses der Sforza, sondern ist auch omnipräsentes Sammlerobjekt. Einige Dutzend Hähne haben Pietro Tenca und Josè De la Iglesia in den über fündundzwanzig Jahren ihrer Motto-del-Gallo-Zusmamenarbeit gesammelt. Vom kleinen Nippeshahn aus Porzellan bis zum goldverzierten Prachtsgockel. Einzig auf der Menükarte erscheint der Gockel selten. Meerfrüchte, Fisch und erstklassiges Fleisch mit Gemüse und Kräutern sind die Hauptthemen der mediterran geprägten Küche, ergänzt mit saisonalen Kreationen, die zum Beispiel in Form von Fisch-Gemüse-Rondellen oder raffiniert gefüllten Ravioli auf den Teller kommen.

Kreativität und Charme in Bestform

Eigentlich wollten wir im Motto del Gallo nur ganz kurz reinschauen und ein einziges Gericht fotografieren. Doch dann begrüsste uns Pietro Tenca, führte uns strahlend und charmant durch das prachtvolle Haus aus dem 15. Jahrhundert und in die von mediterranen Düften erfüllte Küche. Dort strahlten José und seine Küchenbrigade, sichtlich erfreut über unseren Blitzbesuch. Und dann liessen die Gastgeber, beide spanischer Herkunft und seit Jahrzehnten im Tessin, ein Feuerwerk kulinarischer und gastlicher Qualität vom Stapel, das uns einen lustvollen Nachmittag lang beschäftigte. So viel gelacht, aber auch so effizient gearbeitet und gleichzeitig auch noch hervorragend gegessen, haben wir kaum je im Tessin.

Hahn im Korb. Fünf Gerichte hat José auf die Teller gezaubert. Jedes eine spontane Erfindung des Meisters, jedes ein Wunder des Geschmacks und der kunstvollen Inszenierung: Zuerst ein Vorspeiseteller mit Kürbiscrèmesüppchen, Gemüseterrine und gefüllter Zucchinischeibe. Dann ein Duo von Salm- und Zanderfilet-Stücken, umwickelt von Mangold, gefolgt von Riesenscampi mit Frühlingsbohnen und Fisch-Spinat-Rondellen. Dann rosa gebratene Lammracks, saftig und zart. Und schliesslich ein Wunder fruchtig-süsser Leckereien in Form einer mehrteiligen Dessertkreation. Kongenial begleitet wurde der Fünf-Akter am Tisch von Pietro Tenca, seit Jahren Präsident des Schweizer

Verbandes der Sommeliers. Wenn sich einer in der hohen Kunst der Gästebetreuung und beim Wein auskennt, dann er.

99 von 100 Punkten. Kein Wunder, wurde das Motto del Gallo von Guide Bleu mit der höchsten je von einem Restaurant im Tessin erreichten Punktezahl bewertet. «Perfekter Empfang, optimaler Service, Superlative bei der Küche, die nicht ins Exotische ausschweift, sondern im Einklang mit der Region und den saisonalen Schwerpunkten steht», schrieb der Guide-Bleu-Tester Herbert Honegger in seinem Bericht 2002.

Natürlich sollte man auf dem «Hügel des Hahns» nicht gerade im Joggingdress und in Turnschuhen zur kulinarischen Kür antreten. Doch auch der äusserst ungezwungene Dresscode gehört zu den Qualitäten des Hauses, das seine Klasse nicht zelebriert, sondern den Gast wie einen guten Freund bei sich zu Hause empfängt. Kaum jemand, der nach seinem ersten Besuch nicht wiederkommt.

Gepflegte Romantik. Gut essen und verwöhnt werden ist das eine. Sich in diesem verwinkelten, romantischen Prachthaus aus dem 15. Jahrhundert umzusehen, das andere. Überall antike Gegenstände, liebevoll arrangierte Details, erlesene Kunst und Patina. Besonders schön der Garten mit seinem mediterranen Ambiente und den kleinen, versteckten Sitzecken. Dass man im Hahn auch übernachten kann und zwar mit «comment» und vergleichsweise günstig, rundet das hervorragende Gesamtangebot ab.

Gepflegtes Ambiente.

Rosa gebratene Lammkoteletts mit Minzenkruste, Reis-Couscous und Gemüse.

Gartenterasse hinter dem Restaurant.

Der Hahn kräht an allen Ecken im Gallo.

- Antipasto mit gefüllten Zucchini und Kaviar, Wassermelonen-Cocktail, Terrine aus Frühlingsgemüse mit in Honig marinierter Lachs-Rosette, Fenchel-Blüten und Crevette mit Tomatenblatt.
- Fischmosaik auf Vinaigrette mit Olivenöl, Zitrusfrüchtesalat und gegrilltem Steinpilz.
- Riesencrevette mit Zitronengras und gefüllten Zucchiniblüten.
- Sommerliche Dessertkreation mit Melonenschaum, Schokoladensoufflé mit warmer Schokoladenfüllung und Crema Catalana.

RESTAURANT **35**
Oxalis
Ponte Capriasca

RESTAURANT: **Oxalis**
ADRESSE: **6946 Ponte Capriasca, Via Arch. Antonio da Ponte 9**
GASTGEBER: **Sabine Miggitsch**
TELEFON: **091 945 12 42**
INTERNET: **keines**
RUHETAGE: **So.-Abend, Mo.**
BETRIEBSFERIEN: **Aug. und Carnevale**
WEGBESCHRIEB: **von Taverne Richtung Lago di Origlio. Postautoverbindung bis vor die Haustüre**
SPEZIELL: **saisonale Frischküche, Wild**

Das Oxalis gehört zu den Restaurants, denen man die inneren Werte kaum ansieht: Der flache Betonbau ist nicht eben eine Schönheit, und der grosse Parkplatz davor macht es auch nicht besser. Doch im Innern des «Kleeblatts» erwarten den Gast eine hochstehende Kulinarik, ein gepflegtes Ambiente und zwei Frauen, die ihren Job perfekt beherrschen.

Kleeblattküche mit Firstclass-Flair

Schon Vater Franz war ein begnadeter Wirt, der das Oxalis vor allem für den Rehrücken weiterum berühmt machte. Heute führt seine Tochter Sabine die Tradition fort, unterstützt von Jeanne Menzel in der Küche. Die beiden blonden Damen machen ihren Job hervorragend, und dies in einer Atmosphäre, die man dem Haus äusserlich kaum zutrauen würde. Im Innern des modernen Baus befinden sich zwei gemütliche Gaststuben – im Innenhof sogar ein wahres Juwel: ein wunderschönes Gärtli mit mediterranem Ambiente.

Bei Martin Dalsass gelernt. Vor allem aber ist die Küche ein Glückstreffer, wie schon das altgriechische Wort Oxalis (Kleeblatt) andeutet. Die junge Jeanne hat über ein Jahr bei Martin Dalsass im Restaurant Santabbondio gearbeitet. Das Wissen, wie man hochstehendes Essen produziert, hat sie ins Oxalis mitgebracht. Da Sabine ihrerseits aus dem «Kleeblatt» keinen Gourmettempel machen will, sondern, wie sie sagt, «einfach ein gutes Restaurant, in dem man eine innvoative Küche zu fairen Preisen geniessen kann», bekommt der Gast sehr viel geboten! Das zeigt sich schon beim Salat, den Jeanne aus zarten Löwenzahnblättern mit Pinien und viel Rosinen zubereitet, natürlich mit bestem Olivenöl. Die Vorspeise des Tages ist ein Käsesoufflé mit frischen Spargeln – eine Kreation, die Jeanne in Form eines kleinen Gugelhopfs in Szene setzt. Auch die Papardelle sind nicht irgendwelche

Teigwaren, sondern aus Buchweizenmehl gemacht, begleitet von einem saftigen Ochsenschwanz-Ragout. Serviert werden sie im Kupferpfännli. So darf man sich ein erstklassiges Pastagericht vorstellen!

Biofleisch. Dass Jeanne bei den Ausgangsprodukten wählerisch ist, zeigt der Hauptgang: Kalbskotelett mit Cherrytomaten-Chutney. Das Fleisch kommt aus dem Misox, die Tomaten aus der Magadinoebene, beide aus Bioproduktion: «Bioprodukte schmecken einfach besser und sind auch ethisch besser vertretbar», sagt Jeanne, die auch gelernte Patissière ist. Das spürt man ihrer hervorragend assortierten Dessertkreation an, bestehend aus Joghurt-Limonen-Crème mit Erdbeeren, Frühjahrspflaumen, die sie im Merlot gekocht hat, einer Rhabarbercrème und einem Tortino valtellinese (Törtchen aus Buchweizen und Äpfeln). Serviert werden die Desserts in Einmachgläsern, was den «hausgemacht»-Charakter unterstreicht.

Wild. Schon früher war das Oxalis für die Wildgerichte berühmt. Auch diese Tradition setzt die im Tessin geborene Miggitsch-Tochter jeweils ab Mitte September fort: Es gibt Klassiker wie Rehrücken, aber auch spezielle Wildgerichte wie Wildschweinragout, begleitet von Papardelle aus Kastanienmehl. Dass Sabine einige Jahre bei der Swissair als Flight Attendant gearbeitet hat, spürt man im Oxalis am Service: Der ist effizient und charmant – wie in der Firstclass eben. Und wenn es um die Weinauswahl geht, äusserst kompetent: Immerhin lagern etwa fünfzig verschiedene Etiketten im Keller des Kleeblatts.

Da Vinci. Einen Abstecher wert ist auch der alte Dorfkern von Ponte Capriasca mit einem Fresko eines Da-Vinci-Schülers in der Kirche Sant'Ambrogio. Nicht weit vom Oxalis befinden sich zudem der Lago di Origlio und der berühmte Bigorio-Wanderweg, der zum gleichnamigen Kloster in den Selven führt.

Blick in die elegante Gaststube.

Der Innenhof. Ein lauschiges Schönwetterplätzchen, das vor allem am Abend beliebt ist.

Jeannes Dessertkreationen.

Ausschnitt aus dem täglich wechselnden Menüangebot der «Kleeblattküche».

– Kalbskotelett mit Cherrytomaten-Chutney.
– Löwenzahnsalat mit Pinien und Rosinen.
– Käsesoufflé mit frischen Spargeln.
– Papardelle mit Ochsenschwanz-Ragout.
– Joghurt-Limonen-Crème mit Erdbeeren, Frühjahrspflaumen, im Merlot gekocht, Rhabarbercrème und Tortino valtellinese.

Rezepte von **Jeanne Menzel** im Anhang.

— **Löwenzahnsalat**, S. 347
— **Alpkäse-Ricotta-Soufflé**, S. 350
— **Breite Bandnudeln mit Buchweizenmehl**, S. 354
— **Ochsenschwanz-Ragout**, S. 364
— **Gugeltöpfchen mit Buchweizenmehl**, S. 372

RESTAURANT **36**
Grotto del Cavicc
Gentilino (Montagnola)

RESTAURANT: **Grotto del Cavicc**
ADRESSE: **6926 Montagnola, Via Canvetti**
GASTGEBER: **Mario und Loretta Bertoldi**
TELEFON: **091 994 79 95 und 079 464 44 83**
INTERNET: **www.grottocavicc.ch**
RUHETAGE: **Di. (von Juni bis Aug. immer offen)**
BETRIEBSFERIEN: **Ende Okt. bis vor Ostern**
WEGBESCHRIEB: **nach Lugano-Sorengo Richtung Gentilino, bei der Post in Gentilino rechts (den Schildern folgen).**
SPEZIELL: **Hermann Hesse was here**

Ein schönes, sauberes Grotto mit einer sensationellen Schweinshaxe: So hat Sabine Miggitsch vom Ristorante Oxalis das Cavicc geschildert und dabei auch Marios Fasane und die Gämsen aus eigener Jagd gerühmt. Ein Kompliment, das von einer renommierten Gastgeberin kommt und dem ich mich anschliessen kann: Das Cavicc ist ein Grotto mit Anspruch und Kreativität. Alles ist «nostrano», nichts kommt aus dem Beutel auf den Tisch, und auch das Menüangebot ist wohltuend abwechslungsreich. Dass hier vor allem die «luganesi» gerne hingehen, beweist wohl am besten, dass die Philosophie der sympathischen Grotto-Familie stimmt.

Fasan, Schweinsbäggli und Lorettas Schokoladekuchen

Immer im Oktober packt Mario seine Schrotflinte und fährt ins Wallis: «Dort gibt es die besten Birkhühner», ist der passionierte Jäger überzeugt. Ab Ostern kann man im Cavicc diese seltenen Jagdtrophäen geniessen. Aber auch Gämsen und Rehe, die Mario im Maggia- und im Onsernonetal erlegt, sind auf Vorbestellung erhältlich. Und die trota fario, die Bachforelle, die Mario in den Bächen des Bleniotals an die Angel lockt. Doch das gehört in die Abteilung «Insiderwissen». Denn offiziell auf der Karte sind die Fisch- und Wildspezialitäten nicht, man muss sie bestellen. «Es macht keinen Sinn, solche Delikatessen als Tagesmenüs anzubieten, das muss man mit Stil zubereiten und geniessen», sagt Loretta, die sorgfältig darauf achtet, dass man das Cavicc trotz Qualitätsanspruch als Grotto wahrnimmt. «Wir machen eine einfache, bodenständige Küche, etwas edler vielleicht als in einem Durchschnittsgrotto, aber ohne Schnickschnack.»

Heisses Schokoladetörtchen. Lorettas Spezialgebiet sind die Desserts. Sämtliche Sorbets, etwa zehn Sorten, sind hausgemacht. Dazu kommen Semifreddi, Panna cotta, Nussglace mit Nocino. Und die Dessertkreation, die viele Gäste als Lorettas Meisterwerke bezeichnen: die Schokoladetörtchen! Aussen sind sie braun und knusprig, innen ist die Schokoladefüllung heiss und flüssig. «Das Geheimnis ist die Backzeit», sagt Loretta, die das Rezept für die *Urchuchi* herausgerückt hat.

Schweinsbäggli. Kreativität und Qualität beweist das Cavicc auch bei anderen Gerichten. Beliebt sind die Cipolle tonnate (Zwiebelsalat mit Thunfischsauce) oder Siedfleischsalat mit selbst gemachter Vinaigrette. Als Hauptgang sind zwei Hausspezialitäten besonders zu empfehlen: das Stinco di maiale mit Pilzen und Polenta und die Schweinsbäggli mit Brasatosauce. Dazu kommen zahlreiche Grillgerichte, von Lammkoteletts bis zu knusprigen Schweinsrippchen.

La Cantina und Hermann Hesse. Werfen Sie unbedingt einen Blick in den Felsenkeller des Cavicc. Hier warten die Lieblingsweine des jagenden und fischenden Hausherrn auf ihre Erweckung. Schon Hermann Hesse und Hugo Ball dürften in diesem Gewölbe ihre Wahl getroffen haben. Als Hesse ab 1919 in Montagnola wohnte, waren die beiden oft im Cavicc anzutreffen. Das beweist eine Zeichnung Hesses, auf der er die Frontseite des Cavicc verewigt hat. Und das beweist eine Passage in *Klingsors letzter Sommer,* in der Hesse ein kleines Canvetto schildert, in dem Klingsor einen Becher Rotwein trinkt. Natürlich bringt der Bezug zu Hesse viele kulturbeflissene Touristen ins Cavicc. Doch die kulinarischen Seiten des Grottos sind so untouristisch und frei von Kitsch, dass sich vor allem auch die «luganesi» gerne hier aufhalten. Und das ist der wohl härteste Massstab überhaupt.

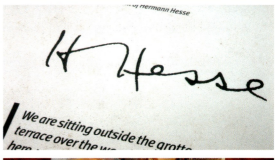

Der Felsenkeller, in dem gegen hundert Etiketten, die hauseigene Mazze und Formaggini gelagert sind.

Das Cavicc ist nur einige Minuten von Montagnola entfernt, wo Hesse die letzten Jahrzehnte seines Lebens verbrachte.

Ossobucco an Rotweinsauce mit Polenta und Steinpilzen.

– Lorettas heisses Schokoladetörtchen mit Nocino-Nuss-Glace, hinten: Himbeer-Semifreddo und Panna cotta.
– Salat mit gekochten Zwiebeln und Thunfischsauce (Cipolle tonnate).
– Tintenfisch-Carpaccio.
– Siedfleischsalat mit hausgemachter Vinaigrette.
– Schweinshaxen mit Pilzen und Polenta.

Rezept von **Loretta Bertoldi** im Anhang.

— **Schokoladetörtchen mit heisser Schokoladefüllung,** S. 371

RESTAURANT 37
Grotto dell'Ortiga
Manno

RESTAURANT: **Grotto dell'Ortiga**
ADRESSE: **6928 Manno, Strada Regina 17**
GASTGEBER: **Antonio und Barbara Mazzoleni**
TELEFON: **091 605 16 13**
INTERNET: **keines**
RUHETAGE: **So., Mo., übrige Tage nur abends geöffnet**
BETRIEBSFERIEN: **Ende Nov. bis Ende Febr.**
WEGBESCHRIEB: **5 km von Lugano, im alten Dorfteil von Manno**
SPEZIELL: **im Gastroführer von Slow Food erwähnt**

Mitten im alten Dorfkern von Manno steht dieses romantische Grotto mit Innenhof und zwei gemütlichen Gaststuben. Zuoberst thront die Küche, in der Antonio Mazzoleni seine hochstehende «cucina povera» zubereitet: Es gibt Ochsenbraten in Rotwein, Kalbshaxe mit Pilzen, gefüllte Kalbfleischrouladen, Kaninchen mit schwarzen Oliven und Kapern, Schmorfleisch mit Zwiebeln und an Ostern das berühmte Ortiga-Gitzi. Tessiner Esskultur vom Feinsten.

Essen in der Brennnessel in Manno

Im Grotto dell'Ortiga Menüs fotografieren ist keine schnelle Sache! Bereits um 2 Uhr nachmittags beginnt Antonio mit seinem Team, die Gerichte zuzubereiten. Erst am Abend, wenn die Gäste da sind, kommen sie auf den Tisch: gefüllte Peperoni, Sardellen auf einem Kartoffel-Tomaten-Bett, Kalbfleischvögel mit Speck und hausgemachte Sorbets aus frischen Früchten. Allein die gefüllten Peperoni dauern mit dem Häuten, der Vorbereitung der Füllung, dem Einfüllen und Braten mehrere Stunden. Was das Ortiga macht, ist Slow Food in der Tradition der «cucina povera» – entworfen und «gebaut» von einem ehemaligen Architekten, der das Kochen durchaus als Kunst versteht.

Ortiga heisst Brennnessel. Mehrmals war ich in der «Brennnessel», um mit Antonio die Auswahl der Gerichte durchzusprechen und unseren Fototag genau zu planen. Dann endlich war es so weit, und ich konnte einen Nachmittag lang mitverfolgen, wie präzis und zum Teil fast millimetergenau hier gearbeitet wird. Gutes Essen ist eben durchaus mit Architektur vergleichbar.

Peperoni ripieni. Da liegen sie, die knallroten, saftig glänzenden, gefüllten Peperoni, eines der Lieblingsgerichte meiner Kindheit. Auch die Fleischvögel, im Tessin «uccelli scappati» (entwichene Vögel) genannt, sind tief in den unteren Schichten meiner kulinarischen Erinnerungen gespeichert. Schön, diese aus

Kalbfleisch gerollten, mit Speck umwickelten «Vögel» nach Jahrzehnten wieder anzutreffen! Antonio hat sich intensiv mit der «cucina povera» befasst und alte Rezepte ausgegraben. Dazu gehören die Tripe in umido, Cazzöla oder Bollito misto – alles Grossmuttergerichte, die seit Jahren als Hausspezialitäten auf der Ortiga-Karte stehen und nur mit hohem Arbeitsaufwand herzustellen sind. Dazu kommen Raritäten, die Mazzoleni wie Kunstwerke hütet und die im ganzen Tessin nirgends sonst zu finden sind.

Sardellen und Kalbsmagen. Tegamè di alici ist ein Gericht mit Tomaten und Kartoffelscheiben, auf denen filetierte Sardellen liegen. Dieses mediterrane Gericht findet man selten auf einer Menükarte – kein Wunder, die Zubereitung ist extrem aufwendig, das Gericht gleichzeitig so ungewöhnlich, dass die Köche oft darauf sitzen bleiben. Das ist auch beim Faiolo (Kalbsmagen) der Fall, der mit Kuttelnsalat vergleichbar ist, nur dass hier die feinen Fleischstreifen von frischem Kalbsmagen stammen. Für Liebhaber von Innereien eine Delikatesse!

Stucky, Zündel, Kaufmann. Besonders reichhaltig ist die Weinkarte des Hauses, die einige erlesene Tessiner Etiketten enthält wie den Tracce di Sassi (W. Stucky, Rivera), den Terraferma (C. Zündel, Beride) oder den Pio della Rocca (A. Kaufmann, Beride) – also auch einige Spitzenprodukte von Deutschschweizer Winzern, was in Tessiner Restaurants eher selten ist. Besonders erwähnenswert ist auch der Bondola del Nonu Mario von der Azienda Mondò, Sementina. Die uralte, autochthone Rebsorte gehört zu den Raritäten im Tessin und wird nur von wenigen Restaurants geführt.

Glückssache. Ob die Gäste kommen, ist im Ortiga jeden Abend Glückssache: «Unter der Woche reservieren die Leute kaum mehr, die meisten kommen einfach spontan», sagt Antonio, der bewusst eine kleine Karte führt. Die Qualität der Küche ist entsprechend hoch und erstreckt sich auch auf Klassiker wie Polenta und Brasato – der Brasato wird von Kennern sogar als einer der besten im Tessin bezeichnet: «Der fällt von der Gabel, so zart ist er», lacht der Chef des Hauses, der am Abend auch höchstpersönlich im Service steht, um die Komplimente «einzusammeln». Denn die kommen im Manno garantiert.

Der Garten im Innenhof mit Blick auf die oberen Gaststuben.

Das Küchentrio am Werk.

Peperoni, gefüllt mit Auberginen, Oliven, Kapern und Paniermehl.

Die Sardellen, ausgelegt auf je einer Lage Tomaten- und Kartoffelscheiben mit Olivenöl.

– Gefüllte Peperoni.
– Sardellen alle vernazzana.
– Faiolo (Kalbsmagensalat).
– Fleischvögel mit Polenta.
– Hausgemachtes Pfirisch- und Erdbeersorbet, Linzertorte und Torta di pane.

Rezepte von **Antonio Mazzoleni** im Anhang.

— **Sardellen «alla vernazzana»,** S. 359
— **Gefüllte Peperoni,** S. 366

RESTAURANT 38
San Michele
Arosio

RESTAURANT: **Albergo-Ristorante San Michele**
ADRESSE: **6939 Arosio, Malcantone**
GASTGEBER: **Monica Bürgin und Olga Dinic**
TELEFON: **091 609 19 38**
INTERNET: **www.sanmichele.biz**
RUHETAGE: **Di., Mi.**
BETRIEBSFERIEN: **Mitte Nov. bis 22. Dez., Jan. bis März**
WEGBESCHRIEB: **von Manno den Berg hinauf Richtung Arosio. Postauto ab Lugano oder Manno**
SPEZIELL: **schöner Garten, Musikveranstaltungen, kleines Hotel**

Das Restaurant San Michele liegt im Alto Malcantone, im «schlechten Kanton». 1712 erscheint diese Bezeichnung erstmals auf einer Karte. Der Name komme von «magli» (Mühlen), behaupten die einen, weil in dieser Kastanienregion einst viele Mühlen standen. Andere behaupten, er komme von «tanti mali», weil sich in diesem Grenzgebiet zu Italien viele Übeltäter versteckten. Heute ist davon wenig zu spüren, im Gegenteil: Im Haus des heiligen Michaels wird man von Engeln geküsst.

Ein Engelskuss im Hause Michaels

Das Haus ist himmelblau, der Garten paradiesisch, und im Innern zeigen überall kleine Porzellan-Engelchen ihre roten Backen und gut genährten Bäuche: Das San Michele liegt ganz offensichtlich sehr nahe bei den Himmelspforten. Die Küche ist höchst lustvoll und erdverbunden, und an den Wochenenden, an Monis legendären Jazzabenden, geht jeweils ordentlich die Post ab im Hause Michaels.

Naturküche. Moni, aufgewachsen im Baselbiet, hat vor zwanzig Jahren mit Freunden im San Michele zu wirten begonnen. «Wir waren alternativ, aber nicht alter-naiv», lacht Moni. «Zu Beginn haben wir zwar versucht, als Selbstversorger zu wirken, doch das hat sich schnell auf das Machbare reduziert.» Geblieben ist die naturnahe Küche der quicklebendigen Gastgeberin, die das San Michele heute führt.

Brennnesselcrème-Suppe. Am Morgen hat Moni Brennnesseln am Fusse des Monte Ferraro bei Arosio gepflückt. «Es braucht sehr viel Brennnesseln, am besten die kleinen oder nur die obersten Spitzen», sagt Moni, die mit Wildkräutern aufgewachsen ist. «Bei mir zuhause gab es immer Brennnesselsuppe. Aber die Spezialität meiner Mutter war der Wildkräutersalat mit hausgemachtem Himbeeressig. Der war soooo gut!», schwärmt die Baselbieterin. Natürlich dürfen wir die originäre Bürgin-Kreation probieren: Mit Büscion-Käse, Formaggino und hausgemachter Chutneysauce kommt der waldfrische Salat auf den Teller. Auch bei anderen Gerichten zeigt Moni ihre Qualitäten als Kräuterfrau: Ob Schnecken oder Risotto bosco e mare, ob Entrecôte mit rosa Pfeffersauce oder Capretto – alles ist gut gewürzt und raffiniert abgeschmeckt. Der Capretto, der im San Michele mit Kräuterkartoffeln und Gemüse serviert wird, ist bio. «Fast alles ist bei mir bio», sagt Moni, «es gibt kein Ausgangsprodukt, bei dem ich den Produzenten nicht selber kenne. Der Büscion kommt von der Alpe Bolla, der Alpkäse von der Alp Nante in der Leventina. Die Produkte sind einfach besser und ich kann sie selber probieren.»

Kastaniengerichte im Herbst. Das San Michele liegt mitten in einem der grössten Kastaniengebiete des Tessins. Das zeigt sich im Herbst auf der Menükarte. Dann gibt es Kastanien-Auberginen-Mousse, Kastanienspätzli, Wild mit glacierten Kastanien oder Kastanien-Pilz-Suppe. «Das sind typische, zum Teil etwas modernisierte alte Tessiner Gerichte, sehr geschmackvoll und gut ausbaubar. Es braucht eben etwas Fantasie in der Küche! Genau wie beim Risotto, den man unglaublich gut variieren und zum Beispiel als Birnen-Gorgonzola-Risotto servieren kann.» Diese erfrischende Kreativität zeigt sich im San Michele fein nuanciert auch in der Traubensauce, die zum Wildpaté serviert wird.

Baci d'angelo. So heisst die süsse Versuchung, die zu den beliebtesten Desserts des Hauses zählt. Denn Moni liebt Engel! Eine ganze Schar steht auf dem Gestell in der Gaststube, die zwei ältesten stammen sogar noch von der Urgrossmutter, die auch Engel gesammelt hat. «Selber bin ich keiner», lacht Moni, die nur so viel vom Geheimrezept der «Engelsküsse» verraten will: «Es hat Eigelb drin, Schlagrahm, Amaretti, schwarze Schokolade, Amaretto- und Orangenlikör, etwas Zuckersirup und Feigen. Die Kunst besteht darin, den richtigen Garpunkt zu finden, damit der Sirup richtig Fäden zieht. Nur so werden die Engelsküsse richtig luftig.»

Wenn Sie Moni eine Freude machen wollen, bringen Sie ihr also unbedingt einen Engel mit. Es hat noch ein paar Plätzchen frei im himmelblauen Haus.

Moni bei der Zubereitung des Capretto.

Kunst im Garten.

Im San Michele wird regelmässig musiziert, meist mit weitgereisten Musikern und immer mit den passenden Menüs. Beim Cajun-Jazz-Abend sind es Gerichte aus den Südstaaten wie Spare-Ribs mit Salat, aber auch Avocadocrème-Suppe und Chicken-Curry. Wenn Brasilien zu Gast ist, gibt es Feijoada, ein traditionelles Bohnen-Fleisch-Gericht mit Maniokmehl.

– Feigen im Rotwein mit den Baci d'Angelo (Semifreddo).
– Kastanien-Auberginen-Mousse mit glacierten Kastanien.
– Wildkräutersalat mit Himbeeressig, Büscion-Käse, Formaggino und hausgemachter Chutneysauce.
– Brennnesselcrème-Suppe.
– Bio-Capretto mit Kräuterkartoffeln und Gemüse.

Rezepte von **Monica Bürgin** im Anhang.

— **Himbeer-Vinaigrette für Wildkräutersalat**, S. 347
— **Kastanien-Auberginen-Mousse**, S. 348
— **Brennnesselcrèmesuppe**, S. 351
— **Feigen in Rotwein**, S. 369

Der Ratafià kommt aus Bigorio

Die bäuerliche Kultur hat sich rund um die Wirtschaftsmetropole Lugano nicht ganz so gut erhalten wie in den alpinen Tälern im Norden. Doch auch hier gibt es uralte Gerichte und Spezialitäten, wie die Forschungen von Maryton Giudicelli und Luigi Bosia in ihrem Buch *So isst das Tessin* aufzeigen. Darunter ist die Bülbora (eine Kürbissuppe), die einst im Sottoceneri verbreitet war, das Ragout vom Aal (Stufato di anguilla), der in den früher unglaublich artenreichen Gewässern der Region häufig gefischt wurde, und die Tripa in umido, das Kuttelnragout, das im Grotto dell'Ortiga in Manno zum Glück noch zubereitet wird. Eindeutig dem Luganese zuzuordnen ist auch ein spirituelles Getränk, das im ganzen Tessin beliebt ist und sogar zu einem Markenzeichen im kulinarischen Erbe geworden ist:

Der Ratafià. Das Kloster Santa Maria in Bigorio, in der Nähe von Tesserete, ist der Geburtsort des Ratafià, auch Nocino genannt. Seit 1535 stellen die Kapuziner den Schnaps her. Produziert wird er aus grünen Nüssen, die in der Nacht des Heiligen Johannes, am 24. Juni, gesammelt werden. Anschliessend weichen die Mönche die Nüsse in Grappa auf, lassen sie vierzig Tage gären und pressen sie aus. «Dazu kommen dann noch viel Zucker, Nelken, Zimt, Vanille und weitere Gewürze», erklärt mir der junge Mönch Eraldo, der den bärtigen, im ganzen Tessin bekannten Nocino-Experten und Klosterchef Fra Roberto ferienhalber vertritt: «Dann lassen wir das Gebräu nochmals drei Wochen ziehen, bevor wir es gefiltert in Flaschen abfüllen.»

Die Hüter des jahrhundertealten Nocino-Rezepts: Fra Maurizio und Fra Eraldo. Einen Monat lang führen sie das Kloster, weil Fra Roberto im Mutterhaus des Ordens, in Bologna, weilt. Auch im spanischen Katalonien kennt man den Ratafià, und in der französischen Champagne werden unter gleichem Namen Likörweine aus Trauben hergestellt. Doch nirgends ist der Nocino so fest im kulinarischen Erbe verankert wie im Tessin. Fast jede Familie macht ihren hauseigenen Nocino. Falls Sie es auch versuchen möchten: Das Original-Ratafià-Rezept von Fra Roberto finden Sie auf S. 375.

Fra Eraldo bei den Nocino-Fässern. Alle drei Tage muss die Nuss-Grappa-Mischung gerührt werden.

Das 1535 gegründete Kapuzinerkloster, in dem Fra Roberto das Ratafià-Geheimnis hütet. Im Bild seine Stellvertreter Maurizio und Eraldo.
Convento Santa Maria, 6954 Bigorio, Tel. 091 943 12 22, www.bigorio.ch.

Einkaufstipps Luganese und Malcantone

Lugano ist ein Einkaufsparadies für Geniesser. Insbesondere ein Gang durch die Via Pessina in der Altstadt, mit ihren Delikatessgeschäften, ist empfehlenswert. Hier reihen sich die farbenfrohen Auslagen von Früchte- und Gemüsehändlern an erstklassige Konditoreien und Delikatessengeschäfte. Nicht weit entfernt, an der Piazza della Riforma, findet jeweils am Dienstag- und Freitagmorgen der Wochenmarkt in Lugano statt.

Gabbani-Delikatessen

Vom Tessiner Alpkäse bis zum Trüffel aus dem Piemont: reichhaltige Auswahl von Fleisch- und Wurstwaren, Käse, Wein und weiteren Delikatessen aus dem Tessin und aus Italien. Lino Gabbani führt das von Vater Domenico 1937 gegründete Haus der gehobenen Esskultur. *Gabbani-Delikatessen, Via Pessina, 6900 Lugano, Tel. 091 911 30 81, www.gabbani.com.*

Biokräuter, Tee und getrocknete Feigen

Pietro Lendi in Curio ist der Kräuterspezialist im Malcantone. Bei ihm gibt es selbstgezogene Biokräuter, Kastaniennudeln, getrocknete Aprikosen, Feigen und eine reichhaltige Ölauswahl. Die Produkte sind erhältlich im Fabriklädeli, man muss aber einen Tag vorher anrufen. Zudem sind die Produkte in Reformhäusern, Bioläden oder via Internet erhältlich. *Erboristi SA., Silvia und Pietro Lendi, Zona artigianale, 6986 Curio, Tel. 091 606 71 70, www.erboristi.ch.*

Marrons glacés, Feigensenf und Senffrüchte

Sandro Vaninis Spezialitäten gehören bereits fest ins kulinarischen Erbe des Tessins. In Caslano stellt er Marrons glacés, Fruchtsenf und Senffrüchte, kandierte und süss-saure Früchte sowie die Amarenata her. Im Fabriklädeli in Caslano und bei Manor und Migros sind die Vanini-Produkte erhältlich. *Sandro Vanini SA, Via Mera, 6987 Caslano, 091 611 27 40, www.sandrovanini.ch.*

Erstklassige Wustwaren, gut gelagertes Fleisch

In der Metzgerei Al piano, in der Nähe von Ponte Tresa, kauft Carlo vom Grotto Paudese das Fleisch ein. Luigi verkauft nur Fleisch, das gut gelagert ist. «Wirklich gut, sonst wird es gar nicht verkauft», sagt Luigi, «der Kunde muss manchmal eben noch ein, zwei Wochen auf sein Filet warten.» Eine Rarität des Hauses sind Stier-Filets («filetto di toro»), die es sonst nirgends gibt. *Macelleria al piano, Luigi Keller, 6995 Molinazzo-Monteggio, Tel. 091 600 00 40.*

Der Wein ist lang, das Leben kurz.
Der Satz stammt zwar nicht von Christian Zündel, könnte aber durchaus von diesem «Erneuerer» der Weinkultur im Tessin stammen. Gut 30-jährig hatte sich der Geologe Anfang der Achtzigerjahre in den Kopf gesetzt, einen «Wein zu machen, der ernst genommen wird». Heute ist Christian Zündel einer der renommiertesten Winzer und Weinproduzenten im Tessin. Sein Merlot Terraferma oder der Oriztonte, eine Assemblage aus Merlot mit einer «Prise» Cabernet Sauvignon, und der Chardonnay Velabona sind praktisch schon verkauft, bevor sie aus den Fässern kommen. *Christian Zündel, 6981 Beride, Tel. 091 608 24 40.*

Wein und Olivenöl

Claudio Tamborini in Lamone macht in seinen Weingütern in Vallombrosa im Malcantone und in Gudo nicht nur hervorragenden Wein wie den Castelrotto oder den Vallombrosa. Als einer der Pioniere im Tessin hat Claudio vor 15 Jahren auch angefangen, wieder Olivenbäume zu pflanzen. Über tausend Bäume sind es heute im Raum Lugano und Morcote, aus denen in aufwändiger Handlese pro Jahr etwa 400 Liter kaltgepresstes und ungefiltertes Olivenöl entstehen. Erhältlich ist die gefragte Rarität bei Tamborini in Lamone oder bei verschiedenen Wiederverkäufern in der ganzen Schweiz. *Tamborini Carlo Eredi SA., Via Cantonale, 6814 Lamone, Tel. 091 935 75 45, www.tamborini-vini.ch und www.tenuta-vallombrosa.ch.*

Der Merlotkünstler von Origlio

Wer sämtliche Tessiner Merlots probieren möchte, jeden Tag einen anderen, braucht mindestens sieben Jahre! Über 2000 verschiedene Merlots sind heute im Markt. 213 Produzenten kämpfen um die Gunst der Weingeniesser. Dabei sind Tausende von Tessiner Familien noch nicht eingerechnet, die ihren «Nostrano» aus ihren eigenen Reben keltern oder keltern lassen. Bezogen auf die nutzbare Fläche hält das Tessin damit den Merlot-Weltrekord! Wer soll sich da auskennen? Wer definieren, was einen «wirklich guten, authentischen Tessiner Merlot» ausmacht?

Gian Carlo Pedotti, genannt Gianco, ist dazu prädestiniert. Der Weinproduzent in Origlio bei Lugano war jahrelang Präsident der Tessiner Weindegustationskommission, der einzige Tessiner Delegierte an der Académie Internationale du Vin – und sein «Vigna del Pero» ist ein Vollblut-Merlot, charakterstark und aristokratisch. Produziert wird er von Gianco ohne Filtrierung, möglichst naturnah, gewissermassen als «art brut»: «Vom Gesetz her dürfen beim Merlot 10% fremde Trauben – zum Beispiel aus Italien – mitgekeltert werden. Viele Tessiner Produzenten peppen ihre Merlots so auf», sagt Gianco, der selber nie eine fremde Beere zu seinen «Babys» lassen würde: «Nur Trauben aus meinem Rebberg kommen in meine Merlots, keine Zusatzstoffe, keine Farbstoffe, rein gar nichts! Das gilt auch für die Aufzucht der Reben: Viele pumpen ihre Rebberge mit Chemie voll, bis sich kein Insekt,

Gian Carlo Pedotti ist Rechtsanwalt, Notar, ehemaliger Tessiner Grossrat, ehemaliger Präsident der Tessiner Weindegustationskommision, Delegierter des Tessins an der Académie Internationale du Vin (AIV), Holzbildhauer und Weinproduzent. An bester Südostlage in Origlio – mit Blick auf den See – entsteht sein Edelmerlot, der «Vigna del Pero».

Antonio Fuso vom Restaurant Malakoff mit Gian Carlo Pedotti bei der Degustation des Del Pero in Origlio.

Ein Edelmerlot, schonend gekeltert: Nur gerade 2000 bis 2500 Flaschen stellt Gian Carlo Pedotti in Origlio pro Jahr her.

LUGANESE UND MALCANTONE

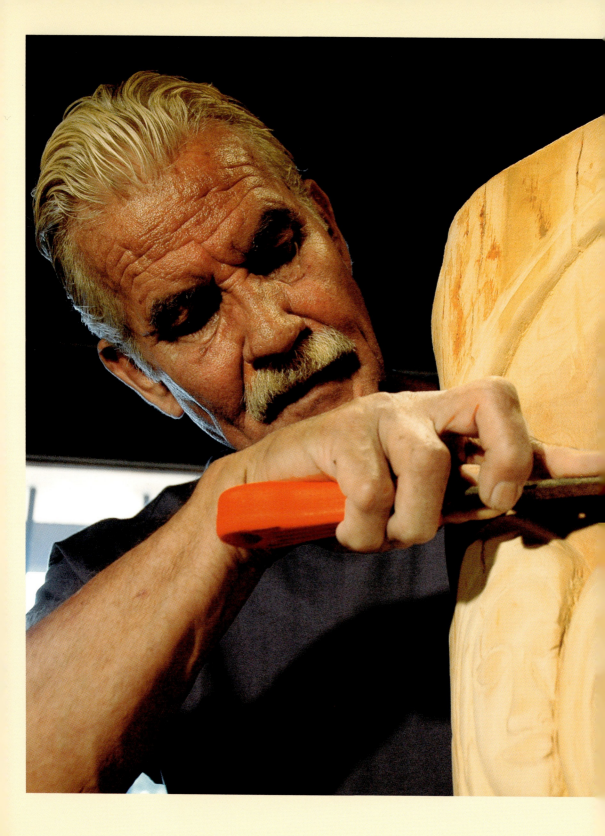

keine Ameise, nichts mehr bewegt. Ich versuche die Natur schalten und walten zu lassen, soweit es geht. Das ist nicht einfach und bedeutet Arbeit. Denn die Merlottraube ist eine delikate Traube, ein Sensibelchen, das Pflege und Liebe braucht. Doch wenn alles stimmt, belohnt diese wunderbare Traube den Produzenten mit einem aussergewöhnlichen Resultat.»

Wein und Kunst. Für Gianco, der mit der gleichen «Naturphilosophie» auch archaische Holzskulpturen macht, ist das Terroir nicht minder entscheidend: «Vor 12 000 Jahren, als die Eiszeit vorbei war, lagerten sich hier in Origlio die Moränen ab. Dieser urzeitliche, nährstoffreiche Boden ist die Grundlage meiner Weine. Dazu kommt die Südostlage hier am Origliosee, die denkbar beste für Melottrauben.»

Drei Jahrgänge seines «Del Pero» stehen degustationsbereit auf dem Tisch – drei Merlots, unfiltriert und in Eichenfässern gereift. Der 1997er ist der blumigste, charaktervollste, mit kaum spürbaren Holzaromen und Gerbstoffen, obwohl der Wein drei Jahre im Barrique lag. Noch feiner barriquiert wirkt der 96er mit leichten Kirschennoten. Der älteste, der 95er, ist erstaunlicherweise der jüngste im Gaumen und überrascht mit einer Tonalität, die ich noch nie bei einem Merlot getroffen habe. «Das ist das Schöne an diesen Merlots: Sie entfalten mit jedem Jahr neue Charaktereigenschaften», sagt Pedotti, der vor sieben Jahren auch mit dem Pflanzen von Carbernet franc begonnen hat.

Das Herz der Merlot-Traube. Seit Jahren macht der «Merlotkünstler» auch Grappa – mit dem gleichen Qualitätsanspruch: «Ein Grappa wird dann gut, wenn das Ausgangsprodukt gut ist. Nimmt man jedoch den Traubenabfall, was die meisten machen, kommt nie ein gutes Destillat heraus. Wichtig ist, dass man den Kopf und den Fuss (den Anfang und das Ende) des Destillats, das aus dem Brennkolben fliesst, eliminiert und nur das Herzstück verwendet.» Auch die Destillation macht Gianco selber – ein für ihn magischer Prozess: «Es ist immer wieder ein spannender Moment, wenn die ersten Grappatropfen kristallklar aus der Destillation kommen und diesen konzentrierten Traubenduft verströmen – den Duft aus dem Herzen der Merlottraube.»

Giancos Skulpturen sind wie seine Merlots: in filigraner Handarbeit aus der «Urmaterie» geschnitzt.

Direktverkauf des «Vigna del Pero» bei Gian Carlo Pedotti, Casa sul Poggio, 6945 Origlio, Tel. 091 945 13 26.

Das Mekka der Spitzenköche

In keiner Tessiner Region gibt es so viele Spitzenrestaurants wie im Luganese. Das liegt natürlich daran, dass sich hier das bedeutendste Banken-, Wirtschafts- und Industriezentrum der Südschweiz befindet. Lugano ist das Tor zu Italien, knapp eine Stunde von Mailand entfernt. In fast allen Gourmetrestaurants wird die lombardisch-tessinerische Küche auf höchstem Niveau gepflegt. Vor allem Martin Dalsass, der von Gault Millau zum besten Koch im Tessin gekürt wurde, hat die südliche Esskultur zur Kunst erhoben.

Santabbondio, Sorengo-Lugano. In Martins Küche spielen Olivenöle eine tragende Rolle. Über ein Dutzend verschiedene Olivensäfte, vom Gardasee bis Apulien, verwendet der Spitzenkoch, über tausend Liter sind es pro Jahr. Dabei setzt Dalsass die Geschmacksnoten bewusst ein. Zu einem Flusskrebs zum Beispiel nimmt er ein Casaliva-Öl: «Das ist ein leichtes Olivenöl, mit Duftnoten von Bananen und Mandeln, das perfekt zu Krebsen oder Süsswasserfischen passt.»

Mindestens einmal im Leben sollte man sich die Küche im Santabbondio gönnen!

Ristorante Santabbondio, Martin und Lorena Dalsass, Via Formelino 10, 6924 Sorengo-Lugano, Ruhetage: So., Mo., Betriebsferien: erste zwei Wochen im Jan., Tel. 091 993 23 88, www.santabbondio.grandestables.ch.

Al Portone, Lugano-Cassarate. Hervorragend ist auch das Ristorante Al Portone, das von Doris, Roberto und Silvio Galizzi geführt wird. Hier wird auch der «mais rosso», die uralte, von Paolo Bassetti wieder kultivierte Tessiner Maissorte, zu kulinarischen Kunstwerken veredelt.

Ristorante Al Portone, Doris, Roberto und Silvio Galizzi, Viale Cassarate 3, 6900 Lugano, Ruhetage: So., Mo., Betriebsferien: Mitte Juli bis Mitte Aug. und erste Woche Jan., Tel. 091 923 55 11, www.ristorantealportone.ch.

Weitere Restaurants Luganese und Malcantone

Im Luganese gibt es eine ganze Reihe von kleinen und feinen Restaurants, die nicht mit Gault-Millau-Punkten brillieren, dafür mit einer originellen Küche und besonderem Ambiente. Im Sinne einer kleinen Auswahl haben wir einige Geheimtipps zusammengestellt, die nicht in jedem Restaurantführer zu finden sind.

Locanda San Lucio, Bogno (Val Colla)

Unerwartet alpin, wenn auch in modern-gepflegtem Ambiente, geht es tausend Meter hoch im Val Colla zu: Marcello Brissoni macht eine regionale Bergküche mit Wild-Terrinen, Risotto mit Grappa, Tagliatelle mit frischen Morcheln, Hohrücken aus dem Holzofen oder Rehrücken. Da der Käse ein grosses Thema ist, bestellt man am besten eine Auswahl von allen. Schön, mal wieder auf der Alp zu sein! *Locanda San Lucio, 6951 Bogno (Val Colla), Ruhetage: keine, Betriebsferien: anfragen, Tel. 091 944 13 03, www.sanlucio.ch.*

Ronchetto, Comano (im Norden von Lugano)

Kleiner gehts nicht (etwa 40 Plätze), wild-romantischer auch nicht (der Garten), und allein sitzt man hier auch nie am Tisch, sondern mit Einheimischen oder Mitarbeiterinnen der nahen Televisione Svizzera Italiana. Es wird solides Tessiner Handwerk geboten, meist mit einem Pastagericht, sowie mehreren Fleisch- und Fischmenüs. *Ristorante Ronchetto, 6949 Comano, Ruhetage: So., Mo., Tel. 091 941 11 55.*

Osteria San Bernardo, Comano

Von null auf hundert sind die beiden jungen Gastronomen Fabrizio Michels und Küchenchef Aurelio della Torre gestartet. Das komplett renovierte San Bernardo überrascht mit Tagliolini mit Crème brulée, Milchlamm mit Kastanienhonig-Kruste oder Birne mit Gorgonzola-Mousse. Ein Newcomer, den man im Auge behalten muss! *Osteria San Bernardo, Tèra d'sura 19b, 6949 Comano-Lugano, Ruhetage: Sa.-Mittag, So.-Abend, Mo., Betriebsferien: 2 Wochen im Jan., letzte zwei Wochen im Aug. Tel. 091 941 01 00, www.sanbernardo.ch.*

Osteria Trani, Lugano

Eines der gemütlichsten Lokale Luganos mit italienischer Cucina casalinga: hausgemachte Pasta, Gnocchi mit Zucchetti, Arrosto di vitello mit Balsamicosauce, Fisch und einer reichen Weinauswahl. *Osteria Trani, Via Cattedrale 12, 6900 Lugano, Ruhetage: So., Tel. 091 922 05 05.*

Grotto Madonna della Salute, Massagno

Die Gnocchi alla zucca sind ein Gedicht, desgleichen die Lasagne con carciofi oder der Lammspiess vom Grill. Auch Herr Ebner setzt sich im Salute offenbar gerne zu Tisch. Mit Sicherheit aber viele Tessiner, die mediterran auftanken möchten. Geführt wird das Grotto von Alex und Alessandra Hatz. *Grotto Madonna della Salute, Via dei Sindacatori 4, 6900 Massagno-Lugano, Ruhetage: So., Betriebsferien: Aug., Tel. 091 966 04 76.*

Osteria Concordia, Muzzano

Der Chef des Hauses, Salvatore Scolare, ist ehrfurchtgebietend (Sizilianer, Bart, wildes Haar), die Raumhöhe auch (6 Meter), und eine Menükarte gibt es keine. Denn wer hier isst, weiss: Die Menüs sind frisch, folgen den Jahreszeiten und sind so gekocht, dass alle «arrivederci» sagen. Schon die Vorspeisen machen den Unterschied: Es gibt Seppia mit Rucola und Kartoffelscheiben, warme Meeresfrüchte oder Kalbspaté. Hervorragend sind die Gnocchi, die gefüllten Sardinen oder die Seebarbe mit Oliven. Eine gute Adresse für eine Prise Mittelmeer! *Osteria Concordia, 6933 Muzzano, Ruhetage: Mo. und Di., Tel. 091 966 44 34.*

Osteria in Cà de Betty e Lüis, Breno

Zuoberst im Malcantone liegt die kleine Osteria in Cà de Betty e Lüis – was nicht viel mehr heisst als: das Haus von Betty und Luigi. Geführt wird das Dorfrestaurant mit offener Küche seit Jahren von Max und Verena Keller. Jeden Tag gibt es ein anderes Tagesmenü, am Abend eine spezielle Karte, im Winter ist am Donnerstag Bollito misto angesagt, am Freitag Merluzzo, und am Samstag ist Deutschschweizertag mit Rösti, Leberli und

Bratwurst. «Die Einheimischen schätzen es, dass es nicht immer Brasato und Polenta gibt!», sagt Max. *Osteria in Cà de Betty e Lüis, 6937 Breno, Ruhetage; Mi., So-Abend, Betriebsferien: 2 Wochen Anfang Nov., und nach der Fasnacht, Tel. 091 600 34 00.*

Roccabella, 6978 Gandria

Das Fischerdorf am Fusse des Monte Brè wird von den Touristen zwar buchstäblich überrannt. Ein Abstecher lohnt sich trotzdem: Oberhalb des Dorfes befindet sich der wohl schönste Olivenhain im Tessin. Und wer ein schmuckes Seerestaurant sucht: Das Roccabella bei der Schiffstation bietet Felchen mit frittierten Salbeiblättern, Seeforelle und Tessiner Gerichte. Mario und Peter, die beiden Hausherren, kennen sich in der Geschichte des Dorfes gut aus. Ein Gespräch über den früheren Artenreichtum im See, die Cantine auf der gegenüber liegenden Seeseite und das heute leider reduzierte Fischangebot ist aufschlussreich! Tipp: Es gibt nur wenige Tische direkt am See. Reservation empfehlenswert! *Roccabella, 6978 Gandria, Ruhetage: In der Saison am Mo., von Dez. bis Feb.: Mo. und Di., Tel. 091 971 27 22.*

Sicht aufs Mittelmeer

Der Himmel weitet sich, die Vegetation wird fast toskanisch, und die Luft trägt bereits das Salz des Mittelmeers in die Nase: Im Mendrisiotto, dem letzten Ausläufer der Tessiner Urlandschaft, wachsen nicht nur besondere Weine, saftige Oliven und erstklassige Spargeln. Im Bauch von «Mutter Generoso» reift auch der gepfefferte Urkäse, der Zincarlin. Auch die Formaggini, die kleinen, weissen Frischkäse, stammen aus der südlichsten Tessiner Region.
Wer tiefer gräbt, findet in dieser mythischen Urlandschaft ganz besondere kulinarische Leckerbissen.

RESTAURANT 39
Battello
Brusino-Arsizio

RESTAURANT: **Battello**
ADRESSE: **6827 Brusino-Arsizio, Lungolago**
GASTGEBER: **Giuseppe Crosta**
TELEFON: **091 996 21 35**
INTERNET: **keines**
RUHETAGE: **Di.**
BETRIEBSFERIEN: **eine Woche im Juni, Nov.**
WEGBESCHRIEB: **von Riva San Vitale bzw. Capo di Lago der Seestrasse entlang. Das Dorf Brusino ist das letzte Schweizer Dorf vor der italienischen Grenze (vis-à-vis von Morcote)**
SPEZIELL: **Fischrestaurant, schönes Dorf am See**

Das Ristorante Battello erreicht man auf dem Lungolago, der Uferstrasse, die von Riva San Vitale zur italienischen Grenze führt. Die Fischbeiz liegt eingangs des Dörfchens am See. Auch kulinarisch setzt das vom jungen Giuseppe Crosta geführte Restaurant ganz auf den Lago: Fangfrische Fische, raffiniert und auf Gourmetniveau zubereitet, bestimmen das Menüangebot. Und wenn man Glück hat, kann man an diesem romantischen Plätzchen auch noch gratis einen wunderschönen Sonnenuntergang geniessen. Ein Geheimtipp!

Fangfrischer Fisch aus dem Lago

Möwen ziehen ihre Kurven, ein Fischerboot tuckert in Slowmotion vorbei, und auf der Terrasse trinkt der Dorfkünstler Fiorella seinen Macchiato, während Giuseppe in der Küche des kleinen Restaurants die Fische filetiert. Seeforellen mit Oliven und Kapernblüten stehen heute auf der Menükarte. Zanderragout mit sepiaschwarzen Maccheroni. Oder frittierte Löwenzahnblätter mit Vanilleglace. So spannend ist die Kulinarik im Battello, so unverschämt kitschig-schön das Ambiente! Sehr viel poetischer jedenfalls als auf der anderen Seite, in Morcote: Dort schlagen sich die Touristen die Köpfe ein, um einen Platz am See zu ergattern – hier im Battello in Brusino ist der Gast noch König. «Da kocht ein Ausnahmetalent», hat mir Claudio Croci-Torti vom Ristorante Montalbano in Stabio gesagt. Und der Kenner der Gastroszene im Mendrisiotto hat Recht. **Giuseppe Crosta** heisst der junge Italiener aus dem Varese, der das Battello steuert. Mit klarem Kurs: Es gibt Fisch, fangfrischen Fisch, den die Berufsfischer des schmucken Dorfes jeweils am Morgen ins Restaurant bringen. Vor allem Zander, Hecht und Seeforellen ziehen sie an Land, die von Giuseppe als Höhepunkte einer immer wieder neu orchestrierten Menüfolge zubereitet werden. Das beginnt mit einem Gemüsetartar mit Pfirsichglace, gefolgt von fein aufgeschnittener Entenbrust an einer Feigen-Orangen-Marinade. Beide Gerichte liegen als optische Kunstwerke auf dem Teller,

dekoriert mit Kräutern und Blumen, die Giuseppe am Morgen in einem wilden Garten am Fusse des Monte San Giorgio geholt hat.

Maccheroneri. Der Junge variiert das Fischthema gekonnt. Mal kommt der Zander als Ragout auf den Tisch, begleitet von «Maccheroneri», das sind sepiaschwarze Maccheroni. Dann sind die Filets mediterran inszeniert – mit saftigen Oliven und duftenden Kapernblüten. Oder dann eher rural, mit Mandeln und einer weissen Merlot-Sauce. Auch ausgebacken, mit einem hauchdünnen, knusprigen Teig, ist der Fisch zu haben: «Dafür eignen sich Egli und Felchen gut, die allerdings nicht immer gefangen werden», sagt Giuseppe. Seinen Desserts verleiht der junge Koch am Tisch der Gäste den letzten Finish, heute ist es die Vanilleglace mit karamellisierten Löwenzahnblättern und Früchten – eine Kreation, die klar macht: Im Battello ist ein junger Könner am Werk, der mit Leichtigkeit überdurchschnittliches Essen auf die Teller zaubert.

Alles vom Monte San Giorgio. Ab Mitte Mai führen mehrere Restaurants im Mendrisiotto Wochen unter dem Motto «Sapori della nostra terra» durch. Alles, was rund um den Monte San Giorgio gedeiht, kommt in kunstvoller Form auf den Teller. Giuseppe kreiert dafür ein Spargeltörtchen mit Zanderragout und Frühlingszwiebeln. Der Monte San Giorgio ist ein geologisch besonders interessanter Berg und gehört seit 2003 zum Unesco-Weltkulturerbe. In dieser Urlandschaft wurden Fossilien und Saurierknochen gefunden. Auch die Weine, die hier von den Cantine Latini in Tremona kultiviert werden, sind besonders urwüchsig. Zum Beispiel der Sant'Agata, ein wunderschöner Weisswein aus Chasselas- und Müller-Thurgau-Trauben, der im Battello ganz oben auf der Karte steht (siehe Einkaufstipps).

Giuseppe in der Küche und auf der Terrasse beim Finish seiner Dessertkreation.

Blick auf die andere Seeseite nach Morcote.

Fiorella, der Dorfmaler, in seinem Atelier.

Fangfrische Seeforelle.

– Maccheroneri (schwarze Maccheroni) mit einem Ragout vom Zander aus dem Ceresio.
– Gemüsetartar mit Pfirsichglace (Vorspeise).
– Entenbrust an einer Feigen-Orangen-Marinade.
– Zanderfilet «mediterraneo», mit Oliven und Kapernblüten.
– Vanilleglace mit karamellisierten Löwenzahnblättern und Früchten.

Rezepte von **Giuseppe Crosta** im Anhang.

— **Schwarze Maccheroni mit weissem Egli-Ragout aus dem Luganersee**, S. 358
— **Mediterran gewürzte Zanderfilets aus dem Luganersee**, S. 359

RESTAURANT **40**
Montalbano
San Pietro di Stabio, Mendrisiotto

RESTAURANT: **Montalbano**
ADRESSE: **6854 San Pietro di Stabio, Via Montalbano 34c**
GASTGEBER: **Claudio Croci-Torti**
TELEFON: **091 647 12 06**
INTERNET: **keines**
RUHETAGE: **Sa.-Mittag, So.-Abend und Mo.**
BETRIEBSFERIEN: **2 Wochen im Juli und 2 Wochen im Jan.**
WEGBESCHRIEB: **beim Gemeindehaus in Stabio die Via Montalbano hinauf. Auf die etwas versteckten Wegweiser achten, Fahrverbot missachten (für Restaurantbesucher ist die Privatstrasse befahrbar)**
SPEZIELL: **«cucina del territorio» – modern zubereitet**

Ringsum stehen Weinreben, hoch oben thront das Weingut der Cantina Sociale di Mendrisio, und mittendrin in der «Tessiner Toskana» steht das Landhaus mit der grossen Terrasse, das seit 25 Jahren von der Familie Croci-Torti als Restaurant genutzt wird. Mit Respekt und hohem Wissen hält hier einer der grossen Kenner die Terroirküche hoch: vom Trüffel-Risotto über gebratene Tauben bis zum Kaninchenfilet mit Trauben und Feigen.

Gebratene Tauben in der Tessiner Toskana

Schnecken auf gebratener Polenta, Potaufeu mit Speck und Linsen, Entenleber mit Honigsenf: Wer eine tief im Terroir verankerte Kochkunst geniessen möchte, wird im Montalbano in Stabio verwöhnt. Als ich Claudio Croci-Torti das erste Mal traf und das Konzept der *Urchuchi* vorstellte, nickte er strahlend: «Das ist genau das, was wir machen: eine hochstehende Küche, die aus dem Terroir kommt, der Duft der Region!»

Trüffel aus dem Tessin. Keiner hat so viel geforscht und kennt die Produzenten in seiner Region so gut wie Claudio Croci-Torti. Daraus ist ein Netzwerk von Lieferanten entstanden, die ihm Dinge bringen, von denen man gar nicht glaubt, dass es sie gibt. Trüffel zum Beispiel! Edgardo Fontana aus Arogno holt das «schwarze Gold» mit seinem Hund Alba aus dem Erdreich am Monte San Giorgio. Ein Kilo pro Woche bringt der Postautochauffeur jeweils von September bis Ende März ins Montalbano. Nach allen Regeln der Kunst kann sie der Gast geniessen: fein geraspelt auf Tagliolini, auf Risotto oder auch nur auf einem Spiegelei.

Kräuterküche. Im Frühling sind die «erbe» ein wichtiges Thema im Landgasthaus. Vierzig Kräuter wachsen in den angrenzenden Wäldern. Als Wildkräutersalat, frittiert oder als Kräuterkruste auf einem Lammcarré tauchen sie auf den Tellern auf. Der Begriff «territorio» wird von Croci-Torti ohnehin sehr direkt verstanden. Im Herbst duftet es nach Pilzen. Alfredo Riva aus Balerna, einer der besten Pilzkenner Europas, hilft mit, dass Claudio Aussergewöhnliches in Sachen «funghi» bieten kann. Zum Beispiel ein Pilzgericht mit zwanzig verschiedenen Sorten, «ein misto, das einen ganz besonderen Geschmack hat, weil sich die Pilzaromen gegenseitig verstärken», sagt Claudio. Natürlich ist in seiner herbstlichen Terroirküche auch Wild ein Thema. Nebst Rehrücken und Hirsch stehen vor allem Fasan, Wildente und Kaninchen auf der Karte. Was die Küche allein schon aus Wildhasen macht, ist erstaunlich: Es gibt lauwarme Kaninchenschenkel, kunstvoll gefüllte Terrinen, Kaninchenfilet mit Aceto balsamico und weissen Bohnen – alles fein verarbeitete Delikatessen, für die sogar die verwöhnten Mailänder den Weg nach Stabio auf sich nehmen.

Blick aufs Mittelmeer. «Es gibt viele Gäste, die diesen Diskurs ins Universum der Pilze, Linsen und Kaninchenterrinen lieben: zurück zum Authentischen, zu einer bodennahen, regionalen Küche. Es gibt aber auch andere, die sehen lieber Richtung Mittelmeer. Also haben wir auch Scampi, Tintenfisch und andere mediterrane Gerichte auf der Karte», sagt Croci-Torti. «Wir bewegen uns im Mendrisiotto an der Schnittstelle zwischen Sepia und Zincarlin – und genau das macht unsere Esskultur interessant!»

Gebratene Tauben. Um die «piccioni» rankt sich eine amüsante Legende: Giuseppe, der ehemalige Besitzer des Hauses, schoss die Tauben früher vom Dach und bereitete sie dann so delikat zu, dass alle Giuseppes Rezept wollten. Doch das gab er erst preis, als man ihn mit viel Grappa abgefüllt hatte. Heute stammen die Tauben nicht vom Dach, sondern vom Taubenzüchter Guido Bernasconi aus Lugano. Und das Rezept könnte durchaus von Giuseppe sein!

Dessertkunst. Da ich mehrmals im Montalbano gegessen habe, wäre noch von zahlreichen weiteren «Sensationen des Authentischen» zu berichten: Vom exzellenten Risotto mit Brennnesselspitzen, von den Gnocchi mit Luganighette, die ich in meinem ganzen Leben nirgends besser gegessen habe, und nicht zuletzt von den kunstvollen Desserts, die Claudios Sohn Mauro zubereitet, der in der Montalbano-Küche als Patissier arbeitet. Mauros «Hymne auf die Erdbeere» macht klar, dass in diesem sympathischen Haus eine begnadete Familie am Werk ist.

Zahlreiche edle Tropfen, darunter einige aus dem Mendrisiotto, stehen im Montalbano auf der Weinkarte.

Taubenzüchter Guido Bernasconi aus Lugano liefert die Tauben ins Montalbano.

Edgardo Fontana, genannt Tato aus Arogno, mit seinem Hund Alba auf Trüffelsuche in den Wäldern des Monte San Giorgio. Die schwarzen Tessiner Trüffel sind «Norcia», die gleiche Sorte, die es auch im Piemont gibt. Nur sind sie am Monte San Giorgio weit seltener.

- Geräuchtes Fischtrio: Zander, Lachs und Seeforelle.
- Tagliolini mit schwarzen Trüffeln vom Monte San Giorgio.
- Gebratene Taube, gefüllt mit Luganighetta, Speck und geriebenen Baumnüssen.
- Brennnesselrisotto.
- Erdbeeren im Blätterteigkissen.

Rezepte von **Claudio Croci-Torti** im Anhang.

— **Gnocchetti mit Brennnesselspitzen und Gemüse-Luganighetta-Ragout**, S. 357
— **Geflügelfüllung «alla Nonna Virginia»**, S. 363

Räuchern mit Barrique-Holz

Fisch ist im Montalbano ab April ein grosses Thema. Dann bringt Ivo Mattai vom Luganersee fangfrische Zander, Hecht, Seeforellen und Felchen in die «Tessiner Toskana». Und dann steigt hinter dem Restaurant auch regelmässig Rauch auf. So wie die irischen Brauer den Lachs mit dem Holz aus alten Whiskyfässern räuchern, macht es das Montalbano mit dem Holz von ausgedienten Barriquefässern. Zuständig für das aufwändige und nicht ganz einfache Verfahren ist Christian, einer der beiden Söhne Claudios, der genau das liebt:

Die Alchemie von Feuer und Rauch. Als Erstes füllt Christian die Barriqueholzspäne in zwei grosse, rauchgeschwärzte Metallbehälter. Dann zündet er die Späne an, schliesst nach einigen Minuten den Deckel, damit das Holz schwelen und genügend Rauch entwickeln kann. Auf grossen Gitterrosten liegen die marinierten Fischfilets bereit – Zander, Seeforellen, Hecht und dicker, rosaroter Lachs. Für genau sechs Minuten kommen die Fische in die qualmenden Räucherkammern: «Die sechs Minuten sind ein Erfahrungswert», sagt Christian, «da haben wir lange gepröbelt. Aber nach sechs Minuten haben die Fische genügend rauchigen Barrique-Duft aufgenommen, die Quintessenz des in den Eichenfässern gereiften Weins. Und das gibt den wunderbar feinen, nicht zu intensiven Rauchgeschmack.» Sagt es und wischt sich die Tränen aus den Augen: «Es raucht gewaltig», sagt der junge Mann lachend, «aber das muss so sein und macht ja auch den Spass an der ganzen Sache aus.»

Das Endprodukt ist aussergewöhnlich und steht im Montalbano fast das ganze Jahr auf der Menükarte. Wer diese Vorspeise einmal genossen hat, dürfte allerdings zwei kleine Probleme haben: Erstens kann er in seinem Leben kaum mehr industriell geräucherten Fisch essen. Und er kann den wunderbar mit Barriqueholz geräucherten Montalbano-Fisch auch nicht mit nachhause nehmen. Es gibt ihn nur im Montalbano.

Archäologenarbeit

Keiner hat sich so intensiv mit dem kulinarischen Erbe des Mendrisiotto befasst wie Claudio Croci-Torti. Mit Bauernfrauen hat er gesprochen, in vergilbten Rezeptbüchern geforscht, und sogar seine Mutter musste in den Tiefen der Familiengeschichte nach kulinarischen Fossilien graben. Eines der schönsten Fundstücke ist das Weihnachtsmenü der Crocis aus dem Jahr 1930, aufgeschrieben von der Grossmutter Virginia.

Das Schlemmermenü der Crocis. «Zuerst wurden Salami und Mortadella aufgetischt», hat die Nonna in schnörkliger Schrift festgehalten und schilderte dann den Risotto – und was für einen Risotto! «Im grossen Topf, bis an den Rand mit dem Sud von Rindfleisch und Knochen gefüllt, schwammen dicke Zwiebeln, Pouletlebern, Innereien und der Kamm eines Hahns.» Mindestens drei Frauen wirkten an diesem mehrgängigen Festessen mit, dessen Zubereitung bereits am Vortag begann und das zwei Hauptgänge mit Fleisch umfasste.

Bollito und Arrosto. «In der Bollito-Pfanne kochten Rindfleisch, Knochen, gefülltes Huhn und frisches Gemüse aus dem Garten. Zusätzlich fügten wir etwas Rotwein und Zucker dazu», schreibt Virginia Croci. «Dazu gab es getrocknete Zwetschgen, im Rotwein mit viel Zucker gekocht – eine wundervolle, süss-saure Sache!» Am schönsten aber war für Virginia offenbar der Arrosto: «Der Rosmarinduft erfüllte die ganze Küche, und die Maiskolben aus Granoturco, die neben dem braunen Arrosto lagen, leuchteten goldgelb.» Zum Dessert gab es Uva passata, getrocknete Trauben, und natürlich «La Parada», Nonnas Apfeltorte mit Milch. «Das war eine richtiggehende Apfelparade, eine wunderbar reiche Grossmuttertorte», erinnert sich Claudio.

Barbera. «Es war ein unglaublich reichhaltiges Festessen, das jeweils am Mittag begann und bis weit in den Nachmittag hineinreichte», erinnert sich Claudio, der damals zwar noch nicht geboren war, später aber ähnliche Festessen in seiner Familie miterlebt hat – am weiss gedeckten Tisch, dekoriert mit Lorbeerblättern und grossen «fiaschi». «Der Wein wurde immer in den mit Strohgeflecht umhüllten ‹fiaschi› serviert, und zwar bei festlichen Anlässen immer Barbera. Das war für die alten Tessiner einfach der beste Wein und ist es für ältere Leuten noch heute», sagt Claudio und schmunzelt. Denn die Weinauswahl im Montalbano, das im Herzen der Weinkultur im Sottoceneri liegt, umfasst alles, nur keinen Barbera. «Ich versuche natürlich auch beim Wein das Terroir zu repräsentieren, und das ist in dieser grossartigen Weingegend hier kein Problem.»

Riso e burdun. Nicht nur der Risotto mit dem Hahnenkamm ist aus der modernen Küche verschwunden. Auch andere Gerichte sind in den

Speziell für die *Urchuchi* hat Claudios Sohn Mauro, der im Montalbano als Patissier arbeitet, die «Parada» zubereitet. Es ist ein Paradestück geworden!

Sickergruben der Zeit verschwunden – zum Beispiel der Riso e burdun. «Das war ein Reisbrei mit Milch und Rüben. Die Leute im Mendrisiotto nannten ihn so, weil sie an den ‹burdun›, den Ackergrenzen, Rüben pflanzten, um die Grenzen zu markieren», sagt Claudio, der sich noch an ein weiteres Gericht erinnert.

La Cervella. Cervella, gebratenes Kalbshirn, das mit Cicoria (Chicorée) serviert wurde – eine Kombination, die das grosse Fachwissen der Bauernköchinnen zeigt: Sie wussten, dass die bittere Cicoria den hohen Fett- und Cholesteringehalt des Kalbshirns rasch reduziert …

«Das ‹territorio› ist eine wunderbare Sache!»
Gutes Essen, davon ist Claudio Croci-Torti überzeugt, kommt aus dem Terroir: «Da kann man in die Tiefe gehen, wie die Fossilienforscher am Monte San Giorgio, und da findet man fantastische Schätze wie den Risotto mit Leber oder die getrockneten Trauben. Das müssen wir in der Tessiner Gastronomie wieder auf die Teller bringen! Nicht überall den gleichen Brasato! Nicht stets Coniglio! Wir müssen den Fächer weiter öffnen und die Standardisierung verhindern. Klar gibt eine kreative, saisonale Küche viel mehr Arbeit. Natürlich muss man forschen, suchen, ausprobieren. Ich bin vor dem Saisonstart jeweils wochenlang unterwegs, um mich nach neuen Ideen, innovativen Produzenten umzusehen. Denn es sind primär die Ausgangsprodukte, die eine gute Küche ausmachen. Dann kommen die Rezepte. Und dann lebt die Küche, weil sie aus dem Boden, dem ‹territorio›, und nicht aus dem Beutel kommt.»

Asparaghi. Den Beweis liefert Claudio im Frühling. Auf seine Initiative hin finden von Mitte Mai bis Mitte Juli in mehreren Restaurants im Ceresio Spargelwochen statt. «Die Spargel war früher hier im Mendrisiotto ein wichtiges Produkt in der Landwirtschaft. Jetzt kommen die Spargeln aus Cantello, unserem Nachbardorf in Italien, aber es ist durchaus denkbar, dass auch im Tessin wieder Spargeln angebaut werden», sagt Croci-Torti. Er serviert die weissen Spargeln im Montalbano mit etwas Butter und Parmesan.

Rezept von **Claudio Croci-Torti** im Anhang.

— **La Parada** (Apfeltorte aus dem Mendrisiotto nach antiker Art), S. 373

RESTAURANT **41**
**Grotto del Mulino
Morbio Inferiore**

RESTAURANT: **Grotto del Mulino**
ADRESSE: **6834 Morbio Inferiore, Via ai Mulini 2**
GASTGEBER: **Angela, Manfre und Milena**
TELEFON: **091 683 11 80**
INTERNET: **www.grottomulino.com**
RUHETAGE: **Mai bis Sept. Di., Okt. bis April nur abends und So.-Mittag offen**
BETRIEBSFERIEN: **Jan.**
WEGBESCHRIEB: **in Morbio Inferiore Richtung Breggia-Park**
SPEZIELL: **schöner Grotto-Garten**

Das Grotto del Mulino liegt in Morbio Inferiore in der Nähe des Breggia-Parks. Seit 1999 führen Angela, Manfre und Milena, ein ideenreiches Trio, das hübsche Restaurant mit dem lauschigen Gärtchen unter den Kastanienbäumen. Die drei sind alle Quereinsteiger, die etwas in Bewegung setzen wollten. Das Mulino ist vielleicht gerade deshalb ein besonders aktives Grotto, in dem ständig etwas läuft.

Rambazamba und Bollito misto

Wer nicht nur gut essen, sondern auch Stimmung und manchmal sogar Rambazamba will, der muss ins Mulino. Denn Manfre (kein Schreibfehler – ohne d) spielt Gitarre, und zwar so gut, dass die gesangsfreudigen «ticinesi» die Mühle jeweils bis auf den letzten Platz füllen – und die ganze Beiz singt mit. Ab und zu kocht auch ein Nachbar, was ihm gerade einfällt, was ebenfalls regelmässig in ein grösseres Fest ausartet. Und mehrmals pro Jahr organisiert das Gastgebertrio Themenabende. Der letzte stand unter dem Motto «trompe-l'œil» und stellte die Gäste auf witzige Art auf die Probe.

Crêpe in Cappuccinoform. Was wie ein Cappuccino aussah, war in Tat und Wahrheit eine Linsensuppe. Die Cannelloni mit Tomatensauce entpuppten sich als süsse Crêpe mit einem frischen Erdbeercoulis. Und was wie ein Fleischvogel aussah, war im Gaumen eindeutig als Schokoladenroulade erkennbar. Das klingt schräg, ist in Tat und Wahrheit aber nur machbar, wenn man die Kochkunst perfekt beherrscht und entsprechend zu variieren weiss. Dass die Gerichte auch hervorragend schmecken, erhöht die Freude der Gäste an diesen nicht ganz alltäglichen «Grotto-Menüs». An Fasnacht produziert das Mulinoteam seine weit herum berühmt-berüchtigte «Cena di horror». Da kommen betont gruselige Gerichte auf die Karte, darunter schwarzes Roastbeef oder rosafarbiges Brot mit violetten

Punkten. Das ist die Zeit, in der viele edle Restaurants im Tessin kurzerhand eine Woche Ferien machen. Im Mulino ist das Gegenteil der Fall – die Gastgeber machen nach der Fasnacht Ferien. Kurz: Wer in diesem Grotto Polenta und Brasato erwartet, ist schlicht im falschen Film!

Bollito misto. Natürlich können die drei auch anders. Von Oktober bis April gibt es Raclette und Fondue. Immer auf der Karte ist eine hervorragende Zuppa di zucca (Kürbissuppe), auch Vellutata genannt. Der Bollito misto des Hauses darf sich ohne weiteres unter die Besten seiner Art reihen: Er wird ausgesprochen reichhaltig und edel im Kupferpfännli serviert. Und wenn es um die im Tessin so beliebte Linzertorte, die Crostata di marmellata, geht, macht der Köchin auch nicht so schnell jemand etwas vor. Dazu kommt ein hervorragend dotierter Weinkeller, in dem sich die besten Etiketten der Region versammelt haben. Auch den Hausgrappa sollte man probieren, der aus den familieneigenen Reben Angelas stammt. All das geniesst man in der warmen Jahreszeit in einem schönen Grottogarten mit Steintischen. Im Winter wird in drei Gaststuben weiss aufgedeckt. Denn trotz Rambazamba und bisweilen hohen Stimmungskurven: Das Trio im Mulino setzt auf ein höchst gepflegtes Ambiente, das sich wohltuend von den oft etwas schmuddeligen Grotti unterscheidet.

Sandra, die seit Jahren in der Küche des Mulino mitkocht und von der die hausgemachte Linzertorte stammt.

Klassisches Grotto-Angebot: Wer will, kann im Mulino auch nur kalte Plättli geniessen.

Der Stolz des Hauses ist der reichhaltige bollito misto, der im Kupferpfännli serviert wird – im Herbst und Winter vor dem knisternden Cheminéefeuer.

Manfres Lieblingsbeschäftigung ist Singen und Gitarre spielen.

— Bollito misto mit Poulet, Siedfleisch und Mortadella.
— Kürbissuppe mit weissen Bohnen.
— Linzertorte mit Aprikosenkonfitüre.

Rezepte von **Angela, Manfre und Milena** im Anhang.

— **Kürbissuppe mit weissen Bohnen,** S. 351
— **Gemischtes Siedfleisch** (Bollito misto) **mit grüner Sauce,** S. 362
— **Mürbeteigkuchen mit Konfitürefüllung,** S. 374

RESTAURANT **42**
Ul Furmighin
Sagno

RESTAURANT: **Ul Furmighin**
ADRESSE: **6839 Sagno, Piazza Garuf**
GASTGEBER: **Anna Biffi und Andrea Poggi**
TELEFON: **091 682 01 75**
INTERNET: **www.valledimuggio.ch/furmighin**
RUHETAGE: **Di.**
BETRIEBSFERIEN: **23. Dez. bis 31. Jan.**
WEGBESCHRIEB: **von Mendrisio Richtung Morbio Inferiore und ins Valle di Muggio. Nach Morbio Superiore Wegweiser rechts nach Sagno. Postauto ab Mendrisio und Chiasso.**
SPEZIELL: **«cucina povera» in der Philosophie von Slow Food**

In der «Ameise» habe ich während meiner Recherchen im Mendrisiotto jeweils übernachtet und gegessen. Ich kenne deshalb kein Restaurant besser im Tessin – und ich kenne auch keines, in dem ich so herzlich empfangen und mit so viel Kompetenz in kulinarischen Fragen unterstützt wurde, wie hier: Willkommen zu Hause!
Das Furmighin – was im Dialekt «die kleine Ameise» heisst – liegt zehn Autominuten von Mendrisio entfernt. Hier kann man Grossmutters Milchferkel, Kastaniensuppe, den besten Brasato weit und breit, hausgemachte Gnocchi, aber auch Spezialitäten wie Froschschenkel geniessen. Tessiner Küche in Höchstform, präsentiert von Gastgebern, die ein Glücksfall sind.

Maialino, Froschschenkel und Kastaniensuppe

Die kleine Ameise hat das Dorf gerettet. Das Furmighin hat eine grossartige Geschichte! Fast wäre das kleine Sagno im Muggiotal zum Geisterdorf geworden: Sämtliche Läden, die Post und die einzige Dorfbeiz liessen 1994 die Rollläden herunter. Nichts ging mehr in dieser abgelegenen Ecke des Muggiotals. Doch dann ergriffen einige Bewohner die Initiative und gründeten die Kooperative Ul Furmighin. Das leer stehende Pfarrhaus wurde in eine Dorfbeiz umgewandelt. Anna Biffi, die Schwiegertochter von Severina, die in Sagno ihre Formaggini produziert, übernahm die Leitung. Sohn Andrea, gelernter Koch, wurde zur Verstärkung an den Herd geholt. Heute ist das Furmighin das Herzstück Sagnos und produziert so wundervolles Essen, dass die Leute von weit her anreisen, um das Milchferkel, die Kastaniensuppe oder die Gnocchi zu geniessen.
Hallo? Sagno liegt direkt an der italienischen Grenze. Das spürt man, wenn man sein Handy benützen will: Es geht entweder gar nichts, oder man bekommt ständig Messages à la «Benvenuto alle rete d'Italia». Doch das macht den Reiz dieser abgelegenen Ecke im Südtessin aus: Sie liegt kommunikationstechnisch im Niemandsland, dafür ist die Sicht fast grenzenlos: Man sieht den Lago di Como, den Monte Rosa und die Poebene hinunter bis fast zum Mailänder Dom. Einzig im Innern des ehemaligen Pfarrhauses hat der liebe Gott etwas kleinräumig gedacht: Ein riesiges Cheminée (so

gross, dass man darin sitzen kann) und ein langer Holztisch füllen den Raum. Hier isst man en famille. Dass noch ein kleiner Hinterraum dazukommt, in dem auch nur zwölf Leute Platz haben, macht die «Ameise» auch nicht eben grösser. Reservieren, vor allem in der kalten Jahreszeit, ist angesagt!

Das Beste aus der Tessiner Küche. Im Winter gibt es Lurenzada (Polenta mit Kartoffeln, Zwiebeln und Käse), an Ostern Gitzi, im Sommer Pasta, auf Vorbestellung Froschschenkel oder Geschnetzeltes aus Nieren, Herz und Leber, die sogenannte Rusticiada: Das Furmighin pflegt traditionelle Tessiner Gerichte, modern rezeptiert. Dazu gehört auch Brasato, der praktisch immer erhältlich ist. Unnötig zu sagen, dass er erstklassig ist und an einer Wundersauce liegt, von der ich jeweils nachbestelle, um sie noch mit dem Brot aufzutunken.

Der Duft des Muggiotals. Wenn es Herbst wird, läuft «die kleine Ameise» zur Höchstform auf: Vor dem knisternden Cheminéefeuer serviert Anna Kastanien-Pilz-Suppe. Oder Gnocchi aus Kartoffeln und Kastanienmehl an einem Wildschweinragout. Und wenn es schneit, wird es in der «Ameise» erst recht gemütlich: Dann braten die Kastanien aus den Selven des Muggiotals in der Eisengusspfanne. Der pyramidenförmige Zincarlin liegt auf dem Tisch, etwas Honig dazu, und die Welt kann untergehen. Allerdings sollte man vorher noch Annas Desserts probieren: Legendär ist der Apfel-Zimt-Kuchen. Mein Lieblingsdessert jedoch ist das Honig-Semifreddo mit Waldfrüchten und Croquant.

Slow Food. Seit die Freunde des guten Geschmacks auch im Tessin nach Kandidaten forschten, ist das Furmighin im Slow-Food-Führer *Osterie d'Italia* drin. Slow Food Ticino hat die «Ameise» sogar zum Flaggschiff erhoben. Denn die unprätenziose Art, mit der Anna und ihr Sohn Andrea aussergewöhnlich gutes Essen auf die Teller bringen, überzeugt. Und genau das sollte es im Tessin noch viel mehr geben: kleine, feine Dorfrestaurants, die gut, gesund und geschmackvoll kochen.

Andreas Paradestück. Wenn es Frühling wird, freut sich Anna. Dann kommt Andrea, der «Sohnemann», vom Palace in St. Moritz zurück. Dort kocht er jeweils im Winter in einem Team von 60 Köchen für die verwöhnten Promis dieser Welt: «Das sind Dimensionen, die man sich hier in Sagno kaum vorstellen kann», sagt der junge Koch, «da gibt es Weinflaschen, die kosten einige tausend Franken. Oder ein Gourmetmenü mit Hummer, Kaviar und allem Drum und Dran im vierstelligen Bereich. Aber ich lerne jedes Mal wieder unheimlich viel dazu, vor allem auch, wie man mit dem Leistungsdruck umgeht, wenn wirklich alles auf die Minute, ja fast schon auf die Sekunde fertig werden muss.»

Blick in den lauschigen Innenhofgarten des Furmighin, der bei schönem Wetter den ganzen Tag in der Sonne liegt.

Annas knusprig gebackener Apfel-Zimt-Kuchen, zu dem sie uns das Rezept verraten hat.

Anna bei der Zubereitung der Gnocchi. Sämtliche Paste sind hausgemacht und kommen in der «kleinen Ameise» mit saisonal unterschiedlichen Füllungen und Saucen auf den Tisch.

Andrea ist ein ambitionierter Koch. Das zeigt sein Paradestück, ein neun Kilogramm schweres Maialino (Milchschwein), das er am Vorabend mariniert hat und dann den ganzen Morgen im Ofen knusprig braten liess. Mit gartenfrischem Gemüse und einer wunderbaren Senfsauce wird die traditionsreiche Tessiner Spezialität serviert: «Wichtig ist die Marinade», erklärt Andrea, «und natürlich erstklassiges Fleisch, das bei uns ausschliesslich bio ist.» Das Maialino ist im Spätherbst das Hauptgericht im Furmighin. Denn Mitte November bis Mitte Dezember läuft die «Rassegna», der gastronomische Anlass im Muggiotal, an dem die besten Restaurants der Region besonders kreative oder längst vergessene Gerichte auf die Teller zaubern. Mehr Informationen auf: www.valledimuggio.ch.

Andrea und das Maialino, das im Furmighin jeweils ab November auf der Karte steht.

Das Maialino, knusprig gebraten auf dem Teller, begleitet von Gartengemüse und Senfsauce.

– Kastaniensuppe mit Pilzen.
– Froschschenkel (aus einer Zucht in der Romandie).
– Gnocchi mit Wildschweinragout.
– Andreas Honig-Semifreddo mit Waldfrüchten und Croquant.

Rezepte von **Anna Biffi** im Anhang.

— **Kastaniensuppe mit Pilzen,** S. 351
— **Kastanien-Gnocchi,** S. 352
— **Wildschweinragout,** S. 360
— **Apfel-Zimt-Torte,** S. 372

RESTAURANT 43
La Montanara
Monte

RESTAURANT: **La Montanara**
ADRESSE: **6875 Monte**
GASTGEBER: **Lorella und Pio Piotti**
TELEFON: **091 684 14 79**
INTERNET: **keines**
RUHETAGE: **Di., Mi.**
BETRIEBSFERIEN: **2 Wochen im Juni**
WEGBESCHRIEB: **von Mendrisio Richtung Castel San Pietro und Monte**
SPEZIELL: **Wild aus eigener Jagd**

Nein, an der Montanara-Türe hängt keine rote Gault-Millau-Tafel. Auch die Guide-Michelin-Tester haben sich noch nie in dieses kleine Dorf im Muggiotal verirrt. Denn hier steht kein Star am Herd, sondern Lorella, die Frau des Pöstlers. Ihre Küche ist einfach, aber gerade deshalb gut. Vor allem im Herbst, wenn ihr Mann Pio mit den drei Jagdhunden loszieht und Hirsch, Reh und Schnepfen nach Hause bringt.

Schnepfen, rote Kartoffeln und Zincarlin

Pio ist Pöstler in Monte, was einen wichtigen, aber nicht abendfüllenden Job darstellt. Gerade mal drei Dutzend Häuser umfasst der Weiler auf der Westseite des Muggiotals. Dazu kommen einige verstreute Bauernhäuser, und bereits senkt sich die schmale Strasse in die wilde, unbesiedelte Schlucht der Breggia hinab. Pio hat also genügend Freizeit, um seine Frau mit ihrem kleinen Restaurant in Monte zu unterstützen. 2004 hat Lorella ihren Job an den Nagel gehängt und das einzige Restaurant im Dorf, das Montanara, als Wirtin übernommen.

Schnepfen. Pio ist passionierter Jäger. Rehe, Hirsche, Gämsen und Fasane schiesst er im Muggiotal und rund um den Monte Generoso. Die Trophäen kommen ab Mitte September jagdfrisch auf den Tisch, und zwar so zubereitet, dass die Wildliebhaber sogar aus Chiasso anreisen. Die grosse Spezialität des Hauses sind die seltenen Schnepfen. Am frühen Morgen war ich mit Pio auf der Jagd, um die «Langschnäbel», die sich im Unterholz der Wälder verstecken, aufzuspüren. Kein Problem für die drei Englischen Setter, die mit Begeisterung losrennen, Witterung aufnehmen und die Vögel aufscheuchen. Am Abend war dann das halbe Dorf im Restaurant, um die knusprig gebratene Schnepfenpracht zu geniessen. Eine absolute Delikatesse!

Lorella steht lieber in der Küche als im Rampenlicht. Sie war deshalb ordentlich nervös, als «der Mann von der *Urchuchi*» ein Interview und «noch mehr Fotos» machen wollte. Erst als Luce, die Freundin und Zincarlin-Spezialistin aus dem Valle di Muggio, auftauchte, konnten wir die sympathische Köchin bewegen, einige weitere Gerichte für unser Buch zuzubereiten.

Lorellas Tartine und die roten Kartoffeln. Ein paar Brotscheiben, etwas Gorgonzola und Nüsse drauf – und fertig sind Lorellas Tartine, die sie aus einem Notstand heraus erfunden hat: «So kann ich die Gäste ein wenig hinhalten, wenn ich in der Küche noch nicht fertig bin», lacht Lorella. Was allerdings selten vorkommt: In Windeseile hat sie Kartoffeln geschält, mit etwas Öl und Butter angebraten, dann mit Braten- und Tomatensauce abgelöscht – und schon sind die goldgelben Kartoffeln rot geworden. Ein uraltes Rezept, das im Muggiotal Tradition hat. Dazu gibt es Cotechini, die Luganighe-Version im Schweinsdarm, die im November hergestellt wird. «Frisch, am Tag der Metzgete, schmecken die Cotechini am allerbesten», erklärt Lorella, die im Herbst die ganze Tessiner Wurstpracht auf die Teller bringt. Natürlich mit Polenta! Und die macht Lorella aus zwei Maismehlsorten: aus einem grobkörnigen, das in der alten Mühle in Bruzella gemahlen wird, und aus dem feinen Maismehl von Luigi Della Casa, ihrem Bruder, Landwirt in Novazzano. «Es gibt keine bessere Polenta!», sind die Geschwister überzeugt. Tatsache ist: Das Bruzellamehl macht die Polenta grobkörnig und rustikal, während das Mehl aus Novazzano eine edle und feine Aromanote dazugibt. Beides zusammen ergibt eine «Wunderpolenta», lautet mein Urteil, das natürlich begeistert gefeiert wird – mit einem hausgemachten Nocino aus Muggiotaler Nüssen.

Zincarlin. Zum Abschluss serviert Lorella noch das Wahrzeichen des Tals: den legendären, gepfefferten Zincarlin, eine Rarität, die man unbedingt probieren sollte! Der Zincarlin ist ein richtiger Urkäse, stark nach Moschus duftend, leicht säuerlich und ziemlich scharf. Deshalb wird der Zincarlin oft mit Honig serviert, um den Geschmack etwas zu neutralisieren. Am besten passt Honig aus Kastanienblüten, ebenfalls ein Produkt, das im Muggiotal Tradition hat. Da die Kastanien im Juni blühen, ist der Honig besonders würzig und hat einen feinen Selvenduft.

Links (Mitte): Lorella und ihr Bruder Luigi Della Casa, der das Polentamehl ins Ristorante Montanara liefert.

Pio ist mit seinen Settern jeweils ab Oktober auf der Schnepfenjagd. Die Schnepfen (italienisch Beccacce) kommen von Russland her ins Muggiotal und bleiben zwei Montate in der Region.

Gebratene Schnepfe mit Polenta. Dass die Schnepfen samt Kopf auf den Teller kommen ist für Nichttessiner etwas gewöhnungsbedürftig, gehört aber im Muggiotal dazu.

Zincarlin, der Urkäse aus dem Muggiotal, mit Kastanienhonig.

— Rote Kartoffeln mit gebrühten Cotechini (im Schweinsdarm).
— Tartine, Lorellas Apéroidee mit Gorgonzola und Nüssen.
— Polenta mit frischen Steinpilzen aus dem Muggiotal.
— Gebratene Schnepfe mit Polenta.

Rezept von **Lorella Piotti** im Anhang.

— **Rote Kartoffeln**, S. 365

RESTAURANT **44**
Osteria Caffè Lüis
Seseglio-Chiasso

RESTAURANT: **Osteria Caffè Lüis**
ADRESSE: **6832 Seseglio, Via Campora 1**
GASTGEBER: **André Villorini und Paolo Fossani**
TELEFON: **091 682 63 76**
INTERNET: **keines**
RUHETAGE: **So., Mo.**
BETRIEBSFERIEN: **keine**
WEGBESCHRIEB: **von Chiasso Richtung Novazzano, dann Richtung Seseglio**
SPEZIELL: **junges Team, Jazz**

Man übersieht sie fast, die kleine Osteria im alten Dorfkern von Seseglio. Das Schild «Caffè Lüis» deutet auch eher auf eine kleine Cafeteria oder allenfalls ein französisch angehauchtes Bistro hin. Im Innern wird allerdings schnell klar, dass die von André und Paolo geführte Osteria ein ausgewachsenes, höchst trendiges Restaurant mit einer aussergewöhnlich kreativen Küche ist.

Die jungen Wilden von Seseglio

Ein bisschen wild sind sie schon, die beiden jungen Tessiner, die das Caffè Lüis führen: André Villorini hat den Kochberuf offenbar vor allem deshalb gewählt, um in die Welt hinaus zu kommen. Zuerst war er in Bali, dann im Negresco in Nizza, dann kochte er im Josef in Zürich und landete schliesslich im Ristorante Latte Calda im Muggiotal. «Es war eine wilde Zeit», sagt der heute 35-jährige Vater von zwei Kindern. Zusammen mit Paolo führt er das Lüis seit dem Frühling 2006. Die beiden ergänzen sich blendend: In der Küche André, der Kreative – im Service Paolo, der ruhige Pol, der als gelernter Pasticciere für die Desserts zuständig ist. Das Lüis ist ihr erstes eigenes Restaurant. Und die Messlatte liegt hoch. Vorher hat ein anderer «Wilder» im Lüis gekocht und die kleine Künstlerbeiz rasch bekannt gemacht: Claudio Caccia, der heute in Dötra eine alpine Spitzenküche bietet (siehe S. 72).

Jung und kreativ. «Es ist eine Herausforderung», sagt André, «doch wir sind keine blutigen Anfänger mehr und versuchen eine spannende, junge Küche zu bieten – vorwiegend mit Produkten aus der Region und mit mediterranem Einschlag.» Wie gut das Konzept funktioniert, zeigt die Menüauswahl, die ich an meinem Besuchstag testen konnte. Die Tiger-Shrimps sind kunstvoll eingewickelt in hausgemachte Taglierini, begleitet von einem fruchtig-frischen Ratatouille. Kein

schlechter Anfang und mit Sicherheit ein Gericht, das ein junges Publikum anspricht. Dann folgt das, was die beiden Wilden als ihren Rolls-Royce bezeichnen: Lammcarré, mit einer knusprigen Kräuterkruste, begleitet von Ratatouille. Auch diese Kreation wird fast schon locker-lässig serviert: Die gebratenen Maiskörner liegen auf Salatblättern, die Carrés kommen im Kupferpfännchen, dazu gibt es holzofenfrisches Brot. Dass eine Crème brulée den Schlusspunkt bildet, passt in die weltoffene Philosophie des Hauses: Panna cotta wäre in dieser jungen Küche zu profan, eine Torta di pane sogar völlig fehl am Platz, und einfach nur Schokoladenmousse dem Können Paolos kaum entsprechend. Der junge Mann war während Jahren Pasticciere im Monopoli in Balerna und versteht seine «dolci» als Visitenkarte des Hauses. «Die Glaces mache ich ausschliesslich aus frischen Früchten, mit Eiern, Rahm, Milch und Zucker, also ohne jegliche Pülverchen oder Aromastoffe. Das Gleiche gilt für das Tiramisù, die Millefeuilles oder italienischen Pasticcerie, die unser Markenzeichen sind.» Dass er auch etwas von Wein versteht, zeigt sich im Keller des Hauses: Da steht unter anderem auch der vorzügliche Rosso di Sera von Klausener aus Pura im Malcantone.

Trümmerromantik. Das Haus war früher ein Bauernhof, wurde in den 1980er-Jahren in eine Osteria umgewandelt und später nochmals renoviert. Die Mischung aus gekonnt inszenierter Trümmerromantik mit abblätterndem Verputz, rostigen Kübeln und alten Plakaten im Innenhof, ist so gut gemacht, dass man das Lüis jederzeit als Filmkulisse empfehlen könnte. Im Innern geht es mehr Richtung Künstlerbeiz, mit Holztischen und grossen Kerzenständern. Dazu passen die Jazzabende, die im Sommer im Lüis stattfinden. «Wir wollen nicht nur erstklassiges Essen bieten, sondern auch kulturell etwas in Bewegung setzen», sagt Paolo.

Blick von der Gaststube in den Innenhof des Lüis.

André Villorini, der «junge Wilde», macht eine mediterrane, kreative Küche.

Gekonnt inszenierte Nostalgie und Trümmerromantik.

– Lammkoteletten mit Kräuterkruste, serviert mit Ratatouille im Maisblatt.
– Tiger-Shrimps mit Taglierini umwickelt an einer Tomatenmarksauce.
– Crème brulée mit Rosmarin.

Rezept von **André Villorini** im Anhang.

— **Lammracks mit Kräuterkruste,** S. 365

RESTAURANT 45
Vecchia Osteria
Seseglio-Chiasso

RESTAURANT: **Vecchia Osteria**
ADRESSE: **6832 Seseglio**
GASTGEBER: **Davide Alberti**
TELEFON: **091 682 72 72**
INTERNET: **www.vecchiaosteria.ch**
RUHETAGE: **Mo.**
BETRIEBSFERIEN: **keine**
WEGBESCHRIEB: **von Chiasso Richtung Novazzano, dann Richtung Seseglio**
SPEZIELL: **14 GM, schöner Garten**

Die Vecchia Osteria in Seseglio ist das südlichste Restaurant der Schweiz: Nur wenige hundert Meter weit weg sind die Wälder von Campora, die bereits zu Italien gehören. Der prachtvolle Bau im Kolonialstil war Mitte des 19. Jahrhunderts ein Gutsbetrieb mit Stallungen und einer kleinen Osteria, die vor allem für den «pranzo festivo», das festliche Sonntagsessen, berühmt war. Heute zählt die Vecchia Osteria zu den besten Adressen der Südschweiz und bietet die ganze Bandbreite der gehobenen lombardischen Küche an.

Hasenrücken und Eglifilets mit Kaffeemarinade

Kochen mit Kaffee? «Natürlich geht das», sagt Davide Alberti, der aus Faido in der Leventina stammt. Der stets gut gelaunte Profikoch, der seine Ferien am liebsten im Elsass mit gutem Essen verbringt, muss es wissen: Immerhin wurde er an Kochwettbewerben mehrmals mit der Goldmedaille ausgezeichnet; er hat im Bellevue in Lugano gelernt, war im Waldhaus in Sils Maria und einige Jahre im Edelrestaurant Baur au Lac in Zürich. Und jetzt führt er sein eigenes Restaurant, das Gault Millau mit 14 Punkten bewertet hat. «Ich wollte irgendwann einmal selber anfangen», sagt Davide, der in seiner Küche auf «sapori lombardi», die Geschmacksnoten der Lombardei, setzt.

Kochen mit Kaffee? «Das ist eigentlich eine alte Sache», sagt Davide. «Schon früher haben die Leute Kaffee zur Brasato-Sauce gefügt, um sie ein wenig bitter zu machen. Auch bei den Desserts ist der Kaffee ein Klassiker, wenn man an Kaffeeglace, an Pralinen oder Panna cotta mit Kaffee denkt. Neu dagegen ist Kaffee bei Fischgerichten: Da muss man höllisch aufpassen, dass man die Sache nicht übertreibt. Ich gebe nur wenige Kaffeebohnen mit etwas Zucker, Salz und Zitronenschale in die Marinade. Dazu träufle ich Olivenöl mit einigen «chicchi» über die Fischfilets. Das ergibt eine leicht bittere Geschmacksnote und ein spannendes Fischgericht». Die Egli an der Kaffeemarinade schmecken ausgezeichnet, genau wie die Tagliolini, die Davide an einer Kaffee-Grappa-Sauce serviert. Schon fast klassisch ist die Panna cotta al caffè, zubereitet nicht nur mit Milch, Rahm und Zucker, sondern auch mit einem kräftigen Ristretto. «Es muss aromatischer, röstfrischer Kaffee sein», sagt Davide, der aus nahe liegenden Gründen Chicco d'Oro verwendet: Die grösste Tessiner Kaffeerösterei befindet sich in der Nähe, in Balerna. Schon oft wurde Davide vom Unternehmen angefragt, besondere Kaffeemenüs für Kundenessen zu kreieren. «Das Verrückteste, was ich je mit Kaffee gemacht habe, waren Rosenblätter, eingefasst in eine knusprige Chicco-d'Oro-Kruste. Das war eine ziemliche Tüftlerarbeit», sagt Davide, «aber die süsslichen Rosenblätter und der eher bittere Kaffee ergaben eine spannende Geschmackskombination und waren natürlich auch farblich sehr schön.»

Rüsümada. Gutes Essen ist für Davide ohnehin ein Spiel mit Duftnoten, Farben und Formen. Das zeigen seine Spinattörtchen mit Ei und Rüsümada: «Die Rüsümada haben die Bauern früher getrunken, um sich für die Arbeit auf den Feldern fit zu machen. Ein paar Eier, Zucker und Merlot – das war der Frühstückscocktail, eine Art kalte Zabaglione, die wir heute natürlich wesentlich edler, das heisst warm und schaumig geschlagen, servieren. Auch Spinat und Ricotta waren auf jedem Bauernhof vorhanden. Letztlich habe ich die ruralen Ausgangsprodukte einfach wieder zusammengefügt.» Inspiriert von der bäuerlichen Tradition ist auch die von Davide erfundene Vorspeise, die zwei Tessiner Urprodukte kombiniert:

Knusprige Polentablätter und Zincarlin. Aus flüssigem Maisgriess hat Davide knusprige Polentablätter gebacken, die er mit einer luftigen Zincarlin-Käsemousse serviert. «Entstanden ist die Idee wegen der Kruste, die bei der Polentazubereitung im Kupferkessel immer zurückbleibt. Wie kann man eine solche Kruste hauchdünn herstellen, und zwar so, dass sie nicht zerbricht? Das war die Frage! Es hat einige Versuche gebraucht, bis ich den Trick draussen hatte: Es braucht 160 Grad Hitze und mindestens eine Stunde Backzeit!» Dass der Tüftler von Seseglio auch über eine sehr schöne Gartenterrasse mit riesigem Sonnenschirm verfügt, sei am Rande noch bemerkt. Bei schönem Wetter wähnt man sich hier tatsächlich schon in Italien.

Die Innenräume im ehemaligen Edelgutsbetrieb sind grosszügig dimensioniert und bieten ein gepflegt-rustikales Ambiente.

Die Gartenterrasse hinter dem Haus mit dem nicht minder grosszügigen Sonnenschirm (Durchmesser acht Meter!).

Davide Alberti mit den Kreationen, die er für die Urchuchi zubereitet hat, darunter einige mit Kaffeearoma.

– Dessertkreation «Alberti» mit panna cotta «al caffè» und diversen Zutaten.
– Carpaccio vom Barsch mit Kaffeemarinade.
– Kaninchen- und Hasenfilets, mariniert mit Merlot.
– Knusprige Polentablätter mit Zincarlin-mousse.
– Spinattörtchen mit Rüsümada (Eier-Merlot-schaum-Crème).

Rezepte von **Davide Alberti** im Anhang.

— **Carpaccio vom Barsch mit Kaffeevinaigrette,** S. 349
— **Knusprige Polentablätter mit Zincarlin-Mousse,** S. 350
— **Spinat-Ricotta-Törtchen mit Rosinen und Rotweinschaum,** S. 353
— **Tagliolini mit Kaffee-Grappa-Sugo,** S. 353
— **Kaninchen und Hasenfilet, mariniert mit Merlot,** S. 364
— **Panna cotta mit Kaffee,** S. 371

Der Duft des Südens

Der Duft guten Kaffees gehört untrennbar zum Süden: Kaum hat man die Alpen hinter sich, verströmen die gerösteten «chicchi» in Form von Macchiato, Liscio und Ristretto ihre Aromen in den Restaurants und kleinen Bars. Eine möglichst imposante, chromstahlglänzende Kaffeemaschine ist der Stolz jedes Tessiner Gastrobetriebs, aber auch eine nicht zu unterschätzende Einnahmequelle. Mindestens zwei Kaffees trinkt ein Tessiner durchschnittlich pro Tag ausser Haus. Denn zum Kaffee gehört eben auch die soziale Komponente: sich treffen, über Gott und die Politiker wettern, kurz ausspannen bei einem Ristretto.

Tagliolini an einer Kaffee-Grappa-Sauce, kreiert von Davide Alberti, Ristorante Vecchia Osteria in Seseglio

Chicco d'Oro. Sieben Kaffeeröstereien sind im Tessin tätig, die grösste und zugleich eine der ältesten ist Chicco d'Oro in Balerna bei Chiasso. Das Traditionshaus der Familie Valsangiacomo, 1949 aus einem kleinen Lebensmittelladen entstanden, ist heute die erfolgreichste Rösterei der Schweiz – und die einzige, die den amerikanischen Kaffeemultis im Markt die Stirn zu bieten vermag. Von All'Acqua, dem letzten Dorf im Bedrettotal, bis an die italienische Grenze in Scudellate im Muggiotal ist das goldene Füllhorn präsent. Auch in der Deutschschweiz und nicht zuletzt in Italien, der Hochburg des guten Kaffees, behauptet sich das Tessiner Familienunternehmen mit Erfolg. In der Südschweiz geniesst Chicco d'Oro nicht zuletzt auch als Veranstalter von Velorennen – dem Volkssport der Tessiner – und als Sponsor des Eishockeyclubs Ambri Piotta und des FC Chiasso grosse Sympathien.

Kaffeemuseum. Am Hauptsitz in Balerna hat Chicco d'Oro ein in der Schweiz einmaliges Museum für die braunen Bohnen eingerichtet: Uralte Kaffeemühlen, die ersten Kolbenmaschinen und viel Kaffeenostalgie mit alten Plakaten lassen sich hier bewundern. Besichtigung ab acht Personen, mit Voranmeldung.

Chicco d'Oro, 6828 Balerna,
Tel. 091 695 05 05,
www.chiccodoro.ch.

Kaffeeküche. Vom Sambuca mit Kaffebohnen (eine ungerade Zahl bringt Glück!) bis zu Tagliolini an einer Kaffee-Grappa-Sauce lässt sich vieles mit Kaffee zubereiten. Nicht zuletzt zeigt die braune Bohne bei den Desserts ihre breite Anwendungspalette: Vom Schokoladetörtchen mit Kaffee über Pralinenmousse bis zum Orangensoufflé ist alles mit Kaffeearoma möglich. Sogar die Tessiner Dessert-Ikone, die Torta di pane, kann mit einer Tasse Ristretto und einem Glas Tia Maria ungeahnt exotische Duftnoten entwickeln.

Der einzige Kaffeebaum im Tessin steht im Büro von Paolo Stirnimann, dem Verkaufsleiter bei Chicco d'Oro, der gleichzeitig zu den profunden Kennern der alten Tessiner Küche gehört. Da ihn seine Grossmutter in jungen Jahren offenbar so gut bekochte, ist Paolo zu einem Liebhaber der guten Nonna-Küche geworden. Von seiner Grossmutter stammen auch die beiden Rezepte, die er für die Urchuchi ausgegraben hat: Grimèl (Grimell), eine Gazosa mit Koriander. Und die Tortellini di carnevale, eine Dessertspezialität, die an der Fasnacht zubereitet wurde.

Rezepte von **Nonna Stirnimann** im Anhang.

— **Fasnachts-Ravioli,** S. 374
— **Grimèl** (Gazosa), S. 375

Im Bauch von Mutter Generoso reift der Zincarlin

Fast wäre der pyramidenförmige Urkäse aus dem kulinarischen Erbe des Tessins für immer verschwunden. Nur eine einzige Frau im Muggiotal, Marialuce Valtulini, wusste noch, wie man den Käse aus frischer Kuhmilch herstellt. Luca Cavadini, Präsident von Slow Food Ticino, ist es zu verdanken, dass dieses Fossil der Käsekunst gerettet wurde. Luca, selber ein grosser Käsefan und ein hellwacher Beobachter aller kleinen, feinen Spezialitäten, die auszusterben drohen, hat alle Hebel in Bewegung gesetzt, um die Zincarlin-Produktion am Leben zu erhalten: «Das ist ein einzigartiger Käse, der im Muggiotal seit Jahrhunderten hergestellt wurde und eine geschmackliche Rarität darstellt», sagt Cavadini, «anderseits konnten wir durch die Wiederbelebung des Zincarlin auch wirtschaftlich etwas für das Tal machen.»

Erfolgsgeschichte. Heute stellen wieder drei Frauen den Zincarlin wie in den Urzeiten her. Einige hundert, fast schon handsignierte Exemplare entstehen jedes Jahr. Der würzige Frischmilchkäse ist zwischenzeitlich so gefragt, dass sich viele Liebhaber ihre Zincarlins bereits ein Jahr im Voraus reservieren lassen. Auch die Spitzengastronomie hat sich auf die Käsepyramide gestürzt und entdeckt: Der Zincarlin schmeckt vorzüglich mit Kastanienblütenhonig.

Unten im «Bauch des Bergs» reift er, oben, auf 2000 Metern Höhe, auf dem Monte Generoso beginnt sein Werdegang: Marisa Clericetti, Sennerin auf der Alp Generoso, stellt täglich aus frischer Kuhmilch die Zincarlin-Käsepaste her, würzt sie mit Pfeffer und formt die für den Zincarlin typischen Pyramiden. Der Frischkäse wiegt etwa 400 bis 500 Gramm und verliert während dem Reifungsprozess etwa ein Drittel seines Gewichts.

Hoch oben, auf dem Monte Generoso, formt Marisa Clericetti die Zincarlin- Pyramiden.

Pfeffer, Kräuter und andere Gewürze geben dem Zincarlin den unverwechselbaren Charakter.

Nach einer ersten, kurzen Reifungsphase auf dem Berg, kommen die Zincarlins in den Felsenkeller im Tal.

Die wohl spannendste essbare Pyramide der Welt. Mindestens zwei Monate muss der Zincarlin im Kalkfelsen von «Mutter Generoso» gelagert werden, bevor er in den Verkauf kommt. Dies deshalb, weil unbehandelte, weder homogenisierte, noch pasteurisierte Frischmilch verwendet wird und sich die Bakterien nach dem Reifeprozess wieder abbauen müssen. Alle paar Tage kommt Marialuce Valtulini und reibt den Frischkäse liebevoll mit einem Tuch ab. Nach und nach arbeiten sich die Pyramiden von den tieferen Lagen im Gestell in die oberen Schichten, dann dürfen sie raus. Nur gerade einige hundert Zincarlin entstehen pro Jahr.

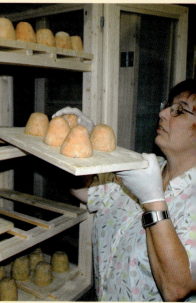

Erhältlich ist der Zincarlin bei Marialuce Valtulini, die als Einzige im Tal das Rezept noch kannte und heute eine der engagiertesten Produzentinnen des Urkäses ist. *Marialuce Valtulini, 6835 Morbio Superiore, Tel. 079 731 31 05, zincarlin@valledimuggio.ch.*

Formaggini von Severina Biffi

Die zweite berühmte Käsespezialität des Muggiotals sind die Formaggini. Hergestellt werden sie seit Jahrzehnten von Severina Biffi, der grossen «alten Dame» im Tal. Seit ihrer Kindheit stellt sie Formaggini her und wird heute unterstützt von der jungen Lorella Brichetti, die selber ebenfalls als Käseproduzentin tätig ist. Im Winter werden die Formaggini aus Kuhmilch hergestellt, in den anderen Jahreszeiten mit Kuh- und Ziegenmilch oder auch nur mit Ziegenmilch. Zudem sind Formaggini nicht einfach Formaggini. Es gibt die «alti» und die «bassi», die hohen und die niedrigen. Und es gibt den Formaggino-Zincarlin, mit der gleichen Käsepaste gemacht, aber mit Pfeffer drin: eine kleinere und etwas weniger urchige Version des pyramidenförmigen, traditionellen Zincarlin.

Die Formaggini verkauft Severina am Dienstag am Markt in Lugano, am Donnerstag in Chiasso, am Samstag in Bellinzona und täglich in ihrer Käserei in Sagno. *Formaggio Severina Biffi, 6839 Sagno, Tel. 091 683 18 05.*

Weitere Formaggini-Produzenten:
- *Aurelio und Agnese Montorfano, Brüghee, 6837 Bruzella, Tel. 091 684 18 93.*
- *Giuliano und Florenza Livi, La Baldovana, 6872 Salorino, Tel. 091 646 79 37 und (im Winter) 091 684 15 36.*
- *Pietro Gerosa und Cristina Valsecchi, Alpe Grasse, 6872 Salorino, Tel. 091 646 25 27.*

Mehr Infos zum Valle di Muggio finden Sie auf: *www.valledimuggio.ch*

Die ganze Formaggini-Palette: Die «bassi» (links aussen), eine Zincarlin-Pryamide in der Mitte, darum herum Formaggini «alti».

Severina Biffi und Lorella Brichetti, die gemeinsam in Sagno die Formaggini produzieren.

Einkaufstipps Mendrisiotto und Valle di Muggio

Rund um den Monte San Giorgio kann man einige regionale Spezialitäten entdecken, die einen Abstecher in dieses geologisch spannende und landschaftliche schöne Gebiet lohnen. Empfehlenswert ist das Paläontologische Museum in Meride, das einige aussergewöhnliche Funde aus der Urzeit ausgestellt hat, darunter Saurierknochen und die Versteinerung einer «Felberia», eines Urfischs, der hier vor Jahrmillionen heimisch war. Das Mueseum ist im Sommer täglich offen von 8 bis 18 Uhr, *Museo dei Fossili, Centro paese, 6866 Meride, www.montesangiorgio.ch.*

Wein vom Monte San Giorgio
Edoardo Latini, Präsident der Weinproduzenten vom Monte San Giorgio, ist selber Weinbauer in dieser Urlandschaft, die zum Unesco-Weltkulturerbe gehört. Die Cantine Latini produzieren unter anderem den Sant'Agata, einen weissen DOC aus Chasselas- und Müller-Thurgau-Trauben, oder den Stema, einen roten DOC mit Merlot und etwas Gamaret. *Edoardo Latini, Via Nambodra, 6865 Tremona, Tel. 091 646 33 17, www.cantine-latini.ch.*

Seeforelle, Zander, Hecht

Spätestens um 4 Uhr morgens ist Ivo Mattai del Moro auf dem See, um die Netze einzuholen. Ab 8 Uhr ist sein kleiner Fischladen in Bissone offen. Das Angebot hängt vom Fang ab und ist relativ klein, da Ivo auch zahlreiche Restaurants der Region, darunter das Montalbano in Stabio, beliefert. *Ivo Mattai del Moro, Piazza Boromini 7, 6816 Bissone, Tel. 076 332 34 66.*

Trüffel vom Saurierberg

Edgardo Fontana, genannt Tato, mit seinem Hund Alba. Ab September sind die beiden in den Wäldern am Monte San Giorgio auf Trüffelsuche. Edgardo sammelt das «schwarze Gold» für den Eigenbedarf, für Freunde und ein einziges Restaurant, das Montalbano von Claudio Croci-Torti in Stabio. «Aber ausnahmsweise verkaufe ich auch mal an eine Privatperson», sagt Edgardo. Erhältlich sind die Trüffel von Sept. bis Ende März. *Edgardo Fontana, 6822 Arogno, Tel. 076 349 45 59.*

Spargeln aus dem Varese

In Cantello, dem italienischen Nachbardorf von Stabio, werden seit 1840 weisse Spargeln gezogen, dir zu den besten in ganz Europa zählen. Der sandige Moränenboden, aber auch die klimatischen Bedingungen sind hier besonders gut, wie Franco Catella, der traditionsreichste Produzent der Region, sagt: «Im Varese sind die Nächte kühl, die Spargelköpfe bleiben deshalb nachts geschlossen und ruhen sich gewissermassen aus. Das gibt kleinere Produktionsmengen, aber eine ausgezeichnete Qualität.» Die Spargeln werden erntefrisch ab April verkauft.

Franco Catella, Via Pianezzo 38, 21050 Cantello (Varese, Italien), Tel. 0039 0332 418 678.

Spargelwochen im Ceresio
Informationen zur alljährlichen Spargel-Rassegna, die rund um den Monte San Giorgio im Juni stattfindet, unter: www.montesangiorgio.ch.

Auch der Monte Generoso, der zweite, markante Berg im Mendrisiotto bietet zahlreiche Ansatzpunkte für kulinarische Entdeckungen. Allem voran beim Wein.

Spitzenweine von der Casa Vinicola Gialdi

Im Cantine-Gebiet in Mendrisio ist die Gialdi SA zu Hause, die seit fünfzig Jahren im Weinbau tätig ist. Feliciano Gialdi führt das Traditionshaus, das herausragende Terroirweine wie den Terre Alte, den weissen Merlot Biancospino oder den Trentasei, einen der besten Merlots überhaupt, produziert. Im Bild der Chefönologe des Hauses, Alfred Demartin, bei der Weinprobe im Felsenkeller im «Bauch» von Mutter Generosa.
Casa Vinicola Gialdi SA, via Vignoo, 6850 Mendrisio, Tel. 091 646 40 21, www.gialdi.ch.

Luganighette aus Mendrisio
Die Metzgerei Ferrazzini "macht Luganighette, die so gut sind, dass man sie sogar roh essen kann", sagt Claudio Croci-Torti vom Ristorante Montalbano, der die Luganighette hier einkauft. Darüber hinaus ist die Metzgerei auch für weitere hochkarätige Fleisch- und Wurstwaren, vor allem den weissen Speck und die Mortadella berühmt.
Ferrazzini Salumificio, Piazza del Ponte 8, 6850 Mendrisio, Tel. 091 646 38 12.

Mais aus der Mühle in Bruzzella

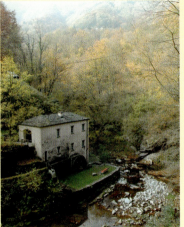

Ganz unten im Tobel bei der Breggia befindet sich die alte Mühle von Bruzzella, die mit Wasser betrieben wird. Im Zeichen der Revitalisierung der alten Kulturgüter im Valle di Muggio wurde die Mühle restauriert und wieder in Betrieb genommen. Hier kann man zusehen, wie die Maiskörner auf den Steinen gemahlen werden und kann das grobkörnige, rustikale Maismehl vor Ort kaufen. Ca. 10-minütige Wanderung von Bruzzella aus.

Rassegna im Oktober

Das «Wettkochen» im Mendrisiotto und im Muggiotal sollte man sich nicht entgehen lassen: Die besten Restaurants der Region – insgesamt über vierzig - setzen jeweils im Oktober im Mendrisiotto und im November im Valle die Muggio spezielle Gerichte auf die Karte. Das ist die beste Zeit, um zum Beispiel das Ul Furmighin in Sagno zu besuchen – dann gibt es Maialino und Annas Kastanien-Pilz-Suppe. Oder das «Fontanelle» in Genestrerio (bei Ligornetto), wo es von Teigwaren, gegrilltem Fisch und Fleisch bis hin zu Austern alles gibt. Oder das Ristorante Al Torchio Antico in Arzo mit seinem berühmten Tartar. Oder das Il duetto in Chiasso, wo Bio-US-Beef von der Ranch des Techno-Veterans Dieter «Yello» Meier serviert wird. Aber auch kleine-feine Restaurants wie das Teatro in Vacallo steigern sich während der Rassegna zu Höchstleistungen. Hier gibt es unter anderem auch Teigwaren aus einem speziellen Mehl, das für Leute mit Zöliakie veträglich ist (siehe folgende Seite «Restauranttipps»).

Informationen zur «Rassegna»:
www.mendrisiotourism.ch und
www.valledimuggio.ch.

Weitere Restaurants im Mendrisiotto und im Valle di Muggio

Ristorante Ticino, Bissone

Kurz bevor sich das Luganese verabschiedet und das Mendrisiotto beginnt, liegt das Seedörfchen Bissone mit seinen romantischen Laubengängen. Darin versteckt sich das Ticino, das noch immer ein Geheimtipp ist. Es gibt Gnocchi mit Marroni, Brennnesselsuppe mit Amaretto, Lammcarré mit Mangostücken. Das Ticino ist eines der Häuser, die ich auf dem Weg in den Süden immer wieder aufsuche, weil es so schön gemütlich ist. *Ristorante Ticino, Piazza Borromini 21, 6816 Bissone, Ruhetage: Di., Mi., So.-Abend, Tel. 091 649 51 50.*

Concabella, Vacallo

Im Concabella gibts Capretto, «wie ihn meine Mutter machte», rühmt Diego Orelli, Gemeindepräsident vom Bedrettotal, das Restaurant im Dorfkern von Vacallo. Von aussen gesehen ist das Concabella keine Schönheit, im Innern jedoch wird Besonderes geboten: Cavatelli (Minestrone mit weissen und braunen Borlotti-Bohnen), Artischocken-Ravioli oder Maccheroni mit Kürbisblättern. Geführt wird das Restaurant von Ruth Montereale, am Herd steht Ambrogio Stefanetti. *Concabella, Via Concabella 2, 6833 Vacallo, Ruhetage: So., Mo., Betriebsferien: Aug. und über Weihnachten und Neujahr, Tel. 091 697 50 40, www.concabella.ch.*

Locanda degli Eventi, Novazzano

Zwischen Coldrerio und Novazzano. Familienbetrieb mit gepflegter Tessiner Küche und rustikalmodernem Ambiente. Die Küche ist so gut, dass das Haus seit Jahren auch im Slow Food-Führer *Osteria d'Italie* aufgeführt ist: frisch, saisonal, mit Produkten aus der Region. Geführt von Ivonne Antonio und Alan Cavadini. *Locanda degli Eventi,* Via ai Mulini 31, 6883 Novazzano, Ruhetage: Sa.-Mittag, So.-Abend, Mo., Tel. 091 683 00 13, www.locandadeglieventi.ch.

Locanda del Ghitello, Morbio Inferiore

Restaurant in einer alten Mühle aus dem 15. Jahrhundert im Breggia-Park. Mittagsmenüs mit Tagesteller, am Abend à la carte, zum Beispiel Kaninchenterrine mit Artischocken, Lammrücken, Schokoladeterrine mit Orangencoulis. *Locanda del Ghitello, Luca Alberti, Parco delle Gole della Breggia, 6834 Morbio Inferiore, Ruhetage: Mi.-Abend, Sa.-Mittag, So., Betriebsferien: Fasnacht, zwei Wochen im Juni und im Aug., Tel. 091 682 20 61, www.locandadelghitello.ch.*

Grotto Balduana, Bellavista

Auf dem Weg zum Monte Generoso. Hier heissen die Gastgeber seit 17 Jahren Milanka und Slave Momcilovic, die Küche ist höchst tessinerisch, alles ist «nostrano» und wird mit Liebe zubereitet und serviert. Fleischvögel, geschmortes Kaninchen, Kalbsvoressen, Erdbeermousse. Ein Ort mit einer wundervollen Aussicht und einem gepflegten Garten im Grünen. *Grotto la Balduana, Bellavista Monte Generoso, Tel. 091 646 25 28, www.baldovana.ch.*

Antico Grotto Ticino, Mendrisio

In der berühmten Via Alle Cantine in Mendrisio, wo die önologischen Preziosen unter anderem von Gialdi lagern, sind einige hervorragende Grotti zu Hause. Das Grotto mit dem besten Risotto weit und breit ist das Antico Grotto Ticino, geführt von Andrea Bosia. Es gibt hausgemachte Ravioli und Gnocchi, diverse Risotti, Minestrun, Büsecca, Bollito misto, Polenta mit Pilzen oder Luganighetta. *Antico Grotto Ticino, Andrea Bosia, Via alle Cantine 20, 6850 Mendrisio, Ruhetage: Mi., Tel. 091 646 77 97, www.grottoticino.com.*

Grotto Linet, Chiasso

Das heutige Chiasso wurde in der Römerzeit Clasio tabernum genannt, «Tavernen-Stadt». Offenbar war schon damals an dieser wichtigen Transitachse die Wirtshausdichte besonders hoch. Eines der ältesten am Platz ist das Linet, das seinen ursprünglichen Charme samt Bocciabahn bewahrt hat. *Grotto Linet, Via Sottopenz, 6830 Chiasso, Ruhetage: Mo., Tel. 091 683 08 74.*

Osteria del Teatro, Vacallo

Die Osteria liegt nicht weit vom Haus, in dem der Komponist Puccini einige Jahre verbrachte. Heute ist das Teatro vor allem für jüngere Leute ein beliebter Treffpunkt: Es gibt Pizza, darunter auch glutenfreie, sowie Tessiner Traditionsküche wie Gnocchi oder Ossobucco auf gutem und preiswertem Niveau. *Osteria del Teatro, Piazza Municipio, 6833 Vacallo, Tel. 091 683 13 97.*

Ristorante Al Torchio Antico

Eine der sehr guten Adressen auf dem Monte San Giorgio, mitten im historischen Dorfkern von Arzo. Es gibt Gnochi mit Luganighetta-Ragout und weissen Bohnen, Loto-Risotto mit Spinat und Nüssen, Merluzzo an Zimt-Honig-Sauce oder die weit herum berühmte Spezialität des Hauses: das Torchio-Tartar. *Ristorante Al Torchio Antico, Piazzetta Bustelli, 6864 Arzo, Mo. ganzer Tag und Di.-Mittag geschlossen, Tel. 091 646 49 94, www.torchioantico.ch.*

Essen im Schmugglerdorf Scudellate

Zuoberst im Muggiotal, an der Grenze zu Italien, liegt das ehemalige Schmugglerdorf Scudellate. «Das ist nicht das Ende der Welt, aber man kann es sehen», lacht Piera Piffaretti, die das gefährlich am Abgrund schwebende Wirtshaus Manciana führt. Aus dem Radio scheppert alter Jazz, im Cheminéeraum sitzen Handwerker, und in der Küche schmoren die Ossobuchi in der Pfanne. Sieben Gäste haben sich für das Mittagessen angemeldet. Auch der «Herr Journalist» bekommt ein saftiges Fleisch am Knochen und eine grosse Portion Polenta. Da Piera konsequent frisch kocht, muss man zwei Tage vorher anrufen, damit sie ihre exzellente Nonna-Küche auf die Teller zaubert.

do Clericetti, der ehemalige Primarlehrer im Dorf. Er kennt die Schmugglerzeiten bestens: «Ich musste damals als Kind für die Schmuggler die ‹peduli› machen, das waren aus Jutesäcken zusammengenähte Schuhe, die es ihnen erlaubte, buchstäblich auf leisen Sohlen zum Comersee zu gelangen. Sieben Stunden dauerte der Weg, 70 Franken betrug der Lohn für den Transport einer ‹bricolla›. Die wog 25 Kilogramm und enthielt etwa 700 Zigarettenpäckli. Auch wenn die «contrabandieri» die Zöllner mit Schweigegeld bestachen, kam es trotzdem zu Schiessereien. Mindestens zehn Schmuggler wurden in jenen Zeiten getötet», erinnert sich Edmondo. Die meisten «contrabandieri» erfrischten und stärkten sich nach den langen Schmugglernächten in der Osteria Manciana, als Piera noch ein junges Mädchen war.

Osteria Manciana, Piera Piffaretti, 6838 Scudellate, Ruhetag: Mi., Tel. 091 684 11 36.

Schmugglerexperte Edmondo Clericetti. In den Vierzigerjahren war die Osteria Manciana eine beliebte Anlaufstelle für Schmuggler. Der italienische Staat hatte damals das Zigaretten-Monopol inne und erhob derart hohe Steuern, dass es sich lohnte, die Zigaretten über die Berge an den Comersee zu bringen. Zurück brachten die jungen «contrabandieri» Reis, Zucker und Kaffee. «Bis in die Siebzigerjahre waren praktisch alle in Scudellate im Schmuggel tätig, erinnert sich Edmon-

Zwei «spalloni» (Zigarettenschmuggler), im Vordergrund ein Paket mit 700 Zigarettenpäckli, genannt «bricolla», das 25 kg wog.

Die «peduli», aus Jutesäcken gefertigte Schmugglerschuhe.

Die schönsten Tessiner Grotti

Es gibt sie noch, die lauschigen, verträumten Grotti, in denen man Tessiner Urküche geniessen kann: Wurst, Formaggini, Formaggio d'Alpe und Nostrano, der oft aus den familieneigenen Reben der Grottobesitzer stammt. Einige der schönsten und ursprünglichsten Grotti im Tessin haben wir für Sie zusammengetragen.

Am Anfang war der Fels

Das Tessin ist ein steinreicher Kanton. Vor allem in den Tälern prägt der Fels das Bild der Dörfer, in denen viele Häuser früher über keine Keller, geschweige denn Kühlschränke verfügten.

Dann kam der Felsenkeller

Lange vor Sibir und Co. haben die Menschen am Alpenkamm den Kühlschrank erfunden: In Felsnischen und Höhlen richteten sie ihre «cantine» ein, lagerten Käse, Wurstwaren und Wein. Eine geniale Erfindung! Denn in diesen Kühlräumen im Fels gibt es meist eine natürliche Belüftung, die eine konstante, fast gleich bleibende Temperatur sicherstellt. Um die 12 Grad hat der Forscher Otto Schütz im Jahr 1733 in den Grotti in Mendrisio gemessen.

Genauso viel sind es noch heute, wie mir Stefano in seinem Grotto Baldi an der Via dei Cantine in Mendrisio an seinem Thermometer zeigt: Das Grotto am Fusse des Monte Generoso verfügt über einen Felsenkeller, der von den Kavernen des Kalksteinbergs auf natürliche Art durchlüftet wird. «Im Sommer hat man den Eindruck, es sei eiskalt», sagt Stefano, «im Winter empfindet man die Temperatur als angenehm warm. Dabei sind es immer exakt 10 bis 12 Grad.» Einzig die Luftfeuchtigkeit ist nicht für alle Produkte ideal:

Das Wort Grotto kommt vom griechischen «kryptè» und dem lateinischen «crupta» und bedeutet Höhle.

«Der Käse braucht eine hohe Luftfeuchtigkeit, der Wein und die Mazze dagegen eine möglichst niedrige», erklärt Stefano. «Deshalb wurden früher oft mehrere Grotti genutzt, je nachdem, was man lagern wollte.»

Die Grotti von Biasca. Silvano Calanca aus Biasca gilt als einer besten Kenner der Tessiner Grotto-

geschichte. An einem heissen Sommerabend pilgern wir mit ihm in die Felsen am Nordrand der Stadt, setzen uns an einen alten Granittisch und blenden siebzig Jahre zurück, als die gegen hundert Grotti in den Felsen noch rege genutzt wurden: «Immer am Wochenende haben sich die Familien bei ihren Grotti versammelt. Brot und Wasser haben sie von zuhause mitgebracht, der Rest war in der «cantina», im Felsenkeller gelagert: Salami, Rohschinken, Speck und natürlich der Nostrano, gekeltert aus den Trauben aus den Familienrebbergen in der Riviera», erinnert sich Silvano Calanca. «Es gibt im Tessin vor allem in den Tälern im Sopracenerei, aber auch im Mendrisiotto sicher einige Tausend Grotti, die Hunderte von Jahren auf dem Buckel haben. Eines der ältesten befindet sich in Roveredo und stammt aus dem Jahr 1604. Viele Tessiner Familien besitzen noch immer solche uralten Felsenkeller, lassen sie aber leider verrotten.»

Die Patina der verlorenen Zeit

Einige der schönsten alten Grotti befinden sich in Cevio im Maggiatal. Von Moosflechten überwachsene Granittische, ausgetretene Steintreppen, vermoderte Holztüren: Die Patina längst verschwundener Zeiten liegt über dem Ort, der eine fast magische Ausstrahlung hat. Wenn man sich an einen der alten Granittische setzt, glaubt man, die Stimmen der Dorfbewohner zu hören, die hier noch vor wenigen Jahrzehnten gegessen, getrunken und gefestet haben.

Aron Piezzi, der Kurator des Vallemaggia-Museums in Cevio, zeigt uns den historischen Schatz: 39 Felsenkeller mit zum Teil riesigen Innenräumen befinden sich in den Felsen hinter Cevio – es ist die wohl grösste und schönste Felsenkeller-Sammlung im Tessin. Das älteste Grotto stammt aus dem Jahr 1762. «Die relativ hoch im Tal gelegenen Grotti beweisen, dass die Weingrenze früher höher lag, dass es also wärmer war als heute», erklärt Piezzi.

Grotto ist nicht einfach Grotto

Es gibt «**cantine**» (einfache Felsenkeller), «**splüi**», das sind unter den Felsbrocken angesiedelte Häuser, «**gronde**» (an die Felsen angebaute Konstruktionen) und «**grotti**», Felsenkeller mit Steintischen, aus denen später kleine Beizen entstanden. Solche «sottorocci» findet man im Tessin bis auf 2000 Meter Höhe. Allein im Maggiatal gibt es einige Tausend «sottorocci», die damit schon fast ein Paralleluniversum darstellen.

Hermann Hesse und die Grotti

© Suhrkamp Verlag

Hermann Hesse war während seiner Montagnola-Zeit (ab 1919) oft in den umliegenden Grotti anzutreffen. Er hat das typische Grotto-Ambiente in einem seiner Texte festgehalten:

«Im Wald, an der Schattenseite des Berges, liegen die Grotti, die Weinkeller des Dorfes; ein kleines, zwerghaft phantastisches Märchendorf im Wald (...). Da liegt der Wein in grauen Fässern. Es ist ein sanfter, sehr leichter, traubiger Wein von roter Farbe, er schmeckt kühl und sauer nach Fruchtsaft und dicken Traubenschalen. Wir sitzen in einem Grotto am steilen Waldhang auf einer kleinen Terrasse, die man auf ungefügten Stufen erklimmt. Ungeheuer steigen die Stämme der Bäume empor, alte riesige Bäume, Kastanien, Platanen, Akazien (...). Oft bin ich bei fallendem Regen hier gesessen, im Freien, im Walde, stundenlang, und bin von keinem Tropfen berührt worden. Wir sitzen im Dunkel, schweigend, ein paar fremde Künstler, die hier wohnen. In kleinen, irdenen Tassen, weiss und blau gestreift, steht der rosige Wein.»

Die Beschreibung passt gut zum Grotto del Cavicc bei Montagnola, das genau über eine solche Treppe und Terrasse verfügt. Auch der Felsenkeller könnte derjenige des Cavicc sein, auch wenn heute der Wein in Flaschen gelagert wird. Die etwas romantisch verklärte Schilderung Hesses korrespondiert mit der heutigen Grottokultur allerdings nur noch an wenigen Orten. Viele Grotti sind längst kleine Restaurants geworden. Andere können sich kaum vor dem Zerfall retten. Für viele sind die Grotti sogar ein Auslaufmodell, das dringend einer Revitalisierung bedarf.

Schenke im Kastanienwald. Federzeichnung, koloriert, von Herrmann Hesse um 1930 (10 x 10 cm). Das Bild zeigt, leicht idealisiert, wahrscheinlich das Grotto Cavicc.

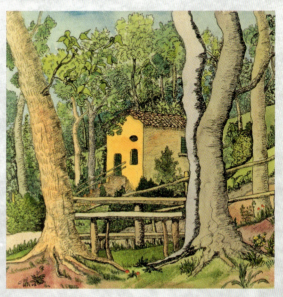

Aus dem Fels gewachsen

Die ersten Vorratskammer in den Felsen dürften bereits vor tausend Jahren entstanden sein. Um 1600 begannen daraus die typischen, kleinen Waldbeizen zu wachsen, mit Granittischen, oft auch mit einer Bocciabahn und einem einfachen, auf Nostrano, Mazze und Käse konzentrierten kulinarischen Angebot. Daraus entstand die Tessiner Grottokultur, die «Urmutter» der Tessiner Gastronomie. Doch viele dieser alten Grotti kämpfen ums Überleben. Das Torcett bei Giubiasco, eines der Urgrotti aus der Frühzeit, musste 2006 die Türen schliessen.

Um 1700 ist das Torcett aus einem kleinen Felsenkeller heraus zu einer Waldbeiz gewachsen: Die Familie Lafranchi-Del Torchio liess Granitplatten aus Osogna kommen, stellte die Tische vor der «cantina» auf, später kam eine Bocciabahn dazu, ein Haus mit einer Küche und einer Gaststube. Von Generation zu Generation wurde das Grotto weitervererbt und entwickelte sich zu einer Drehscheibe des sozialen Lebens von Giubiasco. Stefan, genannt «lo Stevan» und seine Frau Pina führten die Felsenbeiz in den letzten Jahrzehnten. Allen voran Pina, die ihre Serviertöchter mit harter Hand aussuchte und jeweils mithalf, den richtigen Mann zu finden. Stevan kümmerte sich mit Leidenschaft um den Nostrano. Für ihn war die Weinlese ein Ritual, das er zelebrierte wie einen Gottesdienst. Und wenn der Wein den «richtigen Punkt» erreicht hatte, gab es jeweils ein grosses Fest im Torcett.

Das Ende der Geschichte. 2007 endet die lange Geschichte des Torcett. Die enge Zufahrtstrasse, fehlende Parkplätze, aber auch die Ansprüche der Gäste haben die wirtschaftlichen Perspektiven reduziert. In den letzten Jahren blieben die Gäste immer mehr aus. Da half auch der tiefe Ausschnitt der Servierhilfe nicht wirklich weiter.

Das Problem kennen viele Grotti im Tessin. Vor allem in den alten Grottozonen – etwa in Biasca oder bei Ponte Brolla – ist der Zerfall unübersehbar. Grosse Investitionen und kreative Konzepte wären notwendig, um diese für das Tessin so wichtige Kultur in die Zukunft zu retten. Dass dies möglich ist, zeigen die sanft renovierten Vorläufer der modernen Grottogeneration, etwa das Grotto Angela in Iragna, das Dal Galett im Vallcolla, oder das Ca'Rossa im Maggiatal – alles komfortable, saubere Grotti, die gekonnt die Patina der Geschichte mit einem modern-rustikalen Ambiente verbinden.

Viele alte Grotti wie das Torcett, die einst Treffpunkte für die Dorfbewohner, soziale Ankerpunkte und Orte der politischen Diskurse waren, brauchen dringend neue Impulse. Vielleicht nehmen sich innovative, junge Leute der «alten Tante» am Waldrand bei Giubiasco an und machen daraus eine trendige Bar mit Disco. Und zeigen dann den Gästen stolz den alten Felsenkeller, in dem einst alles begann…

Das kulinarische Erbe der Tessiner Grotti

Die traditionelle Grottoküche war im Grunde genommen keine: Sie bestand ausschliesslich aus dem, was in den Felsenkellern gelagert wurde. Allen voran die hauseigene Mazze: Salami, Mortadella, Speck, in manchen Regionen auch Trockenfleisch und Coppa. Dazu kamen verschiedenen Käse: Alpkäse, Formagella, Ricotta und Formaggini.

Und natürlich durfte auch der hauseigene Nostrano nicht fehlen, ein urwüchsiger Rebensaft, der meist aus den familieneigenen Reben gekeltert wurde – früher aus autochthonen Sorten wie dem Bondola, später dann aus Merlot-Trauben.

Mazze, Käse und Merlot: Diese fast schon «heilige Trias» bildet noch heute in jedem traditionsbewussten Tessiner Grotto das Grundangebot. Längst hat sich das kulinarische Angebot in den Felsenkellern jedoch stark erweitert und umfasst auch warme Gerichte. Zu den neuen Klassikern gehört allen voran die Polenta, die mit verschiedenen Beilagen wie Käse, Pilzen, Luganighe, Cotechini, Kutteln oder dem kaum mehr wegzudenkenden Brasato angeboten wird. Im Som-

mer steht in vielen Grotti Pesce in carpione, in Essig eingelegter Fisch, auf der Karte. In manchen Grotti kommen Minestrone und Büsecca (Kuttelsuppe) auf den Tisch. Sogar Coniglio, Gitzi und Wild sind in edleren Grotti anzutreffen, die damit schon eher als Osterie oder sogar Restaurants zu bezeichnen sind. Spätestens, wenn auf der Menütafel auch noch Pasta erscheint, am schlimmsten in Form von «Spaghetti nonstop», ist es mit der echten, der traditionellen Tessiner Grottokultur endgültig vorbei.

Gazösa statt Coke. Teil der modernen Tessiner Grottokultur ist nicht nur der Merlot, sondern auch die Gazosa, im Dialekt «Gazösa». Mit Erfolg haben die Tessiner die Invasion industriell produzierter Softdrinks abgewehrt und produzieren ihre eigene Limonade. Über ein Dutzend Gazosa-Produzenten stellen die lokalen Mineralwasser mit Limonen- und Orangengeschmack her. Vor allem die Gazösa mit Kippverschluss ist beliebt. Die Gazösa «fatto in Ticino» ist eine Erfolgsgeschichte ohne Beispiel.

DIE SCHÖNSTEN TESSINER GROTTI

MEDRISIOTTO
1. Grotto Grassi, Tremona 312
2. Grotto Fossati, Meride 314
3. Grotto San Antonio, Balerna 315
4. Grotto Santa Margherita, Stabio 316
5. Grotto Bundi, Via alle Cantine, Mendrisio 317
6. Grotto Eremo San Nicolao 318

LUGANESE
7. Grotto del Pan perdü, Carona 320
8. Grotto Morchino, Lugano-Pazzallo 321
9. Die Grotti auf dem «Goldhügel» bei Lugano 321
10. Grotto Sassalto, Caslano 322
11. Grotto al Mulino, Bidogno 322

LOCARNESE
12. Grotto dal Galett, Scareglia (Valcolla) 323
13. Grotto Madonna della Fontana, Ascona 324
14. Grotto Ca'Rossa, Gordevio (Vallemaggia) 325

VALLEMAGGIA
15. Grotto Lafranchi, Coglio 326
16. Grotto Pozzasc, Peccia 328

LOCARNESE
17. Grotto da Peo, Monti di Ronco 330
18. Grotto Borei, Monti di Brissago 330

CENTOVALLI
19. Grotto Costa, Intragna 332
20. Grotto Al Riposo Romantico, Verdasio 332

MISOX (MESOCCO)
21. Grotti im Misox 334

RIVIERA
22. Grotto al Pozzon, Osogna 336
23. Grotto Angela, Iragna (Biasca) 338

BLENIO
24. Grotto Al Sprüch, Ludiano 339
25. Grotto Milani, Ludiano 339
26. Grotto Morign, Pontirone 340
27. Grotto Al Canvett, Semione 341

LEVENTINA
28. Grotto Val d'Ambra, Personico 342

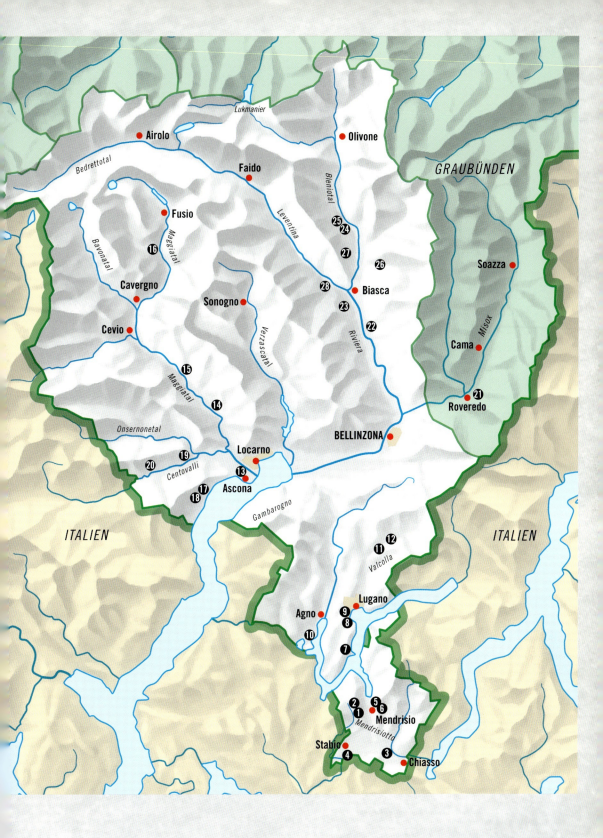

MENDRISIOTTO

GROTTO 1
Grotto Grassi, Tremona

Das Grotto Grassi auf dem Monte San Giorgio gilt als eines der schönsten im Tessin: Es liegt etwas unterhalb des Dörfchens Tremona mit Weitblick auf den See. Entstanden ist die Waldbeiz vor 120 Jahren, als die Familie Grassi neben der «cantina» ein einfaches Haus baute, einige Tische davorstellte und an den Wochenenden klassische Grottogerichte anzubieten begann. Seit zehn Jahren führt die junge Familie Mogliazzi das Grotto. Luca kommt aus Novazzano, Brigitte aus dem Appenzell. An sonnigen Tagen ist das Grotto gut besucht, dann servieren die beiden gut 200 Menüs pro Tag. Hausspezialitäten sind Pouletbrüstchen an Mascarpone-Pilz-Sauce, Luganighette, Coniglio, am Abend Grilladen, unter anderem Lammkoteletts und Schweinsrippchen. Die Mazze stammen von den eigenen Schweinen, die im Calancatal gesömmert werden. Unbedingt probieren sollte man Lucas Lorbeerschnaps, den Brand aus Fichtennadeln und den hausgemachten Grappa aus Trauben vom Monte San Giorgio. Herausragend sind Brigittes Torten und Kuchen, darunter die Torta sbrisolona (Brösmelikuchen) aus Mais- und Weissmehl oder der traumhaft gute Kastanienkuchen.

Grotto Grassi, Brigitte, Luca und Tochter Aline Mogliazzi,
ADRESSE: **Via ai Grotti, 6865 Tremona,** WEGBESCHRIEB: **von Mendrisio Richtung Stabio, nach 3 km Ausfahrt Rancate, dann Richtung Besazio. Wegweiser im Dorf Tremona,** GEÖFFNET: **März bis Ende Okt.,** RUHETAGE: **wetterabhängig,** TEL. **079 353 94 04,** INTERNET: **www.grottograssi.com.**

MENDRISIOTTO

GROTTO 2
Grotto Fossati, Meride

Wo guter Wein wächst, sind auch die Grotti nicht weit: Die Faustregel bewahrheitet sich beim Fossati aufs Schönste. Auf der Sonnenseite des Monte San Giorgio, mitten in einer der besten Weinregionen der Südschweiz, liegt das architektonisch zwar etwas gewöhnungsbedürftige «Waldhaus». Doch kulinarisch und önologisch gibt es nichts zu beanstanden. Schliesslich wachsen hier edle Tropfen wie der Sottobosco vom Tenimento dell'Ör (Arzo), der Tremonti von den Cantine Latini (Tremona) oder der Roncaia von Zanini (Ligornetto). Wein ist ein zentrales Thema im Fossati: Mario Lupi gilt als eine der grossen Weinnasen der Südschweiz und hat über 500 Etiketten im Felsenkeller gelagert, darunter einige Weine, die ein Vermögen wert sind.

Die Küche konzentriert sich auf einige wenige, täglich frisch zubereitete Hausspezialitäten, darunter Polenta mit Wachteln, Risotto mit Ossobuco, im Herbst auch Wild. Die Polenta wird vom Chef des Hauses höchstpersönlich im Kupferkessel zubereitet. Herausragend sind die Mazze, die nach Familienrezept hergestellt werden, genau wie die Formaggini, die von einem Käseproduzenten von Meride stammen.

Grotto Fossati, Familie Lupi, ADRESSE: **6866 Meride,** WEGBESCHRIEB: **etwa drei Kilometer von Tremona (siehe Grotto Grassi), am unteren Dorfrand im Wald,** GEÖFFNET: **März bis Ende Okt.,** RUHETAGE: **Mo., nach den Sommerferien auch Di.,** TELEFON: **091 646 56 06.**

MENDRISIOTTO

GROTTO 3
Grotto San Antonio, Balerna

Charles Bukowski hätte an dieser Urbeiz seine Freude gehabt! Ein paar Holztische, viel Wein und Whisky in den Gestellen und weit und breit keine Menükarte: Im Grotto San Antonio, unterhalb der Kirche von Balerna, kreiert Patrizia aus dem Bauch heraus ihre «piatti del giorno». Zusammen mit ihrem Mann Giancarlo, hauptberuflich Weinhändler, betreibt sie das kleine Grotto (hier «Crotto» genannt) als Wochenendhobby. Frequentiert wird die Dorfbeiz vor allem von den Einheimischen, die hier am Abend eine Minestrone, ein Ossobuco oder auch nur Mazze geniessen. Bei schönem Wetter wird Boccia gespielt.

Grotto San Antonio, Patrizia und Giancarlo Riva, ADRESSE: 6828 Balerna GEÖFFNET: April bis Dez., jeweils Fr.-abend bis So., 24 Uhr, im Sommer auch am Mo.- und Di.-Abend offen, TELEFON: 091 683 07 08 und 076 339 81 17.

MENDRISIOTTO

GROTTO 4
Grotto Santa Margherita, Stabio

Das Grotto, das direkt an der italienischen Grenze liegt, ist ein Juwel. Hundert Meter entfernt kann man noch das ausgediente Bahngleis der ehemaligen Gotthardlinie sehen, die früher über Varese nach Mailand führte. Das Gebiet hat die Aura des Niemandslandes, in dem sich das Grotto Santa Margherita seit Jahrzehnten gegen den Zerfall wehrt. Achtzehn Jahre lang haben Aldo Bianchi und seine Frau das wunderschöne Haus mit Malereien aus den 1940er-Jahren geführt. «Jetzt sind die Kinder gross, es ist Zeit für etwas Neues», sagt Aldo, der nie ohne sein rotes Beret kocht. Das Haus, das im Zweiten Weltkrieg von Schweizer Grenzsoldaten frequentiert wurde, wird ab 2007 von einem der besten Grappa-Brenner der Schweiz übernommen, der die Grottotradition weiterführen wird. Geplant ist eine traditionelle Tessiner Küche, alles «nostrano» und natürlich mit einer grossen Auswahl an Destillaten, die zu einem grossen Teil mit Goldmedaillen prämiert wurden. Ein Ort, den man im Auge behalten sollte!

Grotto Santa Margherita, Luciano Beretta (Antica Distilleria De-Carli), ADRESSE: **6855 Stabio, Via Santa Margherita 31,** GEÖFFNET: **März bis Ende Okt.,** RUHETAGE: **anfragen,** TELEFON: **091 683 53 74,** INTERNET: **www.distilleriadecarli.ch.**

MENDRISIOTTO

GROTTO 5
Grotto Bundi, Via alle Cantine, Mendrisio

Die Via alle Cantine ist das Grottoviertel von Mendrisio. Dutzende von alten «cantine» liegen hier in den Felsen, einige werden noch heute als Weinkeller genutzt. Auch die Dichte an guten Grotti ist hier besonders hoch. Man kann sich kaum entscheiden, soll man die Treppe hochsteigen ins Grotto San Martino mit seiner schönen Sonnenterrasse oder doch ins hochgelobte Antico Grotto Ticino von Andrea Bosia, der einen der besten Risotti der Region macht (mit Taleggio). Wir haben uns für das Grotto Bundi entschieden, in dem Stefano Romelli zwei Mal täglich frische Polenta macht, sage und schreibe zehn Tonnen im Jahr! Serviert wird sie von seiner Frau Sandrine wahlweise mit weissen Bohnen und saftigen Luganighe, mit Wachteln, Brasato oder Coniglio. Am Dienstagmittag ist Ossobuco angesagt, am Mittwoch Büsecca (Kuttelsuppe), am Donnerstag Bollito misto, am Freitag Gnocchi. Spannend ist die «cantina» des Hauses, in der ein Thermometer die ganzjährig konstante Temperatur von 12 bis 14 Grad misst. Belüftet wird das Grotto von den natürlichen Luftkanälen im Felsen.

Grotto Bundi, Stefano und Sandrine Romelli, ADRESSE: 6850 Mendrisio, Via alle Cantine 24, WEGBESCHRIEB: im Cantine-Viertel, nördlich von Mendrisio, GEÖFFNET: immer ausser Mo., BETRIEBSFERIEN: keine, TELEFON: 091 646 70 89, INTERNET: www.grottobundi.com.

MENDRISIOTTO

GROTTO 6
Grotto Eremo San Nicolao

Auf halber Höhe zum Monte Generoso, an den steilen Felsen geschmiegt, liegt das Grotto Eremo San Nicolao. Es ist das einzige Grotto im Tessin, das direkt neben einer kleinen Kirche steht. Diese ist dem heiligen Niklaus geweiht, der offenbar kein Kostverächter war: Hinter der Kirche führt ein langer Felsgang zu mehreren «cantine», in denen Angela Marazzi den Wein und den Käse aufbewahrt. Seit 17 Jahren führt sie das San Nicolao. Wenn sie nicht gerade mit Gästen Karten spielt (ihr grosses Hobby), kocht sie Risotto, begleitet von Fleischvögeln, Coniglio, Ossobuco oder Funghi. Dazu gibt es die Torta di pane und einen hausgemachten Nocino. Der Blick auf das Mendrisotto, mit ordentlicher Geräuschkulisse aus der Tiefe, ist einzigartig – vor allem vom Toilettenfenster aus (Bild unten rechts).

Der schönste Teil des Grottos, ein kleiner, verwunschener Garten mit einem Granittisch, liegt versteckt hinter der Kirche.

Grotto Eremo San Nicolao, Angela Marazzi, ADRESSE: **6872 Somazzo, Via San Nicolao,** WEGBESCHRIEB: **ausgangs Mendrisio Richtung Somazzo-Monte Generoso, nach ca. 5 km Abzweigung zum Grotto (beschildert),** GEÖFFNET: **April bis Ende Okt., täglich ausser Mo. und Di,** TELEFON: **091 646 40 50.**

LUGANESE

GROTTO 7
Grotto del Pan perdü, Carona

Carona, ein kleines, romantisches Dörfchen hoch über Melide, ist entweder von Morcote oder von Lugano-Paradiso aus erreichbar. Hier ist das Pan perdü (das «verlorene Brot») zuhause, das vom ehemaligen Velorennfahrer Giovanni Albisetti und seinem Bruder Tiziano geführt wird. Im Hintergrund läuft Tessiner Musik, überall hängen Maiskolben, die Blumenpracht ist atemberaubend. Trotz etwas überladener Dekoration ist das Pan perdü ein äusserst gemütliches Plätzchen, das auch kulinarisch überzeugt, unter anderem mit hausgemachten Trüffel-Ravioli, Polenta aus dem Kupferkessel, Wildspezialitäten (Rehrücken, Rehmedaillons, Hirsch). Die Mazze sind hausgemacht, der Wein (mit der Etikette des rennfahrenden Hausherrn) stammt aus Albisettis eigenen Reben.

Grotto del Pan perdü, Giovanni und Tiziano Albisetti, ADRESSE: **6914 Carona**, WEGBESCHRIEB: **von Morcote oder Lugano-Paradiso aus Richtung Carona**, GEÖFFNET: **März bis Nov.**, RUHETAGE: **Mo., im Winter jeweils bei schönem Wetter von Fr.- bis So.-Abend offen**, TELEFON: **091 649 91 92**.

LUGANESE
GROTTO 8
Grotto Morchino, Lugano-Pazzallo

Seit 1842 führt die Familie Olgiati das Morchino, in dem schon Hermann Hesse gerne getafelt und gebechert hat. Äusserlich ist das Morchino, wie viele Grotti, nicht gerade eine Schönheit, auch die etwas unaufgeräumte Umgebung trägt nicht zum Idealbild eines «Traumgrottos» bei. Kulinarisch allerdings ist man hier sehr gut aufgehoben. Vom klassischen Wurst-Käse-Angebot bis zum ausgewachsenen Menü «Murchinada» bietet das Morchino traditionelle Tessiner Grottoküche. Besonders spannend ist der Herbst mit Wild und acht verschiedenen Kastaniengerichten, darunter Risotto alle castagne oder Kastanienmousse. Auch die Tradition der auf dem Cheminéefeuer gerösteten Marroni wird hier hochgehalten.

Grotto Morchino, Pierluigi Olgiati, ADRESSE: 6912 Lugano-Pazzallo, Via Carona 1, WEGBESCHRIEB: an der Strasse von Lugano-Paradiso nach Carona, GEÖFFNET: April bis Okt., jeweils ab Fr.-Abend bis So., TELEFON: 091 994 60 44, INTERNET: www.morchino.ch.

LUGANESE
GROTTO 9
Die Grotti auf dem «Goldhügel» bei Lugano

Der Hügel, auf dessen Spitze das Dörfchen Montagnola liegt, wird zu Recht als Collina d'oro bezeichnet. Hier liegen bevorzugte Wohnlagen und das renommierte Restaurant Santabbondio von Martin Dalsass. Der Goldhügel ist auch ein Ballungsort guter Grotti, von denen wir eines der besten, das Cavicc, bereits umfassend vorgestellt haben (S. 228). Ebenfalls empfehlenswert ist das Grotto Bellavista, das vor allem für seine Grilladen bekannt ist.

Grotto Figini, Giorgio und Patti Gentilini ADRESSE: 6925 Gentilino, Via ai Grotti 17, GEÖFFNET: Febr. bis 20. Dez., täglich ausser Mo., TELEFON: 091 994 64 97.

LUGANESE

GROTTO 10
Grotto Sassalto, Caslano

Ein Grotto mit Weitblick und gepflegter Atmosphäre. Iris und Silvio führen dieses Grotto in den Selven, das sich selber als «vero grotto ticinese» – als echtes Tessiner Grotto – bezeichnet. «Hier gibt es garantiert keine Spaghetti oder Pommes», lacht Silvio, der die Grottokultur nicht ohne Grund hochhält: «Schon meine Grosseltern führten Grotti, ich bin mit diesen Waldbeizen gross geworden.» Entsprechend klassisch ist auch das kulinarische Angebot: Trota in carpione, Polenta mit Brasato, Coniglio, verschiedene Grilladen, im Herbst Wild. Der Hauswein ist ein klassischer Nostrano, das heisst, er sollte innerhalb eines Jahres nach der Ernte getrunken werden. Natürlich macht der Grottobesitzer auch den Nocino selber, mit Nüssen, die Silvio am 24. Juni in den Grappa legt – genau so, wie es die Tradition vorschreibt. Ein Grotto wie in den alten Tagen!

Grotto Sassalto, Iris und Silvio Crivelli, ADRESSE: **6987 Caslano**, WEGBESCHRIEB: **in Caslano nach der Seepromenade die Via Stremadone entlang, durch den Wald (zu Fuss ca. 10 Min.)**, GEÖFFNET: **von März bis Ende Okt., täglich, ausser am Sa.-Mittag**, TELEFON: **079 331 30 50**.

LUGANESE

GROTTO 11
Grotto al Mulino, Bidogno

Von Tesserete aus geht es ins Valcolla-Gebiet nach Bidogno, wo sich dieses kleine, feine Grotto gut versteckt: Das Mulino von Pia und Marco liegt mitten im Kastanienwald in einem Tobel. Die Lage erklärt sich durch die historische Funktion des Hauses: Hier wurden früher Korn und Kastanien gemahlen. Von den Plastikstühlen im Garten sollte man sich nicht abschrecken lassen. Im Inneren ist es urgemütlich, die Tische sind weiss aufgedeckt, und die Küche ist perfekt. Der Brasato kommt mit viel Sauce und einer Polenta mit einem Seelein drin auf den Tisch. Die Polenta gibt es auch mit Pancetta, «conscia» (mit Käse) oder wie in den bäuerlichen Urzeiten mit Milch. Auch hier steht im Herbst Wild, vor allem Hirsch, auf der Karte, und mit einer luftig-leichten Mousse erweist das Mulino auch den Kastanien die Reverenz.

Grotto al Mulino, Familie Bernasconi ADRESSE: **6958 Bidogno**, GEÖFFNET: **März bis Dez.**, RUHETAGE: **Mo., Di., im Juli, Aug. nur Di.**, TELEFON: **091 944 10 54**.

LOCARNESE

GROTTO 12
Grotto dal Galett, Scareglia (Valcolla)

Eine aufgestellte Familie, eine hervorragende Küche und ein gepflegtes, rustikal-modernes Ambiente: Das Grotto dal Galett im Valcolla ist ein Grotto der neuen Generation, das eigentlich schon fast ein Restaurant ist. Einzig die Öffnungszeiten (zwei Wochen ab Ostern bis Ende Oktober) deuten auf die für die Grotti typischen Rahmenbedingungen hin. Die Kulinarik ist so überzeugend, dass vor allem die Tessiner das Haus an jedem Wochenende voll besetzen. Es gibt Sparerips im Rotwein mit Steinpilzen, Knoblauch und Petersilie, gerollte Kalbsbrust, mit Prosciutto gefüllte Hähnchen, hauseigene Mazze – alles hervorragend! Christian, der in der Küche steht (beim Familienfoto rechts im Bild), ist hauptberuflich Restaurator. Schon Grossvater Frapolli hatte Kunstverstand in den Adern: Jeweils im Winter wanderte er nach Paris, um als Maler sein Geld zu verdienen. Aus seinem Kuhstall haben die Frapollis dann vor einem Jahrzehnt das Grotto gebaut. Stärkstes Qualitätsmoment im Galett ist die Familie, die sich um die Gäste kümmert als wären sie alle Teil der Sippe. So warmherzig wie von Renzo, Manuela, Giuliana und Christian wird man selten empfangen. Eines meiner bevorzugten Plätzchen im Tessin!

Grotto dal Galett, Christian Frapolli und Familie, ADRESSE: **6951 Scareglia (Valcolla),** WEGBESCHRIEB: **von Tesserete Richtung Scareglia (linke Talseite des Valcolla),** GEÖFFNET: **Do.- und Fr.-Abend ab 17 Uhr, Sa. und So. ab 10 Uhr,** BETRIEBSFERIEN: **Nov. bis 2 Wochen vor Ostern,** TELEFON: **091 930 70 08 und 079 783 65 57.**

LOCARNESE

GROTTO **13**
Grotto Madonna della Fontana, Ascona

Die Tessiner Grottoküche steht in diesem Grotto unterhalb des Monte Verità hoch im Kurs: Es gibt Coniglio, Braten mit Polenta und Risotto. Doch Paolo Annis, der das Haus seit über einem Jahrzehnt führt, bietet auch Neues – zum Beispiel Gonfiotto, eine mit Käse überbackene Lasagne mit Nudeln und Ricotta. Oder Fagottini, mit Käse überbackene Rindfleischkugeln, begleitet von Polenta. Spezialität des Grottos, an dessen Eingang eine grosse Kirche steht, sind die Ravioli della nonna mit einer Pilz-Rahmsauce. Wenn man mit mehreren Personen bei der «heiligen Quelle» essen möchte, sollte man reservieren. Besonders im Herbst, wenn Wild auf der Karte steht. Paolo geht selber auf die Jagd und weiss, was die Wildfans wünschen. Im Cheminée knistert das Feuer, man isst an urchigen Holztischen, Kerzen stehen auf dem Tisch – das Grotto mutiert zur Berghütte. Aber auch im Sommer, wenn Paolo grilliert und am Mittwoch Tessiner Musiker aufspielen, wird es bei der Madonna oft ausgesprochen gemütlich.

Grotto Madonna della Fontana, Paolo Annis, ADRESSE: **6612 Ascona, Via Madonna Fontana,** WEGBESCHRIEB: **eingangs Ascona (kurz nach dem Kreisel) Richtung Monte Verità,** GEÖFFNET: **April bis Ende Okt.,** RUHETAGE: **keine,** TELEFON: **091 791 12 09.**

LOCARNESE

GROTTO 14
Grotto Ca'Rossa, Gordevio (Vallemaggia)

Seit März 2006 führen Marlen und ihr Freund Vittorio das «rote Haus», das früher ein Stall und noch früher eine Pferdewechselstelle für die Postkutsche war. Die Ca'Rossa liegt direkt an der Strasse, bietet auf der Terrasse und vor allem auch im Innern ein höchst gemütliches, gepflegtes Ambiente. Gekonnt wurden hier rustikale Elemente mit modernem Komfort und viel Geschmack kombiniert. So muss man sich ein Grotto der Neuzeit vorstellen!

Auch kulinarisch darf man im Ca'Rossa nur Gutes erwarten: Costini waren schon unter den früheren Wirten, der Familie Vitali, die Hausspezialität und sind es noch heute. Die knusprigen Rippli gibt es jeweils von Mai bis September am Freitag- und Samstagabend. Am Sonntag ist Fleisch vom heissen Stein angesagt, nach Wahl Filet, Spiesschen, Luganighette und weitere «Saftbrocken». Täglich wird die Polenta frisch gemacht. Die Desserts sind alle aus der Hand der Gastgeberin – von der Torta di pane bis zu den frischen Früchtekuchen. Im Herbst kommt der Kastanienkuchen dazu, eine hervorragende Sache! Dazu kommt eine schöne Weinauswahl, die im Felsenkeller gelagert wird. Auch wer nur kurz auf ein Glas hereinschauen will oder ein kaltes Plättli geniessen möchte: Das Ca'Rossa ist eine sehr gute Anlaufstelle.

Grotto Ca'Rossa, Marlen Frey und Vittorio Lorenzi, ADRESSE: **6672 Gordevio**, WEGBESCHRIEB: **von Ponte Brolla ins Maggiatal, an der Strasse zwischen Gordevio und Roncchini**, RUHETAGE: **Mi.**, BETRIEBSFERIEN: **Ende Nov. bis Mitte März**, TELEFON: **091 753 28 32**, INTERNET: **www.grottocarossa.ch**.

VALLEMAGGIA

GROTTO **15**
Grotto Lafranchi, Coglio

Eines der besten Talgrotti liegt im Dorfkern von Coglio. Hier hatten wir das Glück, die im ganzen Tessin berühmte, aber rare Cicitt, die Ziegenwurst, zu probieren (siehe S. 204). Gleichzeitig standen Büsecca (Kutteln) auf der Menükarte, Polenta mit Brasato und Coniglio – Tessiner Küche vom Feinsten. Das Lafranchi gehört Claudio Sollberger, der auch die Vecchia Osteria Dazio in Fusio leitet. Geführt wird das Lafranchi von Sergio, am Herd steht Mike.

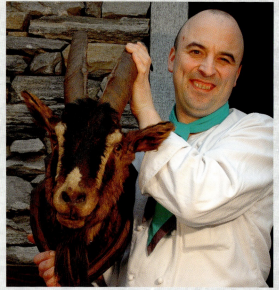

Grotto Lafranchi, Claudio Sollberger, ADRESSE: **6678 Coglio**, GEÖFFNET: **von April bis Nov., jeweils zu den Essenszeiten**, RUHETAGE: **Mo.**, TELEFON: **091 753 18 36**, INTERNET: **www.hats.ch/grottolafranchi**.

VALLEMAGGIA

GROTTO 16
Grotto Pozzasc, Peccia

Pozzasc – ausgesprochen Pozzasch – bedeutet so viel wie grosser Teich. Den gibt es hier tatsächlich, samt Bergbachforellen und einer ehemaligen Mühle am rauschenden Bach. Für viele ist das Pozzasc das schönste Grotto im Tessin, sicher aber ein äusserst romantisches und gepflegtes. Es gibt Käse aus dem Tal, darunter den Ziegenfrischkäse Büscion, hausgemachte Mazze, Polenta mit Fleischspiess, Mortadella, Alpkäse oder Gorgonzola und eine kleine, feine Weinauswahl mit Tessiner Etiketten. Im Pozzasc wird täglich auch die Polenta-Tradition gepflegt: Immer um 11 Uhr morgens setzt Fernando Foresti den Kupferkessel auf das offene Feuer und füllt seine Geheimmischung aus fünf verschiedenen Maissorten ins heisse Wasser. Dass es dabei qualmt und raucht, dass dem Hausherrn die Tränen kommen, gehört dazu. Geschöpft wird der gelbe, körnige Berg mit dem Holzlöffel. Als Begleitung bieten sich Spezzatino (Ragout), Mortadella, Luganighette oder einfach nur Alpkäse an. Dazu passt am besten der äusserst populär kalkulierte Nostrano. Ab Mitte September gibt es Wild, unter anderem Gamspfeffer, auf Vorbestellung. Auch kulturell setzt das Pozzasc auf Anspruch: Im Sommer finden hier die Vallemaggia Blues-Nights statt.

Grotto Pozzasc, Plinia und Fernando Foresti, ADRESSE: **6695 Peccia, Maggiatal,** WEGBESCHRIEB: das Maggiatal hinauf bis Peccia, dann Richtung Steinbruch und zum Fluss hinunter, GEÖFFNET: vom 1. Mai bis Mitte Okt. (abhängig von der Schneelage), RUHETAGE: Mo., TELEFON: Tel. 091 755 16 04 (im Winter: 091 753 20 82).

LOCARNESE

GROTTO 17
Grotto da Peo, Monti di Ronco

Der Salat kommt in der Schüssel auf den Tisch, die Polenta aus dem Kupferkessel, und zum Brasato gibt es eine Extraportion Sauce. Bis auf den letzten Platz sind die Holztische an sonnigen Wochenenden besetzt – die vorderen Tische mit einem Weitblick, den nur noch das Grotto Borei zu überbieten vermag: Von Locarno bis ans italienische Ende des Lago Maggiore schweift der Blick. Der See liegt einem buchstäblich zu Füssen. Mutter Luciana kocht am Miniherd im Freien frische Karotten aus dem Garten, Polenta und Brasato: «Alles ist frisch, nichts ist bei uns tiefgefroren oder aus dem Plastiksack», sagt sie stolz. Besonders zu empfehlen sind ihre Polpetti di manzo, hausgemachte Rindfleischkugeln, oder das Vitello tonnato mit hausgemachter Vinaigrette. Dazu gibt es die klassische Grotto-Karte mit Mazze und Käse.

Grotto da Peo, Ivana und Luciana, ADRESSE: 6622 Ronco sopra Ascona, Monti di Gura, GEÖFFNET: Mitte März bis Ende Okt., RUHETAGE: Do., TELEFON: 091 791 70 00.

LOCARNESE

GROTTO 18
Grotto Borei, Monti di Brissago

Das Borei ist eines meiner Lieblingsgrotti: In keinem ist der Blick weiträumiger (man sieht den ganzen Lago Maggiore), in wenigen ist es draussen und drinnen so gemütlich. Dazu kommt Fiorellas Kochkunst, die zu aussergewöhnlichen Resultaten führt: An Spitzentagen kochen die Brasati, Arrosti und Ossobuchi gleich im Dutzend in grossen Pfannen auf dem Herd, selbstverständlich im hausgemachten, mit viel Gemüse angereicherten Fond. Seit 1972 führt die Familie Battistessa das wunderschöne Haus, das von Mutter Ersilia Solferini zum Grotto ausgebaut wurde. Die Karte ist klein und umfasst immer Risotto, der saisonal variiert wird, zum Beispiel mit Zucchini, Tomaten oder Spargeln. Spezialität des Hauses ist das Fleisch, das vom eigenen kleinen Hof unterhalb des Hauses kommt: Sechs Kühe und 120 Schafe gehören zum familieneigenen Hof auf den Monti. Honig und Grappa sind ebenfalls hausgemacht. Und sogar der Alpkäse stammt von der Familie: Fiorellas Bruder, Sergio Balestra, ist Käser auf der Alp Predasca in der Nähe vom Campo di Blenio.
Im Bild oben rechts Elisa (die Tochter Fiorellas), Ersilia (die Grossmutter und Gründerin des Grotto) und Fiorella, die das Borei führt und am Herd steht.

Grotto Borei, Fiorella und ihre Töchter Sara und Elisa Battistessa, ADRESSE: 6614 Brissago, Via Gridone 97, WEGBESCHRIEB: in Brissago, bei der Kirche Madonna di Ponte (gegenüber der Tabakfabrik) 5 km den Berg hinauf Richtung Borei, GEÖFFNET: vom 1. April bis Ende Nov., RUHETAGE: Do., TELEFON: 091 793 01 95.

CENTOVALLI
GROTTO 19
Grotto Costa, Intragna

Von Intragna mit der Seilbahn hinauf…

…zum Grottino Costa mit seiner grossen Sonnenterrasse und dem Blick auf die Kirche.

Der stets gut gelaunte Grotto-Wirt Mario Giudici bietet eine variationsreiche Grottoküche und seinen Hausmerlot in grossen Boccalini an. Ein Grotto mit frischer Bergluft und guter Küche.

Grottino Costa, Mario Giudici, ADRESSE: 6655 Intragna, GEÖFFNET: März bis Ende Okt., TELEFON: 091 796 25 10.

CENTOVALLI
GROTTO 20
Grotto Al Riposo Romantico, Verdasio

In Verdasio, wenige Kilometer nach Intragna, befindet sich die Talstation der Gondelbahn, die auf den Monte di Comino führt. Ein kurzes Wegstück durch den Wald, und man ist beim Grotto Romantico, das über eine grosse Sonnenterrasse und eine gemütliche Gaststube verfügt.

Seit drei Jahren führen Greta und Lidio Bürgler-Ferrari das Berggasthaus mit kulinarischem Anspruch: Täglich wird ein saisonales Tagesgericht zubereitet, zum Beispiel Melanzane alla parmigiana (gefüllte Auberginen) oder Polenta gratinata mit Luganighetta. Gekocht wird auf dem Holzofen. Am Abend kocht Greta für die Gäste ein Drei-Gang-Menü, und am Morgen gibt es ein Superfrühstücksbuffet mit frischem Brot aus Verscio. Unbedingt probieren: den täglich frischen Früchtekuchen. Ein Geheimtipp auch für Übernachtungen im Talzimmer mit Terrasse oder im gemütlichen Cheminée-Zimmer.

Grotto Al Riposo Romantico, Greta und Lidio Bürgler-Ferrari, ADRESSE: 6655 Verdasio, Monte di Comino, WEGBESCHRIEB: von Verdasio mit der Gondelbahn auf die Monti di Comino, GEÖFFNET: von Ostern bis Ende Okt., RUHETAGE: Mi., TELEFON: 091 798 11 30 und 079 664 43 47.

MISOX (MESOCCO)

GROTTO **21**
Grotti im Misox

Die Grottokultur hat im Misox eine grosse Tradition. Bei Roveredo, Cama und Lostallo liegen kleine Grotto-Dörfer in den Felsen, die in Privatbesitz sind und zum Teil restauriert werden. Insbesondere in Cama werden seit einigen Jahren die alten Familiengrotti – es sind über 50 – mit hohem Aufwand modernisiert. Gleichzeitig erwachen einige alte Felsenbeizen zu neuem Leben, darunter das Grotto del Paulin. Eine Wanderung in diese für Grotto-Sammler interessante Region ist empfehlenswert.

In Roveredo gibt es eine ganze Reihe von Grotti in den Selven, die jeweils an den Wochenenden offen sind, darunter das Grotto San Fedele mit einer besonders lauschigen Terrasse im Wald. Oder das Gardelina mit einer typischen Grottoküche «plus».

Eines der schönsten Grotti im Misox haben wir bereits auf Seite 107 vorgestellt: Das Marcacci hoch über San Vittore. Da sich der Ausflug zu Diana immer lohnt, erweisen wir der sympathischen Frau hier gerne nochmals die Referenz: Unbedingt hier mal ein kaltes Plättli, ein Glas Wein und die wundervolle Aussicht ins Tal geniessen!

Grotto San Fedele, 6535 Roveredo (grosses Bild rechts).
Grotto Prandi del Paulin, 6557 Cama, TELEFON: 091 830 16 29.

Osteria Marcacci, ADRESSE: 6542 Buseno, GEÖFFNET: immer geöffnet, sicherheitshalber vorher telefonieren, TELEFON: 091 827 13 10.

RIVIERA
GROTTO **22**
Grotto al Pozzon, Osogna

Ein bisschen feucht ist es immer im Grotto Pozzon. Fünfzig Meter entfernt stürzt die Nala, die auf der Alp Örz entspringt, senkrecht die Felsen hinunter in den kleinen See, in dem sich tatsächlich noch einige Bachforellen tummeln. Vom Ambiente her ein einmaliges Plätzchen für romantische Stunden. Auch kulinarisch ein Klassiker, mit hauseigenen Mazze, Alpkäse vom Gotthardgebiet, Formaggini und einem einzigen «piatto», das es immer gibt: Roastbeef mit hausgemachter Tartarsauce und Salat. Am Mittwoch gibt es Polenta mit Mortadella di fegato, am Donnerstag Büsecca (Kutteln) mit Minestrone.

Grotto Al Pozzon, Duccio Fazzini, ADRESSE: **6703 Osogna**, WEGBESCHRIEB: **in Osogna (zwischen Bellinzona und Biasca) im hinteren Dorfteil die steile Strasse hinauf zum Wasserfall**, GEÖFFNET: **vom 1. April bis 30. Sept., täglich ab 11 Uhr**, TELEFON: **079 621 24 61**.

RIVIERA

GROTTO **23**
Grotto Angela, Iragna (Biasca)

Ein weiteres Grotto, das den Sprung in die Neuzeit erfolgreich geschafft hat: Mit hohem Aufwand hat die Familie Bertazzoli die einst verrauchte Felsenbeiz in ein modern-rustikales, gepflegtes Grotto mit Restaurantcharakter umgewandelt: Hinter dem Haus steht ein zehn Meter langer Granittisch, auf der anderen Seite des Grottos plätschert ein Brunnen. Und ringsum befindet sich ein gepflegter, fast parkähnlicher Garten, der bis zum Wald führt. Dort kann man einige der schönsten alten Felsenkeller im Tessin entdecken!

Kulinarisch bietet das Grotto Angela klassischer Grottokost an, wobei das kalte Plättli edel mit hausgemachtem Pâté di fegato und Melonenschnitzen serviert wird. Täglich gibt es wechselnde Menüs, zum Beispiel Kalbsfiletmedaillons mit Pilzrahmsauce, hausgemachte Desserts wie Crème caramel, Sorbets, diverse Glaces aus Fruchtmark. Auch der Wein ist «nostrano», gekeltert aus den familieneigenen Trauben von Zanini. Schön an diesem Grotto: Drei Generationen arbeiten im Betrieb mit. Im Bild: Robert, Marco, Elia, Christina (Tochter der «nonna», die leider nicht aufs Bild wollte) und Larissa, die Freundin von Roberto. Christina Bertazzoli führt das Grotto auf sympathische und effiziente Art.

Grotto Angela, ADRESSE: **6707 Iragna**, WEGBESCHRIEB: **auf der rechten Seite des Ticino (Ausfahrt Biasca und über die Autobahnbrücke), am Nordausgang des Dorfes**, GEÖFFNET: **Mitte Jan. bis Weihnachten**, RUHETAGE: **Mo. ganzer Tag, Di.-Abend**, TELEFON: **091 862 29 56**.

BLENIO

GROTTO 24
Grotto Al Sprüch, Ludiano

Das Al Sprüch haben wir ausführlich auf S. 76 vorgestellt. Es darf natürlich unter den schönsten Tessiner Grotti nicht fehlen: Nur im Sprüch sitzt man buchstäblich unter einem Felsendach. Dass auch die Kulinarik stimmt, die Gastgeber aufgestellte, sympathische Menschen sind und rings um das Grotto ein wahres Naturparadies liegt, macht das Sprüch definitiv zu einer empfehlenswerten Adresse.

Grotto Al Sprüch, Milena und Oliviero Rusconi, ADRESSE: **6722 Ludiano**, WEGBESCHRIEB: **am oberen Dorfrand von Ludiano bei «den Felsen»**, BETRIEBSFERIEN: **1 Woche im Nov., 2 Wochen im Jan.**, RUHETAGE: **Mo.**, TELEFON: **091 870 10 60**, INTERNET: **www.grottospruch.ch**.

BLENIO

GROTTO 25
Grotto Milani, Ludiano

Die Alternative zum Sprüch liegt nur einige hundert Meter entfernt und ist vor allem für seinen Risotto bekannt. Speziell ist nicht nur das «felsige» Ambiente mit den grossen Steinbrocken rings um das Haus, hier kann man – wohl ein Unikat im Tessin – auch an einem Tisch in einem Baum essen. Eine kleine Holztreppe führt zum «Tarzantisch».

Serviert werden schöne kalte Plättli, aber auch Eselfleisch mit Polenta (Hausspezialität) und vor allem eben der Hausrisotto mit Pilzen, den vor allem die auswärtigen Besucher schätzen. Tipp: Probieren Sie im Milani den Hauswein, der von Giuseppe Ferrari aus Ludiano je zur Hälfte aus Bondola- und Merlot-Trauben gekeltert wird. Ein urchiger, süffiger Hauswein aus den alten Tagen.

Grotto Milani, Christina Ciani, ADRESSE: **6721 Ludiano**, WEGBESCHRIEB: **oberhalb vom Dörfchen Ludiano (Zufahrt beschildert)**, GEÖFFNET: **täglich**, BETRIEBSFERIEN: **Nov. bis Ende März**, TELEFON: **091 870 21 97**.

BLENIO

GROTTO **26**
Grotto Morign, Pontirone

Wir haben das Grotto bereits ausführlich vorgestellt (siehe S. 80) und empfehlen es hier nochmals: Ein ausgesprochen romantisches Plätzchen mit einer hervorragenden Frischküche «fatta da Bice Rè»!

Grotto Morign, Bice und Flavio Rè, ADRESSE: 6713 Malvaglia, Pontirone, WEGBESCHRIEB: von Malvaglia Richtung Malvagliatal, dann rechts Richtung Val Pontirone, GEÖFFNET: von Ende April bis Ende Okt., RUHETAGE: Juli./Aug. keine, sonst Mo. bis Fr., TELEFON: 091 870 11 81 und 079 365 79 02.

BLENIO

GROTTO 27
Grotto Al Canvett, Semione

Auch dieses hübsche, kleine Grotto oberhalb von Semione haben wir kurz vorgestellt (S. 93). Wie das Morign zählt es zu den herausragenden Plätzchen in Sachen Ambiente und Qualität in der Region: Wunderschön die Pergola, vor allem im Herbst, wenn die Trauben reif sind. Schön auch der Blick ins Tal und die Rebberge. Spannend die Grottozone hinter dem Al Canvett in den Felsen: Hier sind einige Dutzend Felsenkeller in zum Teil noch gutem Zustand zu entdecken. Ein in jeder Beziehung gepflegtes Plätzchen! Es gibt hervorragende Wurstwaren, Alpkäse vom Lukmanier und den Büscion (Frischkäse).

Grotto Canvett, Cesare Degrussa, ADRESSE: **6714 Semione**, GEÖFFNET: **nur an schönen Tagen**, TELEFON: **091 872 24 94**.

LEVENTINA

GROTTO **28**
Grotto Val d'Ambra, Personico

Eines der Traditionsgrotti in der unteren Leventina, das mitten in einer der schönsten Ansammlungen alter Felsenkeller liegt. Kein Wunder, wurde das Val d'Ambra schon oft für Filmaufnahmen genutzt, unter anderem für die Werbespots für die Salami «Ticinella». Auch die Kulinarik bewegt sich auf gutem Niveau, mit Polenta Brasato und Co., aber auch Fondue gibt es, wenn es draussen wieder kälter wird.

An heissen Sommertagen ist das Val d'Ambra ein wundervolles Plätzchen, das auch von Bewohnern und insbesondere den Handwerkern der umliegenden Dörfer gerne besucht wird. Wenn in Zukunft auch noch etwas «am Verputz gearbeitet» wird, dürfte dieses Grotto seine Funktion auch in diesem Jahrhundert problemlos erfüllen.

Grotto Val d'Ambra, Nadine Ambord und Remo Gallizia, ADRESSE: **6744 Personico,** WEGBESCHRIEB: **in Bodio Abzweigung nach Personico,** GEÖFFNET: **Ostern bis Okt., täglich ab 11 Uhr,** RUHETAGE: **Di.,** TELEFON: **091 864 18 29,** INTERNET: **www.grottovaldambra.ch.**

Rezepte

Nachfolgend finden Sie rund 120 Tessiner Rezepte, die von den vorgestellten Restaurants und Privatpersonen für die Urchuchi zur Verfügung gestellt wurden. Wir danken allen, die zu dieser einmaligen Sammlung beigetragen haben! Übersetzt haben die Rezepte die Kochbuchautorin Erica Bänziger und Simone Bühler, Übersetzerin in Luzern. Die Rezepte eignen sich auch für Nichtprofis zum Nachkommen.
Wir wünschen viel Erfolg und «buon appetito»!

Glossar

Was ist was in der Tessiner Küche.

Arrosto: Braten (in der Regel «arrosto di vitello», Kalbsbraten)

Bollito misto: Siedfleisch/Siedfleischtopf mit viel Gemüse

Brasato: Rindsschmorbraten, der klassische Begleiter der Tessiner Polenta

Büscion: Ziegenfrischkäse (an manchen Orten auch «Buscion» genannt)

Busecca: Kuttelsuppe (oft auch «büsecca» im Dialekt)

Capretto: Zicklein, Gitzi (Osterspezialität im Tessin)

Coniglio (al forno): gebratenes Kaninchen

Castagnaccio: Kastanienkuchen aus Kastanienmehl

Cavolat: kalte Eierschaumcrème

Cazzöla: Gemüseeintopf mit Scheinsrippchen und Weisskohl

Cicitt: Bratwurst aus Fleisch betagter Ziegen

Codiga (Mz. Codighe): Rustikale «Urwurst» mit Speckschwarten, in Schweinsdärme gefüllt

Colomba: Osterkuchen, ähnlich wie Panettone

Cotechino: Scharfe Schweinswurst aus magerem Fleisch und fein gehackten Speckschwarten; wird zum Sieden gebraucht und gerne zu weissen Bohnen serviert.

Costine: gegrillte Schweinsrippchen

Formaggino: Frischkäse aus Ziegen- und/oder Kuhmilch

Formagella: halbfetter Käse aus Kuhmilch

Funghi porcini: Steinpilze

Lardo: schneeweisser Speck

Lucio: Hecht

Lucioperca: Zander (auch: Lucio perca)

Luganiga (Mz. Luganighe): kräftige Schlachtwurst, wird gesotten oder gebraten

Luganighetta: schlankere, längere Version der Luganiga, meist spiralförmig aufgerollt

Maialino: Spanferkel

Mascarpe: gesalzene Ricotta aus dem Bleniotal

Mascarpa: getrocknete, geräucherte Ricotta aus dem Misox

Mazza/Mazze: Aufschnitt, Wurstwaren, unter «mazza» wird auch die Metzgete verstanden

Mortadella di fegato: Schweinswurst mit fein gehackter Leber, nicht zu verwechseln mit der italienischen Mortadella, die rundlicher ist und keine Leber enthält.

Ossobuco (Mz.: Ossobuchi): Kalbshaxe

Oss in bogia: gekochte Schweinsknochen

Pancetta: Bauchspeck vom Schwein

Pastefrolle: knuspriges Gebäck aus dem Bedrettotal

Pesce in carpione: in Essig marinierter Fisch

Ratafià, auch Nocino: Nusslikör

Ricotta: wörtlich: nochmals gekocht. Frischkäse, ähnlich wie Ziger. Wird durch nochmaliges Erhitzen der Molke produziert und ist nahezu fettfrei.

Robiola: säuerlich, würziger Frischkäse aus Kuh- und/oder Ziegenmilch, mit einem Fettgehalt von 70% erreicht er die Doppelrahmstufe.

Rüsümada: eine spezielle Tessiner Form der Zabaglione, mit Eiern und Rotwein

Salami: Für Tessiner ist die hausgemachte Salami (nicht zu verwechseln mit der industriell hergestellten) die edelste aller Würste. Nur Filet und Lende, die besten Stücke des Schweins, dürfen in eine Tessiner Edelslami, die mindestens acht Monate gelagert wird.

Spampezi: auch Spampezzi, Spanspezie oder Grèfli: Weihnachtsgebäck aus der Leventina, das in kunstvollen Backformen gebacken wird; ähnlich wie Nusstorte, jedoch mit Grappa drin

Stinco di maiale: Schweinshaxe

Torta di pane: Brottorte

Zincarlin: im Felsenkeller gereifter, pyramidenförmiger Kuhfrischmilchkäse aus dem Muggiotal

Salate

Löwenzahnsalat
Von Sabine Miggitsch und Jeanne Menzel, Ristorante Oxalis, Ponte Capriasca
Zutaten für 4 Personen

1 EL Rosinen kurz in wenig Wasser einweichen.
200–300 g Löwenzahnblätter, möglichst jung, gründlich waschen. Trocken schleudern. Für die Marinade **4 EL Olivenöl extra vergine** mit **2 EL Rotweinessig** mischen und mit **Salz** und **Pfeffer** abschmecken.
2 EL Pinienkerne ohne Fett in einer Teflonpfanne leicht rösten und zusammen mit den abgetropften Rosinen mit dem Salat mischen. Sofort servieren.

Himbeer-Vinaigrette für Wildkräutersalat
Von Monica Bürgin, Ristorante San Michele, Arosio
Zutaten für 4 Personen

3 EL weissen Balsamicoessig oder Apfelessig zusammen mit einer **Hand voll frischer Himbeeren** kurz aufkochen und dabei so lange rühren, bis die Beeren zerfallen. Mit **6 EL Olivenöl extra vergine, Salz** und **Pfeffer** mischen und noch warm über den Wildkräutersalat träufeln.
Schmeckt auch sehr gut zu frischem Spinatsalat.

Salatsauce mit Feigensenf
Von Agnese Broggini, Ristorante Stazione Da Agnese, Intragna

1 EL Feigensenf, 1 EL milder Senf, 1 EL Mayonnaise, alles miteinander verrühren. **2 EL Sonnenblumenöl, 2 EL Wasser,** alles tüchtig mit dem Schneebesen verrühren und mit **Salz** und **Pfeffer** würzen.

Vorspeisen

Randencarpaccio mit Ziegenfrischkäse mit Mohnsamen
Von Nicola Rizzo, Il Guardiano del Farro, Cadenazzo
Zutaten für 4 Personen als kleine Vorspeise

2 mittelgrosse, rohe Randen rüsten und in gleichmässig dünne Scheiben schneiden. (Am besten mit Hilfe des Gemüsehobels. Der Durchmesser der Randen sollte nicht grösser als jener des Hobels sein.) Auf einen Teller anrichten. Den Hobel waschen und trocknen. Ein Stück **Parmesan** oder **Grana** nehmen und mit dem Hobel in gleiche Scheiben schneiden (Quantität nach Belieben). Käse über die Randenscheiben verteilen. **Meersalz,** frisch gemahlenen **Pfeffer** aus der Mühle, **Olivenöl extra vergine** und reduzierten **Aceto balsamico** darüber geben (einen guten Balsamico-Essig auf die Hälfte seines Volumens einkochen). Das Ganze mit in Streifen geschnittenem **Basilikum,** gehackter **Petersilie** oder mit **Kresse** dekorieren.
Den **Ziegenfrischkäse** (1 Rolle) vierteln und einzeln in **2 EL Mohnsamen** wenden. Darauf achten, dass das Anfangs- und das Endstück weiss bleibt. Auf den Tellerrand oder in die Mitte geben.

Trio «da Rodolfo» (Lachs, Forellenfilet, Krebsschwanz)
Von Waldis Ratti, Ristorante Da Rodolfo, Vira
Zutaten für 1 Person

Die Tranchen von **1 kaltgeräucherten Lachs** zu einer Rose formen.
1 Forellenfilet von den Gräten befreien und in feines Tartar schneiden, dann mit Schalotten, Petersilie, Salz, Pfeffer, **1 cl Cognac** und ein wenig **Olivenöl** aromatisieren. Das Forellen-Tartar mit einem Löffel zu einer «Quenelle» (einem länglichen Knödel) formen.
1 Krebsschwanz halbieren und 2 Min. in der Bratpfanne unter Beigabe von etwas **Weisswein, Cognac, Salz, Pfeffer** und **Petersilie** dünsten. Wenig **Balsamico** und etwas **Olivenöl** beigeben. In der Mitte des Tellers **Blattsalate** anrichten und mit Olivenöl und dem Saft von **½ Zitrone** abschmecken. Die Lachsrose, das Forellen-Tartar und den marinierten Krebsschwanz darauf anrichten.

Apérokugeln aus «farina bona»
Von Meret Bissegger, Malvaglia
Zutaten für 4 Personen

40 g Schalotten, grob geschnitten, **100 g Knollensellerie**, in grobe Stücke geschnitten, und **3 Lorbeerblätter** in **2 dl Wasser** mit etwas **Salz** kochen (10–15 Min.) **1 TL Gemüsebouillon** und **1 dl Weisswein** dazugeben und nochmals 5–10 Min. weiterkochen lassen; eventuell noch Wasser dazugeben, um am Ende noch 2 dl Masse zu haben. Dann abkühlen lassen und mit dem Stabmixer pürieren.
Anschliessend langsam **70–90 g «farina bona»** dazugeben, bis eine formbare Masse entsteht. Mit **schwarzem Pfeffer** und **Olivenöl** abrunden.
Mit dieser Masse kleine Bällchen formen und als Aperitif servieren.
Bezugsquelle «farina bona»: Die «farina bona», ein sehr feines Mehl aus geröstetem Mais aus dem Onsernonetal, ist erhältlich bei: *Ilario Garbani, Via Scuole 46, 6654 Cavigliano, Tel. 078 709 48 85 und 091 796 29 67, gila@ticino.com.*

Kastanien-Auberginen-Mousse
Von Monica Bürgin, Ristorante San Michele, Arosio
Zutaten für 4 Personen

1 Aubergine über dem offenen Gas oder direkt auf der Herdplatte so lange rösten, bis sie ganz weich ist. **Tipp:** Kann auch im Ofen gemacht werden, dazu die Aubergine bei 220 °C ca. 30 Min. backen. Gebackene Aubergine unter kaltem Wasser kurz abspülen, halbieren und das weiche Fleisch herauskratzen und mit **200 g Kastanienpüree**, ungesüsst, dem Saft von
$1/4$ **Zitrone**, **Salz** und **Pfeffer** mixen. Je nach Konsistenz mit wenig **Gemüsebouillon** glattrühren. Die Masse mit dem Dressierbeutel in halbierte und ausgehöhlte **Zucchinischiffchen**, **Peperoniviertel** oder in Blätter von **Brüsseler Chicorée** füllen und servieren.

Carpaccio vom Barsch mit Kaffeevinaigrette
Von Davide Alberti, Vecchia Osteria, Seseglio
Zutaten für 4 Personen

250 g Barschfilet gründlich von Gräten befreien, eventuell beim Fischhändler machen lassen. Für die Marinade **80 g grobes Meersalz** mit **10 g Zucker**, abgeriebener **Zitronenschale** und **20 g ganzen Kaffeebohnen** mischen. Das Barschfilet mit der Marinade einstreichen und für 6 Std. im Kühlschrank durchziehen lassen. Das Filet aus der Marinade nehmen und in sehr feine Scheiben schneiden. Auf Tellern anrichten und die Teller nach Belieben mit Salat dekorieren. Das Barschcarpaccio mit einem mit Kaffeebohnen aromatisierten **Olivenöl** und einem alten **Aceto balsamico** (extravecchio) beträufeln.
Tipp: Für das Kaffeeolivenöl einige Kaffeebohnen einige Tage in Olivenöl einlegen und dann absieben und in Flaschen als Würzöl abfüllen.

Carpaccio vom Wittling (Merlan)
Von Rita Fuso, Osteria Malakoff, Ravecchia-Bellinzona
Zutaten für 4 Personen

300 g Filets vom Wittling (auch Merlan genannt, gehört zur Familie der Kabeljaufische) mit einer **Prise Zucker**, **Salz** und dem Saft von **1–2 Zitronen** beträufeln und mit Alufolie zugedeckt für 24 Std. im Kühlschrank durchziehen lassen. Auf Tellern anrichten und nach Belieben mit einer **Olivenöl-Vinaigrette** beträufelt servieren.

Rehtartar
Von Luca Merlo, Ristorante Pizzo Forno, Chironico
Zutaten für 4 Personen

2 Eigelb mit **1 dl Olivenöl extra vergine** und **1 TL Senf** mit einer Gabel luftig aufschlagen. **30 g Zwiebeln**, **10 g Essiggurken**, **10 g Petersilie** und **5 g Kapern** fein hacken und mit **600 g gehacktem Rehfilet** und **1 cl Cognac** mischen. Mit der **Oliven-Eigelb-Sauce** mischen und mit **Salz**, **Pfeffer** aus der Mühle und einigen Tropfen **Tabasco** abschmecken.
Dazu **Toastbrot** servieren.

Schalotten-Oliven-Vinaigrette zu Gemüsecarpaccio

Von Ermanno Crosetti, Ristorante Alla Stazione, Lavorgo
Zutaten für 6 Personen

½ **Schalotte** mit einem Stück **Stangensellerie** und **6 schwarzen Oliven**, entsteint, alles fein gehackt, einem Bund fein geschnittenem **Schnittlauch** oder **Basilikum** mit dem frisch gepresstem Saft einer **Zitrone** und **1,5 dl Tessiner** oder **ligurischem Olivenöl extra vergine** mischen. Mit **Salz** und **Pfeffer** abschmecken. Das Gemüse damit marinieren.

Gemüsecarpaccio mit Olivenöl

Von Ermanno Crosetti, Ristorante Alla Stazione, Lavorgo
Zutaten für 6 Personen

Verschiedene Gemüse je nach Saison, z. B. **6 grüne halbierte Spargeln, 2 kleine Artischocken, 1 mittlere Zucchini** (fein gehobelt), **1 mittlere Aubergine** (in 0,5 cm breite Scheiben geschnitten), **1 Peperoni, 1 Fenchel** oder **1 Rande** (fein gehobelt).
Die Grünspargeln mit dem Sparschäler am unteren Drittel schälen. Artischocken von den äusseren groben Hüllblättern befreien und grosszügig die obere Hälfte abschneiden (nur den inneren zarten Teil verwenden.) Zucchini und Auberginenscheiben in einer beschichteten Pfanne mit wenig **Olivenöl extra vergine** kurz braten.
Restliches Gemüse (Spargeln, Randen, Artischocken und Peperoni) über Dampf oder in wenig Salzwasser einige Minuten blanchieren, sodass sie noch Biss haben. Die verschiedenen Gemüse auf einer Platte oder auf Tellern hübsch anrichten und mit einer **Schalotten-Oliven-Vinaigrette** marinieren.

Warme Vorspeise mit Steinpilzen, Fasan, Wachteleiern und Trüffeln

Von Von Luca Merlo, Ristorante Pizzo Forno, Chironico
Zutaten für 4 Personen

400 g frische Steinpilze gründlich putzen und in feine Scheiben schneiden. Die Pilze in kochendem Wasser für einige Minuten blanchieren und abtropfen lassen.
200 g Fasanenbrust in feine Würfel schneiden und in einer beschichteten Pfanne (Titan oder Teflon) in **50 g heisser Butter** einige Minuten braten. Die abgetropften Pilze dazugeben und kurz mitbraten, mit **Salz** und **Pfeffer** abschmecken und nach Belieben mit frisch gepresstem Knoblauch und **5 g gehackter Petersilie** verfeinern.
4 Scheiben Toastbrot toasten. Aus den Toasts mit einem runden Ausstecher 4 grosse Rondellen ausstechen. Je eine davon in die Mitte eines Tellers setzen. Die Ausstechform nochmals darüber setzen und mit deren Hilfe die Pilz-Fasanbrust-Mischung einfüllen. Die Formen vorsichtig entfernen und das Ganze mit **4 Wachteleiern**, weich gekocht, belegen. Mit **10 g fein gehobelten Trüffelspänen** belegen und mit **2 EL Olivenöl extra vergine** und wenig **Aceto balsamico** beträufeln. Sofort servieren.

Ziegenfrischkäse-Mousse

Von Loris Zurini, Ristorante Centovalli, Ponte Brolla
Zutaten für 4 Personen

150 g Ziegenfrischkäse fein mixen (Mixstab) und durch ein Sieb streichen. **3 Blätter Basilikum** in feine Streifen (Julienne) schneiden und mit dem Frischkäse mischen. **2 dl geschlagenen Rahm** vorsichtig darunter ziehen und mit **Salz** und frisch gemahlenem **Pfeffer** abschmecken.
Die Masse in eine Cakeform füllen und für mindestens 4–5 Std. zugedeckt im Kühlschrank ruhen lassen.
Für die **Garnitur 2 Tomaten** in Würfel schneiden. Die Tomatenwürfel mit **3 EL Olivenöl extra vergine** und **3 Blättern Basilikum**, fein geschnitten, mischen.
Aus der Mousse mit Hilfe von zwei Suppenlöffeln Nocken abstechen. **Tipp:** Noch einfacher geht es mit Hilfe eines Eislöffels. Nocken auf Tellern hübsch anrichten und mit den marinierten Tomatenwürfelchen garniert servieren. Alles mit etwas frischem **Olivenöl extra vergine** beträufeln und mit ganzen Basilikumblättern garnieren.
Tipp vom Chef: Die Tomatenbeilage nicht salzen, da die Mousse schon kräftig genug gewürzt ist.

Alpkäse-Ricotta-Soufflé

Von Sabine Miggitsch und Jeanne Menzel, Ristorante Oxalis, Ponte Capriasca
Zutaten für 4 Personen

75 g weiche Butter mit einer Prise **Salz, Pfeffer** und **50 g geriebenem Alpkäse** in einer Küchenmaschine (oder mit dem Mixer) schaumig rühren. Nach und nach **3 Eier** hinzufügen und für ca. 2 Min. gut rühren. **100 g Ricotta** und **50 g Weissmehl** dazugeben.
Die Masse in gebutterte und mit Mehl ausgestreute Souffléförmchen füllen und bei ca. 170 °C 7–8 Min. backen.
Dazu frische **Spargeln** oder **Salat** servieren.

Knusprige Polentablätter mit Zincarlin-Mousse

Von Davide Alberti, Vecchia Osteria, Seseglio
Zutaten für 4 Personen

100 g weiche Polenta, fertig gekocht, die mit etwas **Rahm** verfeinert wurde, auf ein geöltes Backblech oder in eine Silikonform streichen. Die Polenta im Ofen bei ca. 180 °C trocknen.
250 g Zincarlinkäse mit **30 g flüssigem Rahm** glattrühren. Für die Garnitur verschiedene Salate waschen und trockenschleudern. Die Polenta in rechteckige Stücke schneiden, mit der Zincarlincrème bestreichen und mit einer Polentaschnitte decken, wieder mit Crème füllen und so weiter, bis die Käsecrème und die Polentastücke aufgebraucht sind. Das Ganze soll wie eine «Crèmeschnitte» aussehen. Nach Belieben mit dem **Salat** dekorieren und servieren.

Ziegenfrischkäseterrine mit Gemüse

Von Luca Brughelli, Ristorante Froda, Gerra-Verzsaca
Zutaten für 6–8 Personen bzw. eine Terrinenform von 28 cm Länge

Von **2 Lauchstangen** die äusseren Blätter entfernen und waschen. Die ganzen Blätter in kochendem Salzwasser kurz blanchieren. Kalt abschrecken. Beiseite legen.
Eine Terrinenform mit Klarsichtfolie so auskleiden, dass oben ein Rand überhängt. Die Form dann mit den gekochten Lauchblättern auskleiden.
Für das Gemüse **150 g weisse** und **150 g grüne Spargeln** und **3 Karotten** schälen. **100 g grüne Bohnen** und **100 g Kefen** fädeln. **2 kleine Zucchini** der Länge nach halbieren und die Enden abschneiden. **Einen Bund Barba di frate** (Mönchsbart, im Frühling erhältlich beim Italiener auf dem Markt oder in grossen Supermarktfilialen) sehr gründlich waschen und die unteren holzigen Wurzelteile grosszügig abschneiden. **4 junge Artischocken** so rüsten, dass nur der Boden übrig bleibt. Alle Gemüse waschen und in Salzwasser je nach Sorte separat für einige Minuten al dente kochen. Kalt abschrecken. Beiseite stellen.
Für die Terrine **500 g Ziegenfrischkäse** mit **Salz, Pfeffer** und **Muskatnuss** im Mixer fein pürieren. **12 g Gelatine** in reichlich kaltem Wasser einweichen, nach 10 Min. ausdrücken und in **1 dl heisser Milch** auflösen, zum Käse geben und alles zusammen nochmals gut mixen. **2,5 dl geschlagenen Rahm** vorsichtig unter die Käsemasse ziehen
Den Boden der Terrinenform 0,5 cm dick mit der Käsemasse bedecken. Dann die weissen und grünen Spargelstücke und nach und nach die anderen Gemüse darauf verteilen, immer wieder mit einer Schicht Käsecrème bedecken, bis das Gemüse und die Käsecrème aufgebraucht sind. Die Form mit den Lauchblättern zudecken und mit der überhängenden Klarsichtfolie gut verschliessen. Für einige Stunden oder über Nacht im Kühlschrank fest werden lassen.
Tipp: Je nach Saison andere Gemüse verwenden.

Suppen

Kastaniensuppe mit Pilzen
Von Anna und Andrea Biffi, Ul Furmighin, Sagno
Zutaten für 4 Personen

100 g Zwiebel hacken und zusammen mit **100 g Pilzen** (verschiedene, in Stücke geschnitten) in **Olivenöl** anbraten. Mit etwas **Weisswein** ablöschen und einkochen. **2 l Gemüsebouillon, 1 Hand voll gehackte Petersilie, Rosmarin** und **1 Lorbeerblatt** beigeben. **Salzen** und **pfeffern** und 40 Min. auf kleinem Feuer kochen lassen. **200 g Kastanien,** gekocht und dann püriert, sowie einige **ganze Kastanien** beigeben und für weitere 15 Min. mitkochen. Die Suppe mit in Butter gerösteten **Brotwürfeln** und etwas frischer **Petersilie** servieren.

Brennnesselcrèmesuppe
Von Monica Bürgin, Ristorante San Michele, Arosio
Zutaten für 4 Personen

150 g Brennnesselspitzen, möglichst jung, gründlich waschen. **1 Zwiebel,** gehackt, zusammen mit **2 Kartoffeln,** gross, geschält und in Würfel geschnitten, und den Brennnesseln in **40 g Butter** andünsten. Mit **5 cl Weisswein** ablöschen. Mit **1 l gemischter Bouillon** (Gemüse und Huhn) aufgiessen. Während ca. 45 Min. kochen lassen. Mit **1 dl flüssigem Rahm** verfeinern und alles mixen. Mit **Salz** und **Pfeffer** abschmecken und nach Bedarf mit wenig **Maizena** binden.
Tipp: Auf der selben Basis kann man auch eine Bärlauchcrèmesuppe zubereiten. Diese wird dann aber nur mit 5 dl Bouillon und 5 dl Rahm zubereitet. Die Kochzeit beträgt dafür nur 30 Min. Bärlauch nicht mitkochen, nur kurz gegen Ende der Garzeit beifügen.

Gratinierte Zwiebelsuppe
Von Fiorella Macullo, Grotto Pergola, Giornico
Zutaten für 6 Personen

1 kg weisse Zwiebeln schälen und in nicht zu feine Ringe schneiden. **3 EL Olivenöl extra vergine** erhitzen und die Zwiebelringe darin unter Rühren glasig dünsten. Mit **1 l Gemüsebrühe** ablöschen. **1 Wacholderbeere** dazugeben und mit **Salz** und **Pfeffer** aus der Mühle würzen. Auf kleinem Feuer ca. 20 Min. köcheln lassen. Wacholderbeere entfernen.
6 Scheiben Brot, z. B. Valle-Maggia-Brot oder selbst gebackenes Hausbrot im Ofen bei 180 °C während einigen Minuten toasten. Die Suppe in feuerfeste Suppentassen füllen und mit je einer Brotscheibe belegen. Darauf **1 Scheibe Fontina** geben und im Ofen bei ca. 220 °C für ca. 5 Min. gratinieren, bis der Käse schön geschmolzen und leicht gebräunt ist. Heiss servieren.

Kürbissuppe mit weissen Bohnen
Von Angela, Manfre und Milena, Grotto del Mulino, Morbio Inferiore
Zutaten für 4–6 Personen

1 kg Kürbisfleisch, ohne Schale gewogen, in Würfel schneiden und mit **2 Zwiebeln,** gewürfelt, in **3 EL Olivenöl extra vergine** andünsten. Mit ca. **1,2 l Gemüsebrühe** ablöschen und 20 Min. kochen. **300 g weisse Bohnen** (Dose), gekocht, dazugeben und alles mixen. Mit **Salz** und **Pfeffer** abschmecken und mit geschlagenem **Rahm** garniert servieren.

Polenta, Pasta und Risottogerichte

«Farrotto», Dinkelrisotto mit Spinatpesto

Von Nicola Rizzo, Il Guardiano del Farro, Cadenazzo
Zutaten für 4 Personen

Vorgehen wie bei einem klassischen Risotto: **240 g geschälten Dinkel** 30 Min. im Wasser einweichen. In einer Pfanne mindestens **1 l Wasser** zum Kochen bringen. **1 mittlere Karotte, 1 Zwiebel, 1 Knoblauchzehe** und **1 Stangensellerie** fein hacken. **Butter** und **Olivenöl extra vergine** in einer Pfanne erwärmen und das gehackte Gemüse darin goldig braten. Den gut abgetropften Dinkel darunter ziehen. 2 Min. weiterbraten. Mit **1 Glas Weisswein** ablöschen. **Salzen** und **pfeffern** und unter ständigem Rühren weiter köcheln lassen, bis der Wein völlig verdunstet ist. Nach und nach das kochende Wasser zugeben.
Pesto: Während der «Farrotto» 20 Min. lang kocht (wenn er vorher eingeweicht worden ist, sonst mind. 30 Min.), den Pesto zubereiten: **200 g frischen Spinat** waschen und trocknen und im Mixer zusammen mit einer Hand voll **Pinienkernen**, geriebenem **Pecorino** oder **Parmesan** und **1 Knoblauchzehe** zu einer nicht allzu feinen Paste mixen und salzen.
Den noch leicht feuchten Farrotto mit dem Pesto vermischen, noch etwas **geriebenen Käse** und **Pfeffer** aus der Mühle darüber streuen und servieren.

Kastanien-Gnocchi

Von Anna und Andrea Biffi, Ul Furmighin, Sagno
Zutaten für 4 Personen

250 g Kastanienmehl, 250 g Vollkornmehl, Salz zusammen mit **4 Eiern** und so vielen Esslöffel lauwarmem **Wasser** verarbeiten, bis ein geschmeidiger und homogener Teig entsteht. Rollen von ca. 1 cm Durchmesser formen. Daraus 2,5 cm lange Stücke schneiden. Die Gnocchi in kochendem Salzwasser so lange kochen, bis sie obenauf schwimmen. Abschöpfen und servieren.

Kastanien-Spezzatino im Rotwein geschmort mit Emmerpolenta

Von Nicola Rizzo, Il Guardiano del Farro, Cadenazzo
Zutaten für 4 Personen

Kastanien-Spezzatino: Butter zusammen mit **Olivenöl extra vergine** in einer Pfanne erhitzen. **1 Knoblauchzehe, 1 grosse Zwiebel, 1 Karotte, 1 Stangensellerie** und **1 Rosmarinzweig** hacken und anbraten. **240 g Kastanien** (vorgekocht oder aufgetaut) beigeben, umrühren und 2 Min. mitkochen. Mit **1 Glas Weisswein** ablöschen und verdunsten lassen. **1 Glas Gemüsebouillon** und **2 Gläser guten Rotwein** (Merlot), **1 EL Kakaopulver** und **1 TL Kastanienhonig** dazugeben. Köcheln, bis die Kastanien al dente sind und die Sauce etwas eingekocht ist. Mit **Salz** und **Pfeffer** abschmecken und zusammen mit der Emmerpolenta servieren.
Emmerpolenta: 1,5 l Wasser in einer Pfanne zum Kochen bringen, **salzen** und **320 g Emmer** oder groben Mais 20 Min. mitkochen. (Falls nötig noch mehr Wasser zugeben. Polenta darf nicht zu fest werden.)

Kastanien-Tagliatelle

Von Edo Martinelli, Agriturismo Monte Pioda, Quartino
Zutaten für 8 Personen

1 kg Hartweizenmehl mit 25–28 Prozent **Kastanienmehl** mischen. **1 geschlagenes Ei** und **1 Prise Salz** und so viel lauwarmes **Wasser** wie nötig beigeben und zu einem festen, geschmeidigen Teig verarbeiten. Den Teig mit dem Wallholz (oder mit der Pastamaschine, beginnend bei Position Nr. 1 bis Nr. 5) ziemlich dünn auswallen. Teig mit Mehl bestäuben und dann in Streifen schneiden. Wieder mit Mehl bestäuben und dann in kochendem Salzwasser ca. 5–10 Min. al dente kochen.
Tipp: Tagliatelle am besten mit einer Pilz-Rahm-Sauce servieren.

Risotto «Orelli»

Von Diego Orelli, Bedretto
Zutaten für 4 Personen

1 Zwiebel hacken und in **100 g fettarmer Butter** («burro di siero») während 4 Min. glasig dünsten. **4 dl Carnaroli-Reis** dazugeben. Darauf achten, dass Butter und Zwiebeln nicht braun werden und nicht schäumen. Mit **2 dl Weisswein** ablöschen (es muss unbedingt ein guter Weisswein sein, z. B. Verdor von Zanini). **100 g Steinpilze** (am besten getrocknete) dazugeben und während 17 Min. (!) kontiuunierlich rühren. Laufend etwas **Fleischbouillon mit Gemüse** dazugeben. Nach 17 Min. vom Feuer nehmen, **150 g geriebenen Sbrinz** dazugeben, dann nochmals **100 g fettarme Butter** dazugeben, kurz zugedeckt ziehen lassen – und servieren.
Tipp: Um einen wirklich sämigen, guten Risotto zu erhalten, muss man dranbleiben! 17 Min. langsam rühren und immer wieder Bouillon nachgiessen.

Spinat-Ricotta-Törtchen mit Rosinen und Rotweinschaum

Von Davide Alberti, Osteria Vecchia, Seseglio
Zutaten für 4 Personen

600 g frischen Blattspinat gründlich waschen und die Stiele von den Blättern entfernen. Spinat für 3 Min. blanchieren und gut abtropfen lassen. Abkühlen lassen und grob hacken. Gehackten Spinat für 2 Min. in einer heissen Pfanne dämpfen.
Spinat mit **150 g Ricotta, 1 Ei** und **1 Eigelb** und **50 g Rosinen** mischen. **40 g Zucker** dazugeben. Die Masse in eine gebutterte runde Kuchenform, ca. 26 cm Durchmesser, oder in kleine Portionsförmchen füllen. Je nach Grösse der Form für 10–30 Min. bei ca. 180 °C backen. Nadelprobe.
Lauwarm mit Rüsümada servieren.
Rüsümada (Eier-Merlot-Schaum): **4 Eier** trennen und die Eigelb mit **vier Eierschalen voll Zucker** aufschlagen. **4 Eiweiss** zu Schnee schlagen und mit dem geschlagenen Eigelb mischen und alles mit **4 Eierschalen voll Rotwein** weiter aufschlagen.

Wird der Wein durch Marsala ersetzt und das Ganze im Wasserbad schaumig gerührt, entsteht eine Zabaglione.

Pennette mit Zucchini-Safran-Sugo

Von Pia Cafiero-Ullmann, Al Cacciatore, Soazza
Zutaten für 4 Personen

1 Zwiebel hacken und in **1–2 EL Olivenöl extra vergine** andünsten, **2 grosse Zucchini,** in Ringe geschnitten, dazugeben und einige Minuten mitdünsten. Mit **Salz** und **Pfeffer** würzen und mit **1 Schuss Weisswein**, ca. 5 cl, ablöschen, Wein einkochen lassen. Etwas **Rahm** (ca. 1,5 dl) und **1 Beutel Safran** dazugeben und auf kleinem Feuer kurz köcheln lassen, bis die Zucchini noch leicht Biss haben. Mit **Petersilie** bestreuen. **350 g Penne** (z. B. Penne rigate) in reichlich Salzwasser al dente kochen und mit dem Sugo mischen und servieren.

Randen-Spätzli

Von Carlo Rigamonti, Grotto Paudese, Paudo
Zutaten für 4 Personen

250 g Mehl, gesiebt, in eine Schüssel geben. **2 geschlagene Eier** mit **1 dl Milch** verquirlen, mit **Salz** und **Muskatnuss** abschmecken, zum Mehl fügen und schnell zu einer Teigmasse schlagen. **100 g Randen,** gekocht und püriert, dazugeben und gut mit einer Holzkelle darunter mischen. Den Teig durch ein Spätzli-Sieb in gesalzenes Wasser streichen. Schwimmende Spätzli abschöpfen und im kalten Wasser abschrecken. In **Butter** leicht anbraten.

Tagliolini mit Kaffee-Grappa-Sugo

Von Davide Alberti, Osteria Vecchia, Seseglia
Zutaten für 4 Personen

Für die Pasta **400 g Weissmehl, 4 Eier, wenig Olivenöl** und **10 g Kaffeepulver** zu einem klassischen Tagliatelle Teig verarbeiten (am besten in der Küchenmaschien zubereiten). Teig zugedeckt ca. 30 Min. quellen lassen und dann Teig in der Nudelmaschine zu Tagliolini, eine Art feine Spagetti, ausrollen.
Für den Sugo **50 g Zwiebeln** in sehr feine Ringe schneiden und in **10 g Butter** dünsten, mit **3 dl Rahm** ablöschen und alles leicht einkochen lassen bis eine crèmige Konsistenz entsteht. Nach Bedarf mit **Salz** und **Pfeffer** abschmecken und mit **1 cl Grappa** verfeinern.
Tagliolini kochen und mit der Sauce mischen und servieren. Nach Belieben mit etwas Kaffeepulver dekorieren.

Crespelle mit Kräutern

Von Andrea, Chià d'Au, Molare
Zutaten für 4 Personen

Teig für die Crespelle (eine Art Crêpe/Omelett) aus **250 g Mehl, 2 Eiern** und **2 dl Milch, Salz** und **Pfeffer** herstellen. 30 Min. ruhen lassen.
Füllung vorbereiten aus: **200 g frischen Kräutern, 50 g Ricotta** (unserem Ziger ähnlich), **200 g geriebenem Pecorino romano** (reifer Schafkäse), **Salz** und **Pfeffer**. Die Crespelle, eine nach der anderen, in einer Teflon-Bratpfanne im **Öl** wie Pfannkuchen backen. Mit der vorbereiteten Füllung bestreichen und rollen. In Folie hüllen und in den Kühlschrank stellen. Dann die Rollen in 5–7 mm dicke Rondellen schneiden und nebeneinander in eine feuerfeste Form legen. **Etwas flüssigen Rahm** zugeben und mit **Reibkäse** bestreuen. Im Ofen gratinieren. Servieren.

Kastanien-Lasagne mit Krautstiel und Kartoffeln

Von Ermanno Crosetti, Ristorante Alla Stazione, Lavorgo
Zutaten für 6 Personen

120 g Kastanienmehl mit **480 g Weissmehl** und **20 g Salz** auf einem Brett mischen. **5 Eier** mit **50 g Olivenöl extra vergine** verrühren.
Alle Zutaten in einer Küchenmaschine zu einem geschmeidigen Teig verarbeiten. Zugedeckt mit Folie ca. 30–60 Min. ruhen lassen.
Den Nudelteig mit einer Nudelmaschine zu Lasagneblättern verarbeiten und diese in Salzwasser während ca. 2 Min. kochen.
Für die Füllung: Die gekochten Lasagneblätter mit **6 Bintje-Kartoffeln**, gekocht und in Scheiben geschnitten, und **300 g Krautstielblättern**, gekocht bzw. blanchiert (Ersatz: Spinat), belegen, so lange, bis alle Zutaten aufgebraucht sind. Die Lasagne mit einer Béchamel-Rahmsauce und **200 g halbfettem Tessiner Formagella**, in Würfel geschnitten, und **Parmesan** bestreut im Ofen bei 200 °C kurz überbacken, bis der Käse verläuft und eine braune Kruste bildet.
Béchamelrahmsauce für Lasagne: 50 g Butter erwärmen und **40 g Mehl** dazugeben und verrühren, mit **1 l Milch ablöschen** und unter Rühren 15 Min. kochen. **Salzen** und **Pfeffer** und **2 dl Rahm** dazugeben und mit frisch geriebener **Muskatnuss** abschmecken. Nochmals 5 Min. leise köcheln lassen.

Pizzocan «Pontirone»

Von Bice Rè, Grotto Morign, Pontirone
Zutaten für 4 Personen

1 Ei mit etwas **Pfeffer, Salz** und **Muskatnuss** schlagen, dann pro Person **3 EL Weissmehl** dazugeben plus etwas **Wasser** und **Milch** (Verhältnis 1/3 Wasser, 2/3 Milch). Mit der Gabel schlagen, bis ein dickflüssiger Teig entsteht. Separat in kleine Stücke geschnittene **Kartoffeln** weich kochen. Mit dem Löffel den Teig zu den Kartoffeln geben, langsam Löffel für Löffel, **Zwiebeln** in Butter rösten. Wenn die Gnocchi im Kartoffelwasser hochkommen, etwas geriebenen **Alpkäse** dazugeben, kurz umrühren und auf dem Teller Portionen anrichten, mit den gerösteten Zwiebeln und brauner Butter übergiessen.

Breite Bandnudeln mit Buchweizenmehl

Von Sabine Miggitsch und Jeanne Menzel, Ristorante Oxalis, Ponte Capriasca
Zutaten für 6 Personen

300 g Weissmehl mit **150 g Buchweizenmehl** gut vermischen und auf einer Arbeitsfläche anhäufen. In die Mitte eine Vertiefung drücken. **1 Prise Salz, 4 Eier,** aufgeschlagen, und etwas **Olivenöl extra vergine** mischen und in die Vertiefung geben. Mit einer Gabel alles verrühren und nach und nach mit den Händen zu einem glatten, glänzenden elastischen Teig verarbeiten. Den Teig zugedeckt ca. 30 Min. ruhen lassen und dann dünn ausrollen (Nudelmaschine verwenden) und in breite Streifen (Tagliatelle) schneiden. Vor der weiteren Verarbeitung die fertig geschnittenen Nudeln auf einem Brett mit etwas Mehl bestäubt ausgebreitet trocknen lassen.
Nudeln in reichlich **Salzwasser** während 5 Min. al dente kochen.

Mais-rosso-Türmchen mit Steinpilzen und Pfifferlingen

Von Silvio Galizzi, Ristorante Al Portone, Lugano
Zutaten für 4 Personen

7,5 dl Wasser mit etwas **Salz** und **20 g Butter** zum Kochen bringen. **250 g rote Polenta** einmischen und unter ständigem Rühren 1 Std. kochen. Danach die Polenta in eine Form giessen und im Kühlschrank 2 Std. kühlen lassen.
In dieser Zeit **200 g Steinpilze** waschen und in Scheiben schneiden, **1 Zwiebel** hacken, **1 Tomate** (möglichst fleischige Sorte) kurz ins heisse Wasser legen und danach im Eiswasser kühlen, anschliessend schälen und in kleine Würfel schneiden.
200 g Pfifferlinge fein schneiden. Etwas **Olivenöl extra vergine** in einer Teflonpfanne erhitzen und die gehackten Zwiebeln dazu geben, leicht dünsten. Die geschnittenen Pilze dazugeben und mitsautieren. Danach noch die Tomatenwürfel zu den Pilzen geben. Mit **Salz** und **Pfeffer** abschmecken. Alles leicht köcheln lassen und nach 5–7 Min. vom Feuer nehmen. **1 Stängel Petersilie** grob hacken und darüber streuen.
Von der Polenta Streifen von 1 cm Dicke schneiden und in Olivenöl anbraten.
Die Streifen auf dem Teller als Türmchen anrichten und mit der Pilz-Tomaten-Mischung auffüllen.
Heiss servieren.

Heidelbeer-Risotto mit Pilzen

Von Mauro Oliani und Alessandro Rech, Albergo Stella Alpina, Ronco Bedretto
Zutaten für 4 Personen

2 EL Olivenöl extra vergine und **1 EL Butter** erhitzen. **1 Zwiebel**, fein gewürfelt, darin glasig dünsten. **320 g Carnaroli-Reis** dazugeben und mit einem kleinem Glas **Brandy** ablöschen. **200 g frische Heidelbeeren** dazugeben und mit ca. **1 l heisser Fleischbouillon** auffüllen. Dabei immer rühren. 15–20 Min. köcheln lassen. 5 Min. vor Ende der Kochzeit **4 EL Steinpilze**, fein geschnitten, dazugeben. Risotto mit geriebenem **Parmesan** und etwas **Butter** verfeinern, mit **Salz** und **Pfeffer** abschmecken.

Gebackener Alpkäse in Buchweizen-Käsekruste (fitri d'Anzonico)

Von Rosa Maddalon, Ristorante Bellavista, Anzonico
Zutaten für 4 Personen

600 g Buchweizenmehl mit **25 g Salz, 1,5 TL Trockenhefe** und **8 dl lauwarmem Wasser** verrühren. **3 Eier** aufschlagen und zusammen mit **1 Hand voll geriebenem Sbrinz** verrühren und zum Mehl geben. Glattrühren. Den Teig 1 Std. quellen lassen. **500 g Alpkäse** aus der Leventina in Würfel von ca. 1,5 cm schneiden. Käsestücke durch den Teig ziehen, überschüssigen Teig kurz abstreifen und in heissem **Olivenöl** kurz knusprig frittieren. Auf Küchenkrepp abtropfen lassen und mit einem Blattzichoriensalat servieren.

Rys und Boor (Reis mit Lauch)

Vom Dazio Grande aus *Das Kochbuch von Uri*
Zutaten für 4 Personen

100 g Zwiebeln, gehackt, mit **400 g Lauch,** fein geschnitten, in **50 g Butter** dünsten.
400 g Reis dazugeben und glasig rösten. Mit **1 l Bouillon** ablöschen und 15 Min. auf schwachem Feuer kochen. Von Zeit zu Zeit rühren, damit der Reis geschmeidig wird wie ein Risotto. Wenn nötig noch etwas Bouillon nachgiessen.
Für den Zwiebelaufguss: 200 g Zwiebeln, gehackt, und **2 Knoblauchzehen**, fein gehackt, in **120 g Butter** knusprig braun braten. Den Reis in einer Gratinplatte anrichten. Nach Belieben etwas **Reibkäse** (Sbrinz) darunter mischen. Am Schluss die gerösteten Zwiebeln darüber geben.

Spaghetti «Fiorello»

Von Rosaria Quattrini, Osteria Bordei, Bordei
Zutaten für 4 Personen

500 g Spaghetti, 200 g Schinkenwürfel (oder Kalbszunge), **2 dl Flüssigrahm, 1 dl Weisswein, 1 Zwiebel,** gehackt, **1 EL Senf, Butter, Petersilie, Salz, Cayennepfeffer.**
Zwiebel und Schinkenwürfel in Butter dünsten. Senf hinzufügen und mit Weisswein löschen. Rahm, Cayennepfeffer und zum Schluss gehackte Petersilie dazugeben. 5–6 Min. bei grosser Hitze kochen lassen.
Spaghetti in salzigem Wasser al dente kochen und mit der Sauce vermischen.

Tessiner Polenta

Von Martino Giovanettina, Grotto La Froda, Foroglio
Zutaten für 4 Personen

2 l Wasser mit **1 TL Salz** aufkochen. Kochtopf vom Feuer nehmen. **250 g Tessiner Maisgriess** einrieseln lassen. Umrühren. Kochtopf wieder auf die Platte stellen. Einen Kochlöffel quer über den Topf legen, Deckel über den Kochlöffel legen. Auf diese Weise spritzt die aufkochende Polenta nicht heraus. Nach einigen Minuten umrühren. Den Topf wieder mit Löffel und Deckel abdecken. Die Polenta mindestens 1 Std., besser sogar länger kochen. Ab und zu umrühren. Wenn sich die Polenta am Topfboden festsetzt oder sogar leicht anbrennt, ist das typisch tessinerisch: Das gibt der Polenta den Kamingeschmack! Die fertige Polenta, die sehr kompakt ist, auf ein Brett stürzen und mit Hilfe eines zwischen den Händen gespannten Fadens in Scheiben schneiden. Die Polenta kann kurz vor Beendigung der Kochzeit mit **50 g Butter** und beliebig viel geriebenem **Parmesankäse** angereichert werden.
Tipp: Die ganz grossen Polentakönner haben ihre «geheime Mehlmixtur», das heisst, sie verwenden verschiedene Mehlsorten: gelbes, fein gemahlenes Maisgriess, grob gemahlene Bramata, Buchweizenmehl (daraus wurde ursprünglich die Polenta gekocht), und manche sogar noch eine winzige, klitzekleine Spur «farina buona». Gut zu Polenta passt Brasato (siehe Fleischrezepte S. 362).

Gnücch in pigna (Kartoffel-Käsegratin)

Altes Bauernrezept aus dem Bleniotal
Zutaten für 4 Personen

1 kg Kartoffeln mit der Schale gar kochen, danach warm schälen und mit einer Kartoffelpresse pürieren. **1 Ei, 4 EL Milch** und **4 EL Butter** zum Kartoffelpüree beifügen und alles gut mischen. Mit etwas **Salz, schwarzem Pfeffer** und wenig **Muskatnuss** würzen und nochmals gut mischen. **250 g gut schmelzender Käse**, z. B. Formagella, in dünne Scheiben schneiden, danach in einer gebutterten Gratinform abwechslungsweise eine Lage Püree, danach eine Lage Käsescheiben einfüllen. Die oberste und letzte Lage mit Käse abschliessen. **2 EL Butterflocken** darüber geben. Ofen auf 180 °C vorheizen. Gnücch in pigna in den Ofen geben und etwa 25–30 Min. goldbraun bis knusprig braun backen. Heiss servieren.

Tagliolini mit Thunfischeiern

Von Rita Fuso, Osteria Malakoff, Ravecchia-Bellinzona
Zutaten für 4 Personen

Nudelteig siehe Rezept Lasagne, S. 362 Aus dem Teig Tagliolini, eine Art breite Spaghetti, ähnlich wie Linguine, herstellen. **200 g eingesalzene und getrocknete Thunfischeier** (Bottarga, eine Spezialität aus dem mediterranen Raum, im Fischladen bestellen) und **10 g Petersilie,** beides fein gehackt, mit **10 g Olivenöl extra vergine** und **1 EL flüssigem Rahm** mischen. Die Tagliolini in Salzwasser kochen.
Für die Sauce 10 g Olivenöl extra vergine erhitzen, **10 g Petersilie,** fein gehackt, dazugeben und **100 g Thunfischeier,** gehackt, kurz darin wenden. Mit **1 EL flüssigem Rahm** verfeinern und mit **Pfeffer** abschmecken. Mit den gekochten Tagliolini mischen. Mit **100 g Thunfischeiern,** in feine Streifen geschnitten, garnieren.

Gnocchetti mit Brennnesselspitzen und Gemüse-Luganighetta-Ragout

**Von Claudio Croci-Torti, Ristorante Montalbano,
San Pietro die Stabio**
Zutaten für 4 Personen

Kartoffel-Gnocchetti: **150 g Brennnesselspitzen** 1 Min. in gesalzenem Wasser kochen, sofort im Eiswasser abkühlen lassen und fein hacken, auspressen. **500 g Kartoffeln** in der Schale in gesalzenem Wasser kochen, abgiessen und noch heiss schälen, passieren und **150 g Mehl, 1 Eigelb** und die gehackten Brennnesseln darunter ziehen und zu einem homogenen Teig kneten. 2 cm dicke und 30 cm lange Rollen formen, mit reichlich Mehl bestäuben. Aus den Rollen 2 cm lange Gnocchetti schneiden. In viel kochendem und gesalzenem Wasser kochen. Die Gnocchetti sind bereit, sobald sie an die Oberfläche kommen. Mit einer Schaumkelle herausnehmen, gut abtropfen lassen und dann dem noch warmen Ragout beigeben.
Nach Belieben geriebenen **Parmesan** oder **Pecorino** darüber streuen.

Gemüse-Ragout mit Salsiccia: **1 gelbe, 1 rote und 1 grüne Peperoni**, mittelgross, **1 kleine Aubergine, 2 kleine Zucchetti, 2 Tomaten** (ohne Samen) in kleine Würfel schneiden. **1 kleine Zwiebel, 2 Knoblauchzehen** und **10 kleine Blätter Basilikum** separat fein hacken. **300 g Salsiccia** (Luganighetta) in 1 cm lange Stücke schneiden. **Olivenöl extra vergine** in einer Pfanne erhitzen, Hitze reduzieren und gehackte Zwiebel und Knoblauch leicht anbraten, Salsiccia-Stücke zugeben und 2–3 Min. mitbraten. Das Gemüse beigeben und falls nötig salzen und pfeffern. 15 Min. leise weiter köcheln. Pfanne vom Herd nehmen und Basilikum darüber geben. Servieren.

Brennnessel-Gnocchi

Von Luca Brughelli, Ristorante Froda, Gerra-Verzasca
Zutaten für 4 Personen

100 g junge Brennnesselspitzen gründlich waschen und in kochendem Wasser 2–3 Min. blanchieren, kalt abschrecken und gut ausdrücken. Brennnesseln mit dem Wiegemesser fein hacken.
500 g Bintje-Kartoffeln mit der Schale kochen. Heiss schälen und mit dem Passevite passieren. Mit dem Brennnesselpüree und **150 g Weissmehl, 1 Ei, 1 EL geriebenem Parmesan** und **1 EL Olivenöl extra vergine** mischen. Mit **Salz, Pfeffer** und **Muskatnuss** abschmecken.
Aus der Masse Rollen von der Dicke eines Fingers herstellen und diese in ca. 2 cm lange Stücke schneiden.

Tomatensauce für die Gnocchi: Bei **4 Tomaten** den Stielansatz herausschneiden und Tomaten oben über Kreuz einschneiden. Die Tomaten kurz in kochendes Wasser tauchen, bis sich die Haut löst. Mit kaltem Wasser abschrecken, schälen, halbieren und entkernen. Klein hacken.
1 EL Olivenöl extra vergine erhitzen und die Tomatenwürfel zusammen mit **Salz, Pfeffer** und **1 Prise Zucker** 2 Min. köcheln lassen. Beiseite stellen.
Die Gnocchi in reichlich Salzwasser 3–4 Min. kochen, bis sie an die Oberfläche steigen. **50 g Butter** erwärmen.
Gnocchi abschütten und in der warmen Butter schwenken. Mit der Tomatensauce und frittierten Brennnesselspitzen garniert servieren.
Für die frittierten Brennnesseln die gut abgetrockneten Brennnesselspitzen für 10 Sek. ins 200 °C heisse **Frittieröl** geben und auf Küchenkrepp abtropfen lassen und salzen.

Schwarze Maccheroni mit weissem Egli-Ragout aus dem Luganersee

Von Giuseppe Crosta, Ristorante Battello, Brusino-Arsizio
Zutaten für 4 Personen

1 Schalotte, 1 Karotte und **1 Stangensellerie** gleichmässig würfeln und in dieser Reihenfolge in einer Teflonpfanne im **Olivenöl** anbraten. **8 Eglifilets** in verschieden grosse Stücke schneiden und zum Gemüse geben, auf etwas höherem Feuer anbraten und mit **Weisswein** ablöschen. Wenn der Wein eingekocht ist, **250 g Cherry-Tomaten**, viergeteilt, und **2 dl Süsswasserfisch-Fond** beifügen. Mit **Salz** und **Pfeffer** aus der Mühle abschmecken. Zudecken und einkochen.
400 g Maccheroni neri (frische mit Seppiatinte eingefärbte Teigwaren) in viel Salzwasser 4–5 Min. kochen, Wasser abgiessen und dem Fisch-Ragout beigeben, sodass sich die Aromen verbinden können. Auf Teller anrichten und mit frischem **Majoran** und noch etwas frisch gemahlenem Pfeffer dekorieren.

Buchweizen-Crêpes (Fagottini) mit Ziegenfrischkäse, Flusskrebsen und Birnen

Von Rita Fuso, Osteria Malakoff, Ravecchia-Bellinzona
Zutaten für 4 Personen

Für die Crêpes 150 g **Weissmehl** mit **100 g Buchweizenmehl** und einem ½ **TL Salz** mischen.
6 Eier mit **5 dl Milch** und **50 g flüssiger Butter** verrühren und mit dem Mehl mischen. Glattrühren und den Teig 30 Min. quellen lassen. In einer Crêpepfanne mit wenig **Butter** dünne Crêpes ausbacken.
Für die Füllung **2 Tessiner Formaggini** mit der Gabel zerdrücken, mit **150 g Flusskrebsen**, blanchiert, mischen. **2 Birnen** schälen und in feine Scheibchen schneiden und in **1–2 EL Butter** kurz dünsten. Zum Frischkäse geben und alles mit **1 EL Schnittlauchröllchen** abschmecken. Füllung auf die Crêpes verteilen und diese mit einem Stück blanchiertem **Lauchstreifen** zu Beutelchen zusammenbinden. Die Crêpesbeutel im Ofen bei 180 °C ca. 10 Min. erwärmen.

Fisch

Marinierte Forelle «in carpione»

Von Claudio Caccia, Grotto Dötra, Olivone
Zutaten für 4 Personen

100 g Karotten, 100 g Stangensellerie, 100 g Lauch, 1 Zwiebel, 2 Knoblauchzehen fein hacken und in **5 dl Olivenöl** andünsten. **50 g wilden Thymian, 4 Salbeiblätter, 1 Rosmarinzweig, 2 Lorbeerblätter, 10 Wacholderbeeren, 4 Gewürznelken** grob hacken und unters Gemüse mischen. 5 Min. weiterdünsten.
Mit **1 dl Rotweinessig** und **5 dl Rotwein** ablöschen und auf hoher Flamme 15 Min. einkochen.
4 Forellen à ca. 300 g mit **50 g Mehl** bestäuben und in **5 dl Sonnenblumenöl** und **50 g Butter** goldig braten. Die Forellen auf einer Platte anrichten und komplett mit dem marinierten Gemüse bedecken. Im Kühlschrank mindestens 3 Tage ziehen lassen. Dann kalt oder lauwarm essen. Der Fisch bleibt so 10 Tage haltbar.

Forelle in Salzkruste

Von Claudio Caccia, Grotto Dötra, Olivone
Zutaten für 4 Personen

2 kg grobes Salz mit **3 Eiweiss** vermischen.
4 g Forellen à ca. 300 g ausnehmen.
50 g wilden Thymian hacken und mit **1 dl Weisswein** und **5 cl gutem Olivenöl** mischen, frisch gemahlenen **Pfeffer** zugeben – aber nicht salzen! – und in den Bauch der Forellen geben. Die Salzmasse ca. 1 cm dick auf ein Blech streichen, den Fisch aufs Salz und **1 Föhrenzweig** auf den Fisch legen und mit dem restlichen Salz komplett zudecken. Am Salzmantel eine «Sollbruchstelle» vorsehen (aussen herum eine Furche ziehen).
15 Min. im 180 °C heissen Ofen backen. Bei der Furche den Salzdeckel mit dem Hammer rundherum aufschlagen und den Fisch aus dem Salz nehmen. Servieren.

Sardellen «alla vernazzana»
Von Antonio Mazzoleni, Grotto dell'Ortiga, Manno
Zutaten für 6 Personen

1,4 kg Sardellen ausnehmen, Gräten, Kopf und Schwanz entfernen. Fische halb aufschneiden. Eine feuerfeste Platte mit **Olivenöl** einreiben, eine Lage **Kartoffeln** in Scheiben (max. 5 mm dick) darauf legen, salzen und pfeffern. **Olivenöl extra vergine** darüber träufeln. Eine Schicht reife und geschmackvolle **Tomatenscheiben** darüber legen. Mit **Oregano** bestreuen. **Salzen und pfeffern.** Nochmals mit **Olivenöl extra vergine** beträufeln. Es folgt eine weitere Kartoffelschicht und schliesslich noch eine Schicht mit den Sardellen (Bauch nach unten, Haut nach oben). Salzen, pfeffern und Olivenöl darüber geben.
Die Platte (ohne Deckel) ca. 30–40 Min. in den auf 200 °C vorgeheizten Ofen geben. Wenn die Kartoffeln gekocht sind, ist das Gericht servierbereit.

Bachforelle (trota fario), gebraten
Von Ermanno Crosetti, Ristorante Alla Stazione, Lavorgo
Zutaten für 4 Personen

4 ausgenommene Forellen im **Mehl** wenden, danach gut abklopfen und aussen und innen mit **Salz** würzen.
Je 50 g Butter in zwei Bratpfannen zergehen lassen, bis sie heiss ist, aber nicht schäumt. Dann je zwei Forellen in den beiden Pfannen braten. Fische sorgfältig mit der Bratschaufel wenden, Temperatur so regulieren, dass die Butter nicht anbrennt. Nach 15–20 Min. sind die Forellen gar und werden heiss serviert.

Mediterran gewürzte Zanderfilets aus dem Luganersee
Von Giuseppe Crosta, Ristorante Battello, Brusino-Arsizio
Zutaten für 4 Personen

4 Zanderfilets unter fliessendem Wasser gut abspülen und kontrollieren, ob der Fisch wirklich grätenfrei ist. Mit Küchenpapier trockentupfen. **Olivenöl** in einer Teflonpfanne erhitzen und gehackten **Knoblauch** darin anbraten, **25 g Kapernfrüchte** und **50 g griechische Oliven**, gehackt, beigeben und mitbraten.
500 g Cherry-Tomaten, viertgeteilt, und dann den Zander dazugeben, mit einem trockenen **Weisswein** ablöschen. Mit frischem **Oregano, Salz** und frisch gemahlenem **Pfeffer** würzen. Zudecken und 5–8 Min. auf regem Feuer weiter köcheln. Mit der entstandenen Sauce servieren.

Frittierte, marinierte Albeli
Von Carlo Rigamonti, Grotto Paudese, Paudo
Zutaten für 4 Personen

400 g gereinigte Albeli grosszügig im **Mehl** wenden, dann im schwimmenden **Erdnussöl** frittieren. Die frittierten Fische in eine Gratinform legen.
100 g Zwiebeln, 50 g Stangensellerie und **50 g Karotten** mit wenig **Öl** auf kleinem Feuer andünsten. **2 Salbeiblätter**
1,5 dl Weisswein und **1 dl Rotweinessig** dazugeben. Beliebig mit **Salz** und **Pfeffer** abschmecken. Zum Schluss die warme Marinade über die Fische giessen und 24 Std. im Kühlschrank ziehen lassen.

Fleisch/ Geflügel

Paniertes Kalbshirn
Von Mauro und Tatiana Pedrelli, La Bolla, Camorino-Comelino
Zutaten für 4 Personen

600 g sehr frisches Kalbshirn waschen und in 2 cm dicke Medaillons schneiden. **Salzen** und **pfeffern**. In **30 g Weissmehl**, **2 Eiern**, geschlagen, und zuletzt in **100 g Paniermehl** wenden. **30 g Butter** und **Öl** in einer Pfanne erhitzen und Medaillons mit viel frischem **Rosmarin** anbraten (je 5 Min. pro Seite). Zusammen mit Bratkartoffeln und Gemüse servieren.

Mortadella mit weissen Bohnen
Von Oliviero Rusconi, Grotto Al Sprüch, Ludiano
Zutaten für 4 Personen

300 g getrocknete weisse Bohnen über Nacht in reichlich kaltes Wasser einlegen. Wasser am kommenden Tag abschütten und die Bohnen in **1 l kaltem Wasser** ohne Zugabe von Salz während ca. 40 Min. kochen. Erst gegen Ende der Kochzeit mit **Salz** würzen (sonst werden die Bohnen nicht weich); Wasser abgiessen. Die **Mortadella** einige Male mit einer Gabel einstechen und in einen Topf mit heissem, nicht gesalzenem Wasser geben, die Wurst sollte dabei mit Wasser bedeckt sein. Auf kleinem Feuer während ca. 30 Min. leise köcheln lassen.
1 mittelgrosse Zwiebel und **1 Knoblauchzehe** schälen und beides fein würfeln oder hacken. **1 mittleres Stück Stangensellerie** fein würfeln. **2–3 EL Olivenöl extra vergine** erhitzen und Zwiebeln, Knoblauch und Stangensellerie darin andünsten, nach einigen Minuten den Inhalt einer **kleinen Dose Pelati** (ca. 230 g) und ein getrocknetes oder, wenn verfügbar, **1 frisches Lorbeerblatt** dazugeben. Leise ca. 15 Min. köcheln lassen. Am Ende der Garzeit die fertig gegarten weissen Bohnen dazugeben und mit **Salz** und frisch gemahlenen **schwarzem Pfeffer** abschmecken. Die gekochte Mortadella in Scheiben schneiden und auf dem weissen Bohnengemüse anrichten.

Gefülltes Kaninchen mit Spinat-Frittata
Von Pia Cafiero-Ullmann, Al Cacciatore, Soazza
Zutaten für 4 Personen

1 Kaninchen ohne Knochen beim Metzger vorbestellen. Aus **6 Eiern, 150 g blanchiertem Spinat, 2 EL geriebenem Parmesan, Salz** und **Pfeffer** eine Frittata zubereiten und abkühlen lassen.
Das Kaninchen auf einem sauberen Küchentuch ausbreiten und mit der Frittata belegen. Kaninchen mit Hilfe des Küchentuchs einrollen. Die Rolle mit **200 g Pancetta**, in Scheiben geschnitten, belegen und mit Küchenschnur gut zusammenbinden.
Gerolltes Kaninchen in **Olivenöl** von allen Seiten vorsichtig anbraten, **1 Zweig Rosmarin** dazugeben und mit **Weisswein** ablöschen. In eine feuerfeste Form geben und bei 170 °C ca. 1 Std. und 30 Min. schmoren. Dabei das Kaninchen immer wieder mit Weisswein bepinseln, damit es nicht zu trocken wird.

Spinat-Frittata für die Füllung des Kaninchens
Rezept von Erica Bänziger
6 Freilandeier mit **2 EL geriebenem Parmesan, 1 Prise Salz** und **Pfeffer** verquirlen. **150 g gehackten Blattspinat**, gekocht und gut abgetropft, zu den Eiern geben und alles in eine Pfanne mit heissem **Olivenöl extra vergine** (ca. 2–3 EL) geben und stocken lassen. Wenn sich die Masse mit einem Messer vom Pfannenboden leicht abheben lässt, mit Hilfe des Pfannendeckels wenden und von der anderen Seite noch 2 Min. backen. Kalt werden lassen.

Wildschweinragout
Von Anna und Andrea Biffi, Ul Furmighin, Sagno
Zutaten für 4 Personen

Gehackte **Zwiebel** und **Knoblauch** zusammen mit **50 g Speckwürfeln** in **Olivenöl** anbraten. **200 g Schwein-** und **300 g Wildschwein-Hackfleisch** zufügen und kurz, aber sehr heiss anbraten. Mit etwas **Weisswein** ablöschen und einkochen. **300 g frisches Tomatenfleisch, Thymian,** gehackter **Rosmarin, Salz** und **Pfeffer** zugeben. Auf kleinem Feuer ca. 2 Std. schmoren.

Scaloppina «Bordei»
Von Rosaria Quattrini, Osteria Bordei, Bordei
Zutaten für 4 Personen

8 Kalbsplätzli (700–800 g), **1 dl Weisswein**, trocken, **1 dl Marsala**, **1 dl Tomatensauce**, **1 dl Bouillon**, **4 Knoblauchzehen**, wenig **Mehl**, **Butter**, **Öl**, **Petersilie**, **Salz**, **Pfeffer**.
Die Plätzli im Mehl wenden, Salz und Pfeffer dazugeben. In einer Pfanne gleiche Teile von Öl und Butter erhitzen. Die Plätzli in der Pfanne dünsten.
Knoblauch und Petersilie hacken und dazugeben. Mit dem Wein und dem Marsala löschen. Tomatensauce und Bouillon hinzufügen. 10 Min. ruhen lassen, damit die Sauce sich bindet.
Tipp: Schmeckt ausgezeichnet mit Risotto Milanese!

Capretto «Rè»
Von Bice Rè, Grotto Morign, Pontirone
Zutaten für 4 Personen

Den **Capretto** mit viel **Butter** anziehen, mit **Salz** und **Pfeffer** würzen, mit **Weisswein** ablöschen und etwas **Marsala** dazugeben. Das Ganze einige Minuten köcheln lassen. Anschliessend in den Ofen geben und bei 180 °C etwa 2 Std. braten lassen. Unbedingt immer kontrollieren, dass die Sauce nicht zu stark eindampft, allenfalls etwas Wasser und ein wenig Weisswein hinzufügen. Am Schluss **Rosmarin**, **Thymian**, **Salbei** und eine **Knoblauchzehe** dazugeben.

Geschmortes Kaninchen mit Oliven
Von Angelo Delea, Fattoria l'Amorosa, Gudo
Zutaten für 4 Personen

Ein in Stücke geschnittenes **Kaninchen** (1–1,3 kg) mit **Salz** und **Pfeffer** würzen, dann in kaltgepresstem **Olivenöl** anbraten, mit **1 dl Weisswein** ablöschen und den Fond ein wenig einkochen lassen. Das Fleisch mit etwas Weisswein befeuchten. **150 g Oliven**, **2–3 Blätter Majoran**, **1 Lorbeerblatt** und **½ Knoblauchzehe** hinzufügen. Dann mit **Fleischbouillon** befeuchten und in den vorgeheizten Ofen (180–200 °C) schieben. Kochzeit etwa 1,5 Std. Gelegentlich die Fleischstücke mit der Sauce anfeuchten und eventuell etwas Bouillon dazugeben.
Vor dem Servieren einige frische **Majoranblättchen** hinzufügen.

Kalbshaxen (Ossobuco)
Von Oliviero Rusconi, Grotto Al Sprüch, Ludiano
Zutaten für 4 Personen

4 Kalbshaxen in **2 EL Weissmehl** wenden. **1 Zwiebel** in feine Ringe schneiden und in **1 EL Olivenöl extra vergine** und **40 g Butter** kurz anbraten. Kalbshaxen von beiden Seiten kurz in wenig Olivenöl anbraten und auf die Zwiebeln legen. Mit ca. **1,5 dl Weisswein** ablöschen und diesen fast verdampfen lassen. Nach und nach mit **1 l heisser Fleischbouillon** auffüllen. Mit **Salz** würzen. Die Kalbshaxen ca. 90 Min. auf kleinem Feuer zugedeckt schmoren lassen.

Gekochte Schweineknochen (Oss in bogia)
Von Nicoletta Snozzi, Osteria del Carlin, Claro
Zutaten für 4 Personen

4 Stück Schweineknochen mit ca. **2 kg Fleischanteil** beim Metzger bestellen. Die Knochen mit einer Mischung aus **Salz**, frisch gemahlenem **Pfeffer**, **1–2 frischen Lorbeerblättern**, etwas **Zimt**, frisch geriebener **Muskatnuss** und etwas **Rotwein** marinieren. Die Knochen im Kühlschrank während 5–8 Tagen ruhen lassen. Die marinierten Knochen anschliessend in Salzwasser während ca. 2,5 Std. langsam kochen, bis sie gar sind.

Tessiner Gemüseeintopf mit Schweinerippen und Weisskohl (Cazzöla)

Von Nicoletta Snozzi, Osteria del Carlin, Claro
Zutaten für 4 Personen

2 EL Butter und **2 EL Olivenöl extra vergine** in einem grossen, breiten Topf erhitzen, ca. **100 g Pancetta** (Tessiner Bauchspeck), in Streifen geschnitten, **1 Zwiebel**, gewürfelt, und **3 Salbeiblätter** darin andünsten. **600 g Schweinerippen**, in Stücke zerteilt, und **2 Luganighe**, in Stücke geschnitten, dazugeben, **salzen** und **pfeffern** und mit einem Schuss **Rotwein** ablöschen. **3 Karotten**, **2 Lauchstängel**, **3 Stängel Stangensellerie**, alles in Ringe geschnitten, dazugeben. **3 kleine Köpfe Weisskohl** in feine Streifen schneiden und ebenfalls dazugeben. Topf schliessen. Auf kleinem Feuer während ca. 2 Std. ziehen lassen. Nur wenn nötig wenig Wasser beifügen, Gemüse und Fleisch sollen im eigenen Saft gar werden. Den Eintopf gegen Ende der Garzeit mit einem in wenig kochendem Wasser aufgelösten **Bouillonwürfel**, **1 EL Tomatensauce**, getrockneten oder frischen **Kräutern** (Thymian, Majoran, Basilikum), geriebener **Muskatnuss** und einer Prise gemahlenem **Zimt** abschmecken.

Hinweis: Der Eintopf sollte «trocken» sein, das heisst, die Kochflüssigkeit sollte praktisch vollständig eingekocht sein.

Brasato al Merlot

Rezept von Ruedi Sperandio, *Gesalzen und gepfeffert*
Zutaten für 4 Personen

1 kg Rindshohrücken mit **Salz** und **Pfeffer** einreiben und in **1–2 EL Bratbutter** anbraten. Herausnehmen und warm halten. Im gleichen Bräter **1 gespickte Zwiebel**, **1 Karotte**, klein geschnitten, **1 Stück Sellerie** und **1 Stück Lauch** andünsten. **1 EL Tomatenpüree** hinzufügen, mit **1 EL Mehl** bestäuben und das Ganze vermengen. Mit etwas **Merlot** ablöschen und aufkochen. Das Fleisch hineinlegen. **3 Knoblauchzehen** (gequetscht), **1 Zweig Rosmarin**, **1 Zweig Thymian**, ein paar getrocknete, eingeweichte getrocknete **Steinpilze** dazugeben und mit **3 dl heisser Fleischbouillon** auffüllen. Zugedeckt 2–3 Std. schmoren lassen.

Kalbsbäggli «Agnese»

Von Agnese Broggini, Ristorante Stazione Da Agnese, Intragna
Zutaten für 4 Personen

4 Kalbsbäggli, im **Butter** und **Öl** anbraten. **Karotten, Zwiebeln, Sellerie** in Stücke schneiden und anbraten. **Tomatenpüree** dazugeben und auch leicht anbraten. Mit **Merlot** ablöschen und mit **Kalbsjus** auffüllen, bis das Fleisch bedeckt ist. **Salz, Pfeffer, Lorbeerblätter, Nelken** dazugeben.
Ca. 1 Std. auf kleinem Feuer köcheln. Das Fleisch herausnehmen und den Rest absieben. Die Sauce ein wenig einköcheln und die Kalbsbäggli wieder darin erwärmen. **Steinpilze** in Butter anbraten, würzen und mit den Kalbsbäggli servieren.

Rindsfilet mit Aceto balsamico und scharfen Zwiebeln

Von Mauro Oliani und Alessandro Rech, Albergo Stella Alpina, Ronco Bedretto
Zutaten für 4 Personen

4 Rindsfilets, **2 scharfe Zwiebeln** in sehr feine Ringe schneiden. **1 EL Butter** erhitzen, die Zwiebelringe darin anbraten. Die Rindsfilets dazugeben und ca. 3 Min. pro Seite braten. Mit **Salz** und **Pfeffer** würzen und mit einem kleinen **Glas Aceto balsamico** ablöschen. Sofort servieren.

Gemischtes Siedfleisch (Bollito misto) mit grüner Sauce

Von Angela, Manfre und Milena, Grotto del Mulino, Morbio Inferiore
Zutaten für 4 Personen

800 g Siedfleisch (Rind, Kalb, Huhn, Kopf, Schlachtwurst, Zunge) jeweils separat mit je **1 Zweiglein Thmyian**, **1 Stück Sellerie** (Stangen- oder Knollensellerie), **1 Stück Karotte, Zwiebel** und **Wacholderbeeren** in kaltem Salzwasser aufkochen. Kochzeit ca. 2 Std. Das Fleisch in Stücke schneiden und dazu Salzkartoffeln, Senffrüchte (z. B. von Vanini oder selbst gemachte), Senf, gedämpfte Karotten und grüne Sauce servieren.

Gefülltes Huhn (Gallina ripiena) nach Bergamasker Art

Von Giacomina Jurietti, Osteria degli Amici, Quinto
Zutaten für 4 Personen

200 g Gehacktes (Rind- und Schweinefleisch gemischt) in eine Schüssel geben. **Viel Prezzemolo, 1 gehackte Zwiebel, 1 gehackte Knoblauchzehe** und **2 Hände voll Reibkäse** (Sbrinz und Parmesan gemischt) dazugeben und alles gut durchkneten. Dann **2 EL Salz, 2 EL Pfeffer** und **2 Hände voll Paniermehl** dazugeben. Unter Zugabe von **1–2 dl Fleischbouillon** alles nochmals gut durchkneten.
Poulet mit der Fleischmasse füllen und mit einem Bindfaden zunähen.
In eine grosse Pfanne geben und mit Wasser zudecken. **Salzen.** **3–4 Zwiebeln** und **3–4 Karotten** dazugeben, auf kleinem Feuer köcheln lassen. Wie bei einem Suppenhuhn beträgt die Kochzeit einige Stunden! Mit Salzkartoffeln servieren.
Tipp: Die Fleischmasse eignet sich auch gut für Hacktätschli: mit Salz und Pfeffer würzen, im Eigelb wenden, panieren und knusprig braten.

Capra bollita mit Salsa verde (Vinaigrette)

Von Claudio Sollberger, Antica Osteria Dazio, Fusio
Zutaten für 4 Personen

3 l Wasser mit **1 EL Salz** aufsetzen, **1 grosse Zwiebel** mit **3 Gewürznelken** und **3 Lorbeerblättern** spicken, dazugeben und alles aufkochen. **1 kg Ziegenfleisch** (Stücke mit Knochen) **salzen** und **pfeffern**, ins kochende Wasser geben und 1–1,5 Std. auf kleinem Feuer köcheln lassen. Anschliessend **2–3 Stangen Lauch** in Stücke schneiden, **6 Karotten** schälen, **6 Stangensellerie** in Stücke schneiden, alles dazugeben und nochmals ca. 1 Std. kochen. Wird mit Salzkartoffeln und Salsa verde (Vinaigrette) serviert.
Salsa verde: **1 Bund Basilikum, 1 kleine Zwiebel** (noch besser: **2 Frühlingszwiebeln**), **1 Echalotte, 3 Knoblauchzehen, 1 EL Kapern** fein zerhacken. **1 EL Zitronensaft, 2 EL Weisswein-** oder **Balsamico-Essig** und **2,5 dl Olivenöl** dazugeben und alles gut vermischen. Wer es noch etwas rassiger will, kann noch **4–6 Sardellenfilets** (gewaschen und trockengetupft) fein hacken und dazugeben.

Geflügelfüllung «alla Nonna Virginia»

Von Claudio Croci-Torti, Ristorante Montalbano, San Pietro die Stabio

Dieses alte Rezept, das Nonna Virginia bis ins hohe Alter in Stabio gekocht hat, eignet sich für gebratenes oder gegartes Huhn, Kapaun, Taube, Wachtel usw.
Alles Fleisch fein hacken – entweder Siedfleisch aus Kalb, Rind oder Huhn oder Resten von Kalbs-, Rinds- oder Geflügelbraten und im Wasser gekochte Luganighetta (typische Tessiner Schweinswurst) oder Cotechino (Schweinswurst zum Sieden), Resten von Speck oder Salami. **1 verquirltes Ei, Reibkäse** und einige geriebene **Baumnusskerne,** das in Milch eingeweichte **Brot, Petersilie, 1 Zwiebel,** gehackt, und etwas **Knoblauch** unter die Fleischmasse ziehen und gut vermischen. Die Masse darf weder zu fest noch zu flüssig sein, sonst mit etwas Milch korrigieren. **Salzen** und **pfeffern.** 1 weitere Minute gut mischen, probieren und beliebig abschmecken. Mit dieser Masse das Geflügel füllen. Gut zunähen, damit die Füllung während des Kochens nicht herausquillt.

Gefülltes Kaninchen an Nocinosauce

Von Tiziano Fosanelli, Ristorante Pedemonte, Bellinzona
Zutaten für 4 Personen

1 Kaninchen ohne Knochen (beim Metzger vorbestellen) mit dem Fleischklopfer leicht flach klopfen, sodass es möglichst quadratisch ist. Das Kaninchen mit **5 dünnen Speckscheiben** belegen, **100 g Luganighe, 100 g schwarze Oliven,** entsteint, und **2 Zweige frischen Thymian** an den unteren Rand legen. Das Fleisch dann von oben her aufrollen. Die Rolle in Backtrennpapier einrollen und mit Küchenschnur gut zubinden (wie eine Salami). Die Kaninchenrolle in **2 EL Olivenöl extra vergine** in einer Bratpfanne anbraten (mit dem Backpapier). Die Rolle in einen Bräter im Ofen bei 200 °C für weitere 8 Min. garen. Das gegarte Kaninchen eine Nacht im Kühlschrank auskühlen lassen. Am nächsten Tag das Fleisch möglichst dünn aufschneiden und mit bestem **Aceto balsamico** und **Olivenöl extra vergine** beträufelt servieren.

Ochsenschwanz-Ragout

Von Sabine Miggitsch und Jeanne Menzel, Ristorante Oxalis, Ponte Capriasca
Zutaten für 6 Personen

3 kg Ochsenschwanz vom Metzger in Stücke schneiden lassen. Mit **Salz, Pfeffer** und **Paprika** würzen und leicht mit **Mehl** bestäuben. In einem Bräter **3 EL Öl** (z. B. Olivenöl extra vergine) erhitzen und die Fleischstücke darin kurz rundum scharf anbraten. Das überschüssige Fett abschütten und **25 geputzte Frühlingszwiebeln** ohne Grün dazugeben. Mit etwas **Rotwein** ablöschen. Alles mit ca. **2 l Wasser** auffüllen und zugedeckt während 1–2 Std. leise köcheln lassen. Das Fleisch herausnehmen und vom Knochen ablösen. Den Bratenfond durch ein feines Sieb passieren und nach Bedarf noch mit **Salz** und **Pfeffer** abschmecken und eventuell mit wenig **Maizena** (ca. 2 TL) binden, das Fleisch in die Sauce zurückgeben und mit gehackter **Petersilie** bestreut serviert.
Dazu Buchweizen-Tagliatelle (siehe S. 354) servieren.

Kalbsfilet aus Palagnedra unter Kastanienkruste auf Asconeser Kürbisrisotto mit Americanosauce

Von Doris und Daniel Blum, Ristorante Pentolino, Verdasio
Zutaten für 4 Personen

4 Kalbsfilets à je ca. 150 g mit **Salz** und **Pfeffer** würzen. In **0,2 dl Olivenöl** auf beiden Seiten kurz anbraten.
80 g ungesüsstes Kastanienpüree mit **4 EL geriebenem hartem Brot** mischen und mit **Salz** und **Pfeffer** abschmecken. Die Filets mit der Kastanienfarce bestreichen und im Ofen bei 170° für ca. 7–8 Min. braten. Auf einem Kürbisrisotto angerichtet serviert.
Sauce aus Americano-Trauben: 5 dl braune Sauce, Demi-Glace mit **20 Americano-Trauben** und einem Schuss **Rotwein** kurz aufkochen und leicht einkochen lassen. Zu den Kalbsfilets serviert.
Tessiner Kürbisrisotto aus Asconeser Reis: 1 Zwiebel, fein gehackt in **0,2 dl Olivenöl** glasig dünsten. **160–200 g Tessiner Risotto-Reis** (Loto, Bezug bei: Terreni alla Maggia, Ascona oder Manor) dazugeben und mit **2 dl Weisswein** ablöschen. **50 g Kürbisfleisch** in kleine Würfel schneiden und dazugeben. Mit heisser **Rindsbouillon** (ca. 6 dl) nach und nach auffüllen, dabei immer rühren. Mit **50 g geriebenem Parmesan** und **30 g Butter** verfeinern und sofort servieren.

Gefüllte Gitzikeule

Von Hans Bürgi, Ristorante Canvetto Luganese, Lugano
Zutaten für 6 Personen

1 kg Gitzikeule ohne Knochen (beim Metzger so bestellen) mit **4 Tranchen Rohschinken** belegen. **300 g gemischtes Hackfleisch** (Rind, Kalb, Schwein) und **2 EL Bärlauch,** frisch gehackt, und **80 g frischen Morcheln** mischen. Mit **Salz** und **Pfeffer** abschmecken und auf die mit Rohschinken belegte Gitzikeule verteilen. Die Keule einrollen und mit Küchenschnur binden. Die Keule in **Bratbutter** rundum schön geichmässig anbraten, in einen Bräter geben, mit **2 dl Weisswein** und **3 dl braunem Kalbsfond** auffüllen und bei 200 °C ca. 55 Min. glasieren.
Serviervorschlag: Mit frischem Spargelragout im Kartoffelpastetli angerichtet und panierten Zucchiniblüten servieren.

Kaninchen und Hasenfilet, mariniert mit Merlot

Von Davide Alberti, Vecchia Osteria, Seseglio
Zutaten für 4 Personen

200 g Hasen- und **200 g Kaninchennierstück** parieren. **50 g rote Zwiebeln, 30 g Knollensellerie** und **50 g Karotten** in sehr feine Würfel schneiden. Mit aromatischen Kräutern nach Belieben abschmecken (z. B. **Majoran, Thymian, Rosmarin**). Das Fleisch zusammen mit den Gemüsewürfelchen, Kräutern und **2 dl Merlot** marinieren und für mindestens 8 Std. im Kühlschrank durchziehen lassen. Das Fleisch aus der Marinade nehmen und nebeneinander gelegt in ein Schweinenetz füllen, sodass man später beim Aufschneiden die zwei verschiedenen Farben (hell und dunkel) sieht. Das Netz gut verschliessen. Fleisch in heissem **Öl** anbraten, nach Belieben mit **Salz** und **Pfeffer** würzen und kurz im Ofen fertig garen. Das Fleisch sollte noch leicht rosa sein. Herausnehmen und bei 70 °C warm stellen.
Für die Sauce das Gemüse aus der Marinade gut abtropfen lassen. Rotwein absieben und kurz aufkochen und abschäumen. Überschüssiges Fett aus der Fleischpfanne entfernen und die Gemüsewürfelchen darin kurz andünsten und mit dem heissen Rotwein auffüllen, leicht einkochen lassen. Mit **2 dl brauner Sauce** oder Bratenfond auffüllen und auf die gewünschte Konsistenz einkochen lassen. Die Sauce durch ein Sieb giessen und mit **10 g Butter** verfeinern. Die geschnittenen Fleischstücke auf der Sauce anrichten. Nach Belieben dazu gedämpftes, mit Butter verfeinertes Gemüse, Reis oder Polenta servieren.

Ossobuco mit Polenta

Von Fiorella Macullo, Grotto Pergola, Giornico
Zutaten für 6 Personen

Polenta: 2 l Wasser mit **Salz** zum Kochen bringen und **1 kg Tessiner Polentamehl** unter Rühren dazugeben, sodass sich keine Klümpchen bilden. Für mindestens 1 Std. langsam kochen, dabei ab und zu umrühren.

Ossobuco mit Kräutern und Weisswein: 6 Schweinshaxen à ca. 250 g in heissem **Olivenöl** von beiden Seiten anbraten. Eine grob geschnittene **Zwiebel** dazugeben. Mit **Salz** und **Pfeffer** aus der Mühle würzen.
Mit 3–4 dl **Weisswein** ablöschen. Je 1 Zweig frischen **Thymian, Salbei und Rosmarin** dazugeben. Etwas **Butter** dazugeben und die Ossibuchi in einer feuerfesten Form im Ofen bei 200 °C ca. 40–60 Min. schmoren.

Lammracks mit Kräuterkruste

Von André Villorini, Caffè Lüis, Seseglio-Chiasso
Zutaten für 4 Personen

Vorbereitung: 1 Anrichteplatte und 4 Teller im auf 80 Grad vorgewärmten Ofen warmstellen.
4 Lammracks, je 200 g mit ½ TL **Salz** und ½ TL **Pfeffer** würzen, in einer heissen Bratpfanne im **Öl** rundum heiss anbraten und auf die vorgewärmte Platte in den Ofen legen.
2 EL Senf, ½ **Zitronenschale** und **2 gepresste Knoblauchzehen** und mit je 1 EL **Rosmarin, Salbei** und **Thymian,** alles fein gehackt, mischen. Mit dieser Marinade die Oberseite der Racks grosszügig bestreichen. Fleisch in der Mitte des vorgeheizten Backofens ca. 90 Min. garen (Kerntemperatur ca. 55 °C).
Für die Sauce: 1 **Schalotte,** fein gehackt, in eine Fleischpfanne geben und mit etwas **Öl** glasig dünsten. Mit **1,5 dl Portwein** und **4 dl Wildfond** ablöschen und auf 3 dl einkochen lassen. Mit **4 TL Maisstärke** (angerührt in **2 dl Wasser**) binden, **50 g kalte, flockige Butter** unterrühren, mit **Salz** und **Pfeffer** abschmecken.
Zum Servieren das Fleisch tranchieren, auf den vorgewärmten Tellern anrichten und nach Belieben mit **Kräutern** garnieren.
Dazu passt Polenta oder Ratatouille.

Gemüsegerichte

Gefüllte Zucchini-Blüten (Fiori di zucchini ripieni)

Von Nico Sargenti, Gambarogno
Zutaten für 4 Personen

Bei **8 Zucchiniblüten** den Fruchtstiel und den Stempel (im Innern der Blüten) entfernen, kurz in kaltes Wasser tauchen und in einem Sieb abtropfen lassen. **120 g Frischkäse** (z. B. Osella oder Ziegenfrischkäse aus dem Verzascatal) und **120 g Quark** mit etwas fein geschnittenem **Schnittlauch** vermischen und mit **Salz** und **schwarzem Pfeffer** abschmecken.
4 Zucchiniblüten mit der Käse-Quark-Masse füllen (mit einem Dressiersack geht es am besten).
4 Zucchini in Scheiben schneiden und mit den 4 gefüllten Blüten 2 Min. im Dampf garen.
Die restlichen 4 Zucchiniblüten in **Olivenöl** bei ca. 160 °C frittieren und auf Küchenpapier abtropfen lassen.
4 Tomaten schälen, das Fleisch in Würfel schneiden, mit **Olivenöl** vermischen und mit Salz und Pfeffer abschmecken. Daraus auf dem Teller ein Bett machen. Die gefüllten Blüten auf dem Tomatenbett anrichten und mit den frittierten Zucchiniblüten dekorieren. Etwas Olivenöl darüber träufeln und servieren.
Die Füllung kann beliebig variiert werden, z. B. mit Kartoffelpüree, vermischt mit Zucchinifruchtfleisch, Basilikum und Majoran. Unter die Mischung wird ein Ei und etwas Parmesan gerührt. Den Ofen auf 250 °C vorheizen und die gefüllten, mit etwas Olivenöl beträufelten Blüten im Ofen etwa 3 Min. überbacken.

Rote Kartoffeln

Von Lorella Piotti, La Montanara, Monte

Kartoffeln wie Salzkartoffeln im gesalzenen Wasser kochen. Anschliessend in etwas **Öl** und **Butter** anbraten, mit **Weisswein** ablöschen, **Rindsbouillon** und **Tomatensauce** dazugeben und kurz etwas köcheln lassen. Wird im Muggiotal mit gebrühten Cotechini, scharfen Schweinswürsten, serviert.

Zucchinitorte

Von Rosaria Quattrini, Osteria Bordei, Bordei
Zutaten für 4 Personen

250 g Rohzucker, 250 g Butter, 4 Eier, 1 Prise Salz, 150 g Haselnüsse, gemahlen, **2 EL Zimtpulver, 2 EL Grappa, 300 g Zucchini,** in Würfel geschnitten, **300 g Weissmehl, 2 TL Hefe.** Alle Zutaten in der oben beschriebenen Reihenfolge gut mischen.
Eine Kuchenform von 26 cm Durchmesser mit Butter bestreichen und mit Mehl bestäuben. Masse in Kuchenform geben.
Für ca. 60 Min. bei 180 °C backen.

Scmieza – Gemüsetorte aus dem Misox

Von Lucia Ferrari-Parolini, Soazza, Mesocco
Zutaten für 6–8 Personen als Aperitif-Häppchen oder für 2 Personen als Hauptspeise

2 EL Polentamehl mit **2 EL Weissmehl** und **2 Eiern** glattrühren. Verschiedene fein geschnittene Gemüse je nach Saison bzw. Garten, z. B. **1 Hand voll Mangold** mit Blättern und Stielen, **1 Hand voll Spinat, 1 Lauchstängel, 1 Stück Wirsingkohl** und **1 Zucchini,** mit der Röstiraffel gerieben, in **Butter** ca. 5 Min. kurz dünsten. Mit den Eiern mischen und mit **2 Prisen Salz** würzen. Mit geriebenen **Käseresten,** am besten rezentem Alpkäse (ca. 200 g oder nach Gefühl) mischen. Masse in eine gebutterte feuerfeste Form geben und bei 180 °C ca. 45 Min. backen. Nadelprobe.
Tipp: Diese Torte kann auch mit einigen **Speckwürfelchen** zubereitet werden.

Gefüllte Peperoni

Von Antonio Mazzoleni, Grotto dell'Ortiga, Manno
Zutaten für 4 Personen

Bei **4 roten und/oder gelben Peperoni:** den Deckel abschneiden und Samen entfernen (Peperoni unbedingt ganz lassen.) Ganze Peperoni mit Deckel in einer Pfanne oder im sehr heissen Ofen braten bis die Haut schwarz ist. Die noch lauwarmen Peperoni häuten. **1 mittlere, violette Aubergine** ganz oder teilweise schälen. In 7–8 mm grosse Würfel schneiden. Samen einer sehr reifen und aromatischen **Tomate** entfernen und ebenfalls würfeln. **3–4 grüne Oliven** fein hacken. Ein paar **Kapern** (in Salz eingelegt) gut abspülen und 30 Min. wässern. Bei **2 Scheiben Brot** den Rand entfernen, den weichen Teil in Würfel schneiden und leicht rösten. Noch etwas weiches Brot zusammen mit **4 Blätter Petersilie** und ein bisschen **Knoblauch** hacken.
In einer weiten Pfanne **Olivenöl extra vergine** zum Erhitzen bringen und **1 zerdrückte Knoblauchzehe** darin anbraten. Knoblauch herausnehmen und Aubergine-Würfel beigeben. Gut anbraten und dann **salzen, pfeffern** und in eine grosse Schüssel geben. Die gehackten Oliven zusammen mit den gut abgetropften Kapern kurz anbraten und den Auberginen beigeben. Tomaten und geröstetes Brot beifügen. Gut mischen und mind. 1 Std. ruhen lassen, bis sich die Aromen verbunden haben. Ziemlich viel Olivenöl in eine feuerfeste Form geben und eine zerdrückte Knoblauchzehe darin anbraten. Die Peperoni mit der vorbereiteten Masse füllen, mit ihrem Deckel schliessen und liegend in die Form legen. Mit der Brot-Petersilie-Knoblauch-Masse bestreuen, **1 Glas Bouillon beigeben** und für ca. 15–20 Min. im 220° vorgeheizten Ofen backen (nicht zudecken).
Die Peperoni eignen vorzüglich als Hauptgericht oder als Beilage zu einem kurz angebratenen Thunfisch-Steak mit Thymian.

Gemüselasagne

Von Rita Fuso, Osteria Malakoff, Ravecchia-Bellinzona
Zutaten für 4 Personen

Nudelteig/Grundrezept: **500 g Weissmehl** mit **10 g Salz** mischen und auf ein Brett sieben. In die Mitte eine Vertiefung drücken. **4 Eier à 65 g** mit dem Schwingbesen leicht aufschlagen und zusammen mit **0,2 dl Olivenöl extra vergine** nach und nach mit dem Mehl mischen (Tipp: Küchenmaschine verwenden). Alles zu einem glatten Teig verarbeiten und wenn nötig einige Tropfen **Wasser** beifügen. Den Teig mit Klarsichtfolie zugedeckt ca. 1 Std. ruhen lassen. Den fertigen Teig mit einer Nudelmaschine zu Lasagneblättern verarbeiten.

Zutaten für Füllung (für eine rechteckige Lasagneform): **300 g frischer Blattspinat, 300 g Karotten,** geschält und in dünne Scheiben geschnitten, und **300 g Zucchini,** in dünne Scheiben gehobelt, separat in wenig Salzwasser kurz blanchieren, abtropfen lassen. Abgetropften Spinat zusammen mit einer kleinen **Schalotte** in heisser **Butter** schwenken. Karottenscheiben in heisser Butter mit **2 Salbeiblättern,** fein geschnitten, kurz dünsten und die Zucchinischeiben kurz in heissem **Olivenöl** schwenken, alle Gemüse mit **Salz** abschmecken.

Tomatensauce: **400 g frische Tomaten,** geschält und in Würfel geschnitten, in **50 g Olivenöl extra vergine** mit einem **½ TL Salz** kurz aufkochen und mit **10 Blättern Basilikum,** gehackt, abschmecken.

Béchamelsauce: **25 g Butter** und **30 g Weissmehl** zusammen in einer Pfanne mit dem Schwingbesen verrühren. Mit **5 dl heisser Milch** auffüllen und alles glattrühren, kurz unter Rühren aufkochen bis die Sauce bindet. Sauce vom Feuer nehmen und **1 Eigelb** darunter rühren. Mit **Salz** und **Muskatnuss** abschmecken.

Die Teigblätter kurz für 2 Min. kochen und in die Form legen. Das blanchierte Gemüse auf die Nudelblätter schichten, mit der Béchamelsauce decken und wieder mit einem Nudelblatt decken. Mit Lasagneblättern decken usw., bis die Nudeln und das Gemüse aufgebraucht sind. Die Lasagne mit der Tomatensauce bedecken und mit **80 g Parmesan** bestreut bei bei 220 °C ca. 20 Min. überbacken.

Ratatouille mit Akazienhonig

Von Verena Mettler, Restaurant Sass da Grüm
Zutaten für 4 Personen

200 g Zwiebeln schälen und in Ringe schneiden. **500 g Paprikaschoten** (grüne) halbieren, die Kerne und weissen Ränder entfernen und in Streifen schneiden. **300 g Zucchini** in Scheiben schneiden. **400 g Auberginen** in Stücke schneiden und mit dem Saft von **½ Zitrone** beträufeln. **400 g Tomate**n schneiden. **10 Rosmarinnadeln** klein hacken.

4 EL Olivenöl heiss machen, die Zwiebeln zufügen und glasig braten. Nochmals **2 EL Olivenöl** und sämtliche Gemüsezutaten beifügen und gut umrühren. So viel Wasser hinzufügen, dass der Pfannenboden gedeckt ist. Aufkochen lassen. Dann auf kleinem Feuer weiter köcheln lassen. Etwas **Tomatenmark** aus frischen Tomaten und **Harissa** (scharfe Peperonipaste) dazugeben. Mit **Akazienhonig** süssen und mit **Salz** und **Pfeffer** abschmecken. Geeignet zu Polenta oder Reis.

Desserts

«Zuppa» von roten Beeren, im Gewürzwein mariniert

Von Claudio Caccia, Grotto Dötra, Olivone
Zutaten für 4 Personen

1 l Rotwein, 700 g Zucker, 1 Vanillestängel, 1 Stück von einer Zimtstange, 5 Gewürznelken aufkochen und auf einen Drittel reduzieren. 1 kg Heidelbeeren, Brombeeren, Erdbeeren, Himbeeren und Johannisbeeren zugeben und 3–4 Tage marinieren. Kalt oder lauwarm mit Vanille-, Honig- oder Zimteis servieren.

Gratinierte Erdbeeren

Von Mauro und Tatiana Pedrelli, La Bolla, Camorino-Comelino
Zutaten für 4 Personen

4 Eier mit 3 EL Zucker, 1 EL Mehl und 1 Beutel Vanillezucker aufrühren. Zusammen mit 1 l Milch aufkochen und unter ständigem Rühren alles zu einer Crème verarbeiten. 3 dl Vollrahm schlagen und mit 1 cl Maraschino abschmecken. Unter die erkaltete Crème ziehen. 400 g reife Erdbeeren waschen, putzen, in Scheiben schneiden und auf 4 Suppenteller verteilen. Crème darüber geben und im Ofen (unter dem Grill) ein paar Minuten gratinieren. Mit einer Kugel Vanilleeis servieren.

Holunderblütensorbet

Von Carlo Rigamonti, Grotto Paudese, Paudo
Zutaten für 4 Personen

Ca. 12 Holunderblüten mit 2 Salbeiblättern und 1 dl Zitronensaft in 9 dl Wasser einlegen. 450 g Zucker dazugeben und alles eine Nacht lang ziehen lassen.
Alles zusammen für einige Minuten aufkochen und filtrieren. Anschliessend den Saft in einer Eismaschine gefrieren.

Schokoladencrème

Von Loris Zurini, Ristorante Centovalli, Ponte Brolla
Zutaten für 6 Personen

3 frische Eigelb mit 50 g Zucker zu einer hellen Crème rühren. (Tipp: geht am besten mit einem Handmixer, Masse dabei lange genug rühren). 2,5 dl Vollmilch aufkochen. Die heisse Milch unter Rühren zur Eigelbcrème geben. Unter Rühren die Masse nochmals auf 65 °C erwärmen. Nach und nach 80 g dunkle Schokolade mit mindestens 40 Prozent Kakaoanteil, in Stücke geschnitten, dazugeben und gründlich rühren, dass die Masse schön luftig wird.
Die Masse in Portionenförmchen füllen und für mindestens 8 Std. im Kühlschrank fest werden lassen.
Mit geschlagenem Rahm und gehackten Pistazienkernen garniert servieren.

Ziegenjoghurt mit Limes

Von Luca Brughelli, Ristorante Froda, Gerra-Verzasca
Zutaten für 10 Portionen

250 g Ziegenfrischkäse im Mixer mit 500 g Naturjoghurt, 100 g Zucker und der abgeriebenen Schale und dem Saft von 4 Limetten mischen. 9 g Gelatine in kaltem Wasser einweichen, nach 10 Min. ausdrücken und in 1 dl heisser Milch auflösen und unter das Joghurt mixen. Die Masse in 10 Gläser füllen und im Kühlschrank einige Stunden fest werden lassen.
Zum Servieren die Gläser kurz in heisses Wasser tauchen und auf Teller stürzen. Joghurtköpfchen mit frischem Fruchtpüree nach Wahl und Melissen oder Minzenblättern garniert servieren.

Mousse von Americanotrauben

Von Doris und Daniele Blum, Ristorante Pentolino, Verdasio
Zutaten für 4 Personen

4 dl geschlagenen Rahm mit 3 EL Konfitüre von Americanotrauben vermischen. Die Mischung in einen Kisag-Sahnebläser für 5 dl Inhalt füllen. Mit zwei Kapseln aufschäumen und sofort servieren.

Dörrzwetschgen-Terrine mit Merlotschaum und Grappatrauben

Von Hans Bürgi, Canvetto Luganese, Lugano
Zutaten für eine Terrinenform von 8 dl Inhalt / 6–8 Personen

100 g dunkle Schokolade im Wasserbad schmelzen und auf eine ausgebreitete Klarsichtfolie ca. 2 mm dünn ausstreichen. Eine Terrinenform mit der bestrichenen Schokoladenfolie auskleiden und beiseite stellen.
130 g entsteinte Dörrzwetschgen über Nacht mit **40 g Grappa** einweichen. Dörrzwetschgen abtropfen lassen und mit **150 g Rahmquark** im Mixer fein pürieren. **4 Gelatineblätter** in reichlich kaltem Wasser 10 Min. einweichen und dann gut ausdrücken. In wenig heisser Flüssigkeit, z. B. Wasser oder Milch, auflösen. Gelatine mit der Dörrzwetschgen-Rahmquarkmasse gut verrühren. **2 dl geschlagenen Rahm** darunter ziehen und die Masse in die Terrinenform geben. Über Nacht gelieren lassen.

Feigen in Rotwein

Von Monica Bürgin, Ristorante San Michele, Arosio
Zutaten für 4 Personen

10 getrocknete Feigen 4 Std. in kaltem Wasser einlegen. In einer flachen Pfanne **150 g Zucker** karamellisieren und mit **5 dl Tessiner Rotwein** ablöschen, **5 cl Orangenlikör**, **2 EL Honig** (z. B. Tessiner Akazienhonig), **1 Zweig Thymian**, **3 Nelken** und **1 Zimtstängel** dazugeben. Alles zusammen kurz aufkochen. Feigen abschütten und halbieren. Feigen 10 Min. in der Wein-Gewürz-Sauce auf kleinem Feuer köcheln lassen. In der Sauce abkühlen lassen und mit einer Kugel **Zimteis** servieren.
Tipp: Werden für die Zubereitung des Rezeptes frische Feigen verwendet, beträgt die Kochzeit nur 2 Min.

Kirschen im Grappa

Von Carlo Rigamonti, Grotto Paudese, Paudo

1 kg grosse Kirschen, entsteint, in ein Einmachglas füllen, **100 g Rohrzucker** und **6 Gewürznelken** dazugeben. Das Glas füllt man mit gutem Grappa auf.
Zum Schluss das Glas luftdicht verschliessen.

Gebrannte Kastaniencrème

Von Doris und Daniele Blum, Ristorante Pentolino, Verdasio
Zutaten für 6–8 Portionen

1,2 l Milch und **3,8 dl Rahm** zusammen mit **200 g Vermicellemasse** glattrühren. Zusammen kurz aufkochen. **125 g Eigelb** mit **50 g Zucker** cremig rühren (Handmixer verwenden). Mit der heissen Milch glatt rühren. Die Masse in feuerfeste Förmchen füllen und im Ofen bei 120 °C ca. 40–45 Min. pochieren. Mit **6 EL Rohrohrzucker** bestreuen und unter dem Salamander oder im Ofen bei 250 °C kurz karamellisieren lassen. Sofort servieren.

Panna cotta mit Tessiner Honig

Von Doris und Daniele Blum, Ristorante Pentolino, Verdasio
Zutaten für 4 Personen

2 Blatt Gelatine in reichlich kaltem Wasser quellen lassen (mindestens 10 Min., dann gut ausdrücken). **6 dl Rahm** und **1,5 dl Milch** mit **200 g Tessiner Honig** aufkochen. Die gut ausgedrückte Gelatine dazugeben und auflösen. Masse darf nicht mehr kochen. Die Honig-Milch in Gläser oder Portionenförmchen füllen und für mindestens 3 Std. in den Kühlschrank stellen und fest werden lassen. Mit **Früchte-Coulis** (kleinen Früchtewürfelchen) je nach Saison servieren.

Fruchtsorbet (Zitrone, Mandarine, Melone, Pfirsich)

Von Nicoletta Snozzi, Osteria Carlin, Claro
Zutaten für 4 Personen

150 g Zucker und **1 dl Wasser** unter gelegentlichem Rühren während 4 Std. zu einem dicken Sirup einkochen.
Je nach gewünschter Fruchtsorte **250 g Mandarinen, Honigmelonen** oder **Pfirsichfruchtfleisch,** frisch püriert, mit dem Zuckersirup mischen. Die Masse in der Eismaschine gefrieren lassen.
Hinweis: Für die Zubereitung des Zitronensorbets wird nur **2,5 dl frisch gepresster Zitronensaft** verwendet. Weitere Zubereitung siehe oben.
Die fertigen Sorbets mit dem Dressiersack in Sektgläsern anrichten und servieren.

Vermicelles

Von Claudio Sollberger, Antica Osteria Dazio, Fusio
Zutaten für 4 Personen

Am besten verwendet man nicht vorgefertiges Tiefkühlpüree, sondern Kastanien der Tessiner Sorte «Lüina», erhältlich bei Edo Martinelli (siehe S. 134).
500 g geschälte Marroni in einer grossen Pfanne mit Wasser zudecken und mit **1 EL Salz** ca. 45 Min. kochen. Anschliessend pürieren. **2 dl Milch** und **1 Vanillestängel,** aufgeschnitten, aufkochen, das Kastanienpüree beifügen und unter Rühren zu einem dicken Brei einkochen lassen. **50 g Zucker, 1 TL Kakaopulver, 1 TL Kirsch** beifügen und nochmals kurz einkochen lassen. Vanillestängel entfernen. **0,5 dl geschlagenen Rahm** darunterziehen. Masse ca. 1 Std. kühl stellen.
Zum Servieren: Pro Person 1 kleine **Meringueschale** zerkrümeln und in Dessertschalen streuen. Etwas **Schlagrahm** darauf geben. Die kalte Marronimasse mit der Vermicelle-Presse auf den Tellern anrichten. Ev. noch etwas Meringueskrümel dazu streuen.

Gebrannte Crème mit Amaretti

Von Nicoletta Snozzi, Osteria Carlin, Claro
Zutaten für 4–6 Personen

5 Eier mit **5 EL Zucker** zu einer schaumigen Crèmemasse aufschlagen (Tipp: am besten in einer Küchenmaschine zubereiten). **3 EL Zucker** karamellisieren. Mit dem Caramel bei 6 Portionenförmchen den Boden bedecken. **5 dl Milch** aufkochen und noch heiss, aber nicht kochend, mit der Eier-Zucker-Crème mischen. **100 g Amaretti** mit einem Wallholz zerdrücken und dazugeben, alles gut mischen. Die Masse in eine Backform oder wahlweise in Portionenförmchen füllen und im Wasserbad bei 150–180 °C im Ofen ca. 40 Min. stocken lassen. Vor dem Servieren auskühlen lassen.

Cavolat (kalte Eierschaumcrème Leventiner Art)

Von Giacomina Jurietti, Osteria degli Amici, Quinto
Zutaten für 4 Personen

1 Vanillestange der Länge nach aufschneiden und **1 l Milch** aufkochen. **10 Eigelb** mit **350 g Zucker** im warmen Wasserbad cremig schlagen und in die heisse Milch geben. Unter ständigem Rühren zum Kochen bringen. **1 kleines Glas Maraschino oder Orangenlikör** dazugeben. Wenn die Cavolat am Schwingbesen haften bleibt, ist sie fertig gekocht. Sofort vom Feuer nehmen, absieben und unter ständigem Rühren erkalten lassen. Am besten eine Nacht im Kühlschrank kühl stellen.
Zum Servieren: Einige **Löffelbiskuits** auf die Teller legen, mit etwas Maraschino oder Orangenlikör beträufeln und die kalte Crème darüber geben.

Kastanien-Semifreddo

Von Edo Martinelli, Agriturismo Monte Pioda, Quartino
Zutaten für eine Springform von 24 cm Durchmesser

600 g Kastanien in eine Pfanne geben, mit Wasser zudecken, **1 Prise Salz** dazugeben und zugedeckt während 1 Std. kochen. Wasser abschütten, Kastanien schälen (auch die feine Haut abziehen), mit dem Passiergerät pürieren und **100 g Puderzucker** unter die Masse ziehen. Kühl stellen.
100 g schwarze Schokolade im Wasserbad schmelzen, zusammen mit **200 g Mascarpone** und **2 EL Rum** unter die Kastanienmasse ziehen. **1 EL Sultaninen, 100 g kandierte Orangenschalen, 5 kandierte Kirschen,** gehackt, zugeben. Eine Form (24 x 10 cm) mit Folie auslegen. **1 dl Milch** und **3 EL Rum** vermischen und **10 Löffelbiskuits** darin tunken. Die Hälfte der Kastanienmasse in die Form geben, dann eine Schicht Löffelbiskuits, darauf der Rest der Masse, und mit einer zweiten Schicht Löffelbiskuits aufhören. Mit Folie zudecken und 4 Std. in den Kühlschrank stellen. Auf eine Platte stürzen und nach Belieben mit **Schlagrahmtupfern, Marrons glacés** und **kandierten Veilchen** dekorieren.

Panna cotta mit Kaffee

Von Davide Alberti, Vecchia Osteria, Seseglio
Zutaten für 5 Personen

6 g Gelatine in reichlich kaltem Wasser während 5 Min. einweichen. **100 g Zucker** mit **4 dl Rahm**, **80 g Milch** und **1 Tasse starkem Espresso** zusammenfügen, glattrühren und kurz erwärmen, nicht kochen. Vom Feuer nehmen und die gut ausgedrückte Gelatine dazugeben, gut umrühren, bis die Gelatine vollständig aufgelöst ist. Die Masse durch ein Sieb giessen und in 5 mit Wasser ausgespülte Portionenförmchen füllen. Im Kühlschrank fest werden lassen.
Masse aus den Förmchen lösen und mit etwas **Kaffeepulver** und ganzen **Kaffeebohnen** dekoriert servieren.

Waldbeerencrème

Von Luca Merlo, Ristorante Pizzo Forno, Chironico
Zutaten für 8 Personen

5 dl Rahm und **5 dl Milch** mit **1 Vanillestängel**, aufgeschnittenen, und **100 g Zucker** aufkochen. Den Vanillestängel dann entfernen. **8 Eier** mit **100 g Zucker** cremig rühren. Die heisse Vanillemilch langsam unter Rühren zu den Eiern geben und glattrühren. Die Masse in feuerfeste Portionenförmchen füllen und im Wasserbad im Ofen bei 180 °C 30 Min. pochieren. Im Kühlschrank auskühlen lassen. Zum Servieren aus den Förmchen nehmen. Die Crème in der Mitte eines Tellers anrichten und nach Belieben mit **500 g frischen Waldbeeren** und geschlagenem **Rahm** garniert servieren.

Schokoladetörtchen mit heisser Schokoladefüllung

Von Loretta Bertoldi, Grotto del Cavicc, Montagnola
Zutaten für 4–5 Törtchen

100 g Schokolade (Schokolade mit mind. 70 Prozent Kakaoanteil verwenden!) und **80 g Butter** im Warmwasserbad erwärmen. Separat **2 Eier** mit **80 g Zucker** und etwas **Salz** schaumig schlagen und zur Schokoladenmasse dazugeben. **20 g Mehl** durch das Sieb dazugeben. Die Masse in Törtchenformen füllen und im Backofen bei 180 °C ca. 10–20 Min. backen. Wichtig ist, dass die Törtchen aussen knusprig werden, die Schokolade im Innern aber flüssig bleibt.

Kuchen, Gebäck

Castagnaccio

Von Edo Martinelli, Agriturismo Monte Pioda, Quartino
Zutaten für eine Springform von 24 cm Durchmesser

2 EL Sultaninen in lauwarmem Wasser einweichen. **400 g Kastanienmehl** in eine Schüssel geben, **4 EL Olivenöl**, **3 EL Zucker** und **1 Prise Salz** beigeben; alles gut kneten und unter ständigem Rühren mit einer Holzkelle nach und nach **9 dl kaltes Wasser** darunter mischen. Eine Backform (ca. 24 cm Durchmesser) einbuttern und mit **Paniermehl** bestreuen. Masse in die Backform leeren. Grob gehackten **Rosmarin**, **2 EL Pinienkerne** zusammen mit den abgetropften Sultaninen und **2 EL Olivenöl** über die Masse streuen. Die Form in den auf 200 °C vorgeheizten Ofen geben und 50 Min. backen. Der Castagnaccio sollte 3 Finger hoch, innen sehr weich und aussen leicht knusprig werden. Lauwarm oder kalt servieren.

Pastafrolla-Torte

Von Sonia Orelli, Bedretto
Für ein Kuchenblech von 17 cm Durchmesser

350 g Weissmehl, **120 g Zucker**, **1 Briefchen Vanillezucker** mischen und zu einen Haufen formen. Saft einer **halben Zitrone** und **200 g Butter** (zimmerwarm) dazugeben und alles gut mischen. **2 ganze Eier** und **1 Eigelb** in die Mitte des Haufens geben und alles zu einem Teig verarbeiten. (Der Teig muss am Schluss die Konsistenz eines Brotteigs haben.) Einen Viertel des Teigs für die Dekoration beiseite stellen. Drei Viertel des Teigs in die vorgebutterte Form füllen, **250 g Konfitüre nach Wahl** darüber geben und – Sonias kleines Geheimnis! – **1 EL Grappa** darüber verteilen! Am Schluss mit dem restlichen Viertel des Teigs kleine Streifen ausschneiden und den Kuchen dekorieren. Ofen auf 180 °C vorwärmen und die Pasta-frolla-Torte 30 Min. backen.

Apfel-Zimt-Torte

Von Anna und Andrea Biffi, Ul Furmighin, Sagno
Zutaten für 8 Personen

Backblech mit **1 runden Brisé-Teig** (mürber Pastetenteig) auskleiden. **1 Hand voll Sultaninen** auf dem Teigboden verteilen. **5 Äpfel** schälen und in feine Scheiben schneiden, mit **2 EL Zimt** vermischen und ebenfalls auf den Teigboden geben. Aus **50 g Butter, 50 g Zucker** und **100 g Mandelscheiben** eine Masse kneten und die Äpfel damit bedecken. Im 180 °C heissen Ofen ca. 40 Min. backen.

Linzertorte «Marta» (Crostata «Marta»)

Von Marta Züger, Grotto Zendralli, Roveredo
Zutaten für ein Kuchenblech von 28 cm Durchmesser

150 g Butter schaumig rühren, **160 g Zucker, 1 Prise Salz** und **1 Ei** dazugeben und die Masse kräftig rühren. **1 KL Zimt** (Mokkalöffel), **1 Msp. Muskat** und **100 g gemahlene Haselnüsse** dazugeben. **250 g Mehl** und **1 KL Backpulver** (Mokkalöffel) durch ein Sieb sorgfältig mit der Masse vermischen und den Teig leicht kneten. 30 Min. ruhen lassen. Eine bebutterte Springform mit drei Vierteln des Teigs belegen. Mit **Johannisbeerkonfitüre** bestreichen. Aus dem übrigen Teig ein Gitter und einen Rand formen und mit Eigelb bestreichen. Im vorgeheizten Backofen bei 200 °C ca. 30–40 Min. backen.
Tipp: So richtig gut schmeckt die Linzertorte erst nach 1–2 Tagen.

Kastaniengugelhopf «Agnese»

Von Agnese Broggini, Ristorante Stazione Da Agnese, Intragna
Zutaten für eine Form von 24 cm Durchmesser

8 Eigelb, 300 g gemahlene Haselnüsse, 300 g Zucker, 200 g flüssige Butter, 400 g Kastanienpüree, alles miteinander vermischen. **8 Eiweiss** zu Schnee schlagen, dann ein Viertel unter die Masse heben und nachher den Rest in gut ausgebutterter Form bei 190 °C ca. 40 Min. backen.

Gugeltöpfchen mit Buchweizenmehl

Von Sabine Miggitsch und Jeanne Menzel, Ristorante Oxalis, Ponte Capriasca
Zutaten für 6 Portionen

3 säuerliche Äpfel schälen und in kleine Würfel schneiden. **200 g Butter**, zimmerwarm, mit **200 g Zucker** in einer Küchenmaschine schaumig schlagen. Nach und nach **3 Eier** hinzufügen.
150 g Buchweizenmehl mit **200 g Weissmehl, 40 g gehackten Nüssen** und einem Päckchen **Backpulver** mischen und zur Buttermasse geben. Apfelwürfel dazugeben und den Teig in kleine gebutterte und mit Mehl ausgestreute Blumentöpfchen oder Souffléförmchen füllen. Bei 180 °C ca. 15–20 Min. backen. Nadelprobe.

Torta die pane (Tessiner Brottorte)

Von Fiorella Macullo, Grotto Pergola, Giornico
Zutaten für 10 Personen

1 Hand voll Sultaninen 2–3 Std. in kaltem Wasser einweichen. **1 kg Brotreste** vom Vortag in Würfel schneiden und in eine grosse Schüssel geben. **1 l Milch** mit **100 g Zucker** und **100 g Schokoladenpulver** von guter Qualität glattrühren und zusammen erhitzen. Heisse Schokoladenmilch über die Brotwürfel giessen. Abgetropfte Sultaninen, einige **Pinienkerne**, eine fein geschnittene **Zitrone** mit der Schale und ein Schnapsglas **Grappa** dazugeben und alles gut verrühren.
2 Std. ziehen lassen. Eine rechteckige Backform mit hohem Rand (eine typische Tessiner Backform für diese Brottorte) mit **Butter** einfetten. Die Masse hineingeben und bei 200 °C im vorgeheizten Ofen während 90 Min. backen. Mit der Messerspitze oder einem Holzstäbchen die Backzeit kontrollieren. Die Torte soll noch weich sein.
Tipp: Die Torte schmeckt am besten am folgenden Tag.

Brottorte de Luxe aus Soazza

Von Lucia Ferrari Parolini, Soazza
Zutaten für ca. 2 Torten in der Höhe von 2–3 cm

1 kg dunkles hartes Brot (Frau Ferrari verwendet solches, das schon 4 Wochen alt ist). Das Brot mit **3 l heisser Milch** übergiessen und eine Nacht lang einweichen. Das Brot muss weich sein, überschüssige Milch kann man abgiessen. **2 grosse zerdrückte Amaretti, 1 Beutel geriebene Mandeln** oder auch geriebene Baumnüsse, **200 g getrocknete Rosinen, 3 Eier, 800 g Zucker** und etwas **Salz** dazu geben sowie **1–2 EL Marsala, 2 EL Rum, 2 EL Grappa** und den Saft einer **Zitrone** und einer **Orange**. Den Teig mit Masse in eine gut mit Butter ausgefettete und mit Mehl ausgestäubte Form 2–3 cm hoch einfüllen und mit **100 g Butterflocken** und einigen **Baumnüssen** oder **Mandeln** oder **Pinienkernen** bestreut bei ca. 180–200 °C Temperatur ca. 90 Min. backen. Nadelprobe.
Diese Torte wurde früher und auch heute praktisch nur zu Ostern zubereitet; das Originalrezept besteht aus 3–4 kg Brot und 12 l Milch.

Fogascia – Dreikönigskuchen aus Soazza

Von Lucia Ferrari Parolini, Soazza
Zutaten für eine Grossfamilie

5 kg Weissmehl mit **2,5 kg Zucker, 5 Beutel Vanillezucker, 5 Beutel Backpulver, 4 Beutel Rosinen** (800 g) und reichlich gehackten Baumnüssen mischen. Mit **Zimt, Muskatnuss, Kakaopulver**, abgeriebener **Zitronenschale und -saft** und **Salz** würzen. Nach und nach so viel **Milch** wie nötig und **ca. 3–4 EL Marsala**, dazugeben, bis ein Brotteig entsteht. Diesen gut kneten und zu Broten formen und bei 180 °C backen, bis das Brot beim Klopfen hohl tönt (bzw. Nadelprobe), ca. 45 Min.

Kleine Haushaltsmenge
1 kg Weissmehl mit 500 g Zucker, 1 Beutel Vanillezucker, 1 Beutel Backpulver, 160 g Rosinen, ca. 160 g gehackten Baumnüssen, Zimt, Muskatnuss, 2 EL Zitronensaft und einer halben abgeriebenen Schale, 2–3 EL Marsala und so viel Milch wie nötig (ca. 8 dl) zu einem Teig verkneten. Aus dem Teig ein Brot formen und bei 180 °C ca. 35–45 Min. backen. Nadelprobe.

La Parada (Apfeltorte aus dem Mendrisiotto nach antiker Art)

Von Claudio Croci-Torti, Ristorante Montalbano, San Pietro di Stabio
Zutaten für 4 Personen

1 Ei zusammen mit **2 EL Zucker** in einer Schüssel schaumig rühren. **2 EL Milch, 2 EL Wasser, 1 geraffelten Apfel** und die geriebene **Schale von 1 Zitrone** dazugeben und weiter rühren. **1 Prise Salz** und **1 TL Backpulver** unterrühren und langsam **4 EL Mehl** unter die Masse ziehen, bis ein homogener Teig entsteht. Auf dem Herd eine Teflonpfanne mit **1 EL Sonnenblumenöl** auf Mittelhitze erwärmen, den Teig hineinstürzen und beidseitig goldig braten. Herausnehmen und rundherum mit **Zucker** bestreuen. Nach ca. 10–15 Min. noch lauwarm essen.

Buchweizentorte mit Himbeeren

Von Tiziano Fosanelli, Ristorante Pedemonte, Bellinzona
Zutaten für eine Springform von 28 cm Durchmesser

200 g weiche Butter mit **250 g Zucker** aufschlagen, nach und nach **6 Eigelb** dazurühren. **250 g Buchweizenmehl** mit einem **halben Beutel Backpulver** und **250 g Mandelmehl** oder sehr fein geriebenen Mandeln mischen. Die Mehl-Mandel-Mischung vorsichtig zu der Ei-Butter-Crème geben. **6 Eiweiss** mit **1 Prise Salz** zu steifem Schnee schlagen und vorsichtig unter den Teig ziehen. Den Teig in eine mit **10 g Butter** eingefettete und mit wenig **Mehl** bestäubte 28-cm-Springform füllen und bei 180 °C im vorgeheizten Ofen ca. 35–40 Min. backen. Nadelprobe. Die Torte auskühlen lassen. In der Mitte durchschneiden.
Für die Füllung 500 g Mascarpone mit **Heidelbeer- oder Himbeerkonfitüre** glatt verrühren. Biskuitboden mit Mascarponecrème füllen und mit der anderen Tortenhälfte decken. Torte mit **Puderzucker** bestreut servieren.

Spampezi

Aus: *Tessiner Landfrauen kochen* (Liebefeld 2005)

Zutaten für die Füllung: **1,2 kg Baumnüsse** (Gewicht mit Schale). Nüsse knacken und fein reiben. Mit **200 g zerlassener Butter**, **200 g geriebenem Brot**, **250 g Zucker** und **15 cl Grappa** verrühren.
Zutaten für den Teig: **2 kg Mehl** (Weissmehl) sieben und mit **900 g Zucker** und **1 Prise Salz** mischen. In die Mehl-Zucker-Mischung eine Vertiefung drücken und nach und nach abwechselnd die **5 dl Milch, 800 g zerlassene Butter** und **1,5 dl Grappa** zum Mehl geben und verrühren, bis alle Flüssigkeit aufgebraucht ist. **Tipp:** Geht am besten in einer Küchenmaschine. Teig kräftig kneten, bis ein kompakter Teig entsteht. Die gewünschte Menge Teig abschneiden je nach gewünschter Grösse der Spampezi (ca. 0,5 cm dick und 5 x 10 cm – 20 x 30 cm). Die Füllung mit einem Löffel auf der einen Hälfte des Teiges verstreichen, dabei einen Rand frei lassen, mit der anderen Teighälfte zuklappen und die Ränder gut andrücken. Mit dem Teigrädchen abschneiden und nach Wunsch die Spampezi mit einem Herzchen aus Teig dekorieren. Mit einer Gabel leicht einstechen und auf ein mit Backtrennpapier ausgelegtes Blech legen. Mit etwas verquirltem Ei und Milch bestreichen. Bei 200 °C ca. 20–25 Min. backen.
Tipp: Die Füllung am bestem am Vortag zubereiten.

Mürbeteigkuchen mit Konfitürefüllung

Von Angela, Manfre und Milena, Grotto del Mulino, Morbio Inferiore
Zutaten für eine Form von 24 cm Durchmesser

3 Eigelb mit **150 g Zucker** und **1 Beutel Vanillezucker** schaumig rühren. **200 g zimmerwarme Butter** nach und nach dazugeben, **300 g Mehl** mit **1 Beutel Trockenhefe** mischen und mit **1 Gläschen Grand Marnier** zur Eigelbmasse geben. Zu einem Teig verkneten. Den Teig 1 Std. kühl stellen. Zwei Drittel des Teigs für ein 24-cm-Kuchenblech auswallen. Das Blech mit Backtrennpier belegen. Den Teig darauf legen, einige Male mit einer Gabel einstechen und mit **500 g Konfitüre** bestreichen. Aus dem restlichen Teig Streifen ausrollen und die Torte mit den Streifen belegen. Dabei soll ein Gitter entstehen. Den Kuchen bei 180 °C ca. 40 Min. backen.

Diverses

Joghurtkäse mit Honig, Mandeln und Pistazien

Von Nicola Rizzo, Il Guardiano del Farro, Cadenazzo
Zutaten für 4 Personen

1 kg Joghurt nature in ein Sieb geben und über Nacht ungedeckt im Kühlschrank stehen lassen. Das Joghurt sollte die Hälfte seines Gewichts verlieren. Dann in einer Schüssel mit **4 EL Honig** vermengen. Je **2 EL Mandelstifte** und **Pistazien** in einer Pfanne rösten. Joghurt mit dem Spritzsack in kleinen Schalen anrichten und mit den Mandeln und den Pistazien dekorieren.

Süss-salzige Fasnachts-Ravioli

Von Nonna Stirnimann, Balerna

500 g altes Brot zerbröseln und in **1 l Milch** aufkochen. Abkühlen lassen. **500 g Mehl, 150 g Butter, 1 TL Zucker, 1 Prise Salz** und **Wasser** (so viel wie nötig) zu einem Teig kneten und 1 Std. ruhen lassen. Das in der Milch eingeweichte Brot mit einem Schwingbesen verrühren und **150 g Zucker, 200 g Sultaninen, 60 g Pinienkerne, 1 Beutel Vanillezucker, 1 Gläschen Grappa, 1 abgeriebene Schale** von einer unbehandelten Zitrone, **200–250 g Tessiner Formagella** (Halbhart-Käse) gewürfelt zugeben. Alles gut vermischen.
Den Teig auswallen und mit dem Teigrad Rechtecke von ca. 10 x 8 cm ausschneiden.
In die Mitte jedes Rechtecks Füllung geben, zusammenlegen und Teigränder gut aufeinander drücken.
Die Fasnachts-Ravioli schwimmend in der Fritteuse oder mit viel **Butter** in der Pfanne backen. Auf Küchenpapier abtropfen lassen. **Zucker** darüber streuen und noch heiss servieren.

Formaggini von der Alp mit Bärlauch

Von Claudio Caccia, Grotto Dötra, Olivone
Zutaten für 4 Personen

600 g Formaggini (Ziegenfrischkäse) in **5 dl Weisswein** zerdrücken. **50 g Bärlauch, 20 g Schnittlauch, 20 g Schalotte** hacken und unter die Käse-Wein-Masse ziehen. Falls noch nötig, **salzen** und **pfeffern**. Nach Belieben formen (z. B. Rollen) und Formaggini auf einen Teller legen, mit einer Glasschüssel zudecken und mindestens 7 Tage reifen lassen.
Mit Brot, Olivenöl, Pfeffer und Balsamico-Essig servieren.

Grimèl (hausgemachtes Gazosa-Citro)

Von Nonna Stirnimann, Balerna
Zutaten für ca. 25 l

Ein altes Rezept aus dem Muggio-Tal.
200 g Koriandersamen von Hand oder im Mixer mörsern, **150 g Schwarztee** und die Schale einer ungespritzten **Zitrone**, in Stücke geschnitten, zugeben.
500 g Zucker in einer Pfanne haselnussfarbig karamellisieren, nach und nach **2 l lauwarmes Wasser** zugeben und so lange kochen, bis sich der Zucker aufgelöst hat. Abkühlen lassen.
In einer zweiten Pfanne **4 l Wasser** und **2,5 kg Zucker** zu einem Sirup kochen und abkühlen lassen. Gewürze, karamellisiertes Zuckerwasser und Sirup in eine grosse, bauchige Flasche (gut 30 l fassend) giessen. Weitere **24 l Wasser** aufkochen und abkühlen lassen und dann ebenfalls in die Flasche giessen. Verschliessen und 1–2 Wochen lagern. Täglich rühren.
Danach mit einer Gaze filtrieren. In Flaschen (Gazosa-Flaschen oder alte Bierflaschen) mit Keramikverschluss und sicherer Gummidichtung abfüllen. Kühl servieren.

Nocino (Ratafià)

von Fra Roberto, Kapuzinerkloster Santa Maria, Bigorio

300 g grüne Walnüsse am 24. Juni (Sankt Jonannes-Tag) schälen, vierteln und in **1 L erstklassigen Grappa** einlegen. 40 Tage an einem warmen, sonnigen Ort gären lassen. Nach 40 Tagen die Nüsse herausnehmen, auspressen (es entsteht ein grünlicher Saft). Diesem Saft nach Belieben etwas **Macis, Nelken, Zimt, Vanillestengel, Muskat** und **200 g Zucker** beifügen. Alles nochmals drei Wochen lang ziehen lassen. Danach den Nusschnaps filtern und in Flaschen abfüllen. Der Nocino hat jetzt die Farbe eines dunklen Kaffees und ein würziges, warmes Bouquet.

Rezeptverzeichnis

Salate
- Löwenzahnsalat S. 347
- Himbeer-Vinaigrette für Wildkräutersalat S. 347
- Salatsauce mit Feigensenf S. 347

Vorspeisen
- Randencarpaccio mit Ziegenfrischkäse mit Mohnsamen S. 347
- Trio «da Rodolfo» (Lachs, Forellenfilet, Krebsschwanz) S. 347
- Apérokugeln aus «farina bona» S. 348
- Kastanien-Auberginen-Mousse S. 348
- Carpaccio vom Barsch mit Kaffeevinaigrette S. 348
- Carpaccio vom Wittling (Merlan) S. 348
- Rehtartar S. 348
- Gemüsecarpaccio mit Olivenöl S. 349
- Schalotten-Oliven-Vinaigrette zu Gemüsecarpaccio S. 349
- Warme Vorspeise mit Steinpilzen, Fasan, Wachteleiern und Trüffeln S. 349
- Ziegenfrischkäse-Mousse S. 349
- Alpkäse-Ricotta-Soufflé S. 350
- Knusprige Polentablätter mit Zincarlin-Mousse S. 350
- Ziegenfrischkäseterrine mit Gemüse S. 350

Suppen
- Kastaniensuppe mit Pilzen S. 351
- Brennnesselcrèmesuppe S. 351
- Gratinierte Zwiebelsuppe S. 351
- Kürbissuppe mit weissen Bohnen S. 351

Polenta, Pasta und Risottogerichte
- «Farrotto», Dinkelrisotto mit Spinatpesto S. 352
- Kastanien-Gnocchi S. 352
- Kastanien-Spezzatino im Rotwein geschmort mit Emmerpolenta S. 352
- Kastanien-Tagliatelle S. 352
- Risotto «Orelli» S. 353
- Spinat-Ricotta-Törtchen mit Rosinen und Rotweinschaum S. 353
- Pennette mit Zucchini-Safran-Sugo S. 353
- Randen-Spätzli S. 353
- Tagliolini mit Kaffee-Grappa-Sugo S. 353
- Crespelle mit Kräutern S. 354
- Kastanien-Lasagne mit Krautstiel und Kartoffeln S. 354
- Pizzocan «Pontirone» S. 354
- Breite Bandnudeln mit Buchweizenmehl S. 354
- Mais-rosso-Türmchen mit Steinpilzen und Pfifferlingen S. 355
- Heidelbeer-Risotto mit Pilzen S. 355
- Gebackener Alpkäse in Buchweizen-Käsekruste (fitri d'Anzonico) S. 355
- Rys und Boor (Reis mit Lauch) S. 355
- Spaghetti «Fiorello» S. 356
- Tessiner Polenta S. 356
- Gnücch in pigna (Kartoffel-Käsegratin) S. 356
- Tagliolini mit Thunfischeiern S. 356
- Gnocchetti mit Brennnesselspitzen und Gemüse-Luganighetta-Ragout S. 357
- Brennnessel-Gnocchi S. 357
- Schwarze Maccheroni mit weissem Egli-Ragout aus dem Luganersee S. 358
- Buchweizen-Crêpes (Fagottini) mit Ziegenfrischkäse, Flusskrebsen und Birnen S. 358

Fisch
- Marinierte Forelle «in carpione» S. 358
- Forelle in Salzkruste S. 358
- Sardellen «alla vernazzana» S. 359
- Bachforelle (trota fario), gebraten S. 359
- Mediterran gewürzte Zanderfilets aus dem Luganersee S. 359
- Frittierte, marinierte Albeli S. 359

Fleisch/Geflügel
- Paniertes Kalbshirn S. 360
- Mortadella mit weissen Bohnen S. 360
- Gefülltes Kaninchen mit Spinat-Frittata S. 360
- Wildschweinragout S. 360
- Scaloppina «Bordei» S. 361
- Capretto «Rè» S. 361
- Geschmortes Kaninchen mit Oliven S. 361
- Kalbshaxen (Ossobuco) S. 361
- Gekochte Schweineknochen (Oss in bogia) S. 361
- Tessiner Gemüseeintopf mit Schweinerippen und Weisskohl (Cazzöla) S. 362
- Brasato al Merlot S. 362

- Kalbsbäggli «Agnese» S. 362
- Rindsfilet mit Aceto balsamico und scharfen Zwiebeln S. 362
- Gemischtes Siedfleisch (Bollito misto) mit grüner Sauce S. 362
- Gefülltes Huhn (Gallina ripiena) nach Bergamasker Art S. 363
- Geflügelfüllung «alla Nonna Virginia» S. 363
- Capra bollita mit Salsa verde (Vinaigrette) S. 363
- Gefülltes Kaninchen an Nocinosauce S. 363
- Ochsenschwanz-Ragout S. 364
- Kalbsfilet aus Palagnedra unter Kastanienkruste auf Asconeser Kürbisrisotto mit Americanosauce S. 364
- Gefüllte Gitzikeule S. 364
- Kaninchen und Hasenfilet, mariniert mit Merlot S. 364
- Ossobuco mit Polenta S. 365
- Lammracks mit Kräuterkruste S. 365

Gemüsegerichte
- Gefüllte Zucchini-Blüten (Fiori di zucchini ripieni) S. 365
- Rote Kartoffeln S. 365
- Zucchinitorte S. 366
- Scmieza – Gemüsetorte aus dem Misox S. 366
- Gefüllte Peperoni S. 366
- Gemüselasagne S. 367
- Ratatouille mit Akazienhonig S. 367

Desserts
- «Zuppa» von roten Beeren, im Gewürzwein mariniert S. 368
- Gratinierte Erdbeeren S. 368
- Holunderblütensorbet S. 368
- Schokoladencrème S. 368
- Ziegenjoghurt mit Limes S. 368
- Mousse von Americanotrauben S. 368
- Dörrzwetschgen-Terrine mit Merlotschaum und Grappatrauben S. 369
- Feigen in Rotwein S. 369
- Kirschen im Grappa S. 369
- Gebrannte Kastaniencrème S. 369
- Panna cotta mit Tessiner Honig S. 369
- Fruchtsorbet (Zitrone, Mandarine, Melone, Pfirsich) S. 369
- Vermicelles S. 370
- Gebrannte Crème mit Amaretti S. 370
- Cavolat (kalte Eierschaumcrème Leventiner Art) S. 370

- Kastanien-Semifreddo S. 370
- Panna cotta mit Kaffee S. 371
- Waldbeerencrème S. 371
- Schokoladetörtchen mit heisser Schokoladefüllung S. 371

Kuchen, Gebäck
- Castagnaccio S. 371
- Pastafrolla-Torte S. 371
- Apfel-Zimt-Torte S. 372
- Linzertorte «Marta» (Crostata «Marta») S. 372
- Kastaniengugelhopf «Agnese» S. 372
- Gugeltöpfchen mit Buchweizenmehl S. 372
- Torta die pane S. 372
- Brottorte de Luxe aus Soazza S. 373
- Fogascia – Dreikönigskuchen aus Soazza S. 373
- La Parada (Apfeltorte aus dem Mendrisiotto nach antiker Art) S. 373
- Buchweizentorte mit Himbeeren S. 373
- Spampezi S. 374
- Mürbeteigkuchen mit Konfitürefüllung S. 374

Diverses
- Joghurtkäse mit Honig, Mandeln und Pistazien S. 374
- Süss-salzige Fasnachts-Ravioli S. 374
- Formaggini von der Alp mit Bärlauch S. 375
- Grimèl (hausgemachtes Gazosa-Citro) S. 375
- Nocino (Ratafià) S. 375

Weiterführende Links

www.slowfood.ch
Das Portal von Slow Food. Mit aktuellen Informationen über die Anlässe der verschiedenen regionalen Convivien. Und mit der Möglichkeit, sich online als Mitglied im Club der Geniesser und der authentischen Produkte einzuschreiben. Slow Food organisiert auch die grosse internationale Käseausstellung «Cheese», die jeweils im September im piemonteischen Bra stattfindet, mit Genussmenüs und Geschmacks-Workshops. Siehe auch: www.cheese.slowfood.com.

www.gout-mieux.ch
Die Homepage des WWF mit einem Gastroführer, in dem alle Goût-Mieux-Restaurants aufgeführt sind. Dazu gibt es einen Einkaufsführer für Bio-Produkte, Rezepte und einen Shop, in dem u.a. auch die WWF-Bücher «Alpenküche» und «Wasserküche» bestellt werden können.

www.ticino-tourism.ch
Die Website von Tessin-Tourismus, mit weiterführenden Informationen über Gastronomie, Unterkünfte und Veranstaltungen. Hier sind auch die Adressen der lokalen Tourismusvereine aufgeführt. Empfehlenswert ist die von Tessin Tourismus herausgegebene Broschüre *Il Ticino e i suoi sapori*, die verschiedene kulinarische Wanderungen zu den Themen Wein, Käse, Kastanien, Kräuter und Agritourismus vorstellt. Auf der Website sind zudem rund vierzig Rezepte aufgeführt, von Amaretti bis Zuppa di zucca. Ticino Turismo, Via Lugano 12, 6500 Bellinzona, Tel. 091 825 70 56, info@ticino-tourism.ch.

www.agriturismo.ch
Vom Schlafen im Stroh bis zu Unterkünften auf Bauernbetrieben sind die Tessiner Agritourismus-Angebote übersichtlich aufgeführt. Hilfreich ist die Liste mit Bauernbetrieben, die ihre Produkte direkt ab Hof verkaufen. Auf der Internetseite kann man auch einen Tessiner Warenkorb mit einer Auswahl typischer Produkte (Merlot, Salametti, Speck, Polentamehl, Reis etc.) bestellen.

www.turismo-rurale.ch
Gesamtschweizerischer Überblick über Agriturismo-Angebote, leider im Tessiner Teil nicht ganz so umfassend wie die Agriturismo-Site, dafür mit einer Karte zum Anklicken.

Büchertipps

So isst das Tessin
Eine Bestandesaufnahme der Tessiner Küche mit kompetenten Hintergrundinformationen und rund 150 traditionellen Tessiner Rezepten – von der Alborada (Kartoffelkuchen) bis zu Zucchine in carpione (Zucchetti in Essigmarinade). Wer sich von der alten Tessiner «cucina povera» inspirieren lassen möchte, findet hier ein höchst kreatives Kochinstrumentarium mit einfachen Rezepturen. Maryton Guidicelli und Luigi Bosia, Edizioni San Giorgio, Muzzano (1999), erhältlich bei: Corriere del Ticino, Via Industria, 6933 Muzzano, Tel. 091 960 31 31, www.cdt.ch.

Marroni – die Kastanienküche
Alles zum Thema Kastanien, mit Hintergrundinformationen und zahlreichen alten und neuen Rezepten. Erica Bänziger, Edition Fona, Lenzburg (2003), ISBN 3-03780-653-2.

Frischer Fisch und wildes Grün
Das kleine, feine Buch von Alice Vollenweider mit Erlebnisberichten der Autorin und Rezepten aus dem Tessin. Alice Vollenweider, Limmat Verlag, Zürich (2005), ISBN 3-85791-459-9.

Tessiner Täler, Tessiner Welten
Ein Geschichts- und Geschichtenbuch über das Tessin, das den historischen Prozess, der zum Südschweizer Kanton führte, beschreibt. Hannes Maurer, Verlag Neue Zürcher Zeitung (2003), ISBN 3-03823-029-4.

Das Klappern der Zoccoli
Literarische Wanderungen im Tessin. Auf den Spuren von Herrmann Hesse, Max Frisch, Plinio Martini und vielen anderen. Das Buch erscheint bereits in der 4. Auflage. Beat Hächler, Rotpunktverlag, Zürich (2000), ISBN 3-85869-196-8.

Fest in Rima
In historischen und volkskundlichen Texten setzt sich der 1979 verstorbene Autor Plinio Martini mit dem Tessin seiner Vorfahren auseinander. Er schildert das Leben, das die armen Bauern des Maggiatales in die Emigration nach Australien getrieben hat, Plinio Martini, Limmat Verlag, Zürich (1999), ISBN 3-85791-338-X.

Das Jahr der Lawine
Giovanni Orellis Erstlingswerk aus dem Jahr 1964, in dem er seine Jugend in einem Bergdorf im Bedrettotal schildert – das Jahr, in dem eine Lawine mehrere Dörfer zuschüttete. Neuauflage 2003, Originalausgabe: «L'anno della valanga». Giovanni Orelli, Limmat Verlag, Zürich (2003), ISBN 3-85791-435-1.

Bildnachweis

Fotos Kapitelaufschlagseiten

Sämtliche Bilder von Martin Weiss.
Kapitel «Bedretto», S. 24/25: Der junge Ticino im Nufenengebiet.
Kapitel «Leventina», S. 32/33: Die St. Martinskirche in Calonico, Leventina.
Kapitel «Bleniotal», S. 70/71: Françoise Caccia auf Kräutersuche auf der Alp Dötra, Bleniotal.
Kapitel «Mesolcina», S. 94/95: Die Barockkirche San Martino bei Soazza, Misox.
Kapitel «Riviera, Bellinzona, Gambarogno, S. 98/99: Das Dorf Vira am Lago Maggiore (Gambarogno).
Kapitel «Locarnese und Valli», S. 158/159: Lago Maggiore mit Blick auf das Gambarogno-Gebiet.
Kapitel «Luganese und Malcantone», S. 214/215: Blick über das Luganese nach Süden.
Kapitel «Mendrisiotto und Valle di Muggio», S. 248/249: Blick von Morcote nach Süden, links die Ausläufer des Monte San Giorgio.

Fotos Inhaltsseiten

Die meisten Fotos stammen vom Autor, Martin Weiss.
Folgende Bilder wurden uns freundlicherweise zur Verfügung gestellt:
Alpe Piora, Ritomgebiet, S. 67, © www.ritom.ch
Weinpresse Ludiano, grosses Bild, S. 89, Sharon Schwarz
Sass da Grüm, S. 146–149, Paul Gmür, Zürich
Osteria Brack, Aussen- und Innenaufnahme, S. 169, Michael Reinhard, Fotograf, Herrliberg.
Al Pentolino, Innenaufnahme und Weinkeller, S. 204 und 205, Michael Reinhard, Fotograf, Herrliberg.
Farina bona, S. 211, Ilario Garbani, Cavigliano
Ristorante Santabbondio, S. 250, Martin Dalsass.
Hesse-Zeichnung, S. 309, Herrmann Hesse Museum, Montagnola.
s/w-Bild Grotto Torcett aus dem Buch «Boccalino» von Edy de Bernardis (Fontana Edizioni, Pregassona, 2005)

Speziell danken wir dem Künstler Silvano Gilardi, Mendrisio, dass er uns das Abdruckrecht für sein Gemälde «Tal der Alpen» (S. 16) erteilt hat. Dank auch an die Besitzerin des Werks, Frau Yvette Donati, Sementina, die uns die Reproduktion ermöglichte.

Dank

Ich danke allen, die mich mit Rat und Tat bei diesem zeitintensiven Werk unterstützt haben. Allen voran Patrizia Grab, die als typografische Gestalterin einige Wochenenden investiert hat, damit wir den Drucktermin einhalten konnten. Dann Jürg Fischer, der das Lektorat der Texte und die Betreuung des nicht immer einfachen Autors übernommen hat. Andrea Leuthold für das Korrektorat. Erica Bänziger und Simone Bühler für die Übersetzung der Rezepte. Christian Näf für Unterstützung aller Art. Martin Jenni, Gastrojournalist, für die guten Tipps. Claudia Cattaneo und Stefano Crivelli von Ticino Turismo, die wertvolle Kontakte und Anregungen beigesteuert haben. Fabrizio Barudoni von Leventina Turismo, der das schöne Haus in Chironico für die Zeit meiner Recherchen gefunden hat. Dank auch an alle Gastgeberinnen und Gastgeber der vorgestellten Restaurants, die mich mit Tipps versorgt haben: Doi Conconi-Amadò vom Dazio Grande, Ermanno und Monica Crisetti vom Ristorante Stazione in Lavorgo, Silvia Gobbi vom Ristorante Centovalli in Ponte Brolla, Agnese Broggini vom Stazione in Intragna, Claudio Croci-Torti vom Montalbano in Stabio und Anna Biffi vom Ul Furmighin in Sagno, die unser Reportageteam zeitweise wochenlang als Gast in ihrem Albergo ertragen musste. Ein grosser Dank gebührt erneut wieder meinem «padre», Roberto Weiss, der einen grossen Teil seiner Kindheit im Tessin verbrachte und fliessend Dialekt spricht, was für mich ausgesprochen hilfreich war; dann meiner Mutter, Doris Weiss, die einige der Gerichte (u.a. die gefüllten Peperoni) in meiner Jugend zubereitet und mich damit «auf den Geschmack» gebracht hat. Und nicht zuletzt meiner Frau Mariangela, die als Assistentin bei allen Repoprtagen dabei war und mit ihrer offenen Art zahlreiche Türen geöffnet hat. Dank gebührt aber nicht zuletzt allen Gastgeberinnen und Gastgebern, die sich bereit erklärt haben, ihre Werke zu kochen und dieses Buch damit überhaupt erst ermöglicht haben.

Autor

Martin Weiss, geb. 1948 in Zürich. Journalist, Dokumentarfilmer, Dozent an der Schule für Angewandte Linguistik (SAL). Er lebt in Zürich, ist Mitglied bei Slow Food und macht in der Qualitätskommission «Woche der Genüsse» (Culinarium Ostschweiz) mit. Buchveröffentlichungen «Quartierverbesserer» (Ex Libris, 1980), «Utopien» (1991). Zur Zeit arbeitet er an einem Lehrmittel für literarisches Schreiben. Bekannte Dokumentarfilme von Martin Weiss sind «Tutankhamun – das Goldene Jenseits» und «Zurück in die Wildnis» (SF, ARTE), ausgezeichnet mit dem Prix Epona (2002).

DAS KULINARISCHE
Authentische Schweizer Küche

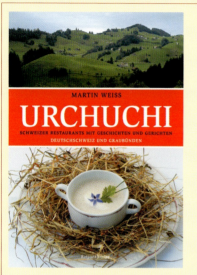

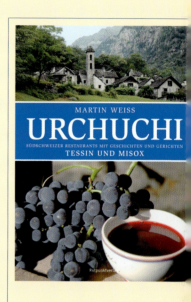

Die Sensation des Authentischen.
Restaurantführer gibt es wie Sand am Meer. Aber keinen, der sein Augenmerk so konsequent auf die «Sensation des Authentischen» legt: 70 Restaurants, in denen Schweizer Spezialitäten wie Capuns, Zigerhörnli, Hacktätschli oder Saurer Mocken frisch und innovativ zubereitet werden, stellt der *Urchuchi*-Band über die Deutschschweiz und Graubünden in ausführlichen Reportagen vor. Darunter sind auch längst vergessene Oldies wie Fenz, Chäs-Schoope oder Vogelheu.
Das Buch porträtiert Kochkünstler wie den Pilzguru Thuri Maag, den Kochpoeten Stefan Wiesner, aber auch Bauernköchinnen wie die 80-jährige Lorenza Caminada in Vrin, die als Einzige noch weiss, wie man Amplius zubereitet. Dazu kommen rund 300 weitere Restaurant- und Einkaufstipps, Hintergrundberichte über wiederentdeckte, uralte Schweizer Produkte wie den Ribelmais, die blauen Kartoffeln oder Topinambur – bis hin zu jüngeren Schweizer Erfindungen wie der Heusuppe, dem Bärlauchschnaps oder dem Willisauerringli-Parfait.
Slow Food statt Fast Food. Das Buch ist eine sympathische Kampfansage an Fast Food und globalisierte Geschmacksverdünnung – ein lebendiges Schaufenster des kulinarischen Erbes der Schweiz, das stark an Terrain zurückgewinnt.

Pressestimmen zur *Urchuchi*:

«Eine Schwelgtour de Suisse durch die Kulinarik der Kantone, saftig in Text und Foto.»
Thomas Widmer, Die Weltwoche, Zürich

«Wer gerne isst und die Schweiz regelmässig kulinarisch erkundet, findet in diesem Buch gewiss einiges an Vertrautem, aber auch Unentdecktes, Überraschendes – Adressen, die zum sofortigen Aufbruch verlocken.»
Paul Imhof, Tages-Anzeiger, Zürich

Martin Weiss
Urchuchi
Deutschschweizer Restaurants
mit Geschichten und Gerichten
Deutschschweiz und Graubünden

mit über 900 Farbfotos von Martin Weiss
440 Seiten, gebunden,
2., aktualisierte Auflage 2006
ISBN 10: 3-85869-304-9
ISBN 13: 978-3-85869-304-4
Fr. 68.–/Euro 45,–

Ein Schaufenster der Tessiner Esskultur.
Wo isst man die beste Polenta? Wo den sämigsten Risotto? Wer produziert die spritzigsten Merlots und Bondolas? Zwei Jahre lang hat der Autor Martin Weiss in der Sonnenstube der Schweiz recherchiert und eine einzigartige Spurensuche unternommen: Die Suche nach der authentischen, urwüchsigen Tessiner Küche, in der sich alpine und mediterrane Duft- und Geschmacksnoten vermischen.
45 Restaurants, 30 Grotti, 200 Einkaufstipps.
Von der gemütlichen Osteria im Bedrettotal bis zum Gourmetrestaurant im Süden porträtiert der Autor 45 Tessiner Restaurants. Dazu kommt ein Grottoführer mit 30 der schönsten Waldbeizen der Südschweiz. Ergänzt wird dieses Kapitel durch einen Blick in die jahrhundertealte Entstehungsgeschichte der Tessiner Felsenkeller. Diese urwüchsigen «cantine» sind die eigentlichen Urmütter der Tessiner Gastronomi

ERBE DER SCHWEIZ
nd originäre Spezialitäten

Eine Fundgrube. Auch wer die Sonnenstube gut kennt, findet in der *Urchuchi* neue, wertvolle Hintergrundinformationen. Etwa über den Zincarlin, den gepfefferten Frischmilchkäse. Oder über die Cicitt, die weltweit einzigartige Ziegenwurst aus dem Maggiatal. Oder über die roten Mais, der seit kurzem im Tessin wieder angepflanzt wird und zwischenzeitlich so gefragt ist wie die schwarzen Trüffel aus den Wäldern des Monte San Giorgio. Auch Klassiker wie Polenta, Risotto oder die einst für die Tessiner so wichtigen Kastanien werden in der *Urchuchi* ausführlich beleuchtet.

120 Rezepte aus der «cucina povera». Auch in der Tessiner *Urchuchi* finden Sie 120 Rezepte, die zum Nachkochen und Geniessen einladen: vom Ziegenfrischkäsemousse über Kastanien-Gnocchi, Coniglio al forno und Busecca bis zur berühmten Tessiner Brottorte. Einige Rezepte stammen von Bauernfamilien, die sie seit Generationen weitervererbt haben. Andere wurden von Tessiner Spitzenköchen neu entwickelt und zeigen, dass der kulinarische Prozess im Tessin mit kreativen Ideen weitergeht.

Martin Weiss
Urchuchi
Südschweizer Restaurants
mit Geschichten und Gerichten
Tessin und Misox

mit rund 900 Farbfotos von Martin Weiss
384 Seiten, gebunden, 2006
ISBN 10: 3-85869-308-1
ISBN 13: 978-3-85869-308-2
Fr. 59.–/Euro 39,–

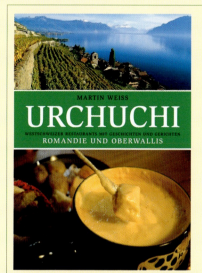

Ennet dem Röstigraben.
Wer hat das Fondue erfunden? Kommt das Cordon bleu aus dem Wallis? Was sind Malakoffs? Die Aufarbeitung des kulinarischen Erbes der Schweiz wäre unvollständig ohne die Romandie. Vom Safran aus dem Walliser Dörfchen Mund bis zur Metzgete in der Ajoie, vom Damassine bis zur Entstehungsgeschichte des Fondues, von der Papet vaudois bis zur «grünen Fee» geht der Autor auch im dritten Band der *Urchuchi* auf eine spannende Spurensuche in den Westschweizer Regionen. Martin Weiss porträtiert rund 70 Restaurants und interviewt Spitzenköche und Kenner des Terroirs wie Georges Wenger.
Erneut werden auch zahlreiche Spezialitäten erfasst, die einzigartig sind, etwa die Taillés aux greubons, der Vully-Pflümli, die «Cholera» oder die Saucissons aux choux aus Orbe. Und selbstverständlich werden erneut auch Käse und Wein grosse Themen dieses Bandes sein: In der Romandie entstehen einige der besten Käsespezialitäten der Schweiz, wie etwa der Tête de moine oder der Fribourger Vacherin. Auch beim Wein geht der Autor zurück zum Authentischen und dokumentiert autochthone Weine wie den Heida oder den Petite Arvine. Für Freunde der guten, traditionellen Frischküche und Kochgeschichte eine umfassende, reich bebilderte Fundgrube!
Der letzte Band der Trilogie von Martin Weiss erscheint im Herbst 2008.

Martin Weiss
Urchuchi
Westschweizer Restaurants
mit Geschichten und Gerichten
Romandie und Oberwallis

mit rund 900 Farbfotos von Martin Weiss
Ca. 428 Seiten, gebunden
ISBN 10: 3-85869-339-1
ISBN 13: 978-3-85869-339-6
Ca. Fr. 68.–/Euro 45,–

Erscheint im Herbst 2008

Rotpunktverlag.